ज्ञान गरिमा के
68 वर्ष

भारतीय
ज्ञानपीठ

णाणं पयासयं

भारतीय ज्ञानपीठ

क्रिकेट
(हिन्दी में अनूदित मलयालम उपन्यास)

क्रिकेट

के.एल. मोहन वर्मा

अनुवाद

टी.के. भास्कर वर्मा

भारतीय ज्ञानपीठ

राष्ट्रभारती/लोकोदय ग्रन्थमाला : ग्रन्थांक 1073
ग्रन्थमाला सम्पादक
रवीन्द्र कालिया
सह-सम्पादक
गुलाबचन्द्र जैन

क्रिकेट
(मलयालम उपन्यास)
के. एल. मोहन वर्मा
अनु. : टी.के. भास्कर वर्मा

प्रथम संस्करण : 2011
मूल्य : ₹ 310

ISBN 978-81-263-3000-3

प्रकाशक : **भारतीय ज्ञानपीठ**
18, इन्स्टीट्यूशनल एरिया, लोदी रोड, नयी दिल्ली-110 003

मुद्रक : विकास कम्प्यूटर ऐंड प्रिंटर्स, दिल्ली-110032

आवरण-चित्र : राधेश्याम अग्रवाल
आवरण-सज्जा : ज्ञानपीठ कला प्रभाग

CRICKET
(Malyalam Novel)
By K.L. Mohan Verma
Translated by : T.K. Bhaskar Verma

Published by : **Bharatiya Jnanpith**
18, Institutional Area, Lodi Road, New Delhi-110 003

e-mail : jnanpith@satyam.net.in, sales@jnanpith.net
website : www.jnanpith.net

First Edition : 2011
Price : ₹ 310

भूमिका

जहाँ तक उपन्यास की कथावस्तु के चयन का सवाल है, मलयालम के प्रसिद्ध उपन्यासकार श्री के.एल. मोहन वर्मा लीक से हटकर चलनेवाले रचनाकार हैं। आधुनिक जीवन के वैविध्यपूर्ण पहलुओं में से कुछ को उन्होंने अपनी रचना का विषय बनाया है, जिन पर लेखकों का ध्यान या तो बिल्कुल नहीं गया, या बहुत कम ही गया। जैसे शेयर बाज़ार और खेल-कूद। इनमें से किसी को विषय-वस्तु चुनकर उनके आधार पर कथा-साहित्य की सृष्टि करना उच्च कोटि की संवेदना की ही नहीं, बल्कि सम्बद्ध विषय की गहरी जानकारी और शिल्प की मजबूत पकड़ की भी अपेक्षा रखता है। इनमें से किसी एक के अभाव में रचना अपनी कलात्मकता खो बैठेगी और भाषणबाजी या समाचार-चित्रण की अन्धी सुरंगों में रचनाकार के भटक जाने की सम्भावना पैदा हो जाएगी। शेयर बाज़ार की थीम पर 'ओहरि' नामक उपन्यास की रचना करके ('मृगतृष्णा' शीर्षक से 'ओहरि' नामक उपन्यास का हिन्दी अनुवाद प्रकाशित हो चुका है) मोहन वर्मा ने यह प्रमाणित किया था कि शेयर बाज़ार जैसी ग़ैर-परम्परागत विषय-वस्तु पर किसी कलात्मक उपन्यास की रचना कैसे की जा सकती है। अपने इस अनोखे कौशल की दूसरी मिसाल उन्होंने प्रस्तुत की है 'क्रिकेट' शीर्षक उपन्यास में, जिसका हिन्दी अनुवाद हमारे सामने है।

प्रस्तुत रचना मलयालम की प्रसिद्ध साप्ताहिक पत्रिका 'कलाकौमुदी' में 1994-95 में धारावाहिक रूप से प्रकाशित हुई थी। सन् 1996 में पुस्तकाकार प्रकाशित इस रचना के अभी तक तीन संस्करण निकल चुके हैं। खेल-कूद में रुचि रखनेवाली युवा-पीढ़ी, जो सामान्यत: साहित्य में विशेष रुचि नहीं दिखाती थी, प्रस्तुत रचना की ओर आकृष्ट हुई, परिणामस्वरूप एक नयी संवेदना और नये पाठक-वर्ग की सृष्टि हुई।

भारत और पाकिस्तान के बीच होनेवाले एकदिवसीय क्रिकेट मैच से सम्बद्ध घटनाओं के ताने-बाने से प्रस्तुत रचना की कथावस्तु बुनी गयी है। भारत-पाक क्रिकेट शृंखला के छह एकदिवसीय मैचों में दोनों टीमें अभी तक दो-दो मैच जीत कर बराबरी पर हैं। पाँचवाँ मैच कोच्चि में होनेवाला है। इसी मैच में कोच्चि का ही

नौजवान खिलाड़ी, अठारह साल का सुरेश मेनन भारतीय टीम के सदस्य के तौर पर अपना पहला प्रदर्शन प्रस्तुत करता है जो उसकी अद्वितीय क्रिकेटिंग प्रतिभा का परिचायक ही नहीं, टीम की विजय का मुख्य कारण भी साबित हो जाता है।

स्थूल रूप से देखें तो यह उपन्यास एक एकदिवसीय क्रिकेट मैच के शुरू से लेकर आख़िर तक के घटना-क्रम का चित्रण मात्र है, लेकिन अन्ततः यह मानव-जीवन की दास्तान को अपने तमाम अन्तर्विरोधों और विशिष्टताओं के साथ प्रस्तुत करता है। असफल प्रेम, असफलता का कारण बननेवाले प्रेमी से नैतिक प्रतिशोध लेती नारी, क्रिकेट के इतिहास के मनोरंजक पहलू, क्रिकेट में अधोलोक की घुसपैठ की कोशिश, दोनों टीमों के वरिष्ठ खिलाड़ियों की स्पोर्ट्समैनशिप, भारतीय उपमहाद्वीप के लोगों की मूलभूत एकता और मैत्री, क्रिकेट की राजनीति और राजनीति में क्रिकेट— ये इस उपन्यास के कुछ रोचक पहलू हैं, जिन्हें उजागर करने में लेखक को अपूर्व सफलता मिली है। वैसे क्रिकेट मैच ही इसके केन्द्र में है, और मैच के प्रत्येक ओवर, प्रत्येक गेंद और गेंदों का सामना करनेवाले बैट्समैन का प्रदर्शन, उनके मानसिक संघर्ष, हार-जीत के बीच के उद्वेगपूर्ण पल, नामी खिलाड़ियों के निराशाजनक प्रदर्शन से टीम पर आया भारी संकट और संकटमोचन की भूमिका में चमकता नौसिखिआ खिलाड़ी— इन सबका चित्रण करते समय वर्माजी क्रिकेट के खेल में अपनी गहरी पैठ का परिचय तो देते ही हैं, उच्च कोटि के किस्सागो की अपनी छवि भी बरकरार रखते हैं। जो कुछ वे बताना चाहते हैं, पचास-पचास ओवरों के मैच के चित्रण के बीच बड़े कलात्मक ढंग से कह जाते हैं। वह चाहे क्रिकेट का इतिहास हो, चाहे महत्त्वपूर्ण मैचों का ब्योरा हो, चाहे क्रिकेट के नियमों का विश्लेषण हो, चाहे क्रिकेट से जुड़ी मनोरंजक घटनाओं की चर्चा हो— मुख्य कथा का लय भंग किये बिना ही सहज स्वाभाविक रूप से सब उसमें समाविष्ट होते जाते हैं। पाकिस्तानी टीम के कप्तान निसार अहमद और भारतीय टीम के कप्तान श्रीनिवास दोनों की रणनीतियों का विश्लेषण करते समय वे कप्तानों के भी कप्तान बन जाते हैं। जहाँ तक खेल की तकनीक और तकनीकी जानकारी का सवाल है, वे किसी भी थर्ड अम्पायर से कम नहीं हैं। क्रिकेट सम्बन्धी रोचक तथ्यों, आँकड़ों और उपाख्यानों की भरमार इस रचना में है, लेकिन रचनाकार के शिल्प-विधान सम्बन्धी कौशल की दाद देनी चाहिए कि कथावस्तु के सहज विकास में कहीं भी वह बाधक नहीं बनती। बल्कि, कहना चाहिए कि उसमें सहायक ही होती है। आज जब वादों और सिद्धान्तों की आड़ में उपन्यास को अमूर्त बनाने का प्रयास किया जा रहा है, उसका बढ़िया जवाब है प्रस्तुत उपन्यास।

युवा खिलाड़ी सुरेश मेनन इस उपन्यास का मुख्य चरित्र है। कथावस्तु से सम्बद्ध सभी मुख्य घटनाओं में प्रत्यक्ष या परोक्ष रूप से वह साझीदार है। क्रिकेट में

उसकी प्रतिभा के क्रमिक विकास के लिए सबसे ज़्यादा ज़िम्मेदार हैं उसके नानाजी। पाकिस्तान के दिग्गज बैट्समैन का सामना करते समय जब भी उसके मन में शंका पैदा होती है, नानाजी के शब्द उसे याद आते हैं और एक अनिर्वचनीय साहस से भरकर पूरी तरह वह युद्धसज्ज हो जाता है। नानाजी ने ही उसे एकाग्रता का पाठ पढ़ाया, खेल की रणनीति सम्बन्धी महत्त्वपूर्ण पाठ पढ़ाये, प्रशिक्षण की आवश्यकता समझाकर उसकी व्यवस्था कर दी, और पौष्टिक भोजन की, जिसमें निरामिष भोजन भी शामिल था बशर्ते कि वह उसे पसन्द हो, व्यवस्था कर दी। नानाजी उपन्यास के एक अविस्मरणीय और आकर्षक पात्र हैं। सुरेश मेनन के चरित्र-गठन के विषय में उनकी महत्त्वपूर्ण भूमिका है। उनकी बेटी और सुरेश की माँ शैलजा मेनन भी अपने बेटे के उत्कर्ष के लिए कम ज़िम्मेदार नहीं है। अपने प्रेमी विवेक द्वारा, जो खुद बढ़िया क्रिकेटर था, और जिसे पिताजी का (सुरेश के नानाजी का) पूरा समर्थन प्राप्त था, से ठगे जाने का दुख शैलजा को मन-ही-मन कचोटता रहा, और आगे चलकर जब उसका बेटा सुरेश भारतीय क्रिकेट टीम का सदस्य चुना जाता है, तब उसके लिए यह एक प्रकार का नैतिक प्रतिशोध बन जाता है।

वर्तमान समय में टेलीविजन के ज़रिए क्रिकेट की जो कायापलट हुई, उसका सम्यक चित्रण प्रस्तुत उपन्यास की एक विशेषता है। निश्चित ओवरों का एकदिवसीय क्रिकेट आज संगीत, नृत्य, फ़िल्म आदि से बढ़कर प्रदर्शन योग्य दृश्य कला के रूप में विकसित हो गया है। टी.वी. पर क्रिकेट का सीधा प्रसारण देखनेवालों में बच्चे, बूढ़े सब शामिल हो गये हैं और उनके मनोरंजन के लिए कमेंटेटर जो अतिशयोक्तिपूर्ण वर्णन तथा विशेषज्ञों से भेंट-वार्ताएँ आदि का सहारा लेते हैं, उनका भी चित्रण सम्यक रूप से उपन्यास में हुआ है। हरीश पटेल इस कमेंटेटर वर्ग का प्रतिनिधि है, जिसकी उपस्थिति उपन्यास की रोचकता बढ़ाने में सहायक हुई है।

क्रिकेट को प्राप्त व्यापक जनाधार और वित्तीय संसाधनों ने मिलकर वाणिज्य के क्षेत्र में उसे एक अलग ही चेहरा प्रदान किया है। विज्ञापन कम्पनियों के लिए मॉडल का काम करने के विषय में फ़िल्मी सितारों के बराबर की, या उनसे भी बड़ी माँग आज क्रिकेट के सितारों की हो रही है। सुरेश मेनन इसके अपवाद नहीं है। अपनी विज्ञापन कम्पनी के लिए सुरेश मेनन का कंट्रैक्ट पाने के लिए पेशगी के तौर पर उसकी माँ को पाँच लाख का चेक देनेवाली शिल्पा सुरेश के खेल से भी अधिक प्रभावित होती है उसके नाक-नक्श और अदाओं से, जिनका उपयोग कोई भी कम्पनी अपने उत्पादों के प्रचार के लिए सफलतापूर्वक कर सकेगी। सुरेश के पिता विजयन मेनन भी अपने बेटे की इस छवि से अभिभूत हो जाते हैं और अपने परिवार को मिलनेवाली सम्भावित धनराशि के सम्बन्ध में हवाई किले बनाने लग जाते हैं। उधर शिल्पा के पति और शैलजा के पूर्व-प्रेमी विवेक भी अचानक मैच देखने पहुँच

जाते हैं और अपने क्रिकेट कैरियर तथा प्रेमिका दोनों की उपेक्षा करने का दुख फिर एक बार उनके दिल में कसमसाहट पैदा कर देता है। क्रिकेट जैसे खेल के व्यावसायीकरण के प्रतीक के रूप में शिल्पा और विजयन मेनन हमारे सामने खड़े हैं, तो दूसरी ओर विवेक और शैलजा हैं जिनका इस सम्बन्ध में भिन्न ही नज़रिया है। सुरेश उनके लिए व्यावसायिक तौर पर लाभ उठाने लायक कोई उत्पाद नहीं, बल्कि खेल-कूद की विशुद्ध दुनिया का उभरता हुआ सितारा मात्र है। इस विडम्बना को मार्मिक रूप से प्रस्तुत करनेवाले अनेक प्रसंग उपन्यास में हैं।

क्रिकेट में जुएबाजी की घुसपैठ काफ़ी विवादास्पद रही है। वर्तमान समय में क्रिकेट को विषय-वस्तु बनाकर रचित किसी उपन्यास में जुएबाजी की चर्चा न हो, यह असम्भव है। तम्पी, रुस्तमजी जैसे पात्रों के माध्यम से क्रिकेट से जुड़े इस अवांछनीय पहलू का पर्दाफ़ाश लेखक ने किया है। अधोलोक की ये चौंकानेवाली हरकतें क्रिकेटरों के लिए कितनी विनाशकारी साबित हुईं, इसकी मिसालें हमारे देश में ही हैं।

लोकतन्त्र के इस ज़माने में क्रिकेट और राजनीतिज्ञों के सम्बन्धों की चर्चा भी प्रासंगिक है। मुख्यमन्त्री गौतमन और विपक्षी नेता गोविन्दन कुट्टी के चरित्रों के माध्यम से उपन्यासकार ने इस आपसी सम्बन्ध के कुछ बिन्दुओं पर प्रकाश डाला है। दोनों ही नेता मैच के पूरे समय तक स्टेडियम में उपस्थित रहकर खेल का मज़ा लूटते हैं। मज़ा क्या लूटते हैं, अपना उल्लू सीधा करते-से दिखाए गये हैं। किसी खिलाड़ी की उपलब्धि को अपनी निजी या अपनी सरकार अथवा दल की उपलब्धि के रूप में प्रायोजित करने के प्रलोभन से दोनों ही मुक्त नहीं हो पाते। ये दोनों ही पात्र उपन्यास के दुर्बल पात्र हैं, बल्कि कहा जाए कि पात्र न होकर कैरिकेचर मात्र रह गये हैं। शायद उपन्यासकार की मंशा भी यही रही हो।

क्रिकेट जैसे विषय को लेकर इतनी प्रामाणिक साहित्य-रचना का प्रणयन अभी तक शायद किसी अन्य भारतीय भाषा में नहीं हो पाया है। हिन्दी में इसके अनुवाद की प्रासंगिकता यहीं पर है। इसके हिन्दी अनुवादक प्रो. टी.के. भास्कर वर्मा सचमुच साधुवाद के पात्र हैं। अनुवाद के इस श्रमसाध्य कार्य को पूरी ईमानदारी के साथ उन्होंने निभाया है। हिन्दी का पाठक वर्ग उनका ऋणी रहेगा।

कालीकट **वी.के. रवीन्द्रनाथ**

1

सुरेश मेनन क्रिकेट के मैदान की हरियाली की ओर दायाँ कदम बढ़ाकर ही निकला था। जान-बूझकर नहीं। वह जहाँ कहीं भी जाता, पहले दायाँ कदम बढ़ा कर निकल पड़ता था।

तृपूणितुरा के पूर्णत्रयीश मन्दिर के पूर्वी शिखर की सीढ़ियाँ चढ़ते वक़्त माँ सावधान कराती, "उण्णी! (मुन्ना) दायाँ कदम। पहले दायाँ कदम रखकर ही सीढ़ियाँ चढ़नी हैं।"

पूरब के आँगन के दक्षिणी छोर पर खड़े 'चाम्पा' के पेड़ के तले रखा पुराना पापड़ का टीन था विकेट। दीदी ने हल्दी से तीन बड़ी-बड़ी साफ़ लकीरें खींची हैं। नारियल के पत्ते का डंठल काट-छाँटकर चिकना करके बनाया गया बल्ला मजबूती से पकड़कर दीदी की फेंकी टेनिस की गेंद पर बल्ला चलाकर उसे घर के छप्पर तक पहुँचाने के लिए छह साल का उण्णी जब तैयार खड़ा होता था, तब माँ कहती, "उण्णी! दायाँ कदम! दायें कदम की बात कभी न भूलना। दायाँ कदम ज़मीन पर जमाये रखो, तभी तुम गेंद ज़ोर से मार पाओगे।"

"दायाँ कदम आगे रखूँ मम्मी?"

"जब तुम मैदान में उतरोगे, तभी ऐसा करना। खेलते समय गेंद का रुख़ पहचानकर। हाँ, अगर ऐसी बेकार की बातें करते रहोगे, तो मैं तुम्हारी ख़बर लूँगी।"

स्टेडियम में लगे आठ में से दो टेलीविज़न कैमरे आधे क्षण तक सुरेश को फ़्रेम में लाने के लिए वह प्वाइंट खोज रहे थे जहाँ से खिलाड़ी मैदान में उतरते थे। इनमें से एक में सुरेश मिल गया। क्लोज़-अप में अडजस्ट किया। परन्तु इसके पहले ही पूरब की गैलरी में कोलाहल मचा। स्टेडियम के पूर्वी भाग में विद्यार्थियों की गैलरी थी, ठीक बीच से दक्षिण के स्कोर-बोर्ड तक।

कोच्चि क्षेत्र के सभी स्कूल-कॉलेजों को छुट्टी दी गयी थी। भारतीय क्रिकेट के इतिहास में पहली बार कोई केरलीय अथवा मलयाली, भारतीय टीम में खेलने

जा रहा है! सुरेश मेनन। एरणाकुलम के महाराजाज़ कॉलेज में प्रथम वर्ष बी.एस-सी. का छात्र। उनका सहपाठी। प्यारा उण्णी।

सुबह आठ बजने के पूर्व ही कोट्टयम, त्रिच्चूर, आलप्पी आदि स्थानों से स्पेशल रेलगाड़ियाँ एरणाकुलम आ पहुँचीं। समाचार-पत्रों ने सर्वेक्षण करके घोषणा की कि केरल के सभी शहरों में टेलीविज़न सेटों की बिक्री में अतिशय बढ़ोतरी दर्ज हुई है। बिजली के महकमे के अधिकारियों ने गुप्त रूप से समाचार-पत्रों को सूचना दी कि किसी भी कारणवश केरल के किसी भी गाँव में ग़ैर-सरकारी तौर पर भी पावर कट नहीं होगा। सभी आँखों में प्रतीक्षा ही प्रतीक्षा थी, सुरेश को देखने की। अपना प्रिय पुत्र, छोटा भाई या बड़ा भाई उण्णी! जब उण्णी का चेहरा टेलीविज़न के स्क्रीन पर प्रत्यक्ष हुआ, तब लाखों ओठों पर मुस्कान छा गयी। चेहरे गर्व से फूल उठे।

परन्तु, स्टेडियम में गैलरी का दम घुट रहा था। मैदान के दक्षिण-पश्चिम में, पवेलियन के दक्षिणी भाग पर, बिना छत की गैलरी से छात्राओं का कोलाहल गूँज उठा।

उण्णी!...उण्णी!...

उण्णी!...उण्णी!...

साथ में तालियों की गड़गड़ाहट। एकाएक ध्वनियों को ताल मिला। प्रतिध्वनि की तरह पूर्वी गैलरी भी सक्रिय हो गयी।

उण्णी!...उण्णी!...

तालियों ने शोरगुल को ताल प्रदान किया।

हर्षध्वनियाँ तरंगित होकर स्टेडियम की पूर्वी गैलरी से दोनों दिशाओं की ओर बढ़ीं और पश्चिम से आयी तरंगों से मिल गयीं। क्षण-भर में पूरे स्टेडियम में एक ही ध्वनि गूँज उठी।

कहीं से डफली की आवाज़ उठी। ढोल, ड्रम आदि नये बाजे बजने लगे। पर सबका ताल एक ही था।

चेर्तला के प्रसिद्ध पूरम मेले के अवसर पर बजाई जानेवाली डफली की ध्वनि। सहस्राब्दों से युद्धक्षेत्र की ओर चलते सेनानियों को साहस और जोश प्रदान करनेवाला ताल।

बीच-बीच में भीड़ के बीच से पटाखों की आवाज़ उठती थी। धुआँ और बिजली।

सुरेश मेनन ने कुछ भी नहीं देखा।

सुना भी नहीं।

कितने क्षण बीत गये? पाँच या दस?

ज़्यादा से ज़्यादा दस क्षण? या पन्द्रह?

हाँ-हाँ, पन्द्रह क्षण पहले ही सारे स्टेडियम में सनसनी फैल गयी थी।

तब वह पवेलियन में बैठा था।

क्रीज़ में स्टम्प तिरछा हो गया। बेल उड़ गये। अम्पायर के बायें हाथ की तर्जनी उठी।

राहुल आउट!

एकाएक छाती पर बोझ-सा लद गया। गला सूख गया।

सुरेश के हाथ यन्त्रवत् हिलते गये।

स्वयं क्या कर रहा है, इसका मानो उसे होश नहीं रहा।

उसने बल्ला हाथ में ले लिया। दस्ताने भी लिये। उठ खड़ा हुआ। चारों ओर बैठे खिलाड़ियों में से किसी ने भी ध्यान नहीं दिया। सबकी नज़रें स्टेडियम में थीं। बीच में भीगे भस्मतिलक के समान प्रभात की धूप में चमकते पिच में तिरछे खड़े मिडिल स्टम्प की ओर एक बार फिर नज़र डाली। फिर क्रीज़ में से सिर नीचा करके चलते राहुल की सूरत पर।

सुरेश का हाथ हेल्मेट के लिए आगे बढ़ा। किसी ने हेल्मेट उठाकर दे दिया। उसने उसे सिर पर दबाकर पहन लिया।

सब कड़ियाँ हैं। एक के बाद एक। एक लम्बी शृंखला।

पवेलियन में भारतीय क्रिकेट टीम के लिए तैयार किये गये एनक्लोज़र से सुरेश जल्दी-जल्दी सीढ़ियाँ उतरने लगा।

एक बार मुड़कर देखने की इच्छा हुई। कम-से-कम कप्तान श्रीनिवास को। श्रीनीजी से आशीर्वाद लेना है। बेस्ट ऑव लक। पर क्या किया जाए? भूल गया।

ऐसा लगा मानो कोई कह रहा हो, ''बेस्ट ऑव लक, सुरेश।''

कौन? मुड़कर नहीं देखा। देख नहीं सका। जान-बूझकर नहीं। न जाने क्यों, पीछे को सिर नहीं घूमा। सच पूछिए तो मन यहाँ नहीं था। स्थान और समय को नापकर चौकोर खानों में बिठा न पाने की असमर्थता। मन भारी था।

पहले ही सोच रखा था कि बल्लेबाजी की बारी आने पर उठकर कप्तान को प्रणाम करना चाहिए। गुरुतुल्य व्यक्ति हैं वे। आशीर्वाद प्राप्त करना चाहिए। कल रात टीम के साथ एरणाकुलम में होटल में था। आज सवेरे टेलीफोन करके घर पर बुलाया, तब माताजी ने खूब याद दिलाई थी, ''सभी कुलदेवों की प्रार्थना करनी चाहिए, आँखें मूँदकर। दो क्षण ही सही। कप्तान श्रीनीजी से आशीर्वाद लेना भूलना मत। गुरु के स्थान पर एक वे ही हैं तुम्हारे पास। भूलना मत। नानाजी तो हमेशा तुम्हारे साथ ही रहेंगे उण्णी। उनको भी याद करना। भूलना मत।''

पर, भूल गया।

सबकुछ भूल गया।

कप्तान श्रीनी ने भी सुरेश के सीढ़ियाँ उतरने पर ध्यान नहीं दिया था। उनकी भी नज़र पिच पर थी।

यह नयी पिच क्या सुबह-सुबह ही लाचार कर देगा? प्रात:काल अन्तरिक्ष में भारीपन महसूस हो रहा था। गेंद का उड़ना आशानुकूल नहीं होगा। पर जब खेल शुरू होने का वक़्त आया, तब तक वह भारीपन दूर हो गया। धीमी हवा चलने लगी।

कप्तान श्रीनिवास बड़े चिन्ताकुल नज़र आ रहे थे। किसी भी व्यक्ति या वस्तु पर ध्यान देने की उन्हें फ़ुरसत नहीं थी।

पहले पाँच-छह सीढ़ियाँ। उसके बाद वह सपाट पगडंडी जो रंगीन प्लास्टिक की कुर्सियों से भरी गैलरियों के पीछे है। चारों ओर बैठे दर्शक मुड़-मुड़कर देख रहे हैं। पर कोई कुछ भी नहीं कहता। बिजली गिरने के आघात में एकाएक निश्चल बनी प्रकृति। सुरेश के कदम अपने-आप ठिठक गये। पूरे स्टेडियम में फैला श्मशान-सा सन्नाटा असहनीय हो गया है। चन्द क्षण पूर्व के माहौल से एकदम भिन्न। स्टेडियम में साठ हज़ार दर्शकों के आराम से बैठने की सुविधा है। लेकिन, कहते हैं, पचहत्तर हज़ार टिकट बिके थे। फिर अतिथिगण, फ्री पासवाले सब मिलकर दस हज़ार। कुल मिलाकर करीब अस्सी हज़ार के लगभग कंठों से कोच्चि के स्टेडियम में राहुल के स्वागत में उठी हर्षध्वनि अचानक ही इस सन्नाटे में परिवर्तित हो गयी थी।

भारतीय क्रिकेट का यह चमत्कारी पुरुष राहुल पहली बार कोच्चि के अपने प्रशंसकों के सामने उस दिन प्रत्यक्ष हुआ था।

अधिकतर लोगों के हाथों में राहुल के पोस्टर थे। गैलरी में हज़ारों हाथों में 'वी वांट शतक, राहुल'— इस मतलब के प्लेकार्ड थे। परन्तु सब एक ही पल में, किसी अविश्वसनीय-से क्षण में अप्रत्यक्ष हो गये। पोस्टर तथा प्लेकार्ड प्रशंसकों के कदमों पर गिरे।

एक अकेली गेंद!

राहुल को क्या, किसी को भी विश्वास नहीं हो रहा था। दर्शकों को भी नहीं। यहाँ तक कि पाकिस्तानी टीम के कप्तान निसार को भी आश्चर्य हुआ था कि यह सब कैसे हो गया!

पाकिस्तान ने ही टॉस जीता था।

भारत और पाकिस्तान के बीच की एकदिवसीय शृंखला का निर्णायक खेल।

पिछले कई वर्षों से भारत और पाकिस्तान के बीच क्रिकेट मैचों की सम्पूर्ण शृंखला का आयोजन नहीं हुआ था। शारजाह जैसे विदेशी राज्य में दोनों के बीच

खेल आयोजित हुए थे। उन अवसरों पर उसे ग्यारह-ग्यारह खिलाड़ियों के बीच के किसी क्रिकेट मैच के रूप में ही (भारत और पाकिस्तान के बीच के मैच के रूप में नहीं) देखा गया था। कोई लड़ाई। जंग के मैदान से भी अधिक प्रतिस्पर्धा से भरी मुठभेड़। कश्मीर और राजस्थान की सीमाओं पर बीच-बीच में सुनाई देनेवाली सैनिक ख़बरों का कोई सुव्यक्त रूप नहीं था। संयुक्त राष्ट्र संघ के जोशीले भाषणों के समान वे भी आँखों के सामने प्रत्यक्ष होनेवाले युद्ध नहीं थे। इसलिए चाहे विदेश में हो, यदि भारत और पाकिस्तान के बीच क्रिकेट का खेल हो जाए, तो उसे अपने प्रताप और अभिमान के प्रमाण के रूप में ही नहीं, सत्ता और प्रभुता को परखने की कसौटी के रूप में भी दोनों राष्ट्रों की जनता मानती थी। दोनों राष्ट्रों के नेता भली-भाँति जानते थे कि लड़ाई बड़ी ख़र्चीली, राष्ट्र-निर्माण की गति धीमी करनेवाली तथा अकारण ही हज़ारों की जान लेनेवाली प्रक्रिया है। परन्तु, राजनैतिक कारणों से एक-दूसरे के साथ युद्ध का माहौल बनाये रखना दोनों के लिए आवश्यक भी था। भारत और पाकिस्तान के राजनेताओं ने गुप्त रूप से एक नीति का आविष्कार किया। हाल ही में उच्च स्तर पर निहायत गुप्त रूप से एक समझौता हुआ था। सामान्य जनता का जोश, उमंग, पूर्वग्रह आदि नष्ट करना आसान काम नहीं। इसलिए हम लड़ाई के मैदान में ख़र्च होनेवाले आवेश को फ़िलहाल खेल के मैदान में उतार देंगे।

एक सम्पूर्ण क्रिकेट श्रृंखला का आयोजन हो जाए।

पहले भारत में, फिर पाकिस्तान में।

भारत की इटिनररी, अर्थात् यात्राओं और खेलों का कार्यक्रम, कितनी ही चर्चाओं के बाद भारत और पाकिस्तान के क्रिकेट कंट्रोल बोर्डों ने अनुमोदित की थी। भारतीय अम्पायर रखने के विरोध में पाकिस्तान ने जो हठ पकड़ा, उसके कारण ऐसी स्थिति पैदा हुई कि दौरा शायद रद्द हो जाएगा। अन्त में भारत को झुकना पड़ा। श्रीलंका, दक्षिण अफ्रीका, वेस्टइंडीज, ऑस्ट्रेलिया— इन देशों से एक-एक अम्पायर लिया जाए। चार अम्पायरों का पैनल। अन्तरराष्ट्रीय क्रिकेट कंट्रोल बोर्ड का एक निरीक्षक। दौरे के हफ़्तों पहले से ही अख़बारों में रोज़ गरमागरम ख़बरें छपकर आने लगीं। किसी युद्ध से पूर्व के जोशीले आह्वानों के समान। जनता ने बड़ी लगन से उनका स्वागत किया।

कुल मिलाकर पन्द्रह मैच। उनमें छह एकदिवसीय, तीन-तीन दिनों के चार फर्स्ट क्लास मैच। वे रणजी ट्राफी के चैम्पियन बम्बई, कम्बाइंड यूनिवर्सिटीज़, क्रिकेट कंट्रोल बोर्ड प्रेसीडेंट्स इलेवन, प्राइम मिनिस्टर्स इलेवन— इन टीमों के साथ होने थे। पर लिस्ट को जब अन्तिम स्वीकृति मिली, तब प्राइम मिनिस्टर्स इलेवन के स्थान पर अन्तरक्षेत्रीय चैम्पियन के साथ मैच तय हुआ। फिर पाँच-पाँच दिनों के पाँच फुल टेस्ट।

पाँच फुल टेस्ट भारत के बम्बई, कलकत्ता, दिल्ली, मद्रास, अहमदाबाद जैसे प्रमुख क्रिकेट केन्द्रों को मिले। अहमदाबाद और कानपुर के बीच थोड़ा-सा विवाद हुआ। पर गुजरात के मुख्यमन्त्री ने जब अहमदाबाद के लिए सीधे बात चलाई तब कानपुर को झुकना पड़ा। उत्तर प्रदेश के मुख्यमन्त्री को क्रिकेट से सख़्त नफ़रत थी। अवज्ञापूर्वक वे कहा करते थे कि क्रिकेट अँग्रेजी राज का अवशेष है।

चार फर्स्ट क्लास मैच बैंगलूर, हैदराबाद, चंडीगढ़ और पटना में। जयपुर, कानपुर, गुवाहाटी, नागपुर, कोच्चि और राजकोट में एकदिवसीय मैच।

त्रिदिवसीय फर्स्ट क्लास मैच तथा पंचदिवसीय टेस्ट से एकदिवसीय मैच की शैली भिन्न होती है। एकदिवसीय मैच का कुशल खिलाड़ी सामान्यत: फर्स्ट क्लास मैच और टेस्ट मैच में नाम कमा नहीं सकेगा। अत: खिलाड़ियों की कार्यकुशलता उजागर करने के उद्देश्य से दोनों कंट्रोल बोर्डों ने निश्चय किया कि पहले छह एकदिवसीय मैचों का आयोजन हो। उसके बाद फर्स्ट क्लास मैच और अन्त में टेस्ट मैच।

छह एकदिवसीय मैचों में से चार सम्पन्न हुए।

जयपुर और नागपुर में भारत जीता, तो कानपुर और गुवाहाटी में पाकिस्तान। अब कोच्चि का मैच निर्णायक हो गया है।

शृंखला का सबसे निर्णायक मैच। इसको दोनों टीमों ने ही नहीं, भारत और पाकिस्तान की पूरी जनता ने अत्यधिक महत्त्व दे रखा था।

समाचार-पत्रों ने युद्ध के समाचारों का-सा महत्त्व देकर मुखपृष्ठ पर ही ऐक्शन फोटो देकर लोगों का जोश बढ़ाया।

कोच्चि और पूरे केरल के लिए उमंग का एक और कारण भी था। एरणाकुलम में नये-नये बने अन्तरराष्ट्रीय स्टेडियम के उद्घाटन का समारोह भी होनेवाला था; अर्थात् प्रथम अन्तरराष्ट्रीय मैच।

नया पिच। नयी घास की हरीतिमा।

अत्याधुनिक प्रबन्ध।

सुबह नौ बजे से थोड़ी देर पहले दोनों टीमों के कप्तान श्रीनिवास एवं निसार जब टॉस करने के लिए पिच के नज़दीक पहुँचे, तब हरी घास पर जाड़े की ओस के अवशेष चमक रहे थे।

जब श्रीनिवास द्वारा टॉस किया हुआ चाँदी का सिक्का आकाश में उछला, तब निसार ने कहा, "हेड।"

पिछले चारों मैचों में टॉस जीतनेवाली टीम ही विजयी हुई थी। जिसने भी टॉस जीता, विपक्षी टीम को बल्लेबाजी के लिए भेजा भी था।

चाँदी का सिक्का ज़मीन पर गिरकर लुढ़क गया। दोनों कप्तानों ने हाथ

मिलाये।

"सॉरी श्री, आप बल्लेबाजी करेंगे।"

आठवें ओवर में ख़तरे की घंटी बजी।

निसार का चौथा ओवर।

नया पिच। पाकिस्तान के फास्ट बॉलर ज़फ़रुल्ला और निसार की एक सौ तीस, एक सौ चालीस और कभी-कभी एक सौ साठ किलोमीटर तक की रफ़्तारवाली गेंदें घातक ढंग से उछलने लगीं। बल्ले के मध्यभाग से उन्हें रोकना लोहे के चने चबाने के बराबर था, तो भी भारत के ओपनिंग बैट्समैन बलबीर सिंह और मराठे किसी तरह स्थिति सँभाले रहे। थोड़ी-सी किस्मत और असाधारण साहस। चार ओवर तक अप्रतिभ हो क्रीज़ में खड़े रहनेवाले मराठे ने पाँचवें ओवर में ज़फ़रुल्ला के सिर के ऊपर से मज़बूती के साथ गेंद उड़ाकर पहला चौका मारा। दर्शक असीम आवेश से भर गये।

आठवें ओवर में बिना विकेट खोये छब्बीस रन। स्टेडियम के दो भीमाकार स्कोर-बोर्डों पर आँकड़े प्रत्यक्ष हुए।

सुरेश प्रार्थना कर रहा था।

पहले दस ओवर पूरे हो जाने तक ज़फ़रुल्ला और निसार पवेलियन लौटेंगे और उनके स्थान पर मुहम्मद हुसैन और इब्राहीम खान आएँगे। तभी अपनी बारी आनी चाहिए। दो-तीन ओवर खेलने पर तनाव कम हो जाएगा। फिर ज़फ़रुल्ला और निसार के रॉकेटों का सामना करना भी आसान होगा। वह आश्वस्त हो गया कि तब तक किसी तरह...

सुरेश की प्रार्थना जारी रही।

परन्तु आठवें ओवर की चौथी गेंद ने मराठे को खूब परेशान किया। निसार की पिछली तीन गेंदों का मराठे ने फुर्ती से सामना किया था। किन्तु चौथी गेंद में निसार दौड़कर विकेट के पास पहुँचा ही था कि मराठे एक फुट आगे बढ़ा। गेंद निसार की उँगलियों से छूटी नहीं थी। पर उँगलियों के मोड़ में अन्तर नहीं आया था। यह निश्चित था कि बायीं तरफ पैर के पीछे खड़े लेग-स्टम्प को लक्ष्य करके फेंकी जानेवाली गेंद है यह। हो सकता है कि बायीं ओर थोड़ा-सा घूम जाए। पल-भर में आगे को उछलकर जब ज़मीन से गेंद टप्पा खाकर उठेगी, तब बायीं ओर लेग साइड में सीधे उसे मारा जा सकेगा। वहाँ कोई फील्डर नहीं।

एकदिवसीय क्रिकेट के नियमों के अनुसार पहले पन्द्रह ओवरों में पिच के चारों ओर के तीस गज के वृत्त के बाहर सिर्फ़ दो ही फील्डर खड़े हो सकते हैं। यह नियम बल्लेबाज को प्राथमिक ओवरों में ही आक्रामक ढंग से खेलने की प्रेरणा देता है।

इस समय उन फील्डरों में से एक दायीं ओर बाउंड्री लाइन के पास एक्स्ट्रा कवर पर है। दूसरा बायीं ओर पीछे फाइन लेग पर भी है। बायीं ओर सीधे खड़े लेग अम्पायर के थोड़े आगे से निस्सन्देह गेंद को ऊँचे उठाया जा सकता है। थोड़ा चूक जाए, तो भी हर्ज़ नहीं। बाउंड्री के बाहर छक्का न बने, तो भी चार रन ज़रूर मिल जाएँगे।

मराठे ने आगे को उछलकर पूरे ज़ोर से बल्ला चलाया।

परन्तु गेंद यॉर्कर थी। बल्ले और पिच के बीच आकर ज़मीन पर टप्पा खाने के लिए गोली के समान उड़ चलनेवाली गेंद। यॉर्कर को महज़ रोक लेने के सिवा बल्लेबाज और कुछ नहीं कर सकता। पर क्या किया जाए? पैर पहले ही आगे रख चुका था। यॉर्कर के प्रतिरोध के लिए बल्ला पीछे की ओर झुकाने का मौक़ा नहीं मिला। बल्ला चलाने के अन्दाज़ में अनमनेपन से उसने बल्ला नीचे कर लिया। थोड़ा झुके हुए बल्ले के किनारे पर लगकर गेंद उछल गयी। एक छोटी-सी आवाज़। बायें पैर के पैड के पास से गेंद तेज़ी से पीछे की ओर ऊपर उठी। विकेटकीपर कलाबाज की तरह बायीं ओर को लपका। गेंद दस्तानों के अन्दर सिमट गयी।

मराठे आठ रन पर आउट।

कुल स्कोर छब्बीस।

दूसरी बारी राहुल की थी।

पहली ही गेंद में भारत का सबसे मूल्यवान विकेट, वन डाउन पर उतरा राहुल क्लीन बोल्ड।

अम्पायर श्रीलंका के तिलकरत्ने ने लेग से चलकर आने के बीच झुके खड़े स्टम्प और पिच की ओर थोड़े अविश्वास के साथ बारी-बारी से देखा। फिर जहाँ विकेट-कीपर खड़ा था, उस स्थान पर पड़े बेल चुन लिये।

पाकिस्तानी खिलाड़ी मैदान के भिन्न-भिन्न कोनों से दौड़े आये और निसार की हथेलियों पर हाथ से मारकर और गले लगकर अभिनन्दन जताने लगे।

सुरेश ने कुछ भी नहीं देखा। वह उठा।

धीरे-धीरे मैदान के मध्यभाग की ओर बढ़ा।

उण्णी...उण्णी!

उण्णी...उण्णी!

2

सुरेश मेनन क्रीज़ की ओर धीमी चाल से बढ़ा।

लड़खड़ाहट-सी महसूस होती है क्या! पैर मानो कमज़ोर हो गये हों।

सुरेश ने आँखें मूँद लीं।

माँ कहा करती थी, ''उण्णी,कान्सेंट्रेट करो। पूरी एकाग्रता के साथ बैठो। माथे के ठीक बीच के उस बिन्दु पर ध्यान केन्द्रित करो। चारों ओर की सब वस्तुओं को भूल जाओ। आवाज़, रूप, गन्ध सबको। कान्सेंट्रेट करो उण्णी! सामने से तूफ़ानी रफ़्तार से आनेवाले साढ़े छह फुट ऊँचे आदमी की मुट्ठी में स्थित गेंद पर ध्यान केन्द्रित करना। उसका चेहरा और चेहरे पर झलकती कठोरता मत देखना। ज़मीन की हरी घास पर छुआ-अनछुआ करके लपकते उसके कदमों का आसुरी रूप भी नहीं देखना। उसकी उँगलियाँ तथा ऐक्शन। उँगलियों की पकड़ से गेंद के छूटने का वह शतांश क्षण। बॉलर के पास के अम्पायर के मुँह से 'नो' की आवाज़ उठे, तो सिर्फ़ उसी को सुनने के लिए कान तैयार रखने चाहिए। दूसरी कोई भी आवाज़ मत सुनना। 'नो' की आवाज़ सुनते ही पूरा ज़ोर लगाकर बल्ला चलाना। 'नो बॉल।' अगर किस्मत अच्छी है, तो गेंद बल्ले के ठीक बीच में लगकर किसी भी दिशा में उड़ेगी। नहीं तो, यदि कोई आवाज़ सुनायी नहीं दी, तो गेंद के नीचे गिरने के बाद फिर ऊपर उठने की प्रतीक्षा करना। इन सबके लिए तुम्हें मिलेगा सिर्फ़ आधा सेकेंड। इसलिए कान्सेंट्रेट करो। तुम्हारी जीत अपनी एकाग्रता पर निर्भर है।''

सिर हिलाकर झुँझलाहट के साथ कुछ बड़बड़ाता हुआ राहुल थोड़ी दूरी पर से पवेलियन लौट आया।

इस समय मन को एकाग्रता नहीं मिल रही है। सुरेश ने आँखें खोलीं। मुड़कर देखा। राहुल के पास जाऊँ? कुछ कहूँ? क्या कहूँ?

राहुल ने सुरेश को नहीं देखा। उस पर ध्यान नहीं दिया।

सोचा, राहुल शायद इस ओर देखेगा। एक मुस्कान, कोई शब्द या कोई इशारा।

ज़िन्दगी में पहली बार अन्तरराष्ट्रीय मैच खेलने निकला है न! इस समय राहुल के, छोटे-से ही सही, प्रोत्साहन का अपना महत्त्व होगा। राहुल के बारे में यह बात प्रसिद्ध है कि वह विवेक के साथ पराजय का सामना करनेवाला स्पोर्ट्समैन है। भारतीय क्रिकेट का गर्व। ऑस्ट्रेलिया और इंग्लैंड के क्रिकेट के विशेषज्ञों का यही कहना है कि पिछले दस वर्षों में इतने कुशल नेचुरल खिलाड़ी, नैसर्गिक क्रिकेट प्रतिभा का उत्तम उदाहरण संसार में और कहीं देखने को नहीं मिला है।

इसी वजह से नेचुरल क्रिकेट खिलाड़ी के सभी संकटों से राहुल को भी गुज़रना पड़ रहा है। जैसा कि इस समय का डक अथवा शून्य। प्रथम दो या तीन

ओवरों में आउट। वर्ना पचास के ऊपर कमा ही लेता। पचास के बाद नये प्रयोग करने की ललक मन में उठती। वेस्टइंडीज के रिचड्र्स ने एक बार एक यॉर्कर पर सिक्सर मारा। कैसे? मैं भी ज़रा कोशिश करके देखूँ। आख़िरी पल तक प्रतिरोध के अन्दाज़ में रहकर गेंद के उछलते ही मन्द मुस्कान के साथ विकेटकीपर के सिर के ऊपर से पीछे की ओर उठाकर थर्डमैन और फाइन लेग के बीच से बाउंड्री में पहुँचाना। इस प्रकार की कई करामातें। प्रयोग करने की ललक कभी मन्द नहीं पड़ेगी। राहुल का कहना है, क्या करूँ, मेरा स्वभाव ही ऐसा है। नये-नये स्ट्रोक। नये-नये आविष्कार। और परिणाम? पचास के बाद कभी-कभी एक छलाँग। बीस-तीस गेंदों में एक सौ याने शतक। नहीं तो आउट। अकसर ऐसा होता कि ऊपर को उछाल दी गयी गेंद का कैच लेकर कोई आउट करा देता। पहले पाँच या दस रन ले चुकने के बाद बॉल करके राहुल का विकेट गिराना असम्भव-सी बात है।

कानपुर में भी दो सप्ताह पहले ऐसा ही हुआ था। इस शृंखला का दूसरा मैच था।

सभी अख़बारों ने लिखा था कि ग्रीन पार्क स्टेडियम का नया तैयार किया गया पिच बैट्समैन के लिए बहुत ही सहायक है। टॉस जीतकर पाकिस्तान ने जब भारत को बैटिंग के लिए भेजा तो कप्तान श्रीनिवास ने टीम के खिलाड़ियों से कहा भी था— विकेट के विषय में सावधान रहना। पिच में किसी-न-किसी ख़तरे की सम्भावना है। नहीं तो, निसार पहले फील्डिंग करने का निर्णय लेता क्या? कह नहीं सकते कि कप्तान की बातों को अनसुनी करने की वजह से, या जयपुर के पिछले टेस्ट में मिले एक सौ रनों के आत्मविश्वास की वजह से राहुल तीसरी ही गेंद पर आउट हो गया। कैच था। राहुल ने अपनी निजी, भारत के ही नहीं विश्व-भर के किसी अन्य खिलाड़ी से भी अधिक सुन्दर शैली में कट किया था। मगर अन्दाज़ा ज़रा चूक गया।

कंक्रीट के समान ठोस पिच की चिकनी मिट्टी के बीच एक छोटी-सी दरार थी, जहाँ घास की जड़ें मज़बूती से जमी नहीं थीं। सरसरी नज़र से देखा जाए तो वह दरार किसी की निगाह में नहीं आ सकती थी। निसार से भी ज़्यादा तेज़ बॉलर पाकिस्तान में हैं। वेस्टइंडीज और दक्षिण अफ्रीका में तो कई हैं। परन्तु निसार के समान बुद्धिमान फास्ट बॉलर पाकिस्तान में क्या, अन्य किसी भी देश में नहीं मिलेगा। निसार की आँखों को गिद्ध की पैनी दृष्टि प्राप्त है। पिच के छोटे-से-छोटे भाव परिवर्तन और एक इंच से भी कम वृत्त की पतली-सी दरार तक को पहले-पहल पहचान लेनेवाला निसार ही होगा। वही निसार जिसने पिछले पन्द्रह सालों में इंग्लैंड के, वर्षा में भीगे और अप्रत्याशित रूप से पेश आनेवाले पिच, वेस्टइंडीज द्वीपों के प्रतिवर्ष स्वभाव बदलते पिच और ऑस्ट्रेलिया के अपने बॉलरों के हित को

लक्ष्य में रखकर वैज्ञानिक ढंग से तैयार किये गये पिच देखे थे और उनकी गतिविधियाँ ख़ूब समझ ली थीं। ग्रीन पार्क के पिच में जिस क्रीज़ में बैट्समैन खड़ा होगा, उससे करीब आठ फुट आगे की उस छोटी-सी दरार पर उनकी नज़र पड़ी थी। घास के बदले हुए रंग पर पहले ही ध्यान गया था। गेंद फेंकने का स्थान भी देख रखा था। पहली दो गेंदें उस ठोस जगह को लक्ष्य करके राहुल की तरफ फेंक दीं, जो दरार से तीन-चार इंच हटकर थीं। गेंद ऊपर को उछली। राहुल ने बल्ले के ठीक मध्य भाग से प्रतिरोध किया। उसने गेंद को एकाएक ऊपर उछालने वाले बाउंसर का सामना करने का साहस बटोर लिया। लेकिन तीसरी गेंद ठीक उस दरार को लक्ष्य करके उड़ी। गेंद दरार में गिरकर उछली। राहुल ने गेंद के उठने की ऊँचाई का अनुमान करके कट करने के लिए बल्ला घुमाया। चूँकि गेंद दरार में गिरी थी, इसलिए उम्मीद के अनुसार वह ऊपर नहीं उठी। बल्ले के छोर पर ही लगी। गेंद उठी और पन्द्रह गज की दूरी पर लाइन के अन्दर कवर प्वाइंट में फील्डिंग करते शमीउल्ला के कृतज्ञता से बढ़ाये हाथों में पहुँच गयी।

डेसिंग-रूम में जब राहुल लौट आया तब सुरेश उसके पास पहुँचा।

क्रिकेट में एक दस्तूर है— टीम के सबसे जूनियर खिलाड़ी यानी चौदहवें खिलाड़ी की यह ज़िम्मेदारी होती है कि वह अन्य खिलाड़ियों के लिए पानी और ड्रिंक्स की व्यवस्था करे।

चूँकि खेलने के लिए मैदान में उतरने की नौबत नहीं मिलेगी, इसलिए तेरहवें और चौदहवें नम्बरवालों पर दर्शकों का ध्यान तभी जाएगा जब वे खेल के बीच पानी पीने के लिए निर्धारित विश्राम के समय पर, खेलनेवाले साथियों की ज़रूरतें मालूम करने के लिए मैदान में आते हैं। विरले मौकों पर चोट का शिकार बने खिलाड़ी के बदले फील्ड करना पड़ेगा। मगर चौदहवाँ नम्बरवाला और नया आया खिलाड़ी होने के कारण सुरेश को इस प्रकार फील्ड करने का अवसर भी नहीं मिलता था।

सुरेश ने कोकाकोला की एक बोतल खोलकर राहुल के पास ही साइड टेबुल पर रखी।

औपचारिकता के साथ उसने कहा, ''बैड लक!''

ड्रेसिंग-रूम में तीन-चार खिलाड़ी और भी थे। उनमें से किसी ने कुछ भी नहीं कहा।

उन्होंने सोचा होगा, भारत के सबसे कुशल खिलाड़ियों में प्रमुख, वर्तमान टीम की धुरी तीसरी ही गेंद पर डक होकर क्रीज़ से जब लौट आया है, तब क्या कहकर उसे तसल्ली देंगे।

राहुल ने बोतल से चू पड़नेवाले कोला के झाग और सुरेश की उँगलियों की ओर बारी-बारी से देखा। बोतल हाथ में ली। फिर उठकर गम्भीर स्वर में कहा,

''ब्लडी फेलो! अरे कोला पिलाने का अवसर यही है क्या! खेलने को निकलने से पहले पिला नहीं सकते थे क्या?''

राहुल ने उसी ढंग से बोतल लेकर ओठों से लगायी जिस ढंग से टेलीविज़न के विज्ञापन में वह अभिनय करता था। विज्ञापन में जैसे मुस्कुराता था, वैसे ही मुस्कुराया। हाथ ऊपर उठाकर झागोंवाली बोतल का लेबल दिखाई पड़ने लायक ढंग से बोतल उठाकर कहा, ''कोला पी लो, शक्ति के लिए; उत्साह के लिए। शतक मारने के लिए।''

राहुल ठठाकर हँस पड़ा। एक क्षण के लिए सब हँसी में शरीक हुए।

लेकिन उस रात बहुत देर तक राहुल होटल के कमरे में बैठकर रोया। टी.वी. के स्क्रीन पर निसार की पहली दो गेंदों और तीसरी गेंद की आठ वीडियो कैमरों में विभिन्न कोणों से ली गयी क्लिप का बड़ी सावधानी से अध्ययन किया। अपने पीछे खड़े विकेट के बीचवाले स्टम्प के नीचे ठोस काँच की दीवार के अन्दर रखे स्टम्प कैमरे में से निसार के हाथ की उँगलियों की हरकतें एक-एक फ्रेम का रिप्ले करके देख लीं। हर फ्रेम को निश्चल करके बार-बार आगे की ओर और पीछे की ओर घुमाया। ज़रा-सा भी जो अन्तर हो, उसे ढूँढ़ लेने की चेष्टा की। पूरा एक घंटा। सूक्ष्मदर्शी लोगों की भी नज़र में न आनेवाली निसार की सूक्ष्म-से-सूक्ष्म हरकतें देख लेने के बाद ही राहुल सोने चला।

सोने का उपक्रम करते वक़्त वह खुद बड़बड़ाया। राहुल के रूममेट मराठे ने कहा था कि उसकी होशियारी से हमें सबक़ सीखना चाहिए। इसी के बूते वह सारी दुनिया का प्रतिरोध करता है।

राहुल अपने पर ही खीझ रहा था।

मूर्ख! मैं इतना बेवकूफ़ कैसे बना! निसार ने मुझे नीचा दिखाया। तीसरी गेंद को भी बल्ले के मध्यभाग से रोकना काफ़ी था। मुझे अनुमान लगाना चाहिए था कि वह गति बदल देगा। यह क्यों नहीं सोचा कि वह अपनी हर गेंद होशियारी के साथ ही फेंकेगा! छिः... छिः! अगली बार ऐसी ग़लती नहीं करनी चाहिए।

निसार और राहुल के बीच की यह लड़ाई दिमाग़ की है। ऐसी लड़ाई जिसमें विपक्षी के छोटे-से-छोटे मानसिक भाव का भी विश्लेषण किया जाता है।

इन दोनों के बीच की लड़ाई को शुरू हुए इस शृंखला में पाँच पारियाँ बीत चुकी हैं।

राहुल का स्कोर दो शतक, एक चालीस और दो शून्य।

दोनों शून्यों के लिए ज़िम्मेदार निसार ही था।

निसार के ओवर में अभी एक गेंद बाक़ी है।

छठी गेंद!

सुरेश का क्रीज़ में पहुँचना, अपनी सदा की-सी शैली में लेग-स्टम्प की ओर बल्ला टेढ़ा करके पकड़कर गार्ड लेना, सिर पर हेलमेट कसकर पहन लेना, दस्ताने पहनना— सबमें एक प्रकार की यान्त्रिकता थी। कुछ भी याद नहीं। गैलरी से उठनेवाली हर्षध्वनि और कोलाहल की शुरुआत दिल के अन्दर से है, ऐसा उसे महसूस हुआ।

उसने हाथ-पैर हिलाने की चेष्टा की। न जाने क्यों, हिला नहीं सका।

दिल की धड़कन और तेज़ होने लगी है।

उसने चारों ओर देखा। फील्ड करनेवालों के बीच कोई गैप नहीं है।

सुरेश ने बल्ला नीचा कर लिया और सामने मैदान के सिरे से दौड़े आनेवाले निसार की सूरत पर ध्यान दिया। अम्पायर का, विकेट के ऊपर बढ़ाया गया हाथ अब दिखाई नहीं पड़ रहा है।

'ओए...!' की भारी आवाज़ ने चारों ओर से उठकर कानों से टक्कर मारी।

निसार नज़दीक आ रहा है।

तूफ़ानी रफ़्तार से। कहीं कोई आवाज़ नहीं। तुरन्त सुरेश को ख़्याल आया। हे भगवान, यह हैट ट्रिक का प्रयास है उसका! एक के बाद एक के क्रम से तीन विकेट प्राप्त करने की कोशिश। प्रत्येक गेंद पर एक-एक विकेट।

पवेलियन में वी.आई.पी. अतिथियों की कतार में कुशनवाली कुर्सी पर थोड़ा आगे को झुककर बैठी शैलजा मेनन ने कुर्सी की पीठ पर देह टिकाकर आँखें मूँद लीं। पिछले दस वर्षों से वह इस दिन की प्रतीक्षा कर रही थी। यद्यपि कोई बड़ी उम्मीद नहीं थी, तो भी दुर्बल-सी आशा मन में हमेशा पालती आयी थी कि उण्णी किसी दिन भारतीय टीम में ज़रूर खेलेगा। कितनी लम्बी प्रार्थनाएँ की थीं उसने। उण्णी के पिता के घोर विरोध के बावजूद वह डटी रही। उसने अपने बच्चे को इतना शारीरिक और मानसिक तनाव दिया था जो किसी साधारण बच्चे के लिए असहनीय था। एक प्रकार का दंड ही समझो।

उसकी जीत हुई।

उसकी नहीं, मेरी।

पास बैठे पतिदेव के हाथ शैलजा की हथेलियों में दब गये।

''देखो शैलजा!''

शैलजा मेनन चुपचाप प्रार्थना कर रही थी।

क्रीज़ पर सुरेश ने कुछ भी नहीं देखा।

किसी को याद भी नहीं किया।

इन सबके लिए वक़्त ही कहाँ था!

बिल्कुल पास में कोई वस्तु तेज़ रफ़्तार से उड़ गयी।

आकाश की ओर उछलकर अम्पायर की ओर देखते हुए निसार चीख उठा, ''हाउज़ाट?''

मैदान के अन्य दस खिलाड़ियों के कंठों से आवाज़ें उठीं, ''हाउज़ाट?''

निसार ने अम्पायर की ओर जो उँगली उठायी, वह काँप रही थी।

मैदान के चारों ओर के पत्ते तक, जो हवा में हिल रहे थे, पल-भर के लिए निश्चल हुए।

सुरेश ने आँखें मूँद लीं।

क्या हुआ था?

बल्ले की मूठ से गेंद ने रगड़ा खाया क्या? नहीं तो! दस्तानों को छू गयी? नहीं तो!

सुरेश ने आँखें खोलीं।

सामने के विकेट के पीछे निषेध के अन्दाज़ में सिर हिलाते हुए खड़े दक्षिण अफ्रीका के अम्पायर डेविस ने गाउन की जेब से बाहर झाँकता कैप लेकर निसार की ओर बढ़ाया।

निसार ने कैप लिया।

ओवर की समाप्ति।

स्टेडियम की भीड़ में अचानक कोलाहल मचा जैसे कोई बम फट गया हो। तालियाँ बजीं और पटाखे छूटे। सुरेश मेनन ने लम्बी साँस ली।

उसने चारों ओर देखा। चारों ओर भारी भीड़। भीड़ की तरफ पहली बार उसका ध्यान गया।

3

जब पाकिस्तानी टीम के कप्तान निसार का अपने ओवर की समाप्ति पर अम्पायर के हाथों से टोपी लेने का दृश्य सारा संसार टेलीविज़न पर देख रहा था, तब बजी ज़ोर की तालियों की ध्वनि का वॉल्यूम थोड़ कम कराया गया और उसके ऊपर से कमेंटेटर हरीश पटेल के ये श्रुतिधुर शब्द सुनने को मिले :

''ज़रा देखिए, अभी-अभी क्या हुआ है। इस समय यहाँ मेरे दोनों ओर कमेंटेटर बॉक्स में दो माननीय अतिथि उपस्थित हैं। भारत और पाकिस्तान के पिछले दशक के अपने-अपने क्रिकेट कप्तान। पिछले उद्वेगपूर्ण ओवर के बारे में राय जताने की क्षमता उनसे बढ़कर और किसमें होगी भला! पहले आप ही शुरू कीजिएगा मिस्टर सलमान खान।''

लेकिन पूरे पाँच मिनट के बाद ही श्रोतागण सलमान खान की बहुमूल्य राय जान सके थे क्योंकि टी.वी. स्क्रीन पर अचानक दृश्य बदल गया था। तीस सेकेंड का एक विज्ञापन।

प्रत्येक ओवर की समाप्ति पर विकेटकीपर को दूसरी ओर आना चाहिए। कप्तान और अगले ओवर में गेंदबाजी करनेवाले बॉलर को अपनी गेंदबाजी की योजना के अनुसार फील्डरों को एक-एक स्थान पर तैनात करने का निर्णय लेना चाहिए। इन सभी प्रक्रियाओं के लिए आधे मिनट से दो मिनट तक का समय लगेगा। इस अन्तंराल में साधारणतया पिछले ओवर के मुख्य गेंदों का सामना बल्लेबाज ने किस ढंग से किया, बुद्धिमत्ता के साथ की गयी फ़ील्डिंग या फील्डर की अचूक थ्रो आदि कोई दृश्य स्लो मॉशन में या साधारण ढंग से, और कभी-कभी फ्रीज़ करके निश्चल दृश्य के रूप में दोबारा दिखाया जाता है। इसके साथ-साथ विशेषज्ञों की टिप्पणियाँ भी। अगर खेल उबाऊ था, तो स्कोर-शीट, अन्य ग्राफ, या बल्लेबाजों या बॉलरों का संक्षिप्त जीवन-परिचय स्क्रीन पर दिखाया जाएगा। अगर यह भी कारगर न रहा तो दर्शकों के दृश्य अथवा जिस शहर में खेल हो रहा है उसमें पहले ही से शूट किये गये रोचक दृश्य दिखाये जाते हैं।

जयपुर में जो पहला एकदिवसीय मैच खेला गया था, उसमें ऐसे अनेक दृश्य दर्शकों ने देखे। हवामहल, अम्बर किले की ओर हाथी की सवारी, विकसित फूलों से भरे विशाल उपवन तथा जयपुर के विशाल राजमार्ग। परन्तु दूसरे मैच के साथ ही ये अन्तराल एक-एक करके दर्शकों के लिए नष्ट होते चले गये और इस बात पर बहुत कम लोगों का ध्यान गया।

भारत-पाकिस्तान सीरीज़ का प्रसारण करने के लिए हांगकांग स्थित किसी टेलीविज़न नेटवर्क को ही ठेका मिला था। कड़ी प्रतियोगिता के बाद ठेके पर दस्तख़त करने तक पहले मैच के शुरू होने में सिर्फ़ सात ही दिन रह गये थे। जब तक कम्पनी ने दूरदर्शन के साथ तकनीकी सहकारिता एवं दूरदर्शन के चैनलों से प्रसारण का अनुबन्ध तैयार किया, तब तक तीन दिन और बीत गये। इसके उपरान्त ही बम्बई के एक विज्ञापन-फर्म को विज्ञापनों का ठेका दिया गया था। यद्यपि उन्होंने बड़ी दौड़-धूप की, तो भी जयपुर के मैच के पहले सारे-के-सारे विज्ञापन इकट्ठे नहीं हो पाये। लेकिन कानपुर में दूसरे मैच के समय तक विज्ञापनों की संख्या बढ़ गयी।

कोच्चि पहुँचने के पहले ही विज्ञापनों की बाढ़-सी लग गयी थी।

साधारणतया एकदिवसीय क्रिकेट में प्रत्येक टीम पचास-पचास ओवर खेला करती है। तीन सौ गेंदें। तीन सौ के स्थान पर कभी तीन सौ बीस या तीन सौ तीस तक गेंदें फेंकी जाएँगी। यदि फेंकी हुई गेंद बल्लेबाज की पहुँच से दूर जाती हो, या

ख़तरनाक ढंग से ऊँची उठ जाए, तो ऐसी गेंद को वाइड कहेंगे। इसी प्रकार यदि बॉलर की कुहनी मुड़ जाए, या पाँव क्रीज़ की रेखा तक पहुँचने पर भी यदि गेंद हाथ से न छूटे, तो उसे 'नो बॉल' क़रार दिया जाएगा। इन सबके बदले एक-एक गेंद और फेंकनी होगी। इस प्रकार, अकसर तीन सौ की संख्या थोड़ा और बढ़ जाएगी। कुल साढ़े तीन घंटे या दो सौ तीन मिनटों का खेल है एक टीम के लिए। इसके बीच दो बार पानी पीने के लिए खेल रोका जाता है। ज़्यादा-से-ज़्यादा आठ मिनट। इस समय-सीमा के अन्दर पूरे ओवर खेलने के लिए खिलाड़ी जब भरपूर कोशिश करेंगे, तब जलपान का आठ मिनट का समय ही विज्ञापनों के लिए प्राप्त होगा। इसके अलावा खेल शुरू होने के पहले के और ख़त्म होने के बाद के दो-तीन मिनट।

जयपुर में तो उतना काफ़ी था। धीरे-धीरे जब विज्ञापनों की संख्या बढ़ने लगी, तब रेट बढ़ा दिये जाने पर भी विज्ञापनों की संख्या घटने के बदले बढ़ती ही गयी। धीरे-धीरे एक योजना बनायी गयी। ओवरों के बीच के समय से तीस सेकेंड दृश्यों के स्थान पर विज्ञापनों को दे दिया गया।

एक और इक़रार भी था, जो एकदम गुप्त रखा गया।

खेल के महत्त्वपूर्ण प्रसंगों के बाद का अन्तराल हो, तो विज्ञापन का दर पचास प्रतिशत बढ़ेगा। इसलिए पाकिस्तान के भूतपूर्व कप्तान और विज्ञापन की कम्पनी द्वारा इस शृंखला के लिए विशेष रूप से आमन्त्रित कुशल क्रिकेटर सलमान खान के मुँह से कोई यह नहीं सुन पाया कि अन्तरराष्ट्रीय मैच में सुरेश मेनन ने कैसे अपनी पहली गेंद का सामना किया, भारत का सुपर खिलाड़ी राहुल कैसे अपनी पहली ही गेंद पर आउट हुआ या ओपनिंग बैट्समैन मराठे को एक यॉर्कर ने किस कदर परेशान किया आदि।

सलमान का ख़ूबसूरत चेहरा और अपनी कप्तानी के दिनों में खेल और फैशन की पत्रिकाओं के मुखपृष्ठ पर बराबर छपनेवाली उनकी दबी मुस्कान देखने का सौभाग्य टी.वी. के दर्शकों को नहीं मिला। उसके स्थान पर बम्बई की किसी गृहिणी का, बाज़ार में नयी आयी अत्याधुनिक प्लास्टिक झाड़ू से कमरा साफ़ कर स्वर्गानुभूति पाने का सुन्दर दृश्य इन तीस सेकेंडों में दिखाया गया।

उसके ख़त्म होते ही ज़फ़रुल्ला का तेज़ी से दौड़ता रूप विकेट के नज़दीक आ चुका था। कट किये हुए फ्रेम में बलबीर सिंह बैटिंग करने की प्रतीक्षा में लांग शॉट में आ गया।

दर्शकों ने लगन के साथ टी.वी. स्क्रीन की ओर देखा। केरल के पन्द्रह लाख टी.वी. स्क्रीनों पर दृष्टि गड़ाये बैठे एक करोड़ से ज़्यादा दर्शक स्क्रीन पर किसी को ढूँढ़ रहे थे। सुरेश कहाँ है? दिखाई तो नहीं देता।

थोड़ा अन्दर की ओर हटकर बल्ले का छोर क्रीज़ की सफ़ेद लकीर के भीतर

सटाकर रखते हुए सुरेश दौड़ने की पूरी तैयारी में खड़ा था। क्रिकेट की दुनिया में इस समय जितने भी मशहूर गेंदबाज हैं, उनमें सबसे तेज़ रफ़्तार में गेंद फेंकने की क्षमता ज़फ़रुल्ला में ही है। एक सौ साठ किलोमीटर तक की रफ़्तार। पहले ओवर की एक-दो गेंदें इस प्रकार की होती हैं। मगर लेंथ ठीक न होने से अकसर गेंद सही जगह पिच नहीं कर पाती। प्रायः कुशल पेस बॉलर किसी ख़ास मक़सद से गेंद फेंकते होंगे। विकेट के जिन तीन स्टम्पों को कवर करके बल्लेबाज खड़ा होता है उनमें से किसी एक को वह निशाना बना लेगा। बायें पैर के पास का लेग-स्टम्प, दायें पैर के पास का ऑफ़-स्टम्प, बीच का मिडिल-स्टम्प। बैट्समैन की क्षमता के आधार पर ही निर्णय किया जाता है कि किस स्टम्प को लक्ष्य करके गेंद फेंकनी है। यदि बैट्समैन ऑफ-साइड में अच्छा खेलता है, तो गेंद लेग-स्टम्प को लक्ष्य करके फेंकी जाएगी। फिर लेग साइड में फील्डरों को नियत स्थान पर खड़ा किया जाएगा।

ऐसे बैट्समैन के लिए जिसे गेंद मारकर ऊँचे उड़ाने की आदत हो, साधारण से अधिक ऊँचाई पर बल्ला चलाने के लिए गेंद मिले, इस ढंग से उसे शॉर्टपिच किया जाएगा। परन्तु इस प्रकार दिशा और रफ़्तार बदलने के लिए बड़ी चतुराई और बॉल पर कंट्रोल अनिवार्य है। ज़फ़रुल्ला का यह हाल है कि गेंद की रफ़्तार बढ़ने पर निशाना चूक जाएगा। बीच में कोई एक गेंद, शायद किस्मत के खेल से सीधे विकेट पर लग भी सकती है। लेकिन वह तो नसीब का खेल है। अथवा बैट्समैन की बदनसीबी।

ज़फ़रुल्ला के फॉलो-थ्रू की भी विशेषता है। गेंद हाथ से निकल जाए, तो फिर दौड़ की शक्ति के कारण पिच पर से आगे की गति रोकने में असाध्य-सी बन जाती है। बॉलर के हाथ से गेंद जब छूटती है, तब आगे को लपकने में बड़ी सावधानी बरतनी होती है। क्योंकि फॉलो-थ्रू में आपस में टकराने की सम्भावना है। ख़ासकर इसलिए कि दोनों की नज़रें गेंद के पीछे होती हैं।

सुरेश मेनन थोड़ा हटकर खड़ा था, अतः वह टी.वी. कैमरे में नहीं आ पाया था।

ज़फ़रुल्ला की पहली गेंद। जैसी उम्मीद थी, वैसे ही तोप के गोले की रफ़्तार से बलबीर सिंह की तरफ उड़ आयी। गेंद दायीं ओर को हट गयी। बलबीर ने जो बल्ला ऊपर उठाया था, उसे तुरन्त नीचा कर लिया। गेंद बिना बल्ले को छुए, विकेटकीपर के दस्तानों में पहुँच गयी।

सुरेश, जो पिच के आधे भाग तक दौड़ आया था, जल्दी ही पीछे की ओर दौड़कर क्रीज़ के सुरक्षित स्थान पर पहुँच गया। सिर पर भारीपन महसूस होने लगा। बोझा-सा नहीं। हाँ, हल्कापन का अभाव ज़रूर था। बेचैनी।

क्या इसकी वजह हेल्मेट है?

सुरेश ने चार-पाँच बार सिर इधर-उधर घुमाया।

पवेलियन में खिलाड़ियों के घेरे में पैरों पर पैड बाँधे बैठे भारत के कप्तान श्रीनिवास सुरेश को ध्यान से देख रहे थे। क्या बात है! गड़बड़ी है क्या? श्रीनिवास ने मन ही मन पूछा।

क्या मेरा निर्णय ग़लत निकला?

नहीं।

श्योर?

सही हो या ग़लत, तुमने जोखिम उठाया। यह जुआ खेलने के सिवा तुम्हारे सामने कोई दूसरा रास्ता भी तो नहीं था उस समय!

श्रीनिवास ख़ूब जानता था कि उसने एक जोख़िम ही उठाया है।

कल निर्णय लिया था। किसी को कानों-कान ख़बर तक न मिली। यहाँ तक कि मैनेजर को भी उसने नहीं बताया। ख़ूब जानता था कि मैनेजर मक़बूल कभी विरोध नहीं करेंगे। फिर भी पूर्व-सूचना नहीं देनी चाहिए। ख़बर क्यों बाहर फैले! उससे तो हानि ही होगी।

कल शाम को जब कोच्चि के मैच के खिलाड़ियों के नाम घोषित किये गये, तब सुरेश मेनन का नाम बारहवाँ था।

सभी पत्रकारों को एक ही सवाल का जवाब मिलना था, "क्या सुरेश मेनन कल खेलेंगे?"

पिछले चारों मैचों में खिलाड़ियों की सूची में स्थान पाने पर भी फील्डिंग के लिए भी सुरेश मेनन मैदान में नहीं उतरा था। यहाँ बारहवाँ खिलाड़ी बनाने का भी यही इरादा है क्या? अगर इरादा यही है, तो इस प्रकार नाममात्र के लिए टीम में रखने का यह नाटक क्यों?

पत्रकार-सम्मेलन में श्रीनिवास और मैनेजर मक़बूल दोनों मौजूद थे।

मक़बूल ने कहा, "कल सुरेश मेनन खेलेंगे।"

कोच्चि के प्रमुख समाचार-पत्रों के अपने निजी स्पोर्ट्स रिपोर्टर होते हैं। उनमें से कइयों ने एक स्वर में पूछा, "बैटिंग में कौन-सी पोज़ीशन होगी? क्या बॉलिंग दी जाएगी?"

जवाब श्रीनिवास ने दिया था।

"कोच्चि का यह मैदान नया है। इसमें टर्फ-विकेट नया-नया बना है। इसलिए सुबह पिच की जाँच करने के बाद ही ऐसी बातों पर निर्णय लिया जाएगा। लेकिन एक बात का आश्वासन मैं आपको दूँगा। टीम की भलाई और जीत का ख़्याल करके बैटिंग, बॉलिंग और फील्डिंग में सुरेश मेनन की क्षमताओं का मैं पूरा-पूरा फ़ायदा उठाऊँगा। बेशक।"

डिनर के पश्चात् लौटे तो दस बज गये। नींद नहीं आयी। होटल के कमरे का ए.सी. ऑफ़ करके खिड़कियाँ खोल दीं। पश्चिम की ओर कोच्चि पोर्ट की सैकड़ों बत्तियाँ झिलमिला रही थीं। आसमान स्वच्छ था। बत्तियों की पाँत और नक्षत्रबिन्दियाँ मानो एक-दूसरे में घुल-मिल गयी हों।

श्रीनिवास ने तुरन्त निर्णय लिया।

कोई दूसरा उपाय नहीं है।

सुरेश मेनन की क्षमताओं का पूरा फ़ायदा उठाना होगा। सिर्फ़ टीम के हित के लिए नहीं, अपने हित के लिए भी।

पिछले साल के ऑस्ट्रेलिया और न्यूजीलैंड के दौरे के बाद पराजित होकर लौटी भारतीय टीम ने जिस संकट का सबसे पहले सामना किया, वह था कप्तान का इस्तीफ़ा। चार वर्षों से कप्तान रहे कमलनाथ ने इस्तीफ़ा दे दिया। टेस्ट क्रिकेट से रिटायर भी हो गया।

भारत-पाकिस्तान शृंखला के लिए अब दूसरे कप्तान को चुनना था। कुल चार चयनकर्ता थे। एक-एक क्षेत्र से एक-एक। और चेयरमैन भी। पश्चिम, उत्तर, पूरब और दक्षिण। पश्चिम और उत्तर ही अधिक शक्तिशाली हैं। बम्बई और दिल्ली। बम्बई के सेलेक्टर ने राहुल का पक्ष लिया और दिल्लीवाले ने मित्तल का। राहुल की उम्र अभी इक्कीस वर्ष की थी। भारतीय टीम का शक्तिस्रोत। इस छोटी उम्र में उसे कप्तान की ज़िम्मेदारी सौंपना उचित होगा क्या? मित्तल तो तीस वर्ष का है। स्पिन बॉलर। कमलनाथ के साथ उप-कप्तान रह चुका है। दो-तीन वर्षों के बाद राहुल को कप्तानी दी जाए। बम्बई और दिल्ली अपनी-अपनी राय पर अड़े रहे।

अन्त में चेयरमैन ने समझौते का एक फार्मूला प्रस्तुत किया। श्रीनिवास अच्छा बैट्समैन है। शील-स्वभाव भी अच्छा। इंजीनियर है। सबसे अधिक शिक्षित। पच्चीस वर्ष की अवस्था। चार सालों से टीम में खेलता आया है। अनुभवी खिलाड़ी। इस सीरीज में उसे एक अवसर क्यों न दिया जाए!

बम्बई और दिल्ली को पहले यह स्वीकार्य नहीं था। अन्त में एक शर्त रखी गयी। एकदिवसीय मैचों में पहले अवसर दिया जाए। पाँचों एकदिवसीय मैचों के बाद श्रीनिवास का तब तक का प्रदर्शन देखकर पंचदिवसीय टेस्टों की कप्तानी दी जा सकती है।

मद्रास से आये प्रतिनिधि ने चयन समिति की बैठक में हुए वाद-विवाद की विस्तृत जानकारी श्रीनिवास को दी थी। उसे निश्चित रूप से मालूम हो गया कि अब अपना एक ही प्रतिद्वन्द्वी है—राहुल। मित्तल से कोई डरना नहीं है। तीस वर्ष का तो हो गया। फिर दो-तीन स्पिन बॉलर मौक़े के इन्तज़ार में तैयार खड़े हैं। मित्तल को टीम से ही आउट किया जा सकता है।

परन्तु राहुल!

उसकी जीनियस का सामना करने के लिए कोई नया दाँव ढूँढ़ना होगा।

राहुल का कोई विपक्षी?

भारतीय क्रिकेट में राहुल आज पहले नम्बर पर है। पर, कोई नया खिलाड़ी क्रिकेट के खेल में अपनी कुशलता का, राहुल से बढ़कर नेचुरल प्रदर्शन कर दिखाए, तो? संवाददाताओं, खिलाड़ियों और खुद चयन-समिति तक में उलझन पैदा हो सकती है। राहुल तो ठीक है, लेकिन यह नया खिलाड़ी? इक्कीस वर्ष की आयु के खिलाड़ी को इतनी जल्दी ऊँचा स्थान क्यों दिया जाए? नये खिलाड़ी पर एक-दो सीजन तक हम नज़र रखें। अगर कहीं वह राहुल से बेहतर निकले, तो?

राहुल और नये खिलाड़ी का तुलनात्मक विश्लेषण जब तक पूरा नहीं हो जाएगा, तब तक श्रीनिवास की कप्तानी बरक़रार रहेगी। एक बार विजयी हो जाने पर निस्सन्देह वह अपनी शक्ति सिद्ध कर देगा।

राहुल का कोई प्रतियोगी।

सवेरे टॉस लेने के बाद लौटकर जब ड्रेसिंग-रूम में आया, तब सुरेश मेनन को पास बुलाकर कहा, "सुरेश, तुम टू डाउन पर जाओगे?"

"टू डाउन! सर, तब आप?"

"मैं थ्री डाउन पर खेलूँगा।"

कमर का पैड बाँधते बैठे राहुल के मन में क्षण-भर के लिए सन्देह-सा उठा।

पर अगले ही क्षण वह मुस्कुराया।

"दैट इज गुड।"

श्रीनिवास की आँखें क्रीज़ पर सुरेश पर ही गड़ी थीं। बेचारा नर्वस है। जब वह बैटिंग के लिए चल पड़ा, तब मैं 'गुड लक' कहना भी भूल गया।

उस समय सारा ध्यान राहुल पर ही लगाये था।

क्या राहुल ने मुझे नीचा दिखाने के लिए जान-बूझकर विकेट खो दिया था?

एक-एक पल के बीतने पर शंका की मात्रा बढ़ती जाती है। राहुल क्रिकेट का शीर्षस्थ खिलाड़ी है। अब सिर्फ़ एक ही उपाय बचा है। किसी भी मूल्य पर सुरेश को अवश्य जीतना चाहिए।

4

"आज मैं उसे यों नहीं छोड़ूँगा। साला! आज वह फिर ज़बान लड़ाएगा, मक़बूल मियाँ! पर मैं उसे पीटूँगा नहीं। मैदान में खून नहीं करूँगा। आपको इससे तकलीफ़

होगी मियाँ। हाँ, जमकर चार...उसके दादा का...साला!''

बलबीर सिंह मज़ाक के अन्दाज़ में कह रहा था।

हिन्दी में 'साला' शब्द का अर्थ है, पत्नी का भाई। परन्तु, बोलचाल की भाषा में वह गाली है। पहले सिरे की नहीं, बिल्कुल मामूली-सी। नाराज़गी जताने के लिए मित्र लोग कभी इसका प्रयोग आपस में करते हैं।

लेकिन बलबीर निरे 'साला' शब्द से रुकनेवाला नहीं। उसके पीछे दो-तीन भयंकर गालियाँ और आएँगी। टीम के तेरहवें खिलाड़ी लेग-स्पिनर अवस्थी ने जब सुरेश को उसका अर्थ समझाया, तब सुरेश का चेहरा पीला पड़ गया।

सुबह होटल से मैदान की ओर की यात्रा थी। वातानुकूलित कोच में मक़बूल अहमद के बगल में ही बलबीर बैठा था।

यद्यपि मक़बूल अहमद टीम के मैनेजर थे, तो भी सभी खिलाड़ियों के लिए वे मक़बूल मियाँ थे। एकदम शान्त स्वभाव के। जेंटलमैन। उत्तर प्रदेश की पुरानी रियासत सूरतगंज के नवाबी खानदान की अन्तिम कड़ी। क्वाँरे। छह फुट से ज़्यादा लम्बे और उसके अनुसार मोटे सुमुख व्यक्ति। पके गेहूँ का रंग। क़ीमती कपड़े पहने ही हमेशा नज़र आते हैं। उनके पास खड़े रहने पर इत्र और सुगन्धित सुपारी की गन्ध हमें मदहोश कर देगी। कभी गुस्सा नहीं करते। कई अवसरों पर उनके गाल इस तरह लाल हो जाते कि उँगली से छूने पर ऐसा लगेगा कि उँगली पर खून लग जाएगा। रूप-रंग में आये इस परिवर्तन का अर्थ है, इस समय वे गुस्से के शिकार हैं। लेकिन इस अवस्था में भी वाणी तथा व्यवहार में वे शान्त ही रहेंगे। लगभग तीस वर्ष पहले वे भारतीय टीम में खेले थे। विकेटकीपर थे। तीन मैच। जिन दशकों में रेडियो कमेंट्री का बोलबाला था, कमेंटेटर के रूप में उन्होंने काम किया था। पिछले कुछ वर्षों से क्रिकेट के प्रशासन पर ध्यान लगाये हुए हैं। उनकी हँसमुख छवि, घनी, ऊपर की ओर टेढ़ी खड़ी मूँछें, बीच-बीच में गूँजते ठहाके लोगों की पसन्द थे।

मक़बूल अहमद सबको 'मियाँ, यार' जैसे शब्दों से ही सम्बोधित करते थे। अत: उम्र में अन्तर होने पर भी लोग उन्हें मक़बूल मियाँ कहकर ही पुकारते थे।

मक़बूल अहमद टीम मैनेजर से बढ़कर किसी बुजुर्ग व्यक्ति के रूप में ही सबसे पेश आते थे।

जब गाड़ी स्टेडियम के क़रीब आ पहुँची, तब मक़बूल अहमद ने बलबीर सिंह के कन्धे पर हाथ रखते हुए कहा, ''आज कोई मुसीबत खड़ी न करना, मियाँ।''

बलबीर सिर्फ़ हँस दिया।

''खड़ी करूँगा, मियाँ। आज मैं उसे छोड़ूँगा नहीं।''

''इसका मतलब है मेरी परेशानी और बढ़ेगी, मियाँ। पत्रकारों का सामना मुझे ही तो करना पड़ता है। तुम तो मैदान में मनमानी कर सकते हो।''

"नहीं मियाँ। वो...शाहनवाज़। मुझे देखकर वह अपना क़ाबू खो बैठता है।"

"नहीं मियाँ। वह तो हर अच्छे बैट्समैन के पीछे विकेट कीप करनेवाला खिलाड़ी अपना क़ाबू खो बैठेगा। यह नेचुरल है।"

"कैसा नेचुरल! आप जो कुछ भी कहें, आज अगर वह कुछ बड़बड़ाया, तो..."

एकाएक पीछे मुड़कर बड़बड़ाते हुए बलबीर के मुँह से पंजाबी की चार-पाँच ग़ालियाँ निकल गयीं।

"जयपुर से ही मुझे अपसेट करने की इसकी कोशिश रही है। हर कमेंट पंजाबी में ही दाग देता है। फर्स्ट स्लिप में खड़े वज़ीर से ही ये रिमार्क कसे जाते हैं। वज़ीर रहा कराचीवाला। वह भला पंजाबी क्या समझे! तब उस रिमार्क का निशाना कौन होगा? मैं, सिर्फ़ मैं। अपने साथ मैं यह खेल होने नहीं दूँगा। आज मैं उसका मुँह बन्द करूँगा। मेरे दादाजी भी लाहौरवाले हैं। परले सिरे का जाट। देख लेना मियाँ!"

बल्लेबाज को उत्तेजित करके उसका ध्यान बँटाने के लिए फील्डिंग टीम निर्दोष और स्वाभाविक लगनेवाली कई तरक़ीबें सोच निकालती है और होशियारी के साथ उन पर अमल भी किया करती है। मान लीजिए कि साधारण ढंग से फेंकी गयी किसी गेंद को बल्लेबाज आसानी से मारकर दूर पहुँच सकता है, लेकिन मारने की बजाय बचाव की अदा में वह उसे रोक लेता है। पास खड़े फील्डर तुरन्त चिल्लाकर कहेंगे 'गुड बॉल, फाइन!' फिर प्रोत्साहन-सूचक तालियाँ। इसके बाद यदि विकेट से बहुत दूर हटकर जाने वाली गेंद को बल्लेबाज पैड से रोक ले, तो तुरन्त सब मिलकर अपील करेंगे 'हाउज़ाट?' जब अम्पायर असहमति में सिर हिलाते हैं, तब निराशा-सूचक मुखमुद्रा अपनाकर उसके अनुरूप चेष्टाएँ भी दिखाएँगे। इन सबसे अधिक चिढ़ाऊ है विकेटकीपर का ज़ोर का स्वगत-कथन। जब गेंद फेंकने के लिए बॉलर दौड़े आता है, और बैट्समैन एकाग्रता से खड़ा है तब पीछे से फुसफुसाहट सुनायी पड़ेगी। मतलब समझ में नहीं आएगा। लेग अम्पायर या दूसरी ओर विकेट के पास खड़ा अम्पायर सुन नहीं पाये, ऐसी धीमी आवाज़ होगी। मगर ठीक सामने खड़े बैट्समैन के कान उसे पकड़ लेंगे और एक प्रकार की बेचैनी-सी पैदा हो जाएगी। पल भर के लिए बैट्समैन एकाग्रता खो बैठेगा और लक्ष्य सिद्ध हो जाएगा।

बलबीर सिंह क़सम खाकर कहता है कि पाकिस्तान का विकेटकीपर शाहनवाज़ इस फुसफुसाहट में माहिर है। बलबीर सिंह जब बैटिंग करता है, तब उसकी मात्रा बढ़ जाती है। यही नहीं, सारी फब्तियाँ पंजाबी में ही होंगी।

बलबीर के और शाहनवाज़ के क्रमशः भारत और पाकिस्तान में स्थित गाँवों के

बीच केवल पचास मील का फ़ासला है। बलबीर के दादाजी का गाँव लाहौर के पास शाहनवाज़ के मुहल्ले से तीन ही मील की दूरी पर है। दादाजी का भाई, जो बँटवारे के दिनों में गाँव छोड़कर भागा नहीं था, अब भी वहाँ रहता है। पास ही एक छोटा-सा गुरुद्वारा भी है।

एक वर्ष पहले बलबीर अपनी माँ के साथ पुश्तैनी घर गया था। गुरुद्वारा में जाकर प्रार्थना की। उस दिन शाहनवाज़ ने ही सारा समय बलबीर की मेज़बानी की थी। शारजाह में, और एक बार ऑस्ट्रेलिया में टूर्नामेंट के समय वे साथ-साथ खेले हैं। एक बार इंग्लैंड में लंकाशायर लीग में भी दोनों साथ थे। दोनों के बीच इतना आत्मीयतापूर्ण सम्बन्ध था। भारत में इस दौरे की शुरुआत से मौक़ा मिलने पर दोनों साथ रहते थे।

लेकिन, क्रिकेट ग्राउंड में...

ज़फ़रुल्ला के ओवर की दूसरी गेंद की रफ़्तार मीडियम पेस से ज़्यादा नहीं थी। ज़्यादा-से-ज़्यादा एक सौ दस किलोमीटर की रफ़्तार। दायें पैर के पीछे के ऑफ़-स्टम्प को लक्ष्य बनाकर आयी गेंद। बलबीर ने सोचा कि वह ज़मीन पर टप्पा खाकर उछलते वक़्त बायीं ओर दिशा बदलनेवाला इनस्विंगर होगा। अत: प्रतिरोध के लिए तैयार होकर, दायाँ पैर आगे को रखकर गेंद को उसने रोक लिया।

गेंद में कोई स्विंग नहीं था। प्रकट रूप से कोई जोख़िम न पैदा कर सकनेवाली वह गेंद यों ही छोड़ दिये जाने पर भी ऑफ-स्टम्प से हटकर थोड़ी और ऊँचाई पर से विकेटकीपर के हाथ में आ जाती।

पर ज्यों ही गेंद ज़फ़रुल्ला के हाथ से छूटी, पीछे से पंजाबी में शाहनवाज़ की बड़बड़ाहट सुनायी पड़ी।

"मारो उसके सिर पर।"

बड़बड़ाहट धीमी आवाज़ में थी और किसी ने नहीं सुनी। शायद बलबीर को सुनाना ही उसका लक्ष्य था। शाहनवाज़ जिस स्थान पर अकसर खड़ा रहता था, वहाँ से थोड़ा आगे बढ़कर ही खड़ा था।

तेज़ रफ़्तार वाले फास्ट बॉलर जब गेंद फेंकते हैं, तब विकेटकीपर बैट्समैन से दस-बारह गज की दूरी पर ही खड़े होते हैं। कभी-कभी बैट्समैन के पास से आनेवाली गेंद की गति के अनुसार कदम रखने के लिए विकेटकीपर को एक पल का दसवाँ भाग भी नहीं मिलेगा। इसलिए जितना अधिक पीछे हटकर खड़ा हो, उतना अधिक अच्छा है।

लेकिन अब शाहनवाज़ सामने की ओर बढ़ आया। ज़फ़रुल्ला ने रफ़्तार कम कर दी। ज़रूर उसने जान-बूझकर ऐसा किया होगा। दोनों ने मिलकर यह चाल चली होगी।

शाहनवाज़ ने ज़ोर से कहा, "गुड बॉल!"

पास खड़े फील्डरों ने तालियाँ बजायीं। बाक़ी फील्डरों ने भी तुरन्त तालियाँ बजाकर बधाई दी।

"गुड बॉल!"

"वंडरफुल!"

बलबीर को गुस्सा आया। उनके तन-बदन में आग लग रही थी। पाकिस्तानी टीम चाहती भी यही थी।

पिछले ओवर के बाद ज़फ़रुल्ला के हाथ में गेंद देकर निसार ने अगले दाँव के बारे में अचूक योजना बना रखी थी। सुरेश मेनन की कोई चिन्ता नहीं है। राहुल जो आउट हो गया, उसकी घबराहट में खड़ा है। उसे महज़ रफ़्तार से डराया जा सकता है। असली निशाना तो बलबीर को बनाना चाहिए। बलबीर का स्कोर अभी बारह हो गया है। उसे सेटल नहीं होने देना चाहिए। बलबीर तो तेज़-से-तेज़ गेंद से भी नहीं डरनेवाला है। उसका साहस देखकर, हो सकता है, सुरेश मेनन भी हिम्मत बटोर सके। इसलिए अब आवश्यकता स्पीड की नहीं, चालाकी की, बुद्धि की है। बलबीर को चिढ़ाना ज़रूरी है। उसे सोचने की नौबत नहीं देनी चाहिए।

टेनिस या बैडमिंटन के समान एक या दो खिलाड़ियों के खेल हों, या फुटबाल, हॉकी, वॉलीबॉल जैसे ज़्यादा खिलाड़ियों के मिलकर खेलने के खेल हों— दोनों में दोनों ही पक्षों के लोग टीम के सदस्यों की दृष्टि से समान होंगे। ग्यारह खिलाड़ियों के ख़िलाफ़ ग्यारह, छह के ख़िलाफ़ छह और दो के ख़िलाफ़ दो। परन्तु क्रिकेट में ऐसा नहीं। यद्यपि टीम में ग्यारह व्यक्ति हैं, तो भी खेल के चलते समय एक बल्लेबाज को ग्यारह खिलाड़ियों के आक्रमण का सामना करना पड़ता है। एक व्यक्ति की बुद्धि और क्षमता के विरुद्ध ग्यारह विपक्षी खिलाड़ियों का मोर्चा।

आधे पल में ही ग्यारहों व्यक्तियों की मोर्चाबन्दी और हमले का सामना करके, अपनी ही बुद्धि से निर्णय लेकर उन्हें हराना चाहिए। प्रत्येक गेंद में, प्रत्येक क्षण में होशियार रहना चाहिए। ज़रा-सा चूका, तो आउट। बैट्समैन का खेल वहीं ख़त्म।

दूसरे साथी शायद अच्छा खेल खेलेंगे। विजय भी शायद मिल जाए। परन्तु बैट्समैन हार ही गया।

बलबीर ने पीछे मुड़कर लाल-लाल आँखों से शाहनवाज़ को देखा।

"गुड बॉल...साला..."

फिर जो शब्द निकले वे पंजाबी भाषा के थे, और कहे गये थे दबी ज़बान में। अश्लील शब्द। शाहनवाज़ ने अनुसनी कर दी।

कप्तान श्रीनिवास की आँखों में ऐंटिना की-सी ग़ज़ब की तेज़ी है। दृश्यों को वे पूर्णतः पकड़ लेंगी ही, साथ-ही-साथ उनसे जुड़ी छोटी-से-छोटी हरकत का

मतलब भी मालूम कर लेंगी। श्रीनिवास ने बलबीर का मुड़कर शाहनवाज़ की ओर देखना और शाहनवाज़ का लापरवाही से खड़ा रहना देख लिया था। माइ गॉड! बलबीर ने ग़ालियाँ बकी होंगी। बलबीर, तुम्हें परेशान नहीं होना चाहिए। उनकी, निसार की, यह योजना है। बी केयरफुल।

श्रीनिवास ने मन-ही-मन प्रार्थना की। हे भगवान, कुछ-न-कुछ हो जाए! दस्ताने बदलने हैं, या दूसरा बल्ला लेना है ऐसे किसी बहाने से बारहवें खिलाड़ी को बलबीर के पास भेज सकूँ, तो उसके द्वारा कहला सकूँगा कि बलबीर, अपने ऊपर क़ाबू रखना, यह उनकी चाल है।

प्रार्थना सफल न हुई।

अगली गेंद पिछली गेंद के सामन उसी रफ़्तार से उड़कर उसी बिन्दु पर गिरी और उछली। बलबीर ने बायीं टाँग तिरछी रखकर उछलकर गेंद को कट किया। दायीं ओर कवर में और प्वाइंट में खड़े फील्डरों के बीच से गेंद तेज़ी से उड़ चली।

मुश्किल से दो क्षण।

गेंद बाउंड्री में पहुँच गयी।

सुरेश दस फुट आगे को दौड़ चुका था। बलबीर के ख़ूबसूरत स्ट्रोक का मज़ा लेते हुए चकित-सा खड़ा रह गया। खुद बल्ले पर हथेली मारकर बधाई ज़ाहिर की।

पूरे स्टेडियम में कोलाहल मचा। हज़ारों हाथों में चार, छह के अंकोंवाले प्लेकार्ड उठे।

संयोगवश पीछे मुड़ा, ऐसा बहाना करते हुए धीमी आवाज़ में उसने कहा, "साला, अब तेरा सिर इस बल्ले का निशाना होगा।"

जब तक बलबीर अगली गेंद का सामना करने को तैयार हुआ, तब तक शाहनवाज़ की आवाज़ सुनायी पड़ी, पंजाबी में, "अच्छा स्ट्रोक, उम्दा बल्लेबाज, कीप इट अप!"

"अबे जा!"

कप्तान श्रीनिवास ने दुबारा प्रार्थना की, "हे भगवान, बलबीर अब भी उबाल पर है। उसे सुबुद्धि देना!"

अगली गेंद भी बिना किसी अन्तर के, उसी रफ़्तार में फेंकी गयी। बलबीर आगे को लपका और पूरे ज़ोर से कट किया।

लेकिन अब जो फील्डर प्वाइंट में खड़ा था, वह स्केट करके गेंद की तरफ हाथ बढ़ाते हुए यों गिरा जैसे पहले से ही इसका उसे इन्तज़ार था। गेंद हाथ में आयी। उसी क्षण बॉलर की तरफ ज़ोर से फेंका।

सुरेश मेनन पहले ही उस ओर पहुँच चुका था। बलबीर भी, गेंद बॉलर के पास

पहुँचे इससे पहले ही क्रीज़ में आ चुका था।

एक रन।

सुरेश मेनन ज़फ़रुल्ला का सामना करने को तैयार हो गया।

दस क्षण। मिड विकेट में बैट्समैन की बायीं तरफ थोड़ा आगे की ओर फील्ड करते खड़े कप्तान निसार की नज़रें और हाथ द्रुतगति से हिलने लगे। रिमोट कंट्रोल का बटन दब रहा है। ज़ल्दी ही ज़फ़रुल्ला, शाहनवाज़ और निसार को छोड़ बाक़ी आठों खिलाड़ियों के स्थानों में छिट-पुट परिवर्तन हुआ। कोई आगे बढ़कर खड़ा हो गया, कोई ज़रा बायीं तरफ़, कोई ज़रा दायीं ओर। शाहनवाज़ सुरेश के पीछे काफ़ी दूर खड़ा हो गया। ज़फ़रुल्ला के रन-अप की दूरी में कोई परिवर्तन नहीं।

जिस स्ट्रोक की मदद से बलबीर ने ज़फ़रुल्ला की गेंद को अनायास ही बाउंड्री तक उड़ा दिया था, उसे देखकर सुरेश आश्वस्त हुआ। ज़फ़रुल्ला निसार के समान चालाक नहीं था। सुरेश तैयार हो गया।

साँस रोककर बैठे पचहत्तर हज़ार दर्शकों की जान में जान आयी।

तालियों की गड़गड़ाहट।

जो तेज़ गेंद बायीं ओर से आयी, उसे सुरेश ने बल्ले के मध्यभाग से रोकने की चेष्टा की। गेंद बल्ले के सही स्थान पर लगी। सुरेश ने कोई ख़ास ज़ोर नहीं लगाया, फिर भी बॉलिंग की तेज़ी के कारण गेंद उछल गयी। निसार तथा फॉलो-थ्रू में दौड़े आये ज़फ़रुल्ला के बीच से गेंद आगे बढ़ी और मिड-ऑन के फील्डर शमीउल्ला के दौड़कर उसे लेने के पहले ही सुरेश मेनन क्रॉस कर चुका था।

एक रन।

स्टेडियम में तालियाँ।

किसी ने पूरब की गैलरी में यह बैनर उठाया—'सुरेश, गो ओन। वी आर विद यू।''

सुरेश के नाम के सामने अन्तरराष्ट्रीय क्रिकेट की पहली रन-संख्या स्कोर-बोर्ड पर प्रत्यक्ष हुई।

5

चोटानिक्करा मन्दिर के चढ़ावे के काउंटर पर बैठे युवक ने दो दिन पहले देर तक उधेड़-बुन में बैठने के बाद ही शस्त्र-पूजा का टिकट काटा था।

इसे शस्त्र कैसे मानूँगा भला! पूजा के लिए हेल्मेट लानेवाले रवि नामक युवक ने कहा था, ''देखो जी, यह सचमुच हथियार है। नाहक यह माथा-पच्ची क्यों?

टिकट काट दो न।''

''क्या चीज़ है यह?''

''क्रिकेट खेलते समय सिर पर पहनने की टोपी। हाँ, टिकट दे दो।''

नौजवान ने हेल्मेट को ध्यान से देखा। उसको विश्वास नहीं हुआ।

रवि ने कहा, ''देखो भाई, यह क्रिकेट...हाँ, जानते हो, हमारा तृपूणितुरा वाला सुरेश परसों खेलनेवाला है न?''

''हाँ हाँ, वही।''

''सुरेश के पिता और माता अभी भगवान का दर्शन करके चले गये हैं। हाँ, ठीक तो है। पर यह...''

''सुरेश की माप के अनुसार नया बना हेल्मेट है यह। अपनी फैक्टरी में विशेष ऑर्डर देकर बनवाया है। परसों खेलते वक़्त सुरेश के सिर पर पहनने के लिए।''

नौजवान ने टिकट काटा।

''मेरा एक फाइबर ग्लास यूनिट है— कलमाशेरी में। वहीं बनवाया है। देखो, इसकी मूर्धा में ज़रा देखो। सन-हैट रखने लायक छेद। सिर पर हवा का स्पर्श होगा। मार्केट में जो विदेशी हेल्मेट मिलता है, उससे ज़्यादा मजबूत है यह। टिकाऊ भी। और यह ख़ास डिज़ाइन और कहीं देखने को नहीं मिलेगा। यह अपना आइडिया है।''

नौजवान उठा। ''मैं आपके साथ मन्दिर के भीतर आऊँगा। पुजारी से आग्रह करके इसकी विशेष पूजा कराऊँगा।'' एकाएक पीछे मुड़कर उसने पूछा, ''क्या, यह टोप पहनकर सुरेश परसों खेलने जाएगा? सचमुच?''

''खेलने के लिए अगर मैदान में उतरा, तो निश्चय ही।''

''क्यों? 'अगर मैदान में उतरा', ऐसी शर्त क्यों? क्या, वे उसे खेलने नहीं देंगे?''

''अरे भाई, पोलिटिक्स भी कुछ होता है न! अगर उतर गया, तभी कह सकते हैं कि उतरा।''

''यहाँ अपने शहर में खेल हो, तो कोई कैसे सुरेश को खेलने नहीं देगा?''

नौजवान ने हेल्मेट की पूजा का सारा प्रबन्ध किया। साथ ही, हर हालत में सुरेश को खेलने का अवसर मिले, इसके लिए पुजारी से विशेष प्रार्थना भी करवायी।

हेल्मेट वापस लेते वक़्त रवि ने कहा, ''यदि देवी का आशीर्वाद मिले तो सुरेश शतक मारेगा। उस समय सुरेश के सिर पर यह हेल्मेट होगा। हे देवी, तब अपना बेड़ा पार हो जाएगा। मैं इस हेल्मेट के पैटेंट की रजिस्ट्री कराके मास-प्रोडक्शन शुरू करूँगा। कृपा करना हे देवी!''

परन्तु देवी की कृपा के विषय में सन्देह था।

सुरेश पहला रन लेकर बॉलर वाले छोर पर आया। जब उसने सिर इधर-उधर मोड़ने की कोशिश की तो अपनी गरदन में दर्द महसूस किया। सुरेश ने सिर पहले ऊपर को और फिर नीचे को घुमाने की कोशिश की। लेकिन इस प्रयास में उसे थोड़ा कष्ट महसूस हुआ। कहीं कोई ऐंठन।

हेल्मेट के कारण ऐसा हो रहा है।

नया हेल्मेट है।

यद्यपि पिछले चारों मैचों में मैदान में उतरने की नौबत नहीं आयी थी, तो भी किट-बैग एकदम सम्पूर्ण था। एक प्रसिद्ध सिगरेट कम्पनी ने दोनों टीमों के लिए ड्रेस और अन्य सभी आवश्यक वस्तुएँ स्पांसर की थीं।

किट बैग में क़ीमती चीज़ें थीं। लेग गार्ड, तीन बल्ले, बूट्स, दस्ताने, छाती पर पहनने का पैड, जाँघ पर रखने का पैड, कुहनी से कलाई तक का पैड, हेल्मेट, ट्रैक सूट, ट्रेनिंग शू, ज़रूरी दवाइयाँ।

सबकुछ सुरेश की ठीक माप के अनुसार। आम तौर पर हेल्मेट की ज़रूरत नहीं पड़ती थी। पर कप्तान श्रीनिवास और कोच जगदाले ने ज़िद पकड़ी थी कि हेल्मेट पहनकर ही प्रैक्टिस करनी चाहिए।

जगदाले कहा करते हैं कि ज़माना बदल गया। सी.के. नायडू और मुश्ताक़ अली की कथाएँ सुनाते हुए बीच में उपदेश देंगे। क्रिकेट आज निरा खेल नहीं, व्यवसाय है। अन्तिम लाभ को लक्ष्य में रखकर चलाया जानेवाला व्यवसाय। पुराने ज़माने में क्रिकेट केवल जेंटलमेन का खेल था। क्रिकेट के ज़रिए जीविका चलानेवाले प्रोफेशनलों को, समाज की बात छोड़िए, खेल-जगत में भी सम्मान का पद नहीं दिया जाता था। उन दिनों कोचिंग का मतलब था, तेज़ी से उड़ आती गेंद को कैसे रोका जाता है या उसकी लाइन से कैसे हट जाना चाहिए। आज हालत वैसी नहीं। यह तो लड़ाई है, लड़ाई। ऐसा खेल चाहिए जो दर्शकों का जोश पल-पल बढ़ाकर चरम सीमा पर पहुँचाए। टेलीविज़न के सामने प्रेक्षकों का जमघट होना चाहिए। फ़िल्में, संगीत, राजनीति, जासूसी, सेक्स, क्राइम— इन सबको हराकर दर्शकों को क्रिकेट का सीधा प्रसारण देखने की प्रेरणा मिलनी चाहिए। उसके लायक़ खेल की आवश्यकता है। तब तो फास्ट बॉलिंग से डरकर बल्लेबाज को हट जाना नहीं चाहिए। गेंद बैट्समैन के सिर से टकराये तो भी उसे आतंकित नहीं होना है। कोई और चारा ही नहीं है। सुरेश, यू हैव टु यूज़ हेल्मेट्स। क्रिकेट की सबसे प्रबल क्रान्ति का मुख्य भाग हेल्मेट ही था।

सन् 1977 में केरी पैकर नामक करोड़पति ने ही लकीर के फ़क़ीरों को चुनौती देते हुए क्रिकेट में भारी क्रान्ति मचाई थी। खिलाड़ियों के खेल की हैसियत से उठकर क्रिकेट दर्शकों के खेल के ऊँचे पद पर पहुँच गया। तमाम क्रिकेट कंट्रोल

बोर्डों की उपेक्षा करते हुए पैकर ने एक विश्व-सीरीज़ शुरू की। ऑस्ट्रेलिया और विश्व इलेवन के बीच मैच। विश्व इलेवन में चार वेस्ट इंडियन थे, चार दक्षिण अफ्रीकी, तीन अँग्रेज और तीन पाकिस्तानी। खिलाड़ियों को ऐसा पारिश्रमिक मिला जिसकी उन्हें ख़्वाब में भी उम्मीद नहीं थी। सब प्रकार की सुविधाएँ अलग से। संसार के सभी प्रसिद्ध खिलाड़ी पैकर के पीछे हो गये। ऑस्ट्रेलियाई क्रिकेट कंट्रोल बोर्ड और इंग्लैंड के एम.सी.सी. ने युद्ध की घोषणा की। क्रिकेट खेलने के लिए पैकर को स्टेडियम तक नहीं मिला। पैकर ने विशाल रग्बी स्टेडियम में ईंट की भट्टियों में भुनाकर तैयार किये गये रेडीमेड पिचों की स्थापना करके खेल चलाया। पहले सभी स्टैंड खाली थे। यद्यपि संसार के सबसे उम्दा खिलाड़ी विवियन रिचर्ड्स, मुश्ताक़ अली, ज़हीर अब्बास, इयान चैपल, माइक प्रोक्टर, जॉन स्नो, ग्रीनिज आदि मैदान में उतरे, तो भी एक लाख की क्षमतावाले स्टेडियम में सिर्फ़ एक हज़ार दर्शक ही उपस्थित हुए। पैकर ने क्रिकेट के उल्लिखित नियमों को बदल दिया। उसने क्रिकेट को टेलीविज़न के प्रेक्षकों का खेल बना लिया।

एकदिवसीय मैचों को अहमियत मिलने लगी। दिन-रात का खेल। रंगीन वर्दियाँ, सफ़ेद गेंद और साथ में हेल्मेट भी।

दो-तीन वर्षों के अन्दर क्रिकेट कंट्रोल बोर्ड ने भी पैकर की शैली में क्रिकेट का खेल बदल लिया। क्रिकेट का प्रसारण देखनेवाले टेलीविज़न प्रेक्षकों की संख्या भी बढ़ी। विज्ञापन भी।

परन्तु सुरेश मेनन के लिए हेल्मेट बोझ बन गया। उसे लगा कि यह हेल्मेट सिर पर ठीक से फिट नहीं होगा।

यह हेल्मेट आज सुबह रवि भैया ने होटल में आकर दे दिया था। रवि भैया की फैक्टरी में निर्मित। भारतीय टीम के सेलेक्शन ट्रायल में जाने के पहले रवि भैया ने साइज़ नोट कर लिया था।

सवेरे सिर पर पहनकर देख लिया था। कोई असुविधा नहीं। बिल्कुल फिट था। अब ज़रा-सा हिलने पर बेचैनी महसूस होती है।

सुरेश ने पवेलियन की ओर देखा। हाथ से इशारा किया। अगली गेंद के साथ ओवर ख़त्म होगा। इस गेंद में यदि बलबीर सिंह क्रॉस न करे, तो निसार के ओवर का सामना करना पड़ेगा। पुराना हेल्मेट मँगाना चाहिए।

पिछले चारों टेस्टों में पवेलियन में ही बैठे रहकर सुरेश को एक बात का पता चल गया था। बल्लेबाजी करनेवाले खिलाड़ी का बीच-बीच में पवेलियन की ओर देखकर कुछ माँगना कप्तान श्रीनिवास को बहुत पसन्द है। माँग पूरी करने के लिए अतिरिक्त खिलाड़ी जब दौड़कर जाता है, तब उसके ज़रिए बैट्समैन के लिए निर्देश भी पहुँचाया जा सकता है।

बात समझ में आये इस अन्दाज़ में पवेलियन से किसी ने हाथ का इशारा किया।

सुरेश ने मुड़कर देखा।

ज़फ़रुल्ला मैदान में बाउंड्री के पास खड़ा है। अभी दौड़ने का उपक्रम नहीं किया है। कप्तान निसार तीस गज वाले घेरे के बाहर के दो खिलाड़ियों को अब और नज़दीक ला रहा है।

निसार का एक ही लक्ष्य है। बलबीर इस गेंद पर चाहे चौका मारे या छक्का, पर एक या तीन रन लेने की नौबत न आये। बलबीर का उद्देश्य एक रन लेकर इस ओर आने का होगा। सुरेश को निसार के बेहतरीन फास्ट बॉलिंग का अभी सामना करने देना नहीं चाहिए। एक बात निश्चित है। ज़फ़रुल्ला सही लेंथ में गेंद ऐसा फेंकेगा कि बलबीर को उसे रोकने-भर की नौबत मिलेगी। अगर वह उसे हिट करना चाहे, तो आगे को लपककर गेंद की तत्कालीन स्थिति के अनुसार जो भी स्ट्रोक उचित लगे, खेल सकता है। शायद चौका भी मार लेगा। पर, एक रन। यह उतना आसान नहीं।

एकदिवसीय मैच में कप्तान का निर्णायक स्थान है। निश्चित ओवरों में एक बॉलर ज़्यादा-से-ज़्यादा दस ओवर ही फेंक सकता है। ये कब फेंकने चाहिए, उनकी एक-एक गेंद कैसे फेंकनी चाहिए, विपक्षी के स्कोर पर कब नियन्त्रण रखना चाहिए आदि का निर्णय उसे ही लेना है। कप्तान को मन-ही-मन गणना करने में या हिसाब लगाने में भी कुशल होना चाहिए।

इस दृष्टि से निसार अद्वितीय था।

गुवाहाटी के तीसरे एकदिवसीय मैच में किसी बैट्समैन, बॉलर या फील्डर की बदौलत भारत नहीं हारा था। निसार की चालाकी ही उसकी वजह थी।

भारत ने पहले बल्लेबाजी की। टॉस जीतने पर निसार ने भारत को बल्लेबाजी के लिए भेजा। पैंतालीस ओवर में तीन विकेट खोकर एक सौ अस्सी रन हो गये। राहुल चालीस रन पर आउट हुआ। मराठे ही इसका कारण था। बिना लेंथ की लूज गेंदों को ही चौकसी के साथ जमकर मारनेवाला बल्लेबाज है मराठे। एक औसत मीडियम पेस बॉलर भी था। बस, एक ही ख़ामी उसमें थी। कोई कितना ही शोर मचाये, दर्शक जितना चाहे हल्ला मचाएँ, मराठे पर उसका ज़रा भी असर नहीं पड़ेगा। अपनी ही शैली में खेलता रहेगा। अधिकतर एक-एक रन के क्रम से। कभी-कभी दुक्के। कुल मिलाकर चालीस रन ले ले तो उसमें ज़्यादा-से-ज़्यादा दो चौके। उससे ज़्यादा की उम्मीद नहीं। मराठे कहा करते हैं, ''मेरे लिए दर्शक मुख्य नहीं, अपना विकेट ही मुख्य है। टीम की विजय की अपेक्षा पराजय से उसे बचा लेना ही अच्छा है।'' दिग्गज बल्लेबाज भी जिस बॉलिंग के सामने परेशान होते हैं,

उसके ख़िलाफ़ भी मराठे बल्ला सीधा बढ़ाकर सही मुद्रा में पैर आगे या पीछे करके बचाव कर लेगा। बीच में कोई ढीली गेंद आये, तो उसे हल्का-सा धक्का देकर फील्डरों के बीच से दूर सरका देगा। एक रन, दो रन। मराठे के लिए यही काफ़ी है।

जब पाँच ओवर बाक़ी थे, तब तीन विकेट खोकर एक सौ अस्सी। सात विकेट अभी बाक़ी हैं। क्रीज़ पर खड़ा मराठे बहत्तर रन पर खेल रहा है। साथी रमेश कापड़िया जो विकेटकीपर था, बढ़िया बैट्समैन भी है। अब यदि विकेट गिरे, तो मैदान में उतरेगा सतीश चन्द्र। वह तो ऐसा कुशल खिलाड़ी है कि जयपुर के मैच में उसने चौदह गेंदों में पैंतीस रन हासिल किये थे।

निसार ने अन्दाज़ा लगाया होगा। अगले पाँच ओवरों में रमेश कापड़िया को बैटिंग का मौक़ा नहीं देना चाहिए। यदि दोनों एक साथ हों, तो पाँच ओवरों में पचास रन बना लें, तो भी आश्चर्य नहीं। अगर नसीब अच्छा रहा तो शायद साठ या सत्तर भी मार लेंगे।

निसार ने शफ़क़त अली को, जिसे अब तक गेंद नहीं दी गयी थी, बॉलिंग के लिए बुलाया। शफ़क़त ने कभी टेस्ट में बॉल नहीं किया है। मीडियम पेस में ठीक से गेंद फेंकेगा। ऐसी बॉलिंग जिसका सामना करके कोई साहसी बैट्समैन गेंद दूर तक पहुँचा देगा। परन्तु निसार की उम्मीद के अनुसार ही बात हुई। मराठे को शतक के लिए अठारह रनों की आवश्यकता थी। जब तक वह नहीं मिलेगा, तब तक रमेश कापड़िया भी मराठे को स्ट्राइक देता रहेगा। शफ़क़त अली जो गेंद फेंकेगा, उसका सही जायज़ा लेने के बाद ही मराठे उस पर बल्ला चलाएगा। पहले गेंदों को प्रतिरोध की शैली में रोककर उसके घुमाव की जाँच करेगा। कोई रन नहीं मिलेगा। शफ़क़त के पहले ओवर में सिर्फ़ तीन रन। उनमें आख़िरी गेंद में मिला एक रन ऐसा था जो साधारण फील्डिंग के समय पाकिस्तान के फील्डर लेने नहीं देते। शमीउल्ला जो वहाँ फील्ड कर रहा था, धीरे-धीरे ही आगे बढ़ा। मराठे ने रन ले लिया और अगले ओवर का सामना करने को तैयार हो गया।

सैंतालीसवें ओवर में स्वयं निसार ने ही बॉलिंग का जिम्मा ले लिया। तेज़ी से उड़नेवाली गेंद के स्थान पर ऐसे ऑफ़-ब्रेक, जिसका बहुत कम अवसरों पर ही निसार प्रयोग किया करता है। मराठे एक बार फिर जागरूक हो गया। गेंद पर ज़ोर से बल्ला न चलाकर सिर्फ़ प्रतिरोध किया। मज़े की बात यह कि तीसरी गेंद पर मराठे को भ्रम हुआ। गेंद ऊपर उठी। एक सिम्पल कैच। गेंद सीधे निसार की तरफ आयी। निसार ने हाथ बढ़ाये। गेंद एक क्षण हथेली में टिकी और फिर फिसलकर नीचे ज़मीन पर गिर पड़ी।

दर्शकों की तालियाँ। ऐसा ख़ूबसूरत कैच छोड़ देने पर लोगों का परिहासपूर्ण शोरगुल गूँज उठा।

पवेलियन में सिर्फ़ श्रीनिवास बड़बड़ाया कि या तो बल्ले से मार या आउट हो जा मराठे।

पचास ओवरों की समाप्ति पर मराठे को शतक। एक सौ एक रन। कुल दो सौ दो रनों पर भारत की पारी सिमट गयी। गिरे हुए विकेटों की संख्या तीन।

इस प्रकार पाकिस्तान को मैच जीतने के लिए केवल दो सौ तीन रन चाहिए थे। मराठे अगर पहले ही आउट हो जाता, तो भारत का स्कोर ज़रूर पाँच या छह विकेट खोकर दो सौ पचास के क़रीब पहुँच जाता। हाँ, मराठे को शतक नहीं मिलता। पर, पाकिस्तान का जीतना मुश्किल हो जाता।

निसार ने मराठे का मनोवैज्ञानिक विश्लेषण किया। उसका दिया हुआ कैच छोड़कर भारत को हरा दिया। उनचास ओवरों में सात विकेट खोकर दो सौ तीन रन लेकर ही पाकिस्तान ने गुवाहाटी मैच तीन विकेट से जीत लिया था।

इसलिए सुरेश मेनन को पूरा यक़ीन था कि निसार बलबीर को एक या तीन रन लेने नहीं देगा।

ज़फ़रुल्ला की गेंद फुल-टॉस थी। ज़मीन को बिना छुए, घुटनों की ऊँचाई पर से सीधे लेग स्टम्प को लक्ष्य करके आयी गेंद पर बलबीर ने पूरे ज़ोर से बल्ला चलाया। गेंद बायीं तरफ मिड-ऑन और मिड-विकेट के बीच से उड़ी। बलबीर ने एक रन लिया। गेंद धीरे-धीरे बाउंड्री की तरफ जा रही थी। दो फील्डर दौड़े आ रहे थे। बलबीर ने दूसरा रन भी लिया। मुड़कर गेंद की तरफ देखा। ज़ोर से 'कमॉन' कहते हुए तीसरे रन के लिए दौड़ा। तब तक गेंद अफ़ज़ल मसूद की हथेलियों में पहुँच चुकी थी। सुरेश मेनन ने पल-भर देखने के बाद हाथ ऊपर उठाकर मना किया।

"नो।"

सुरेश क्रीज़ में खड़ा रहा।

बलबीर पीछे मुड़कर दौड़ा।

एक क्षण। अफ़ज़ल मसूद का थ्रो बिजली के समान विकेट पर आ गया। आगे को बढ़ाये बल्ले के साथ बलबीर के क्रीज़ में पहुँचने के लिए अभी दो हाथ का फ़ासला बाक़ी था।

"हाउज़ाट?"

लेग अम्पायर ने उँगली ऊपर उठायी।

बलबीर रन आउट। सत्रह रन पर।

भारत तीन विकेट खोकर बत्तीस रन।

बलबीर की दृष्टियों का सामना करने का साहस बटोर न पाने से सुरेश मेनन ने सिर झुका लिया।

6

प्रोफेसर सोमदासन घटना को पूरी तरह समझ नहीं पाये। एक खिलाड़ी, अपनी टीम का सदस्य आउट हो गया। अपना उण्णी आउट नहीं हुआ, इतना ही वे समझ पाये थे। वह पाकिस्तानी छोकरा। इन सबके नाम याद रखना कितना मुश्किल काम है। कोच्चि के दो प्रसिद्ध साड़ी विक्रय-केन्द्रों ने टीम के खिलाड़ियों के जीवन-परिचय और कलर-फोटो वाले ब्रोशर फाटक पर ही दर्शकों के बीच बाँटे थे। लेकिन उसे पढ़कर फील्ड में कौन-कौन खड़े हैं, यह समझ लेना मुश्किल था। फिर भी लगा कि छोकरा बड़ा होशियार है। उसका थ्रो ठीक विकेट पर ही लगा। पाकिस्तान के खिलाड़ी ख़ुशी में ऐसा नाचते थे जैसे उन्हें स्वर्ग मिल गया हो।

कई बार सोचा था कि क्रिकेट के खेल में लोगों को इतनी दिलचस्पी क्यों है! क्रिकेट ही क्यों? क्या यह खेल ही मनुष्य के लिए इतना अनिवार्य है? एक तरह से सोचा जाए तो, नहीं। अगर शरीर के लिए व्यायाम ही लक्ष्य है, तो धरती पर फावड़ा चलाने से उस लक्ष्य की पूर्ति हो जाएगी। अगर उसकी सुविधा न हो, तो सौ बैठकें ली जाएँ, सूर्यनमस्कार या योगासन किये जाएँ। उसके बदले इंसान के समय और धन का अपव्यय करनेवाला यह खेल! खेल की बात छोड़िए, यह उन खिलाड़ियों का पागलपन है। उनकी मज़बूरी। परन्तु बाइस व्यक्तियों की ऐसी चेष्टाएँ देखने के लिए एकत्रित यह भारी भीड़! काम करने के कितने दिन नष्ट हो जाते हैं!

''इट इज़ मास हिस्टीरिया। शेमफुल!''

प्रोफेसर सोमदासन का स्वगत-कथन जारी था, ''ढाई सौ रुपये।''

ज़िन्दगी में आज तक उन्होंने ऐसी बेवकूफ़ी नहीं की है। लेकिन अभी तक यह कहने की स्थिति नहीं आयी है कि पैसे फ़िज़ूल ख़र्च हुए। क्या, सचमुच यह बेवकूफ़ी थी!

इस बात पर प्रोफेसर सोमदासन को सन्देह नहीं था कि क्रिकेट, फुटबॉल आदि सभी खेल और सिनेमा, नाटक जैसे मनोरंजन के साधन मनुष्य के व्यस्ततापूर्ण जीवन के मार्ग की बाधाएँ हैं। शेक्सपियर ने नाटक लिखे। फलस्वरूप अँग्रेजी भाषा की उन्नति हुई। वह समृद्ध बन गयी। इसका यह मतलब नहीं कि उन नाटकों को रंगमंच पर प्रस्तुत करके उन्हें देखने के लिए समय बरबाद किया जाए। नो। ख़ैर, उससे भी बदतर हैं ये खेल। दौड़ और उछल-कूद फिर भी सहे जा सकते हैं, मगर यह क्रिकेट!

बेशक, यह शरम की बात है।

पर इन खिलाड़ियों को कितनी शोहरत प्राप्त होती है, और पैसे भी!

दुनिया नहीं सुधरेगी, इसके लिए इससे बढ़कर कौन-सा सबूत चाहिए?

सच पूछिए, तो मैंने खुद यह बला मोल ली थी। जब पिछले महीने कॉलेज यूनियन के सेक्रेटरी ने आकर भाषण देने की प्रार्थना की थी, तभी पता चला कि यह क्रिकेटर लड़का सुरेश मेनन अपनी मलयालम कक्षा का छात्र है।

"आपका छात्र सुरेश मेनन केरल से पहली बार भारतीय क्रिकेट टीम का सदस्य बननेवाला खिलाड़ी है। अपने कॉलेज और विश्वविद्यालय के लिए यह गौरव की बात है। हमने अभिनन्दन समारोह आयोजित किया है। आप भी उसमें भाषण दीजिएगा।"

"क्यों नहीं?"

कॉलेज के सबसे कुशल वक्ता हैं प्रो. सोमदासन। उनकी भाषण-कला उस जलप्रवाह की याद दिलाती है, जो हँसी-ठट्ठे के साथ बीच-बीच में चट्टानों से टकराकर कभी जलप्रपात और कभी भँवर का रूप ग्रहण कर लेता है। चुने हुए शब्दों में किसी भी विषय पर सुचारु रूप से भाषण देने में वे माहिर हैं।

सुरेश मेनन का अभिनन्दन करते हुए उन्होंने भाषण दिया। उसके लिए शुभकामनाएँ प्रकट कीं। हालाँकि क्रिकेट के विषय में एक लफ़्ज़ भी नहीं बोले थे, फिर भी सोमदासनजी को ऐसा अहसास हुआ कि सुरेश मेनन के चमत्कारी कार्यों में अपना भी हाथ है।

सुरेश मेनन का जवाबी भाषण सचमुच उबाऊ था। पूरे भाषण में सही वाक्य-रचना का नितान्त अभाव था। घबराहट के कारण शायद ऐसा हुआ हो।

प्रोफेसर सोचने लगे, यह कैसा खिलाड़ी है! किसी अँग्रेज कवि की पंक्तियाँ उन्हें याद आयीं, जिनमें कहा गया था कि क्रिकेट बुद्धिहीनों का खेल है।

जब उस दिन शाम को वे घर आये, तब टेलीविज़न पर मलयालम समाचार का कार्यक्रम समाप्त हो चुका था।

अकसर इसी समय रोज़ वे कॉलेज से घर लौटते थे। पत्नी, सासजी और बच्चे टी.वी. के समाचार के बाद किसी-न-किसी काम में लगे होंगे। पत्नी रसोईघर में और सासजी अन्दर की कोठरी में आरामकुर्सी पर। बच्चे पढ़ाई के कक्ष में। ज्यों ही सोमदासनजी घर के अन्दर कदम रखते, रसोईघर से आवाज़ आती, "अच्छा, आ गये क्या?"

कभी-कभी एक सवाल और, "चाय पिओगे?"

जवाब में वे 'हाँ' या 'ना' नहीं कहेंगे। सिर्फ़ एक 'हूँ' से काम चला लेंगे।

थोड़ी देर बाद दुबारा सुनायी देगा, "क्या कहा? हाँ या नहीं?"

तब तक सोमदासनजी ऑफ़िस के पते पर आयी पत्रिकाओं और घर के पते पर आये डाक पर नज़र डालने लगेंगे।

"हाँ, हो जाये।"

तब तक पत्नी दरवाज़े पर आकर पूछेगी, ''कॉलेज से लौटते हुए रास्ते में चाय नहीं पी थी क्या?''

''हूँ।''

फिर किस्मत से कभी चाय मिलेगी, कभी नहीं मिलेगी। 'हूँ' की व्याख्या के विषय में अन्तिम निर्णय पत्नी का है। सोमदासनजी को इसमें कोई शिकायत नहीं।

परन्तु, सुरेश मेनन के अभिनन्दन समारोह के बाद शाम को देर से जब वे घर लौटे तब पत्नी, सासजी और बच्चे सोमदासनजी के इन्तज़ार में बैठे थे। बिना पूछे ही पत्नी चाय लायी। सबके सब गर्व के साथ इस प्रकार उन्हें देख रहे थे मानो वे कोई 'हीरो' हों।

''क्यों, क्या बात है? आज कुछ ख़ास हुआ क्या? बच्चों को होमवर्क नहीं करना है क्या?''

''बाबूजी, क्या सुरेश आपकी क्लास में है?''

''कौन सुरेश?''

पत्नी ने कहा, ''सुरेश मेनन। क्या यह सच है? अभी-अभी समाचार में सुना है।''

''क्या?''

भाषण के जोश में लड़के का नाम वे भूल गये थे। सुरेश, सुभाष या सुनील? आख़िर होशियारी से काम लिया। लड़के का नाम लेने की बजाय 'हम सबका गर्व', 'छात्र-मित्र' आदि विशेषणों का प्रयोग किया। एक बार अनजाने में क्रिकेट की जगह फुटबॉल शब्द जीभ पर आया था, पर भगवान की कृपा से समय रहते वे चेत गये।

इसलिए 'सुरेश' शब्द सुनने पर उन्हें ख़ास कुछ नहीं लगा।

''कैसा समाचार? कौन सुरेश?''

''भारतीय टीम का सदस्य। महाराजाज़ कॉलेज का छात्र। फोटो भी दिखाया। तृपूणितुरा का रहनेवाला है।''

''जब मेरे दोस्तों को पता चलेगा कि सुरेश मेनन आपके छात्र हैं, तब वे...क्या आप उन्हें पढ़ाते हैं बाबूजी?''

सोमदासनजी ने चाय की एक चुस्की ली।

''हाँ-हाँ, मेरी ही क्लास में तो है। होशियार। ब्रिल्यंट ब्वॉय।''

सासजी तक को गर्व के साथ अपनी ओर ताकते देखकर सोमदासनजी प्रसन्न हुए।

यह महज़ शुरुआत थी। यह निश्चित हो गया कि अगले दिन से पड़ोस में, बस स्टाप पर, सड़क पर, सब कहीं लोग सोमदासनजी को पहले से बढ़कर सम्मान की

नज़र से देखने लगेंगे। क्रिकेट की शृंखला के शुरू होते ही सोमदासन सुरेश मेनन को अपने आत्मीय शिष्य के रूप में स्वीकार कर चुके थे। क्रिकेट में सुरेश की कुशलता के बारे में तथा छात्र के रूप में उसके आदर्श व्यवहार के बारे में दो पत्रिकाओं में उनके लेख छपकर आये। पिछले डेढ़ महीने में दिये सभी भाषणों में प्रासंगिक रूप से सुरेश मेनन की प्रशंसा की।

परन्तु यह तय नहीं था कि कक्षा में सुरेश मेनन को देखकर वे पहचान पाएँगे।

कोच्चि में जब मैच तय हुआ, तब सोमदासनजी ने इस बात पर गम्भीरतापूर्वक सोचा था कि मैच देखना है या नहीं।

दो सप्ताह पहले जब स्कूल के छात्रों को एक सौ रुपये के टिकट रियायती दर पर पच्चीस रुपये में हेड मास्टर के ज़रिए बाँटे जाते थे, तब उनमें से एक ख़रीदने के लिए बड़े बेटे ने सोमदासनजी से पच्चीस रुपये माँगे थे, तो अनमने होकर ही उन्होंने पैसे दिये थे।

तब बेटे ने ताना कसा था, ''आपको तो पवेलियन में वी.आई.पी. पास मिलेगा, बाबूजी। सुरेश मेनन को पच्चीस पास मिलेंगे।''

''यह किसने कहा?''

''स्कूल के मित्रों ने। तब तो आपको पास ज़रूर मिल जाएगा।''

''अरे, यह कैसे होगा! ठीक है, सुरेश अच्छा लड़का है। मेरी क्लास के उन विरले शिष्यों में से है जिनके मन में गुरुजनों के प्रति सम्मान की भावना अभी बची है। इसका यह मतलब नहीं कि वह यों ही मुझे पास थमा देगा। अगर वह ऐसा करे भी, तो क्या मैं उसे ले लूँगा?...नहीं, भले ही वह पास दे दे, मैं उसे लेनेवाला नहीं हूँ।''

उस दिन रात को बच्चों के सो जाने के बाद सोमदासनजी पलँग के पास रखे टेबल लैम्प की रोशनी में कुछ पढ़ रहे थे। अकसर जब पढ़ाई चलती रहती, तब पत्नी रसोईघर बन्द कर, सभी किवाड़ों और खिड़कियों की जाँच कर दूसरी सभी बत्तियाँ बुझाकर आ जाती। चिन्तन और बुद्धि के द्योतक पतिदेव के माथे और ऐनक की ओर पाँच क्षण तक खड़ी देखती रहती। ब्लाउज़ के सबसे निचले दो बटन खोलकर, अपनी केशराशि भी खोलकर बिखेरती हुई पलँग पर उनके बगल में लेट जाती। पर उस दिन जब वह पलँग पर बैठी, तब अपने पतिदेव के हाथ को कसकर पकड़ लिया। मानो अनजाने में उनकी उँगलियों की चुटकी बजायीं।

सोमदासन ने किताब उलटकर रखते हुए पूछा, ''क्यों, क्या बात है?''

पत्नी में पुरानी तरुणाई लौट आयी। क्षण-भर को वह मुस्कुराई।

''आजकल ब्लाउज़ की सिलाई में बड़ी देर लगती है। बहुत पहले ही से टेलर को कपड़े न दें, तो समय पर ब्लाउज़ नहीं मिलेगा।''

कुछ समझ न पाने के कारण सोमदासन ने चुप्पी साधी।

"इधर मैं कोई फैशनवाली नहीं हूँ, लेकिन दूसरों के सामने पड़ने पर उनसे छिः छिः करवाने की नौबत आ जाए, तो उससे तुम्हारी ही नाक कटेगी न? वैसे अपने पास ब्लाउज़ की कोई कमी नहीं। फिर भी...मैं सोच रही थी। अम्माजी भी चाहती हैं। पर एक साथ सब लोग कैसे...मैंने कहा, तुमसे पूछकर बता दूँगी।"

अब भी सोमदासन कुछ समझ नहीं पाये।

"क्या बकती हो! बात क्या है? कैसा ब्लाउज़? कैसी अम्माजी? बात क्या है, बताओ तो।"

"ऐं! अभी समझे नहीं क्या? जब हम लोग क्रिकेट मैच देखने जाएँगे, तब...वहाँ कैसे-कैसे लिबासों में लोग आएँगे! हम तो टी.वी. में देखते हैं न?"

"हम लोग?...नहीं, वह तो बहुवचन है। मैं तो नहीं देखता। इसलिए बहुवचन का प्रयोग मत करो। 'मैं' कहना काफ़ी है। तुम किस क्रिकेट मैच के लिबास की बात करती हो?"

"यह कैसा मजाक है जी? मैं कहती थी...तुम्हारी क्लास का छात्र सुरेश ज़रूर तुम्हें क्रिकेट मैच का पास लाकर दे देगा। वह तो फैमिली पास होगा ही। तब क्या उस पर अम्माजी भी आ सकेंगी? या सिर्फ़ हम दोनों ही जा सकेंगे? बेचारी बहुत चाहती थीं।"

सोमदासन को हँसी आयी। परन्तु उसे ज़ाहिर नहीं किया। कहा, "बताओ, तुमने क्रिकेट मैच देखने जाने के लिए नया ब्लाउज़ सिलाने की बात की थी क्या?"

"हाँ हाँ, वही। एक अच्छी साड़ी और मैच करता ब्लाउज़। कभी-कभी टी.वी. वाले दर्शकों की पंक्ति दिखाते समय, सुरेश के प्रोफेसर होने के नाते तुम्हारे भी चित्र दिखाएँगे।...सारी दुनिया उसे देखेगी।...साथ बैठी मेरा भी चित्र। मुझे फैशन-वैशन की कोई चिन्ता नहीं है। पर टी.वी. में यह सब देखने के बाद मैं नहीं चाहती कि लोग कहें, क्या इतने बड़े आदमी की पत्नी यही है। फिर जैसा उस दिन टी.वी. में देखा था, तुमसे सुरेश के बारे में प्रश्न कर बैठें, तो?"

सोमदासन को पहले बिल्कुल मजाक जैसा ही लगा था!

परन्तु रात में, पत्नी को आश्वस्त करके, अप्रत्याशित होकर भी बेचैन न करनेवाली क्लान्ति में निद्राविहीन पड़े रहने पर वह सन्देह जो पहले उन्हें किरकिरी जैसा ही लगा था, धीरे-धीरे विशालकाय होता नज़र आने लगा।

नींद की खुमारी पूरी तरह छा जाए, इससे पहले ही उन्हें एक बात निश्चित हो गयी। यद्यपि पत्नी को बुद्धि नहीं, तो भी सामान्य बुद्धि या कॉमन सेन्स उसके पास पर्याप्त है।

ऐसा क्यों न हो जाए?

टी.वी. कमेंटेटर का प्रश्न—"केरल के ही नहीं, सारे भारत का गर्व, क्रिकेटर सुरेश मेनन के आदरणीय गुरुदेव के नाते आपके बारे में बहुत कुछ जानने के लिए दुनिया भर के हमारे दर्शक इन्तज़ार में हैं। बस, एक सवाल..." बीच में ही मैं बोलने लगूँगा, "जो चाहे पूछ लीजिए। क्रिकेट क्या है? एक मनोरंजक खेल। दो टीमों के बीच होनेवाला भारी युद्ध। कुरुक्षेत्र में जो महाभारत युद्ध हुआ था, उसी प्रकार का धर्मयुद्ध। एक ऐसा युद्ध, जो अपने नियमों तथा दाँव-पेंचों का विधिवत् पालन करता हो। संसार ने जितने कमेंटेटर देखे हैं, उनमें सर्वश्रेष्ठ है संजय। भगवद्गीता में कहा भी तो है—संजय उवाच। भगवद्गीता के बारे में एक बात मुझे याद आयी...वर्षों पहले, मैं..."

कुछ भी हो सकता है।

पर, ख़ास कुछ नहीं हुआ।

'पास' मिलने की कोई गुंजाइश नहीं थी।

उस दिन बधाई के समारोह में मिलने के बाद सुरेश मेनन से मुलाक़ात नहीं हुई थी। कहते हैं, वह कोचिंग कैम्प में चला गया है।

अन्य किसी से उनका परिचय नहीं था।

रूखे स्वर में पत्नी से कहा, "इस मैच में फैमिली पास नहीं। सबके सब सिंगल। मुझे पास मिलेगा। सुरेश ला देगा। हाँ, अगर वह दो पास नहीं देगा, तो मैं माँगूँगा बिल्कुल नहीं। समझीं?"

"सो तो ठीक है।"

फिर भी एक साड़ी ख़रीदनी ही पड़ी। ब्लाउज़ भी सिलवाया।

केवल तीन दिन पहले ही टिकट का प्रबन्ध हो सका था। पुलिस क्लब के वार्षिक समारोह के सिलसिले में जब भाषण देने गया था, तब पता चला कि एक पुराना शिष्य, पुलिस का अफ़सर क्रिकेट की प्रबन्ध-समिति में है। उसने पूछा था, "क्या आपको पास मिल गया, सर।"

'पास' शब्द सुनने पर समझा, 'फ्री पास' होगा। कहा, "हाँ हाँ, एक पास चाहिए।" बाद में लगा, दो माँगने चाहिए थे। पर, न जाने क्यों, मुँह से बात नहीं निकली।

पुलिस के अफ़सर ने पास कॉलेज में पहुँचा दिया।

ढाई सौ रुपये का पास है। टिकट लानेवाले युवक ने साहब का हवाला देते हुए कहा कि पैसा नगद या चेक के रूप में दिया जा सकता है। सोमदासन लाचार हो गये। अगर पास लौटा दिया जाए, तो हेठी होगी। कहा, "पैसे बाद में ले लेना।"

यदि वह बाद में माँगे, तब देने की बात पर विचार किया जा सकता है।

शाम को पत्नी से कहा, "उसने एक पास पहुँचा दिया है। कॉलेज में मेरे सिवा

सिर्फ़ उसके केमिस्ट्री प्रोफेसर को ही पास मिला है। प्रिंसिपल को भी नहीं मिला।''

फिर धाक जमाने के लिए एक और डींग का प्रयोग किया।

''अगर मैं कहता कि अपनी श्रीमती के लिए भी पास चाहिए, तो सुरेश ख़ुशी-ख़ुशी दे जाता। पर, क्या किया जाए! वह अभी लौटा नहीं है। इस समय टीम के साथ है। गुवाहाटी से अर्थात् भारत के सुदूर उत्तर-पूर्वी कोने असम से टेलीफोन पर कहलवा दिया है, प्रोफेसर साहब के 'पास' का प्रबन्ध करने के लिए। इतने प्यारे शिष्य से...ख़ैर, उसे आने दो, उससे बात करूँगा।''

श्रीमतीजी कहे बिना नहीं रह सकीं, ''नहीं जी। बाद में मैंने तय कर लिया। माँ को घर में अकेली छोड़कर...न, न, हम टी.वी. में मैच देख लेंगे।''

इसी प्रकार सोमदासनजी ने अकेले पवेलियन के बाहर छतवाली गैलरी में सीट पाकर खेल देखा था।

यद्यपि ढाई सौ रुपये के अपव्यय की चिन्ता बीच-बीच में सताती थी, तो भी उन्होंने मन में हिसाब लगाया, कोई बात नहीं, इस खेल के विषय में दो-तीन लेख लिखकर क्षतिपूर्ति कर लूँगा।

बगल में बैठे आदमी ने गुस्सा प्रकट किया, ''यूजलेस फेलो। एकदम साफ़ है। उसने थर्ड रन के लिए जो ट्राई किया, वह एकदम ग़लत है। पिछले साल न्यूजीलैंड के ख़िलाफ़ ऑकलैंड के मैच में भी यही हुआ। इसी प्रकार रन-आउट। आपको याद है क्या?''

सोमदासन ने सिर हिलाया।

''यही इस भारतीय टीम की ग़लती है। अगर अपनी चलती, तो बलबीर को भारतीय टीम में जगह ही नहीं मिलती। फील्डिंग अच्छा है, कवर में। ख़ूब दौड़ेगा। मगर थ्रो। अभी देखा न? अफ़ज़ल का। वैसा ही होना चाहिए।''

''हाँ हाँ, ठीक तो है।''

''क्या आपको मालूम है इसका राज़?''

''नहीं, बताइए।''

''जब यह अफ़ज़ल छोटा बच्चा था, यही कोई आठ-दस साल का, तब इसका एक मामा था। पाकिस्तान का एक पुराना खिलाड़ी। वह इससे और इसके साथियों से मैदान के हर कोने से विकेट की ओर गेंद फिंकवाता। निशाना लगाने की इजाज़त नहीं। बल्ले से गेंद उड़ा देगा। दौड़कर गेंद रोक लेना और फेंकना होगा। विकेट पर बेल नहीं होगा। एक-एक स्टम्प पर चाँदी का एक-एक रुपया रखा होता। यदि गेंद स्टम्प पर लगी, तो रुपया नीचे गिरेगा। जो फेंककर रुपया गिरा देता है, उसे वह रुपया मिल जाएगा। कैसा है?''

"अच्छा। फिर?"

"यह छोकरा उन दिनों एक घंटे में बीस-पच्चीस रुपये कमा लेता था।"

"सचमुच?"

"पर यहाँ क्या होता है इस भारत में?"

"हाँ, आपकी बात सही है।"

"अभी तीन विकेट गिरे। नौंवाँ ओवर ही चल रहा है। अब कौन-सा अच्छा बल्लेबाज रह गया है? श्रीनिवास तो है। पर उसका ज़्यादा भरोसा नहीं। अगर खड़ा रहा, तो रहा। नहीं तो नहीं।"

"हमारा सुरेश..."

वह मुस्कुराया। फिर आवाज़ धीमी कर दी।

"हमारा अपना लड़का है, माना कि केरल का है। पर एक बात पूछूँ? क्या, केरल में यही अकेला क्रिकेटर था? नहीं। इससे ज़्यादा कुशल कितने ही नौजवान हैं। मगर..."

"मगर क्या?"

"क्या आपने अख़बार नहीं पढ़ा? उसमें साफ़-साफ़ लिखा था।"

"क्या?"

"सुरेश की माँ की बड़ी बहन की शादी हमारे मुख्यमन्त्री के परिवार में हुई थी। वे निकट के रिश्तेदार हैं। केरल में वैसे कितने ही कुशल खिलाड़ी और हैं।"

प्रोफ़ेसर को गुस्सा आया। अख़बार की इस ख़बर पर उनकी नज़र पड़ी थी। पर उसके साथ एक और समाचार भी था।

सोमदासन ने कहा, "उसी अख़बार में यह भी छपा था कि सुरेश मेनन के पिता की बहन की शादी विपक्षी नेता के खानदान में हुई है। क्या आपने नहीं देखा?"

"देखा।... उसका मतलब क्या है?"

"क्या?"

"अच्छा, उधर देखिए। वहाँ पवेलियन में मुख्य अतिथि के रूप में कौन-कौन बैठे हैं। मुख्यमन्त्री और विपक्षी नेता। ये दोनों इससे पहले इतनी देर साथ-साथ बैठे नज़र आये हैं क्या? बताइए।"

"सुरेश द्वारा भारतीय क्रिकेट में केरल का झंडा फहराने का दृश्य देखने के लिए...यह अच्छा नहीं है क्या?"

"अच्छा तो है। लेकिन, मेरा मतलब था इससे उम्दा कितने ही खिलाड़ी..."

स्टेडियम में बिल्कुल पास से तालियाँ और कोलाहल।

सोमदासन ने भी तालियाँ बजायीं।

कप्तान श्रीनिवास बल्लेबाजी करने के लिए मैदान में उतर रहा था।

7

''सर, दिल्ली से टेलीफोन।''

कानों के बिल्कुल पास अदब के साथ सिर झुकाकर खड़े पुलिस अफ़सर की आवाज़ सुनकर नाख़ुशी छिपाये बिना ही मुख्यमन्त्री गौतमन ने दृष्टि उठायी।

''सॉरी टु डिस्टर्ब यू, सर। दिल्ली से फोन।''

''कौन है? प्रधानमन्त्रीजी हैं क्या?''

''नहीं सर, गृहमन्त्री पटेल साहब हैं। वे लाइन होल्ड कर रहे हैं।''

''कह दो कि मैं बाद में उन्हें फोन करूँगा।''

पुलिस अफ़सर क्षण-भर दुविधा में खड़े रहे। मुख्यमन्त्री की दृष्टि स्कोर बोर्ड पर अटकी थी।

सैल्यूट करके अफ़सर ने कहा, ''यस सर।''

गौतमन ने उसे अनसुना करके पास बैठे विपक्षी नेता गोविन्दन कुट्टी की ओर मुड़कर पूछा, ''कहिये साहब, आपको कैसा लगता है?''

''शुरू का नर्वसनेस। बस इतना ही। दो-तीन ओवर हो जाएँ। अगर तब तक जमा रहा, तो फिर वह मैदान मार लेगा। तब तक तो किस्मत का खेल।''

''हाँ, ईश्वर की इच्छा।''

''जी हाँ, जो भी हो...''

गौतमन ने पीछे की ओर हाथ बढ़ाया। पिछली क़तार की सीट पर बैठे सुरक्षा अधिकारी ने पान की डिबिया खोलकर आगे की ओर बढ़ाया। डिबिया गोद में रखकर गौतमनजी ने पान निकाला, उसे हथेली पर रखकर पोंछा और धीरे-धीरे तहा लिया।

गोविन्दन कुट्टी ने सिगरेट का पैकेट निकालकर खोला। जेब टटोला, तो पीछे से सुरक्षा अधिकारी ने सिगरेट लाइटर बढ़ाया। गोविन्दन कुट्टी ने सिगरेट ओठों से लगाकर अधिकारी की ओर देखा। उसने लाइटर जलाया।

गौतमनजी ने कहा, ''अरे, शान्ति से खेल देखने भी नहीं देते ये लोग। शाम को पाँच बजे दिल्ली में मीटिंग है— करेंट सब्जेक्ट्स में कुछ हेर-फेर लाने के विषय में। कोई बहुत ज़रूरी काम नहीं है।''

''अपने ज़माने से ही इसकी चर्चा चली आ रही है।''

''हाँ हाँ, मालूम है।''

मुख्यमन्त्री द्वारा पान लगाकर दाँतों के बीच रखने के दृश्य की प्रतीक्षा में बैठे केरलवाले कैमरामैन ने वह दृश्य कैमरे में खींच लिया। पर जो तकनीशियन आठों कैमरों द्वारा लिये गये चित्रों में प्रसारण-योग्य चित्र मोनिटर कर रहा था, उसकी दृष्टि

उन क्षणों में गैलरी की सीढ़ियाँ उतरकर मैदान की ओर बढ़नेवाले कप्तान श्रीनिवास के क्लोज़प में पाये शॉट पर थी।

इसलिए दर्शक मुख्यमन्त्री द्वारा पान चबाने और विपक्षी नेता द्वारा ओंठों से सिगरेट हटाये बिना धुआँ छोड़ने के रोचक दृश्य देख न पाये।

"आज यहाँ इस खेल के चलते मैं जा नहीं पाऊँगा, यह समझने की बुद्धि पटेल में नहीं।"

"आज साढ़े दस बजे की फ्लाइट से जाने का आपका प्रोग्राम था न?"

गौतमन और गोविन्दन कुट्टी यद्यपि अब दो परस्पर विरोधी दलों के शक्तिशाली नेता हैं, तो भी निजी स्तर पर वे सगे मित्र भी हैं। दोनों ने कन्धे से कन्धा मिलाकर स्वतन्त्रता-संग्राम में भाग लिया था। दोनों ही पहले की कोच्चि रियासत के हैं। साथ-साथ कॉलेज में पढ़े और एक साथ ही कॉलेज छोड़कर स्वतन्त्रता-संग्राम में कूद पड़े। कितनी ही बार जेल में साथ-साथ रहे। आरम्भिक दिनों में दोनों के आराध्य पुरुष थे नेताजी सुभाषचन्द्र बोस।

गौतमन धीरे-धीरे नेहरूजी के समाजवाद की ओर आकृष्ट हुए और गोविन्दन कुट्टी कार्ल मार्क्स के साम्यवाद की ओर। दिल से दोनों ही स्पोर्ट्समैन थे—प्रतिद्वन्द्वी को नीचा दिखाने की भरसक कोशिश करने पर भी प्रतिद्वन्द्वी की शक्ति और क्षमता का लिहाज़ रखनेवाले स्पोर्ट्समैन। शायद यही वजह थी कि दोनों दलों के आदरणीय नेताओं में अग्रिम स्थान उन्हें मिला था।

दोनों पहले फुटबाल के पीछे पागल थे। उनके दिली दोस्त जानते भी हैं कि दोनों की इस सनक में अभी भी कमी नहीं आयी है।

मुख्यमन्त्री गौतमन के विरुद्ध एक सप्ताह पहले जो जनान्दोलन चलाया जाना निश्चित था, उसे कूटनीतिक चाल की मदद लेकर ही गोविन्दन कुट्टी ने अगले महीने के लिए टलवा दिया था। उसका असली कारण केवल यही नहीं कि भारत-पाक एकदिवसीय क्रिकेट मैच भारत में सम्पन्न हो रहे हैं, बल्कि यह भी कि उसमें पहले पहल एक केरलीय युवक, वह भी इसी शहर का, भारतीय टीम में खेलने जा रहा है। गोविन्दन कुट्टी निश्चित रूप से जानते थे कि यद्यपि सुरेश को चौदहवें खिलाड़ी के रूप में लाया गया था, तो भी कोच्चि के मैच में उसे मैदान से बाहर बिठाने का साहस कप्तान में नहीं होगा।

गोविन्दन कुट्टी ने कहा, "मैंने सोचा, आप दिल्ली जाएँगे।"

कुछ दिन पहले तक ये दोनों आपस में 'तुम' शब्द से सम्बोधन किया करते थे। परन्तु, जब दोनों दो दलों के नेता बन गये, तब दोनों एक-दूसरे को 'सर', 'आप' आदि शब्दों से सम्बोधित करने लगे। मालूम नहीं, व्यवहार की यह नयी शैली किसने शुरू की, पर दोनों को इससे ख़ुशी ही हुई थी।

गौतमन ने सुपारी का टुकड़ा हथेली पर रखा और फूँका।

''मैं? और जब यहाँ यह खेल चल रहा हो?'' उन्होंने सुपारी मुँह में डाली।

लेकिन गौतमन का यह कथन वास्तविकता से दूर का था। दिल्ली नहीं जाने का निर्णय उन्होंने उस दिन सवेरे आठ बजे ही लिया था।

नये स्टेडियम का औपचारिक उद्घाटन यद्यपि एक सप्ताह के पहले धूमधाम से हो चुका था, तो भी पहला अन्तरराष्ट्रीय मैच शुरू होने के मुहूर्त पर, नौ बजे के बाद नारियल का फोड़ा जाना, मैदान में दोनों टीमों का परिचय कराया जाना, एक मिनट का भाषण, यही कार्यक्रम था। उसके पश्चात् तत्काल ही, साढ़े दस बजे की फ्लाइट में ही दिल्ली जाना तय था।

परन्तु, इस कार्यक्रम में परिवर्तन हुआ था गेस्ट हाउस में। तृशूर से आये पोते चौदह साल के विवेक और बारह साल की पोती विमला के कारण।

एरणाकुलम आने पर गौतमन के लिए निश्चिन्त हो उन्मुक्त हँसी-मजाक करने की एक रस्म-सी है। काम की व्यस्तता के बीच एक छुट्टी। दस या पन्द्रह मिनट। एक राजनैतिक कार्यकर्ता थे, पुराने मित्र। वे तो चल बसे। उनका बेटा किसी समाचार-पत्र में काम करता है। कृष्णप्रसाद उर्फ़ अनियन नाम से प्रसिद्ध इस युवक को गौतमन 'रीबाउंड' नाम से पुकारते थे। अनियन के साथ होनेवाली बातचीत के बीच होनेवाले रीबाउंड के ज़रिए ही समाज में होते परिवर्तनों का अकसर उन्हें पता चलता था। गेंद दीवार पर फेंक देना। दीवार से जो रीबाउंड होता है, वह अकसर फेंकने के ढंग से सर्वथा भिन्न होगा। तब उसके आधार पर फेंकने के ढंग में सुधार लाया जा सकेगा। इन निजी वार्तालापों के द्वारा अनियन गौतमन को इतनी सहायता प्रदान करता था, जिसका अन्दाज़ा खुद अनियन को भी नहीं था। काफ़ी व्यस्तता के बीच भी एरणाकुलम में मुख्यमन्त्री से मुलाक़ात करने की अनुमति सिर्फ़ अनियन को ही मिली थी।

सवेरे जब गौतमन बच्चों के साथ नाश्ता कर रहे थे, तभी अनियन आ पहुँचा।

अनियन के लिए भी इडली परोसी गयी।

अनियन ने निर्दोष-सा सवाल किया, ''विवेक, बड़े होकर तुम क्या बनना चाहते हो?''

विवेक को इस पर कोई शक नहीं था। उसने जवाब दिया, ''सुरेश।''

''सुरेश मेनन?''

''जी।''

''मतलब तुम दादाजी के समान देश का शासक, मुख्यमन्त्री या प्रधानमन्त्री नहीं बनना चाहते।''

''बिल्कुल नहीं।''

"तो फिर?"

"उससे क्या? क्रिकेट में टॉप करने के बाद चुनाव लड़ूँगा।"

"क्रिकेटवाले को कौन वोट देगा भला?"

"क्यों नहीं?"

अनियन ने विमला से प्रश्न दुहराया।

"तुम?"

"सुरेश। नो डाउट।"

गौतमन हँस पड़े। उसी क्षण निर्णय लिया कि दिल्ली-यात्रा स्थगित।

राजनीति तथा राजनैतिक दलों का सामान्य जनता के साथ इंटरेक्शन में आया परिवर्तन एक ऐसी समस्या थी, जो पिछले कई दिनों से गौतमन के दिल को मथ रही थी। यह परिवर्तन अचानक घटित हुआ हो, सो बात नहीं थी। गौतमन, जो किसी भी विपदा का पूर्वाभास प्राप्त करने की दूरदर्शिता एवं कर्मबुद्धि से सम्पन्न थे, इसे सिर्फ़ रात की नींद हराम करनेवाला मामूली प्रतिभास समझने को तैयार नहीं थे। बच्चे जब बोलने लगते हैं, तब से उन्हें किसी राजनैतिक दल के बाल-विभाग में शामिल कराकर दूसरे बच्चों से पृथक उनकी परवरिश करने की प्रथा पिछली दो पीढ़ियों से केरल में पनप रही थी, इसलिए राजनैतिक दलों को छात्र एवं युवा विभागों से निर्बाध रूप से अनुयायी जुटाने में सुविधा मिली। इस व्यवस्था का यह लाभ हुआ कि वयोवृद्ध नेतृत्व अपनी पराजयों को छिपाकर अधिकार पर कब्ज़ा बनाये रख सका। परन्तु, पिछले पाँच-छह वर्ष! रूस में समाजवाद का सर्वनाश। चीन का खुला बाज़ार। उपभोग की वस्तुओं के समक्ष विचारधाराएँ आदि पुस्तकालय की धूल-भरी शेल्फों और वृद्धों की लेखनियों में आकर मिसट गये थे। कम्प्यूटरों और संचार-साधनों ने सुख-सुविधाओं से भरी एक विशाल दुनिया बहुत ही आकर्षक रूप से ग़रीब व्यक्ति के सामने पहुँचा दी। इन सबों का फल चौंकानेवाला साबित हुआ।

कुछ वर्षों के पहले तक स्कूल-कॉलेजों में यूनियन के चुनाव में जहाँ सौ प्रतिशत छात्र मतदान करते थे, वहाँ अब साल-दर-साल वह संख्या घटती जा रही है। पचास और चालीस प्रतिशत तक आ गयी है। उसकी ओर ध्यान देने या उसकी चेतावनी पहचानने में असमर्थ होकर चार-पाँच लड़कों से कोई हिंसक कांड रचवाकर दुनिया के सामने अपनी उपस्थिति जताकर सन्तोष कर लेनेवाले नेतृत्व की अवस्था सचमुच दयनीय है।

गौतमन अकसर सोचा करते थे— क्या करना चाहिए!

क्रिकेट के मैदान में उतरकर टीमों से परिचित होने के कार्यक्रम के थोड़ा पहले नारियल फोड़ने की रस्म के लिए तैयार रखे स्थान की ओर चलने पर ही देखा,

टी.वी. कैमरों के सामने हँसते हुए क्रिकेट कंट्रोल बोर्ड के अध्यक्ष राजा साहब एवं पाकिस्तानी टीम के मैनेजर अब्दुल अली खान से हाथ मिलाते हुए प्रसन्न मुद्रा में विपक्षी नेता गोविन्दन कुट्टी खड़े हैं।

गोविन्दन कुट्टी ने प्रणाम किया।

''हमारे लड़के सुरेश के बारे में अब्दुल साहब की अच्छी राय है। कहते हैं, ही विल क्रियेट वंडर्स।''

फिर राजा साहब ने कहा, ''रिश्ते में सुरेश मेरा भानजा लगता है। स्मार्ट ब्वॉय।''

गौतमन भी मुस्कुराए। उनके दिल में यह बात बैठ गयी कि गोविन्दन कुट्टी भी मेरी ही तरह सोचते हैं।

दिल्ली न जाने का फ़ैसला बिल्कुल ठीक है— शत-प्रतिशत। फिर उन्होंने मन में कहा, मेरे प्यारे गोविन्दन कुट्टी, अब तुम्हें अकेले किसी भी टी.वी. कैमरा फ्रेम में आने नहीं दूँगा मैं।

टीम के खिलाड़ियों का परिचय कराने की रस्म के साथ सीधा प्रसारण शुरू हुआ था। नारियल फोड़ने का दृश्य, सवेरे कप्तानों के नये पिच का निरीक्षण करने के शॉटों के साथ बाद में दो सेकेंड के लिए दिखाया। परन्तु उसमें गोविन्दन कुट्टी का एक ही दृश्य था जिसमें वे गौतमन के पास खड़े दिखाये गये थे।

मेरा भानजा है सुरेश मेनन— ये शब्द यद्यपि रिकार्ड किये गये थे, तो भी प्रसारित नहीं हुए।

गौतमन को इसका पता नहीं था। अगर पता होता, तो वे यह कहने में नहीं हिचकते कि वे सुरेश मेनन के मामा हैं।

पाकिस्तानी टीम के मैनेजर अब्दुल अली खान ने कप्तान निसार अहमद से गौतमन का परिचय कराया।

गेस्ट हाउस से मैदान की ओर आते वक़्त गाड़ी में टीम के खिलाड़ियों की सूचीवाली ब्रोशर गौतमन ने पढ़ी थी।

उन्होंने निसार से हाथ मिलाते हुए कहा, ''संसार के उम्दा पेस बॉलर का केरल की धरती पर स्वागत करने में मुझे बेहद ख़ुशी है। आपके घुटने अब ठीक हुए न? आई होप इट इज ओके।''

जिन लाखों लोगों ने टी.वी. ऑन किया, उन्होंने गौतमन की बातें सन्तोष और गर्व के साथ सुनीं।

पाकिस्तानी टीम के खिलाड़ियों के बाद भारतीय टीम का परिचय कराते वक़्त गौतमन दो क्षण सुरेश के पास ठिठककर खड़े रहे।

सुरेश से हाथ मिलाते हुए उन्होंने कहा, ''बेस्ट ऑव लक सुरेश। मैं, अकेला मैं

ही नहीं, केरल की तीन करोड़ जनता प्रार्थना करती है तुम्हारे लिए।''

फिर उन्होंने उसका कन्धा थपथपाया।

''तुम्हारा खेल पूरा देखने के बाद ही मैं जाऊँगा सुरेश।''

मुख्यमन्त्री गौतमन ने सुपारी मुँह में डाली और चबाई। तमाखू की डिबिया खोली।

सहसा क्रिकेट कंट्रोल बोर्ड के अध्यक्ष राजा साहब, जो तब तक कमेंटेटर बॉक्स में वार्तालाप में निमग्न थे, ओठों के बीच पाइप लिये हुए, आकर पास की कुर्सी पर बैठ गये।

गौतमन ने कहा, ''श्रीनिवास बहुत ही रिलायबल हैं। पिछले ऑस्ट्रेलियाई दौरे में ही चालीस के ऊपर उसका ऐवरेज है न? मेरा ख़्याल है कि श्रीनिवास और सुरेश की जोड़ी अच्छी रहेगी।''

राजा साहब और गोविन्दन कुट्टी ने गौतमन की क्रिकेट की जानकारी का आश्चर्य के साथ अभिनन्दन किया। थूकने के लिए गौतमन ने वह पीकदान खोजा, जो सदा साथ रखते थे।

उस समय क्रीज़ पर पहुँचकर कप्तान श्रीनिवास सुरेश से कह रहा था, ''डोंट वरी सुरेश। तुम अपने तृपूणितुरा वाले ओवल में खेल रहे हो। ये लोग तुम्हारे सामने कुछ भी नहीं। प्ले योर गेम।''

8

गेंद निसार अहमद के हाथ में थी। प्रत्येक ओवर की समाप्ति पर गेंद कप्तान के हाथ में आ जाएगी। अगला ओवर किससे बॉल करवाना है, इसका निर्णय करने के बाद उस गेंदबाज की तरफ कप्तान गेंद फेंक देगा। वह गेंद पकड़कर बॉलर के विकेट के पास जाएगा और स्वयं किस प्रकार गेंद फेंकना चाहता है, यह कप्तान को बता देगा। नहीं तो, किस प्रकार गेंद फेंकनी चाहिए यह रहस्य कप्तान उसको बतायेगा। सामने गेंद पर बल्ला चलाने के लिए तैयार खड़े बैट्समैन की ताक़त या कमजोरी, टीम की तत्कालीन स्थिति, पिच, चारों ओर का फील्ड, हवा, अन्तरिक्ष की नमी, गेंद का पुरानापन आदि कारणों से जो परिवर्तन सम्भव हैं, उनकी गणना करके ही कप्तान और बॉलर यह निर्णय लेंगे कि किस प्रकार गेंद फेंकनी चाहिए।

लेकिन, कप्तान अगर निसार के समान कुशल और विख्यात हो तो, अकसर चर्चाएँ नहीं होतीं, सिर्फ़ आज्ञा ही दी जाती है, और बॉलर के लिए वह सिर आँखों पर धार्य होती हैं। श्रीनिवास के समान नया कप्तान हो, तो वह बॉलर के साथ या

टीम के अन्य अनुभवी खिलाड़ियों के साथ शायद चर्चा करेगा। कप्तान का व्यक्तित्व और खेल के विषय में उसकी पक्की जानकारी ही महत्त्वपूर्ण है।

साधारणतया ऐसे निर्णय लेने के लिए, मुश्किल से बीस सेकेंड ही मिलेंगे। पर, निसार जैसे कप्तान के लिए दस सेकेंड ही काफ़ी हैं, रणनीति तय करने के लिए।

भारत तीन विकेट खोकर बत्तीस। नौ ओवर फेंके जा चुके हैं।

क्षण-भर को निसार के मन में शंका हुई।

क्या मुहम्मद हुसैन को बॉलिंग दिया जाए! अकसर इस प्रकार के अन्तरराष्ट्रीय मैचों में, जिनमें प्रत्येक टीम पचास-पचास ओवर खेलती है, पहले दस ओवरों में पाँच-पाँच के क्रम से सबसे तेज़ बॉलर ही गेंद फेंकते हैं। दसवें ओवर के बाद ही बॉलर को बदल दिया जाता है। टीम के गेंदबाजों की क्षमता के अनुसार फिर पेसवाले या मीडियम पेस में ठीक निशाने पर फेंक सकनेवाले या स्पिन करनेवाले स्लो बॉलर आएँगे। पाकिस्तान के लिए तो दो कुशल पेस बॉलर अभी बाक़ी हैं। मुहम्मद हुसैन और इब्राहीम खान। दो स्पिनर भी हैं। ऐसे मैचों में सभी को ज़्यादा-से-ज़्यादा दस ओवर फेंकने की अनुमति है। दस के क्रम से छह खिलाड़ी फेंक नहीं सकेंगे। क्या एक ओवर कम कर दूँ?

निसार की इस शंका का एक और कारण भी था, जिसके बारे में अभी तक उसने किसी को नहीं बताया— उसके घुटनों में फिर से दर्द।

कानपुर में यह बहुत हल्का-सा ही लगा था। ज़रा भी परवाह नहीं की। गुवाहाटी में भी ज़्यादा नहीं। नागपुर में फिर थोड़ा-सा लगा। अब लो, तीसरे ओवर में बॉल करते वक़्त यह फिर परेशान करने लगा।

नागपुर में एक बार सोचा था कि किसी से कहूँ। कहूँ भी तो किससे? टीम का मैनेजर अब्दुल अली खाँ दिली दोस्त हैं। परन्तु, मुझसे ज़्यादा वे क्रिकेट को चाहते हैं। छह साल पहले, अपने घुटनों के अन्दर की स्नायु की हल्की-सी सरक ने पाकिस्तानी क्रिकेट को जो आघात पहुँचाया था, वह फिर सिर उठा सकती है, इस ख़बर से उस पाकिस्तानी टीम को, जिसकी परवरिश पिछले चार सालों से बड़ी सतर्कता से करता आया हूँ, भारी चोट पहुँच सकती है। कराची के पत्रकार साथ में हैं— मेरी अपनी प्रत्येक चाल की छानबीन करके दोष निकालने के लिए।

क्रिकेट खेलनेवाले सभी प्रमुख राष्ट्रों में दो गुट होंगे। इंग्लैंड में दक्षिणवाले और उत्तरवाले। वेस्टइंडीज में तो ट्रिनीडैड, बार्बाडोज़, ऐंटीगुआ, ग्रैनेडा जैसे टापू। भारत में बम्बई और दिल्ली। लेकिन पाकिस्तान में यह गुटबाजी चरम सीमा पर दिखाई देती है। एक ओर भद्र पुरुषों का वह विभाग जिसमें लाहौर के अमीर तथा समाज के ऊपरी तबके के लोग हैं, दूसरी ओर कराची की गलियों से, टेनिस की गेंद से खेले जानेवाले क्रिकेट से जनमे, जोश और उमंग से भरे प्रतिभाशाली युवकों का

वह विभाग, जो किसी भी मूल्य पर विजय पाने के लिए कठिन परिश्रम करनेवाला है। पाकिस्तानी टीम, जिसे हमेशा ही संघर्षों और आरोप-प्रत्यारोपों के लम्बे दौर से गुज़रना पड़ा था, दिग्गज खिलाड़ियों के रहते हुए भी विश्व-क्रिकेट में अपनी क्षमता के अनुकूल बुलन्दियों पर नहीं पहुँच पायी थी।

चार वर्ष पहले, ऐसी एक वापसी के बाद जो आज क्रिकेट की किंवदन्ती-सी बन गयी है, निसार अहमद ने पाकिस्तानी टीम को एक तरह की एकरूपता प्रदान की। खिलाड़ियों को इस बात के लिए सचेत किया कि अपने बैटिंग स्कोर और गिराये जानेवाले विकेटों के साथ-साथ टीम के लिए ईमानदारी के साथ खेलना सबसे महत्त्वपूर्ण है। इसी बीच पुरानी बातों की ओर जब वे संकेत करते, तब कराचीवालों का विद्वेष मीठी बातों में लपेटकर बाहर आया करता था। पर उसमें पहले का-सा ज़ोर नहीं था।

लेकिन, इस समय अगर हँसी-मज़ाक के तौर पर ही सही, यह ख़बर बाहर फैल जाए कि अपने घुटनों में दर्द है, तो निस्सन्देह समाचार-पत्र और खिलाड़ी पाकिस्तान के क्रिकेट प्रेमियों की तरफ़दारी करने में लग जाएँगे।

निसार को चोट।

निसार अब वह पुराना खिलाड़ी नहीं। क्रिकेट में उनके दिन लद गये।

अगला कप्तान कौन?

कराची? लाहौर?

'डॉन' समाचार-पत्र के खेल-कूद संवाददाता में सबकुछ सूँघकर पता लगाने की अपूर्व क्षमता है। इसलिए निसार ने अपने घुटने की पीड़ा की चर्चा किसी से भी नहीं की।

किन्तु, आज दूसरे ओवर में पहली गेंद के समय दर्द महसूस हुआ। दौड़ते हुए विकेट के ठीक पीछे लपककर अपने प्रसिद्ध 'डेढ़ हाथ वाले ऐक्शन' के अन्तिम क्षण में जब बायाँ कदम ज़ोर से ज़मीन पर रखा, तब एकाएक दर्द होने लगा। गेंद ठीक निशाने की ओर उड़ा। पर, जब दायाँ कदम आगे को रखा, तब बायें घुटने के अन्दर ऐसा महसूस हुआ जैसे कुछ फटा जा रहा हो। आधे सेकेंड के लिए बड़ी मुश्किल से दर्द सहन करता रहा। टी.वी. कैमरे का क्लोज़-अप बैट्समैन मराठे का होगा, इसलिए किसी ने ध्यान नहीं दिया होगा। सभी गेंदों के बाद दर्द नदारद।

निसार क्षण-भर को हिचके। नहीं, मुहम्मद हुसैन को यह ओवर नहीं देना है। पिछले ओवर की छह में से चार गेंदें फेंकने पर दर्द हुआ था। कोई बात नहीं। एक और ओवर हो जाए।

यही नहीं, भारत का नया बैटिंग सितारा सुरेश और कप्तान श्रीनिवास के क्रीज़ में खड़े रहते उनसे एक मुक़ाबला, एक द्वन्द्वयुद्ध। उसका अपना अलग मज़ा है।

निसार ने कैप अम्पायर के हाथ में थमा दी।

सुरेश ने नया हेल्मेट सिर पर पहना। हेल्मेट लेकर ग्राउंड में आये अवस्थी के हाथ में पुराना हेल्मेट दे दिया। अवस्थी जल्दी-जल्दी ग्राउंड से बाहर चला गया।

सुरेश ने बल्ला तिरछा रखकर गार्ड लिया। बॉलर के पास खड़े अम्पायर ने उँगली ऊपर उठाकर इशारा किया कि सब ठीक है।

सुरेश ने बल्ला उठाकर चारों ओर देखा।

निसार ने अधिकतर फील्डरों को अपने-अपने स्थानों से थोड़ा और पास आकर खड़े होने का निर्देश दिया है। स्क्वेयर लेग की तरफ खड़ा फील्डर आठ फुट नज़दीक पहुँच गया है। बल्ला ज़रा तेज़ घुमाने पर हेल्मेट पहने, कूदने को तैयार झुककर खड़े उसके शरीर पर ज़रूर लगेगा। उसका खड़ा होना कुछ ऐसा है कि गेंद रोकने पर बल्ले के ब्लेड से सीधे नीचे गिरनेवाली गेंद भी वह उछलकर पकड़ सके। सामने की दिशा में सिली प्वाइंट में और कवर में इतने पास न होने पर भी बैट्समैन और फील्डर के बीच बारह फुट से ज़्यादा फ़ासला नहीं।

सुरेश ने सामने ही बल्ला ज़मीन पर छुआते हुए अपनी ओर ही देखते खड़े कप्तान श्रीनिवास पर क्षण-भर के लिए नज़रें गड़ाईं। तुरन्त उसे माँ की याद आयी।

आधे क्षण के लिए उसने आँखें मूँद लीं।

कन्सन्ट्रेट।

सुरेश ने और कुछ नहीं देखा। दौड़कर आनेवाले निसार के हाथ मात्र। उँगलियाँ मात्र। एक ही लपक में सबकुछ हो गया।

गेंद की रफ़्तार उतनी नहीं थी जितनी कि सुरेश को उम्मीद थी। सोचा था, आउट स्विंगर होगा। परन्तु जब तक गेंद ज़मीन को छू न पायी थी, तब तक सुरेश का बायाँ पैर आगे को बढ़ गया था। दायें पैर के पीछे के स्टम्प को लक्ष्य करके, बिना किसी तरह की स्विंग के, फेंकी गयी गेंद थी वह। रफ़्तार की कमी के कारण सुरेश के बल्ले के बीच ही वह आकर लगी। बायाँ घुटना टेढ़ा कर दायाँ पैर ज़मीन पर से उठाकर ख़ूबसूरती से बल्ला थोड़ा-सा घुमाकर गेंद को पुश किया। बिल्कुल सामने को लपके कवर प्वाइंट के फील्डरों के बीच से गेंद पूरी रफ़्तार के साथ बाउंड्री की ओर गयी।

पूरे स्टेडियम में तालियाँ और कोलाहल। कहीं पटाखे छूटे।

श्रीनिवास ने सुरेश के पास पहुँचकर उसके कन्धे पर हाथ रखते हुए कहा, "देखा तुमने! ये लोग बस, इतने ही हैं। तुम अपना खेल खेलो।"

बॉलिंग के स्टार्टिंग प्वाइंट की ओर जाते हुए निसार अनजाने ही मुस्कुराया।

जब यह गेंद फेंकी, तब घुटने में दर्द नहीं हुआ। लेकिन कोई गारंटी नहीं कि बला पूरी तरह टल गयी है। कभी भी वह तंग कर सकती है। उस दिन ग्यारह

महीनों के एकान्तवास के पश्चात् जर्मनी के डॉक्टर ने जब घुटने के बैंडेज खोलकर मैदान में उतरने की अनुमति दी, तब कहा था कि मैं सौ फ़ीसदी गारंटी नदीं दे सकता। यह स्नायुओं की ऐसी विस्थापना है जिसे एक्स-रे की मदद से देखा नहीं जा सकता और जिसे स्ट्रेस के नाम से पुकारा जाता है। अगर यह दुबारा आये, तो ईश्वर ही रक्षक है।

घुटने की स्नायु में दर्द हुआ, तो पहले सोचा, कोई चोट या मोच होगी। घुटने की हड्डियों के इर्द-गिर्द ही पीड़ा है। अकसर बायाँ पैर आगे करके बल्ला चलाते समय पैड पर गेंद लगेगी। सोचा, पैड की कोई गड़बड़ी है। बॉलिंग करने के बीच उछलते समय ही दर्द महसूस होता था। कितने ही डॉक्टरों ने जाँच की, कोई भी इसके कारण का पता नहीं लगा सका।

जर्मनी के स्पोर्ट्स मेडिसिन के विशेषज्ञ ने ही शंका प्रकट की थी। संसार के कई मैराथन विजेताओं को इसी प्रकार घुटनों में पीड़ा महसूस हुई है। यह हड्डियों की गड़बड़ी नहीं। हड्डियों के इर्दगिर्द की मांसपेशियाँ निरन्तर दबाव के कारण ज़्यादा नरम पड़ जाती हैं। इसके उपचार का एक ही उपाय है, आराम। बीच-बीच में रेडियेशन चिकित्सा अलग से। किन्तु पूरे उपचार की सम्भावना अनिश्चित ही है।

कोई दूसरा उपाय न था।

दो साल।

उन दिनों पाकिस्तानी क्रिकेट को संकट के दौर से गुज़रना पड़ा।

अनाथ-सी टीम।

दो सालों में ग्यारह महीने सम्पूर्ण विश्राम।

अन्त में डॉक्टर ने खेल के मैदान में जाने की अनुमति दी।

अगर यह दर्द दुबारा हो जाए, तो? ऐसा होना नहीं चाहिए।

छह साल पहले जब मैं अस्पताल में था, तब अनाथ बने पाकिस्तानी क्रिकेट का जो हाल था, वही हाल आज भारत का है। न्यूजीलैंड के दौरे के बाद पुराना कप्तान कमलनाथ चला गया। बम्बई और कराची का झगड़ा लाहौर-कराची स्टाइल का हो चुका है। समाचार-पत्र तरफ़दारी करने में लगे हैं। खिलाड़ी और चयन-समितियाँ अलग-अलग ख़ेमों में बँट गये हैं।

भारत के जीतने के लिए, इन सबों से बचने के लिए सिर्फ़ एक ही उपाय है। इक्कीस वर्षीय राहुल को कप्तान बनाने का साहस दिखाया जाए। भारतीय टीम को नया चेहरा दिया जाए। पर, वे ऐसा करेंगे क्या? अगर राहुल कप्तान बन जाए, तो एक-दो वर्षों के अन्दर वह भारतीय क्रिकेट को सोबर्स की वेस्टइंडीज टीम की अजेयता प्रदान करेगा। ऐसा कभी होने नहीं देना चाहिए।

घुटने में दर्द हो या न हो, भारतीय टीम को किसी भी हालत में विश्वविजेता

बनने नहीं देना चाहिए।

निसार गेंद फेंकने को तैयार होकर मुड़ा।

श्रीनिवास को ही कप्तान के पद पर जारी रहना चाहिए। पाकिस्तान के लिए भी यह आवश्यक है।

तुरन्त निसार पास आया।

माइ गॉड! पहले अपना ध्यान इस पर क्यों नहीं गया? सुरेश को टू डाउन के स्थान पर ग्राउंड में भेजना सचमुच श्रीनिवास की सोची-समझी चाल है। सुरेश को ज़रूर जीतना चाहिए। क्रिकेट कंट्रोल बोर्ड को शक पैदा होगा। लो, राहुल का एक प्रतिद्वन्द्वी। शक दूर होने तक, दो वर्ष तक श्रीनिवास कप्तान रहेगा।

दो कदम आगे की ओर दौड़कर निसार एक क्षण शंकित-सा खड़ा रहा। फिर पीछे की ओर आया।

सुरेश को ज़रूर विजयी होना चाहिए।

श्रीनिवास को भी विजयी होना चाहिए।

यह तो निसार के लिए भी ज़रूरी है।

निसार ने याद करने की कोशिश की।

सुरेश मेनन नामक खिलाड़ी को जब टीम में चुना गया, तब उसकी ख़बर मिलने पर उसके खेल के वीडियो चित्रों को भली-भाँति देख लिया था। ठीक से याद नहीं। लेकिन क्लासिक स्टाइल में एक स्ट्रेट ड्राइव याद आता है। हाँ। निसार ने दौड़ लगाकर सही लेंथ से थोड़ा कम करके साधारण तेज़ी से, मगर पिछली गेंद से थोड़ी रफ़्तार और बढ़ाकर बॉल किया।

सुरेश को सिर्फ़ एक ही पैर आगे बढ़ाना पड़ा था। बल्ले को खूबसूरती से घुमाकर, बॉलर के सिर के ऊपर से पूरी ताक़त के साथ सुरेश ने बल्ला चलाया।

तृपूणितुरा के 'ओवल' के पुराने कोयर मैट बिछे पिच पर अन्धाधुन्ध बल्ला चलाने का-सा मज़ा आया।

सुरेश ने आँखें मूँद लीं।

श्रीनिवास ने दौड़ने के लिए एक कदम भी आगे नहीं रखा।

गेंद सीधे सामने के साइट-स्क्रीन के ऊपर से गैलरी के ऊपरी भाग पर डफली बजाते बैठे नौजवानों के बीच जा गिरी।

'तृशूर पूरम' की-सी हवाइयाँ फूटीं। पटाखों की मालाओं में आग लगी।

पचहत्तर हज़ार कंठों से चीख उठी, "सिक्सर!"

अम्पायर ने दोनों हाथ ऊपर उठाकर, दोनों ओर घुमाये।

पुलिस का घेरा तोड़ते हुए पूर्वी दिशा से तीन-चार व्यक्ति ग्राउंड में उतरकर दौड़े आये। अधिकतर दर्शकों ने खड़े होकर तालियाँ बजायीं। मुख्यमन्त्री गौतमन ने

विपक्षी नेता गोविन्दन कुट्टी का हाथ पकड़कर ख़ूब हिलाया। वह दृश्य कैमरे में लिया गया था। संसार भर के टेलीविज़न दर्शकों ने उसे देखा। शैलजा मेनन की आँखें डबडबा आयीं। विजयन मेनन ने धीरे-से उनके कन्धे पर हाथ रखा। आसपास के लोगों की अनदेखी करके शैलजा मेनन ने उन हाथों को अपनी हथेलियों में लेकर दबाया। प्रोफेसर सोमदासन ने गर्व के साथ चारों ओर देखकर स्वगत के स्वर में कहा, "वह बड़ा ही होशियार है। मेरा छात्र जो ठहरा!"

9

उण्णी...उण्णी!

उण्णी...उण्णी!

कोलाहल थमता नहीं। मैदान में दौड़े आये चार व्यक्तियों में से सिर्फ़ एक ही व्यक्ति क्रीज़ के पास तक पहुँच सका था। शेष व्यक्ति दौड़कर आते लाठीधारी पुलिसवालों को देखकर पीछे मुड़कर भागे। जो भूरे रंग का पतलून, सफ़ेद एडीडास के डुप्लिकेट जूते और मोटे-मोटे अक्षर छपा टीशर्ट पहने हुए था, अठारह साल का सिर्फ़ वही नौजवान लाठियों से बचकर पिच के पास पहुँचा। उसने सुरेश का हाथ छू लिया। सुरेश मुस्कुराया। क्षण-भर वह नौजवान सकपकाया-सा खड़ा रहा मानो उसे स्वर्ग मिल गया हो। तब तक पुलिसवाले आ धमके। उसने मुड़कर हर्षोल्लास के साथ दोनों हाथ उठाकर छक्के का संकेत दिखाया। फिर गैलरी की तरफ दौड़ा। कैमरे ने उसके टी-शर्ट के पीछे लिखा नारा क्लोज़प में दिखाया।

'पैक दि पाक।'

पाकिस्तान को बोरिया-बिस्तर सँभालकर चलता कर दो।

सुरेश को भी आश्चर्य हुआ था। मैदान के बाहर ऊँचाई पर से गेंद उड़ा देने का उसका इरादा नहीं था। सिर्फ़ दो ही व्यक्तियों ने निसार अहमद की शुरू की गेंदों में छक्का मारा है। राहुल और क्रिकेट का अद्‌भुत बालक लारा। वे भी ज़्यादा-से-ज़्यादा इज़्ज़त देकर बड़ी सतर्कता से ही निसार का मुक़ाबला करते थे। मैं यह कैसे कर पाया? वह भी, पहले एक चौका। अगली गेंद में छक्का।

जब पहली खपरैल टूट गयी, तब बरामदे में पड़ी आरामकुर्सी पर बैठे नानाजी ने सिर उठाकर देखा। जो 'हिन्दू' अख़बार वे पढ़ रहे थे, उसे तह किया। ख़ूब याद है। बॉल किया था दीदीजी ने। आँगन की लम्बाई और चौड़ाई लगभग बराबर थी। दक्षिण की ओर खड़े 'चाम्पा' के पेड़ के सामने ही पहले धूप पड़ती है। उसके नीचे

रखा पापड़ का पुराना टिन ही विकेट था। हल्दी का चूर्ण पानी में औंटाकर टिन के ऊपर तीन लकीरें खींची जातीं। ये ही स्टम्प्स थे। उनके ऊपर बेल रखने की ज़रूरत नहीं थी। पहले दीदी ने सुपारी के पेड़ की लकड़ी, नारियल के पत्ते का डंठल, रसोईघर में पहले कभी दादी माँ के बैठने के लिए बनवाया गया तख़्ता आदि कई वस्तुओं की जाँच-परख की, लेकिन टिन ही सबसे उपयुक्त लगा। क्लीन बोल्ड है या नहीं, इस बात को लेकर विवाद भी नहीं होगा। सुपारी के पेड़ की लकड़ी या ऐसी कोई चीज़ हो, तो शायद उखड़कर नहीं गिरेगा। गेंद दो स्टम्पों के बीच से चला जाएगा। तख़्ता हो, तो उसे ज़मीन पर टिकाये रखना मुश्किल होगा। गड्ढा खोदकर उसमें गाड़ दिया जाए, तो लम्बाई कम होगी। पापड़ का टिन ही सबसे उपयुक्त लगा। उस पर पीली लकीरें भी हों, तो जैसे नानाजी कहा करते थे, ''वाह, क्या शान है!''

सुरेश उन दिनों पाँच बरस का भी नहीं हुआ था।

नारियल के पत्ते का डंठल काट-तराशकर बल्ला बनाने का काम रावुण्णी का था।

सुरेश ने गैलरी की भीड़ की ओर नज़र घुमाई। रावुण्णी इस जनसमूह के बीच कहीं होगा, ज़रूर। अब अवश्य मनौतियाँ माननी होंगी। तड़के ही तृपूणितुरा के मन्दिर में पुष्पांजलि चढ़ाने के बाद तुरन्त ही बस से इटापल्ली पहुँचकर ईसाइयों के पुण्य पुरुष सन्त जार्ज को मुर्गी का चढ़ावा भी चढ़ाना होगा।

रावुण्णी को बल्लेबाजी करने की अनुमति नहीं थी। वह बॉल कर सकता है। वह भी तब, जब दीदी काफ़ी थक गयी होंगी। फीलि्डंग ज़्यादातर रावुण्णी का ही काम था। जहाँ कहीं भी गेंद चली जाती, वही उसे ढूँढ़ लाता।

सुरेश को अच्छी तरह याद है। हमेशा के लिए मन में अंकित वह तसवीर। खपरैल के टूटने की आवाज़ सुनकर अन्दर पूजा की कोठरी से नम्पूदरी दौड़े आये।

''अरे, यह कैसी आवाज़ थी?''

सुरेश सचमुच डर गया। किसी से न डरनेवाली दीदी भी घबरा गयी। रावुण्णी कहीं जाकर छिप गया।

नानाजी ने कहा, ''कुछ नहीं भैया। उण्णी ने छक्का मारा है।''

फिर हँसते हुए उन्होंने सुरेश को पास बुलाया। हड़बड़ी में बल्ला हाथ से नीचे छोड़ देना भूल गया था। नानाजी के चेहरे पर गुस्से के लक्षण नहीं, बल्कि मुस्कुराहट थी। कम ही अवसरों पर प्रत्यक्ष होती थी वह मुस्कुराहट।

सीढ़ियाँ चढ़कर आशंकित हो खड़ा रहा। नानाजी ने हाथ बढ़ाकर और नज़दीक खींच लिया। नारियल के पत्ते के डंठल से बनाये गये बल्ले पर की लकीरों पर उँगली चलायी।

"उण्णी, इसी बल्ले से तुमने वह गेंद मारी थी क्या?"
"जी।"
"इतना ऊँचा मारा? या अपने आप ऊँचा चला गया था क्या?"
"नहीं।"
"फिर?"
"मैंने ऊँचा मारा था।"
"सो तो ठीक है। पर सोचो ज़रा। जब ऊँचा मारोगे, तब यदि फील्डिंग के लिए कोई खड़ा हो, तो वह कैच नहीं लेगा क्या? और तुम आउट नहीं होगे क्या?"
"नहीं।"
"क्यों नहीं?"
"उसके सिर के ऊपर से ज़ोर का सिक्सर मारूँगा।"
नानाजी उठ खड़े हुए।
"शाबाश! अब नानाजी बॉल करेंगे। क्या तुम सिक्सर मार सकोगे?"
"जी हाँ।"
"गेंद कहाँ है?"
दो क्षण तक कहीं छिपा खड़ा रावुण्णी टेनिस की गेंद लिये प्रत्यक्ष हुआ।
नम्पूदरी बरामदे पर ही खड़े हैं। रसोईघर से माँ ने झाँककर देखा।
नानाजी ने गेंद ले ली। शान से आँगन की सीमा की ओर बढ़े।
"रेडी?"
"जी हाँ, रेडी।"
कथकली में जिस प्रकार भीमसेन एक पैर ऊपर उठाकर उछलता है, उसी प्रकार दो कदम आगे बढ़कर नानाजी ने गेंद फेंकी। सुरेश ने जमकर उसे मार दिया। बल्ले के मध्य भाग पर ही गेंद लगी। सीधे खपरैल के ऊपर जा गिरी।
नानाजी की नज़रों में आश्चर्य झलक उठा। क्या वह निरा अभिनय था? या वास्तविक प्रतिक्रिया? समझ में नहीं आया। परन्तु निश्चय हो गया कि उस दिन उनके चेहरे पर वास्तविक गर्व के भाव ही झलके थे।
लेकिन अबकी बार खपरैल नहीं टूटी। गेंद टप्पा खाकर आँगन में ही आकर गिरी। रावुण्णी दौड़ता हुआ आया और गेंद नानाजी को सौंप दी।
"अच्छा, यह बात? नानाजी को तू सिक्सर मारेगा उण्णी? अब देखो शैलजा...उण्णी?"
नानाजी दोबारा बॉलिंग के लिए तैयार हो गये।
इस बार सोचा, बल्ला ज़ोर से चलाकर गेंद पड़ोसी के अहाते में पहुँचानी चाहिए। ज़ोर से मारा भी। लेकिन, गेंद आँगन के कोने में हँसते हुए बैठे रावुण्णी की

ही तरफ ऊँचाई से उड़ी। रावुण्णी ने आसानी से उसे कैच कर लिया।

''आउट।''

सचमुच रुलाई आ गयी।

नानाजी ने पास आकर, बल्ला हाथ से लेकर ध्यान से देखा। फिर गम्भीर स्वर में कहा, ''अगर गेंद ऊँचा मारोगे, तो ज़रूर कैच होगा। कैच हो, तो आउट। तब क्या करना है? ऊँचाई पर मारना नहीं चाहिए। नीचा रहना ही ठीक होगा।''

''तब रन कैसे मिलेगा?''

''वाह रे उण्णी!''

नानाजी ने जब बाँहों में लेकर हवा में घुमाया, तब उण्णी की रुलाई थम गयी। ऐसा लगा, मानो अपना वजन कम होता जा रहा हो। नानाजी ने ज़मीन पर खड़ा किया और कहा, ''एक बहुत बड़ा क्रिकेटर था ब्रैडमैन। उनकी टक्कर का बैट्समैन आज तक नहीं हुआ है। जानते हो उनकी सफलता का राज़ क्या था। बताता हूँ। यदि हम ऊँचाई पर गेंद उड़ा दें, तभी कैच लेकर आउट किया जा सकता है न? इसलिए गेंद ऊँचाई पर उड़ाना ही नहीं चाहिए। और यदि विकेट की सीध में आने की बजाय उससे हटकर लूज़ बॉल आये, और निश्चित रूप से तय हो कि इसे सिक्सर मारा जा सकता है, तभी उसे ऊँचाई पर मारना चाहिए। समझे?'' सुरेश की इच्छा हुई कि कहूँ अभी जो मारा, वैसा न? किन्तु वह नानाजी से डरता था। सभी डरते थे। पिताजी तक। इसलिए सिर्फ़ सिर हिलाया। प्रतिवाद बिल्कुल नहीं किया।

''हाँ, उण्णी, तुमने रन लेने की बात कही थी न? ब्रैडमैन कहते थे, देखो कितना बड़ा मैदान है। इसमें कुल ग्यारह आदमी ही तो हैं न हमारी गेंद रोकने के लिए! हमें ऐसी जगह देखकर ज़ोर से बल्ला चलाना चाहिए जहाँ कोई न हो। इतने ज़ोर से गेंद मारना चाहिए कि कोई दौड़कर आ भी नहीं सके। तब रन मिलेंगे। ब्रैडमैन ने बावन टेस्ट खेले। जानते हो, उसमें उनका एवरेज या औसत कितना था? सौ से थोड़ा कम। अर्थात् जब भी खेलने निकलते, क़रीब सौ रन लेकर ही आउट हो जाते थे।''

उस दिन कुछ भी समझ में नहीं आया। एवरेज, ब्रैडमैन कुछ भी।

लेकिन उस दिन शाम को जब नानाजी प्रैक्टिस के लिए तृपूणितुरा ओवल को निकल पड़े, तब वे सुरेश को भी साथ ले गये। समयान्तर में अपने घर से भी अधिक अपना बने उस घास के मैदान में पहले-पहल वह दौड़ा और खेला। किसी के द्वारा तेज़ी से मारी गयी क्रिकेट गेंद जब मैदान के बाहर गयी, तब दौड़कर उसे ले लिया और ज़ोर से फेंका। उसी दिन पहले-पहल क्रिकेट गेंद के वजन का सही अन्दाज़ हुआ।

दूसरे दिन सवेरे जब दीदी को बुलाकर टेनिस की गेंद से क्रिकेट खेलने की

तैयारी में लग गया, तब नानाजी ने बरामदे में खड़े होकर देखा और कहा, ''अब तुम नारियल के पत्ते के डंठलवाले बल्ले से न खेलना बेटे। यह लो।'' पीछे छिपाये पकड़े बल्ले को किसी जादूगर के समान ऊपर उठाकर उन्होंने दिखाया।

सुरेश दौड़कर नानाजी के पास पहुँचा।

''क्या यह उण्णी के लिए है?'' सुरेश ने पूछा। उन दिनों 'मैं' सर्वनाम से उसका परिचय नहीं हुआ था। यह 'मैं' कौन है? सब 'उण्णी' कहकर ही बुलाते हैं। 'उण्णी' को तो जानता हूँ। परन्तु 'मैं?' अपने लिए मैं शब्द का प्रयोग करना बरसों बाद ही सीखा था सुरेश ने।

''उण्णी के लिए?'' उसने फिर से पूछा था।

''हाँ हाँ।''

उण्णी जितनी लम्बाई नहीं। छोटा-सा बल्ला। सूँघ लिया। ख़ुशबू आ रही थी। एकदम नया। उस बल्ले के हत्थे पर लाल रंग का रबड़ का कवर था। अभी याद है कि उसके साथ कोई हस्ताक्षर भी छपे थे।

डोनाल्ड जॉर्ज ब्रैडमैन। वही ब्रैडमैन अब निराकार होकर कह रहे हैं, ''गेंद नीचा मारो। ज़मीन पर से। उस जगह से जहाँ खिलाड़ी नहीं खड़े हों।''

सुरेश ने सिर उठाकर फील्ड प्लेसिंग का अवलोकन किया। ब्रैडमैन का कहना कितना सच है! ऐसे कितने ही गैप हैं। ज़ोर लगाकर नीचे से गेंद मारना ही काफ़ी है। सुरेश ने बल्ला स्टम्प के सामने नीचा करके थामकर दौड़ने को तैयार खड़े निसार की ओर देखा।

कप्तान श्रीनिवास ने गेंद फेंकने के लिए दौड़ने लगे निसार को और बल्ला चलाने के लिए तैयार खड़े सुरेश को बारी-बारी से देखा। सुरेश ऐसा खड़ा है मानो गेंद को बल्ले से दूर-दूर तक उड़ा देगा।

माइ गॉड! क्या उसे पता नहीं कि वह दुनिया के सबसे चालाक गेंदबाज का सामना कर रहा है? पहली गेंद पर चौका मारा। ठीक है, इट इज़ ओके। पर, दूसरी बार भी जब निसार ने ऐसी गेंद फेंकी जो ज़्यादा जोख़िम की न थी, तब सोचना चाहिए था कि वह तुम्हारी मानसिक दशा का विश्लेषण कर रहा है। तुम्हारा मुल्क, तुम्हारे प्रशंसक, तुम्हारा पहला मैच। तुम्हें समझना चाहिए कि निसार ने तुम्हें एक साधारण-सी गेंद फेंकी है। अगली गेंद भी निसार तुम्हें साधारण ढंग से ही देगा। मैं निसार को भली-भाँति जानता हूँ। उसे पूरा यक़ीन है कि तुम वह गेंद भी ज़ोर लगाकर मारोगे। वह देखो, उसकी दौड़ शुरू होते ही फील्डर अपने-अपने स्थान से इस प्रकार आगे या पीछे होने लगे मानो किसी रिमोट कंट्रोल के इशारे पर वे चल रहे हों।

जैसा कि श्रीनिवास ने अनुमान लगाया था, निसार ने पिछली गेंद की तरह

निर्दोष गेंद ही इस बार भी फेंकी थी।

जिस प्रकार सुरेश ने पिछली गेंद का सामना किया था, उसी प्रकार इस गेंद का भी सामना किया। लेकिन जब वह बल्ला नीचे की ओर लाया, तब पहले का-सा ज़ोर नहीं मिला। स्क्वेयर लेग के अम्पायर की तरफ धीमी गति से गेंद को घुमा दिया। मुश्किल से पन्द्रह मीटर की दूरी पर अम्पायर के दोनों ओर खड़े फील्डरों का तेज़ी से दौड़े आना, अपनी तरफ आयी गेंद से बचने के लिए अम्पायर का हट जाना— सब पल-भर में ही हो गया।

जब तक गेंद फील्डर के हाथों में न पहुँची, तब तक सुरेश और श्रीनिवास क्रास कर चुके थे।

एक रन।

ऐसे मौक़ों पर बॉलर वाले छोर पर खड़े बैट्समैन को पहले दौड़ना चाहिए। क्विक सिंगल। जल्दी-जल्दी मिलनेवाले एक-एक रन एकदिवसीय मैच में अत्यन्त महत्त्व के हैं। उसके लिए बल्लेबाजी करनेवाले बैट्समैन की अपेक्षा बॉलर वाले सिरे पर खड़े बैट्समैन को ही पहले दौड़ना होता है। श्रीनिवास ने सोचा था, यों तो फील्डरों के ऊपर से ज़ोरदार चौका या फिर महज़ प्रतिरोध में गेंद रोक-भर लेना। इसलिए श्रीनिवास पहले नहीं दौड़े। जब सुरेश पिच के एक तिहाई भाग तक आ गया, तभी श्रीनिवास चौंककर आगे को झपटे। चूँकि गेंद अम्पायर की तरफ गयी, इसलिए दोनों ओर खड़े फील्डर क्षण-भर के लिए दुविधा में पड़ गये।

वे गेंद के पास पहुँचें, इससे पहले ही श्रीनिवास क्रॉस कर चुके थे।

भारतीय क्रिकेट टीम की चयन-समिति के अध्यक्ष एम.पी. नायडू अभी-अभी पवेलियन में आये थे। भोपाल वाले नायडू पुराने कप्तान थे। क्रिकेट का मर्म पहचानने वाले। सत्तर के नज़दीक उनकी आयु है, मगर आज भी भोपाल क्रिकेट लीग टूर्नामेंट में नायडू इलेवन के नाम से एक टीम पहले डिविज़न में खेलती है। कप्तान हैं एम.पी. नायडू। बाक़ी सारे खिलाड़ी सोलह साल से कम आयु के लड़के। ज्यों ही सोलह साल का हो जाए, त्यों ही खिलाड़ी स्वत: टीम से बाहर होगा। कितने ही नौजवान प्रान्तीय क्रिकेट असोसिएशनों के बीच चलनेवाले रणजी ट्राफी टूर्नामेंट की टीमों में और एक-दो भारतीय टीमों में शामिल हो गये हैं। नायडू कल नागपुर में एक अन्तरक्षेत्रीय स्कूल क्रिकेट मैच देखने की ज़िद के कारण वहीं टिक गये थे। शाम की बम्बई फ्लाइट किसी कारण से रद्द कर दी गयी। बड़े सवेरे बम्बई में आ धमके। अगली कोच्चि फ्लाइट से जब कोच्चि पहुँचे तब समय हो रहा था साढ़े दस बजे।

हवाई जहाज़ में ही ख़बर मिली थी। भारत की बल्लेबाजी है।

एयरपोर्ट में उतरकर हड़बड़ी में ग्राउंड की ओर आते समय मन में कोई दूसरा

विचार नहीं था। पिछले दिन नागपुर में जिन फास्ट बॉलरों को अच्छे खेल का प्रदर्शन करते देखा था, उनकी लम्बाई, उम्र, दौड़ने का ढंग, गेंद सँभालने का एक्शन— सब याद कर रहे थे। उनमें से कम-से-कम दो को क्रिकेट कंट्रोल बोर्ड की टीम में जगह दिलानी है ताकि इस पाकिस्तानी टीम के साथ होनेवाले मैच में वे खेल सकें। दुविधा बस यही थी कि किन दोनों को चुनना है।

प्रबन्धक मक़बूल मियाँ वी.आई.पी. एनक्लोजर के पास प्रतीक्षा में खड़े थे। नायडू को देखते ही कहा, ''तीन विकेट खोकर सैंतालीस रन।''

''ओवर?''

''दसवाँ।''

नायडू ने पिच की ओर देखा।

''कौन? सुरेश, दि न्यू ब्वॉय?''

''येस। टू डाउन।''

''श्रीनी का निर्णय था। आइ एग्रीड।''

नायडू मक़बूल की तरफ देखकर हँस दिये।

''एक गैंबल।''

मक़बूल ने कहा, ''सुरेश को एक चौका, एक छक्का और फिर एक सिंगल।''

निसार अहमद की चौथी गेंद श्रीनिवास की दाहिनी ओर से तेज़ी से चली गयी। श्रीनिवास ने बल्ला हटा लिया। गेंद विकेटकीपर शाहनवाज़ के हाथों में सीधा जा पहुँची।

किसी के द्वारा बढ़ाया नारियल का पानी धीरे-धीरे स्ट्रॉ की मदद से पीने के बीच नायडू ने पूछा, ''हाँ मियाँ, इस सुरेश के बारे में आपकी क्या राय है?''

''उसका खेल अभी शुरू ही हुआ है, मियाँ। अब इतनी जल्दी कोई राय कैसे दूँगा भला?''

''वो बात नहीं, मियाँ। खेल के बारे में नहीं, फील्ड के बाहर?''

''यू मीन...?''

''हाँ, वही। क्रिकेट हमेशा ही जेंटलमैन्स गेम रहा है। यह छोकरा, सुरेश कैसा है? इज़ ही ए जेंटलमैन?''

'हाँ' के अन्दाज़ में मक़बूल ने सिर हिलाया।

10

निसार अहमद का रन-अप इक्कीस स्ट्राइडों का है। एक स्ट्राइड, यानी दौड़ते वक़्त कदमों के बीच का फ़ासला शुरू में तो डेढ़ फुट का होगा। प्रत्येक कदम के साथ बढ़ते-बढ़ते, विकेट के पास पहुँचने पर वह तीन फुट से थोड़ा ज़्यादा हो जाएगा। कुल मिलाकर साढ़े अठारह मीटर का रन-अप। यही दस्तूर है। निसार की गेंद की रफ़्तार की दृष्टि से यह रन-अप कम ही है। विश्व के अधिकतर दिग्गज गेंदबाज पच्चीस मीटर से ज़्यादा दूरी की दौड़ लगाकर ही गेंद फेंकते हैं। लेकिन विकेट के नज़दीक आने पर उन्हें जो रफ़्तार मिलती है, वही रफ़्तार इस अपेक्षाकृत छोटे रन-अप में निसार को हासिल होगी। जिस कोच ने निसार के रन-अप की रफ़्तार का टाइम किया था, उसका कहना है कि निसार यदि सौ मीटर की दौड़ में यह रफ़्तार बनाये रखे, तो वह विश्व-रिकार्ड के क़रीब पहुँच जाएगी।

विकेट के पास से अपने ओवर की पाँचवीं गेंद फेंकने के लिए रन-अप के स्टार्टिंग प्वाइंट की ओर चलने के पहले निसार ने श्रीनिवास के दोनों ओर सिली प्वाइंट और शार्ट स्क्वेयर-लेग में फील्ड करनेवाले खिलाड़ियों को आठ-दस फुट पीछे हटकर खड़े होने का निर्देश दिया। ठीक सामने फील्डरों को खड़े करने का उद्देश्य है बल्लेबाज को डराना। श्रीनिवास-जैसे अनुभवी खिलाड़ी पर इसका असर नहीं पड़ेगा। सही लेंथ में विकेट को लक्ष्य करके यदि गेंद आती है, तो ऐसे बैट्समैन प्रतिरोध करेंगे। फिर मौक़े की प्रतीक्षा में रहेंगे। थोड़ा-सा हटकर बीच में आनेवाली गेंद को बिजली की तेज़ी से झपटकर मारेगा। बिल्कुल पास खड़ा फील्डर भयभीत हो, जान लेकर भागेगा।

श्रीनिवास को अब दो गेंदों का सामना करना है। वह अगले ओवर में भी स्ट्राइक मिलने के लिए एक रन लेकर इस ओर आने की कोशिश करेगा। अगले ओवर में नया बॉलर आएगा। जहाँ तक सम्भव हो, श्रीनिवास सुरेश को नये बॉलर की पहली गेंद का सामना करने नहीं देगा।

श्रीनिवास को आउट करना नहीं चाहिए।

परन्तु उसे रन लेने भी नहीं देना चाहिए।

निसार जब घूमा, तो घुटने में फिर से दर्द महसूस हुआ। पिछली गेंद फेंकने के लिए जब हाथ घुमाने के साथ उछल पड़ा, तब भारीपन-सा महसूस हुआ था। अब तो वह दर्द में बदल गया।

निसार ने दाँत पीसकर अपनी असह्य पीड़ा दबा ली। चोटें तो क्रिकेट के खेल की सहयात्री हैं। बैटिंग, बॉलिंग या फील्डिंग किसी भी समय चोट लग सकती है। ऐसा कोई भी खिलाड़ी नहीं, जिसके हाथ की उँगलियों में चोट न लगी हो। क्रिकेट

का खेल यद्यपि फील्ड में है, तो भी नेट्स में प्रैक्टिस करते समय और कैच लेने की कला सीखने के प्रशिक्षण के बीच खिलाड़ी को चोट लग सकती है। मैच के बीच चोट लगने से खिलाड़ी के लिए जब दौड़ना मुश्किल हो जाता है, ऐसे अवसरों पर ही बैट्समैन को रन लेने के लिए रनर रखने की अनुमति अम्पायर दिया करते हैं। गेंद पर बल्ला चलाता है बैट्समैन और दौड़ता है रनर।

निसार अहमद को अनजाने ही हँसी आयी। अचानक उसे अपनी पत्नी की याद आयी। सुबह लाहौर टेलीफोन किया था। परन्तु, तब वह नींद से जागी नहीं थी।

"हाउ आर यू डार्लिंग?" वही पुराना सवाल।

उसने कहा, "कल रात थोड़ा-सा दर्द हुआ। नर्स साथ में है। घबराने की कोई बात नहीं।"

पहली डिलीवरी है। डॉक्टर ने प्रसव की तारीख़ के बारे में क़सम खाकर कहा था कि दस दिन बाद ही प्रसव होगा। राजकोट के एकदिवसीय मैच के बाद बम्बई और कम्बाइंड यूनिवर्सिटीज़ के मैच से दूर रहना है। दस दिनों का इन्टरवेल मिलेगा। पहले ही पाकिस्तान के क्रिकेट कंट्रोल बोर्ड को सूचना दी है। वे सहमत भी हुए हैं। फिर भी डर था।

"टेलीफोन अम्मीजान को दे देना।"

अम्मीजान ने भी तसल्ली दी, "बेफ़िक्र रहो बेटे। हम लोग तो यहाँ हैं न? तुम सिर्फ़ खेल की फ़िक्र करो।"

बीवी का 'बेस्ट ऑव लक' एक नि:शब्द चुम्बन की सिंफनी में विलीन हो गया। न जाने क्यों, मुझे अभी तक उसकी याद नहीं आयी। और अब आयी। ऐसा क्यों?

घुटने का दर्द?

रनर की बात याद आयी, तो कई दिन पहले सुनी एक मज़ेदार बात ने उसे बरबस लाहौर पहुँचा दिया था। लंकाशायर की लीग में प्रोफेशनल के तौर पर खेलने के दिन थे। यद्यपि सभी देशों के उम्दा क्रिकेटरों का लक्ष्य अपने देश की टेस्ट टीम का सदस्य बनने का है, तो भी इंग्लैंड की किसी काउंटी की लीग में प्रोफ़ेशनल के तौर पर कंट्रैक्ट मिलने पर ही अन्तरराष्ट्रीय मूल्यांकन में सम्मान्य स्थान मिल सकता है। वीरपूजा, अच्छी आमदनी, विभिन्न मौसमों में भिन्न-भिन्न ढंग के पिचों में खेलने का अवसर। साधारणतया काउंटी लीग सभी खिलाड़ियों का आशा केन्द्र है। उन्नीस वर्ष की आयु में पाकिस्तानी टीम में शामिल होने के दिन से लेकर पिछले दस वर्षों से (बीच में बीमारी के कारण खेल से अलग रहे दो वर्षों को छोड़कर) निसार इंग्लैंड की लंकाशायर लीग का खिलाड़ी था।

एकाकी।

लेकिन, शाम को अन्य क्वाँरे खिलाड़ियों के साथ पबों में वक़्त गुज़ारता था। बियर के मग तथा मज़ेदार बातें करनेवाली लड़कियाँ। क्रिकेट ही हमेशा बातचीत का विषय रहता था।

उन्हीं दिनों किसी ने यह कहानी सुनायी थी।

डेनमार्क में लीग मैच चल रहा था दो महिला-टीमों के बीच। ब्रिटेन की अधीनता वाली कुछ कॉलोनियों में भी क्रिकेट प्रमुख खेल माना गया था। अन्तरराष्ट्रीय क्रिकेट कॉन्फ्रेंस के सदस्यों के रूप में, ब्रिटेन के पुराने वैभव के तुलन-पत्र में स्थान प्राप्त इंग्लैंड, ऑस्ट्रेलिया, भारत, पाकिस्तान, वेस्टइंडीज, दक्षिण अफ्रीका, न्यूजीलैंड, श्रीलंका और ज़िम्बाब्वे को ही मतदान का हक़ था। अफिलियेटेड सदस्य के रूप में क्रिकेटिंग राष्ट्र का दर्जा पाने के प्रयास में लगे कुछ अन्य राष्ट्र भी हैं। बांग्लादेश, हॉलैंड, डेन्मार्क, यू.एस.ए., कनाडा, यू.ए.ई., हांगकांग आदि। यहाँ भी ब्रिटिश परम्परा वाले ही क्रिकेट खेला करते हैं।

डेन्मार्क ऐसा ही एक राष्ट्र था। वहाँ महिलाओं का क्रिकेट मैच चल रहा था। कोगे नामक शहर में। थ्री डाउन पर खेलने उतरी महिला बल्लेबाज का उस समय सात महीने का गर्भ था। फूले हुए पेट के साथ धीरे-धीरे चलकर वह क्रीज़ पर आयी। क्षण-भर को शंकित खड़ी रहने के बाद उसने अम्पायर से कहा, ''मैं तो दौड़ नहीं सकती। देखिए न। मुझे रनर चाहिए। बुलाऊँ?''

देर तक सोचने के बाद अम्पायर ने लेग अम्पायर से चर्चा की। जेब में सुरक्षित रखी नियम-पुस्तिका निकालकर पढ़ी। अन्त में दोनों ने मिलकर निर्णय लिया।

''नो रनर। क्रिकेट के नियमों के अनुसार आपको यह चोट इस खेल के बीच नहीं लगी है। इसलिए रनर नहीं मिल सकता।''

उस प्रसंग की याद आने पर निसार को हँसी आयी। अपनी गर्भवती बीवी याद आयी।

घुटने का दर्द तो खेल के बीच हुआ। खेलने से पैदा हुई चोट है वह।

जब दौड़ने लगा, तब दर्द महसूस नहीं हुआ। स्ट्राइड अनायास पड़ रहे हैं। हाथों का ऐक्श्न भी पक्का। अन्तिम छलाँग भी बिल्कुल ठीक रही। मिडिल स्टम्प को लक्ष्य करके फेंकी गयी गेंद ठीक जगह पर ही टप्पा खाकर उठी; थोड़ा टेढ़ा इनस्विंगर, श्रीनिवास के दायें पैर के पीछे के स्टम्प से थोड़ा हटकर उड़ती-सी चली गयी। श्रीनिवास प्रतिरोध के लिए तैयार खड़े थे। परन्तु, अन्तिम क्षण में दायाँ पैर लेग-स्टम्प के पास रखकर एक लेट-कट। तेज़ी से उड़ती गेंद को बल्ले के छोर से हल्के-से छू देना भर। जोख़िम भरा शॉट था। मगर, श्रीनिवास लेट-कट की कला में माहिर था। ख़ासकर दायीं तरफ को। दूसरे और तीसरे स्लिपों के बीच के पाँच मीटर की दरार से गेंद तेज़ी से दूर चली गयी। दोनों घूमकर गेंद के पीछे दौड़े।

श्रीनिवास ने एक रन लिया। निसार की योजना पर श्रीनिवास ने पानी फेर दिया। अगले ओवर में श्रीनिवास मुक़ाबला करेगा। पर, अभी एक गेंद बाक़ी है। ओवर की आख़िरी अर्थात् छठी गेंद। उसमें सुरेश को एक या तीन ही लेना चाहिए।

क्रिकेट के खेल की सबसे अहम बात है, कौन कब खेलता है। कौन किसके बॉलिंग का मुक़ाबला करता है। किस प्रकार मुक़ाबला करता है। एकदिवसीय क्रिकेट में छह या सात विकेट खोने के बाद मैदान में आनेवाले बल्लेबाजों को ही ऐसी समस्याओं का सबसे अधिक सामना करना पड़ता है। पहले आये बल्लेबाजों ने यदि पर्याप्त स्कोर इकट्ठे किये हैं, तो आख़िरी आठ या दस ओवरों में साहस के साथ रन बटोरने के एकमात्र उद्देश्य से चौके या छक्के के लिए पूरे ज़ोर से गेंद पर बल्ला चला सकते हैं। लेकिन, अगर शुरू के बल्लेबाजों की हालत ख़राब रही हो, तो छह या सात डाउन पर उतरनेवाले इन्हीं कुशल बल्लेबाजों को विकेट बचाये रखने और रन लेने, दोनों की भरसक कोशिश करनी होगी।

निसार क्षण-भर शंकित खड़ा रहा। सुरेश को क्रॉस करके इस ओर आने दूँ क्या? अन्य सभी बातों की तरह अन्तिम निर्णय करनेवाली तो क़िस्मत ही है। लगन, परिश्रम, क्षमता, कौशल— इन सबका प्रयोग करने पर भी अन्ततोगत्वा उस छोटी-सी सहायता की, भाग्य की, ईश्वर के अनुग्रह की आवश्यकता है।

पिछले साल की बात। वेस्टइंडीज के साथ का टेस्ट। चौथे दिन शाम को जब खेल ख़त्म होने में मुश्किल से पाँच ही मिनट बाक़ी थे, तब पाकिस्तान की दूसरी पारी का तीसरा विकेट गिरा। बासठ रन। जीतने के लिए तीन सौ दस रन चाहिए। कराची का पिच बैट्समैन की मदद करनेवाला नहीं। अब पाँचवें दिन सात विकेटों के बल पर ढाई सौ रन लेना उतना आसान नहीं। एक ही आशा रह गयी थी। अफ़ज़ल मसूद अच्छे फार्म में था। पैंतीस पर नॉट आउट। अब मसूद के साथ खड़े होकर साहसपूर्ण बैटिंग करनेवाले सिर्फ़ दो ही खिलाड़ी थे। एक, निसार खुद, और दूसरा शफ़क़त अली। सोचते-सोचते समय नहीं गँवा बैठा। दसवें खिलाड़ी मुहम्मद हुसैन से कहा कि तुम जाओ और देखो कि गेंद विकेट पर न लगे। हो सके, तो प्रत्येक ओवर के अन्त में एक-एक रन ले लो। मसूद को गेंद का सामना करने न देना। मैं चाहता हूँ कि कल सवेरे वह ताज़ा होकर बैटिंग करे। और आज के आख़िरी ओवर में तूफ़ान खड़ा कर दो। गेंद एकदम उड़ा देना। छक्का या कुछ भी। अगर आउट हो जाओ, तो बेहतर।

टी.वी. कमेंटेटर ने सारे संसार को सूचित किया कि नाइट वॉचमैन के रूप में मुहम्मद हुसैन को जो भेजा गया, वह कायरता के कारण है। तब चुप ही रहा। सबके बारे में योजना बनायी। और क़िस्मत ने साथ दिया। खुदा ने रहम किया। मुहम्मद हुसैन के ग्राउंड में उतरने के बाद अफ़ज़ल मसूद को सिर्फ़ एक ही गेंद का सामना

करना पड़ा था। चार ओवर। चौथे या अन्तिम ओवर में मुहम्मद हुसैन ने दो चौके मारे। चौथी गेंद पर छक्का मारने की कोशिश की, लेकिन बाउंड्री पर कैच कर लिया गया।

ख़ुशनसीबी। सवेरे ताज़ा होकर अफ़जल मसूद और शफ़क़त अली ने मिलकर वेस्टइंडीज की स्पीड बैटरी का सामना किया। पिछले दिन यदि शफ़क़त खेलने जाता, या बदक़िस्मती से अफ़जल मसूद किसी बेहतरीन गेंद का शिकार बन जाता, तो हालत कैसी बन जाती?

अब भी समस्या वही है। दस ओवर ख़त्म होने को हैं। अकसर, पारी के अन्तिम दस ओवरों में ज़फ़रुल्ला के साथ वापस आकर पाँच-पाँच ओवर फिर बॉल करता। स्लॉग ओवर्स के नाम से जाने जानेवाले इन आख़िरी ओवरों में मुख्य बात है, बैट्समैनों पर क़ाबू रखना। ज़फ़रुल्ला अगर सही लेंथ न बिठा पाया, तो रन देने में कंजूसी बरतनेवाला कोई और। लेकिन, संयम के साथ बॉल करना हो, तो मुझे ही वह काम करना होगा।

मगर...आज क्या यह सम्भव है? घुटने का दर्द छिपाकर, सुरेश और श्रीनिवास को सेटल न होने देकर, ज़्यादा रन लेने की सुविधा न देने के लिए क्या किया जाए? समस्या यही है कि अपने समान गेंद पर कंट्रोल रखनेवाला कोई और खिलाड़ी टीम में नहीं है। हाँ, तसल्ली की बात यही है कि श्रीनिवास को और भी कठिन परिस्थिति का सामना करना है। नये कप्तान को क्रिकेट में अपनी ही टीम के सामने अपनी प्रतिभा प्रमाणित करनी होती है। खेल में अपनी अद्‌भुत क्षमता मात्र से काम नहीं चलेगा। उसे बुद्धि, कौशल, निर्भयता और सुविचारित ढंग से जोख़िम उठाने का साहस के अलावा अपनी टीम के खिलाड़ियों को यह समझाने की चतुराई भी चाहिए कि भाग्य सदा अपने साथ है। विपक्षी टीम से ज़्यादा अपनी ही टीम से डरना चाहिए। नये कप्तान को दर्शक एवं खिलाड़ी इस नज़रिये से देखेंगे कि तुम्हें एक मौक़ा दिया गया है। अगर उनके आदर और श्रद्धा का पात्र बनना हो, तो उसे अपने प्रदर्शन से उनके मन में यह धारणा बिठा देनी चाहिए कि वह व्यक्ति कप्तान के पद के सर्वथा योग्य है। क्रिकेट में कोई भी व्यक्ति धमकी या अधिकार के गर्व से सम्मान नहीं प्राप्त कर सकेगा। उच्च कोटि के खेल का प्रदर्शन ही एकमात्र सहारा है। श्रीनिवास के लिए भी ऐसा बढ़िया प्रदर्शन प्रस्तुत करने के अलावा दूसरा कोई चारा नहीं है।

अपने लिए तो ऐसा कोई रिस्क नहीं है। दर्शक और खिलाड़ी अब भी मेरी इज़्ज़त करते हैं। आगे भी करते रहेंगे। लेकिन, अगर कहीं वे जान लें कि घुटने में फिर दर्द होने लगा है, तो...

निसार अहमद अपने ओवर की अन्तिम गेंद फेंकने के लिए रन-अप के शुरू के

स्थान में जाकर पीछे मुड़कर खड़ा हो गया। गैलरी में से जोश-भरी आवाज़ उठी, ''उण्णी..उण्णी...''

अब एक और आवाज़ भी है।

सिक्सर...सिक्सर...

वी वांट सिक्सर...

निसार अहमद ने रन-अप शुरू की। लेकिन अचानक उसे लगा जैसे कोई घुटने के अन्दर की स्नायुओं में तेज़ चाकू से खरोंच रहा हो। स्ट्राइड को ताल नहीं मिल पा रहा है, जैसे कोई पीछे से पैर पकड़कर खींच रहा हो।

निसार की रफ़्तार कम हुई। सुरेश ने अपनी ओर दौड़े आनेवाले निसार की उँगलियों को ग़ौर से देखा। उनमें, कोचिंग कैम्प में वीडियो में बार-बार देखी गयी वह चिरपरिचित लचक ग़ायब थी। किसी स्पिन बॉलर के रन-अप में भी इससे ज़्यादा रफ़्तार मिलेगी। निसार के हाथ से सुरेश के लेग-स्टम्प को लक्ष्य करके गेंद छूटी।

बिना तेज़ी की मामूली-सी गेंद। सुरेश अगर चाहता, तो तपाक से उसे मार सकता था। लेकिन वह ज़रा हिचका। निसार अहमद है। उसकी इस गेंद में शायद कोई चाल होगी, जो मुझसे छिपी है।

बी केयरफ़ुल।

कन्सेन्ट्रेट।

एकाग्रता बरतो।

सिर्फ़ बल्ला और गेंद।

सुरेश थोड़ा आगे बढ़ा। ज्यों ही गेंद टप्पा खाकर उछली, त्यों ही बल्ला पीछे की ओर हटाकर प्रतिरोध किया। गेंद में ज़रा भी रफ़्तार नहीं थी। गेंद ठीक सामने मुश्किल से दो हाथ की दूरी पर थी।

विकेटकीपर शाहनवाज़, जो निसार की तेज़ गेंद की प्रतीक्षा में था, बहुत पीछे खड़ा था। अन्य फील्डर भी थोड़ी दूर पर ही थे।

''कमॉन!'' ज़ोर से चीखते हुए सुरेश मेनन दौड़ पड़ा।

फॉलो-थ्रू में घुटने के दर्द के कारण ठिठककर खड़े निसार के सामने से होकर श्रीनिवास उस ओर दौड़े।

सुरेश को एक रन और मिला। बढ़िया रन। स्टेडियम में फिर से तालियों की गड़गड़ाहट। दर्शकों का एक दल नाचने भी लगा।

टी.वी. कमेंटेटर हरीश पटेल का मुस्कुराता हुआ चेहरा। उन्होंने एक्सपर्ट कमेंटेटर बनकर आये पाकिस्तानी टीम के पूर्व कप्तान सलमान खान के सामने रखे माइक की ओर मुड़कर पूछा, ''मिस्टर सलमान, आपने तो टेस्ट क्रिकेट में कितने ही नौजवानों के प्रथम प्रदर्शन देखे हैं। लेकिन ऐसा लाजवाब प्रदर्शन, जैसा कि अभी इस पिच पर हुआ, आपने और कहीं देखा है क्या? ज़फ़रुल्ला और निसार अहमद जैसे दो विश्वविजेता फास्ट बॉलरों की पहली छह गेंदों से तेरह रन हासिल करना अठारह से कम उम्र के किसी नौसिखिए बालक के लिए शायद विश्व-रिकार्ड होगा। होगा न? इस असाधारण बालक और उसके बैटिंग प्रदर्शन के बारे में आपकी क्या राय है? कोई भविष्यवाणी?''

सलमान खान ने बायाँ हाथ मेज़ पर टेककर थोड़ा आगे को सरककर बैठने के बाद अपनी दाढ़ी पर हाथ फेरा। टी.वी. कैमरे का क्लोज़-अप शॉट है। अब तो विज्ञापन की कम्पनियों को शिकायत नहीं होगी। सलमान खान ने जवाब देने से पहले पाँच क्षणों तक ख़ामोशी बरती, ताकि दर्शक उन्हें ठीक से देख लें। बायीं कलाई पर की घड़ी का डायल स्पष्ट दिखाई देना चाहिए। शर्ट के कॉलर पर उसकी निर्माता कम्पनी का नाम बहुत ही छोटे अक्षरों में छपा है। जेब के ऊपर भी नाम है। लोगों का कहना है कि घड़ी और शर्ट के निर्माताओं ने विज्ञापन की कम्पनी को पूरी भारत-पाकिस्तान शृंखला के लिए मोटी रक़म प्रदान की है। दोनों टीमों के खिलाड़ी और खेल से सम्बद्ध व्यक्ति उनकी ही घड़ियाँ और शर्ट पहनें, यही उद्देश्य है। ये ट्रेड मार्क टी.वी. स्क्रीन पर प्रत्यक्ष होने भी चाहिए।

यह घड़ी और शर्ट पहनने के लिए विज्ञापन की कम्पनी ने सलामन खान को पन्द्रह हज़ार रुपये दिये हैं। एक दर्जन शर्ट और तीन घड़ियाँ मुफ़्त। परन्तु गुवाहाटी में सलमान खान को गुप्त रूप से ख़बर मिली, भारत के पूर्व कप्तान सौमेश गांगुली ने, जो उनके साथ एक्सपर्ट कमेंटेटर हैं, इसी बात के लिए पच्चीस हज़ार रुपये लिये हैं। सलमान खान ने कुछ नहीं कहा। उपदेश देने के शॉट में हाथ नहीं उठाया। एक तौलिया लेकर, अनजाना-सा, कन्धे पर डाला। घड़ी का डायल और शर्ट पर छपा कम्पनी का नाम कैमरे की निगाह में नहीं आया। कंट्रैक्ट की शर्तों का पालन हुआ। शर्ट और घड़ी पहन ली। कम्पनी के लोग तुरन्त बात समझ गये। कोच्चि पहुँचते ही उन्होंने दस हज़ार का चेक और दे दिया सलमान खान को।

सलमान खान ने वह हाथ जिस पर घड़ी बँधी थी, उठाकर अपना सिर खुजलाया और कहा, ''भविष्यवाणी? किसी खेल की छह गेंदें देखकर कोई कैसे भविष्यवाणी करे! अलग-अलग किस्म के पिचों में, अलग-अलग मौसमों में, हर

तरह के बॉलिंग का कैसे सामना होता है, यह अभी से कहना मुश्किल है। लेकिन एक बात पर मैंने ग़ौर किया। सुरेश के पास क्रिकेटिंग ब्रेन, जोख़िम का पहले से ही अन्दाज़ा लगाने की ताक़त है। पिछले ओवर की तीसरी गेंद सिक्सर के लायक ढंग से निसार ने ज़रूर फेंकी थी। पहली गेंद पर चौका और दूसरी पर छक्का मार चुके बल्लेबाज का साधारण-सी गेंद पर फिर से छक्का मारने को लालायित होना स्वाभाविक होगा। मार भी सकता था। गेंद के लेंथ और स्विंग में भी कोई फ़र्क़ नहीं था। निसार सुरेश को परख रहा था, उस गेंद के ज़रिए। मगर, सुरेश ने निसार को भी परख लिया। छक्का नहीं मारा। स्क्वेयर लेग की तरफ सिर्फ़ एक रन लिया। बिल्कुल अप्रत्याशित प्रतिक्रिया। वहीं प्रकट होता है क्रिकेटिंग ब्रेन।

पास बैठे सौमेश गांगुली की ओर मुड़कर सलमान खान ने पूछा, "आप क्या कहते हैं दादा? मैंने ठीक कहा न?"

सौमेश गांगुली ने नया चश्मा पहन लेने के बीच सिर हिलाया, "बिल्कुल।"

यद्यपि कैमरे की निगाह उनपर से नहीं हटी थी, तो भी प्रसारण में शर्ट का विज्ञापन ही दर्शकों के सामने प्रस्तुत हो रहा था। सामने रखे टी.वी. स्क्रीन पर जब विज्ञापन प्रत्यक्ष होने लगा, तो सौमेश ने बोलना जारी किया, "पाँच या छह गेंदों का सामना करते ही किसी बैट्समैन की टेकनीक के बारे में अन्तिम राय प्रकट करना ठीक नहीं, यह मुझे मालूम है। ख़ासकर ऐसे एकदिवसीय मैचों में, जिनके बारे में यह राय पक्की हो गयी है कि ज़्यादा-से-ज़्यादा रन जल्दी-से-जल्दी स्कोर करना चाहिए। फिर भी, एक बात मैं ज़ोर देकर कहूँगा। अपने मित्र सलमान से मैं पूरी तरह सहमत हूँ कि सुरेश अच्छे क्रिकेट ब्रेन का मालिक है।"

स्क्रीन पर विज्ञापन ख़त्म हुआ। सौमेश के चेहरे का क्लोज़-अप दोबारा दिखाई दिया। हँसते हुए उसने कहा, "आई विश सुरेश इज़ दि बेस्ट।"

कमेंटेटर हरीश पटेल ने सलमान खान के सामने के माइक की ओर इशारा करके पूछा, "लेकिन, मिस्टर सलमान! कुछ देर पहले हुए रन-आउट में यदि सुरेश मेनन तीसरे रन के लिए दौड़ता, तो बलबीर आउट होने से बच सकता था न? उससे सुरेश की लापरवाही लक्षित नहीं होती क्या? लापरवाही की वजह से, टीम के सबसे मूल्यवान विकेट का, ऐसा विकेट जो सेटल होने लगा था, नष्ट हो जाना क्या यह ठीक जँचता है? आपकी राय क्या है?"

"यू मीन, बलबीर जैसे वरिष्ठ खिलाड़ी के दौड़कर पास आने पर, सुरेश को क्रीज़ में अपनी सलामती खोकर दौड़ना चाहिए था। यही न?"

"हाँ, यही। बलबीर का विकेट हर हालत में भारतीय टीम को सुरेश के विकेट से कहीं ज़्यादा ज़रूरी नहीं था क्या?"

सलमान खान को जवाब देने का अवकाश नहीं मिला। उसके पहले टी.वी.

स्क्रीन पर पिच के बीचोंबीच बातें करते खड़े श्रीनिवास और सुरेश की ओर दृश्य बदला।

सुरेश भी यही सवाल श्रीनिवास से पूछ रहा था।

''सर, मुझे तीसरे रन के लिए दौड़ना चाहिए था क्या? गेंद उस ओर पहुँचे इससे पहले मैं क्रीज़ पर पहुँच जाऊँ, इसका दस फ़ीसदी चांस भी नहीं था। आई ऐम सॉरी सर। बलबीर...''

श्रीनिवास ने सुरेश के कन्धे पर हाथ रखते हुए कहा, ''डोंट वरी। क्रिकेट में ये सब होता है।''

श्रीनिवास की इच्छा हुई कि वह उसे एक कहानी सुनाए। सुरेश ने शायद सुनी भी होगी। कहानी यों है :

ज्योफ़ बॉयकॉट— इंग्लैंड का पूर्व-कप्तान। एकाग्रता और समर्पण के लिए प्रसिद्ध बैट्समैन। बैटिंग की कला को उसकी सभी बारीकियों के साथ प्रस्तुत करने में माहिर खिलाड़ी। वे ऐसे खिलाड़ी थे जो अपने विकेट की रक्षा के प्रयास में अन्य खिलाड़ियों पर कभी ध्यान नहीं देते थे। आधा चांस हो, फिर भी रन लेने के लिए दूसरी दिशा की ओर नहीं दौड़ेंगे। उनके इस स्वभाव के कारण कई साथी बैट्समैन रन-आउट हुआ करते थे। एक बार अपनी यॉर्कशायर टीम के तीन खिलाड़ी एक ही पारी में इस प्रकार रन-आउट हो विकेट खो बैठे। टीम के अन्य सदस्यों में मनमुटाव पैदा हुआ। गैरी सोबर्स विपक्षी टीम में थे। वेस्टइंडीज का कप्तान। विश्व का सबसे कुशल ऑलराउंडर। ऐसा खिलाड़ी जो बल्लेबाजी, गेंदबाजी, तेज़ी से गेंद फेंकना, स्पिन करना, फील्डिंग करना, कप्तानी करना आदि सभी क्षेत्रों में समान रूप से चमके हैं। सर गारफील्ड सोबर्स। उन दिनों नॉटिंघमशायर की ओर से इंग्लैंड की टीम में खेलते थे। यॉर्कशायर टीम के मनमुटाव की ओर जब सोबर्स ने संकेत किया, तब बॉयकॉट ने कहा, ''देखो गैरी, तुम और मैं दुनिया के सबसे उम्दा बैट्समैन हैं। खेल देखने आये लोग और हमारी टीमें यही चाहती हैं कि हम रन बटोर लें, न कि जल्दी आउट हो जाएँ। इसलिए अपना विकेट बचाये रखने के लिए यदि अपनी टीम के अन्य खिलाड़ियों के विकेट नष्ट करने पड़ें, तो उसमें कोई ग़लती नहीं। सोबर्स वेस्टइंडीज द्वीपसमूहों के एक द्वीप बार्बाडोस की गलियों के टेनिस-बॉल क्रिकेट से उभरकर आये खिलाड़ी थे। वे इसे सहन नहीं कर सके। कहा, ''दसवाँ या ग्यारहवाँ बनकर ग्राउंड में उतरनेवाला टेल एंडर बैट्समैन इस प्रकार अपना विकेट खोकर हमारे-जैसे लोगों की रक्षा करे, यह बात ठीक है। लेकिन अभी-अभी आपने जो कहा, वह ठीक नहीं। उस ज़माने में जब हमने खेलना शुरू ही किया था, यदि वरिष्ठ खिलाड़ियों के लिए हम अपने विकेट खोने के लिए मज़बूर होते, तो क्या हम आज की स्थिति में आ जाते? नहीं, बिल्कुल

नहीं।''

श्रीनिवास ने कहानी सुनायी नहीं।

मुहम्मद हुसैन का रन-अप निसार के रन-अप से भी अधिक लम्बा था।

सुरेश मेनन को पहली गेंद के आने की प्रतीक्षा में साहस के साथ खड़े हुए दस क्षण बीत गये। मुहम्मद हुसैन दौड़ शुरू करने के बदले फील्ड के खिलाड़ियों के स्थान का मुआयना कर रहा था।

मुहम्मद हुसैन का क़द मुश्किल से साढ़े पाँच फुट था। काला बदन। गंजेपन की ओर बढ़ता सिर। चेहरे पर हमेशा गम्भीरता झलकती रहती थी।

मुहम्मद हुसैन की पहली गेंद बड़ी तेज़ी से ऑफ-स्टम्प से काफ़ी हटकर दूर निकल गयी। सुरेश को ख़ास कुछ करना नहीं पड़ा। सोचा, शायद अम्पायर वाइड का इशारा देगा। कुछ भी नहीं हुआ।

सुरेश का ध्यान क्षण-भर को भंग हो गया। अगर गेंद सीधे आ जाती तो हो सकता है, बल्ले के मध्यभाग से प्रतिरोध करना असम्भव हो जाता।

मुहम्मद हुसैन के दौड़ने के ढंग ने ही मन की एकाग्रता भंग की थी। उनकी उँगलियों पर ही सारा ध्यान था। उनके दो-तीन कदम रखते ही सुरेश को हँसी आयी।

मार्कर योहन्नान की-सी शैली थी उनकी। उसी प्रकार का हिलना। हिलते हुए धीरे-धीरे आगे बढ़कर जब रफ़्तार बढ़ाता है, तब सारा शरीर हिलने लगता है। कुछ पुरानी बसें हैं न, जिन्हें देखकर लगता है, मानो अभी वे उलट जाएँगी। उसकी दौड़ भी उसी प्रकार की थी।

सुरेश अनजाने ही हँस दिया।

मार्कर योहन्नान फोर्ट कोच्चि का एक पुराना खिलाड़ी है। कोच्चि में जहाँ कहीं भी क्रिकेट का खेल हो, तो उसकी सूचना मिलते ही योहन्नान दौड़कर वहाँ पहुँच जाता। साठ और चालीस के बीच कहीं उसकी आयु है। मोटा शरीर। मुहम्मद हुसैन का-सा गंजा सिर। दौड़ने का ढंग भी वही।

योहन्नान को कोई भी अपनी टीम में स्थान नहीं देगा। परन्तु, जब खिलाड़ी मैदान में उतरने की प्रैक्टिस करते हैं, तब किसी की अनुमति की प्रतीक्षा किये बिना वह बॉल करेगा। अगर अम्पायर के आने में देर हो जाए, तो खुद अम्पायर बनेगा। जिस टीम में कोई बारहवाँ खिलाड़ी न हो, उसके फील्डिंग में मदद करने के लिए योहन्नान हमेशा तैयार। यदि स्कोरर को विश्राम की ज़रूरत हो, या असिस्टेंट चाहिए, तो योहन्नान को बुलाने की आवश्यकता नहीं। वह खुद ही पहुँच जाएगा।

लोगों का कहना है कि अपने ग़लत बॉलिंग, जो अकसर थ्रो में बदल जाता है, के कारण ही योहन्नान को टीम में स्थान नहीं मिलता। चाहे उसका निकटतम मित्र

अम्पायर बनकर आये, तो भी एक ओवर में तीन या चार गेंद थ्रो मानकर नो बॉल क़रार दिये जाएँगे। कोई भी टीम इतना बड़ा जोख़िम उठाने को तैयार नहीं होगी।

योहन्नान को इसमें कोई शिकायत नहीं।

''अपने पिताजी का-सा बॉलिंग मेरा भी है।''

पिताजी थे, योहन्नान सीनियर। वर्षों पहले दूसरे विश्वयुद्ध के दिनों में ब्रिटिश नौसेना के जिस जहाज़ ने कोच्चि के बन्दरगाह में लंगर डाला था, उसमें डेनिस काम्प्टन भी था। इंग्लिश क्रिकेट के पहले सिरे के बल्लेबाजों में उनकी गिनती होती थी। इतिहास के अनुसार इस विश्वविख्यात बैट्समैन को फोर्ट कोच्चि के मैदान के कोयर-मैट बिछे पिच पर क्लीन बोल्ड करके योहन्नान सीनियर ने मिडिल स्टम्प उड़ा दिया था। ऐतिहासिक दस्तावेज़ के तौर पर स्कोर-शीट जिमखाना क्लब की पुरानी स्कोर-पुस्तिकाओं में उपलब्ध नहीं। इसलिए जब योहन्नान सीनियर की गेंदबाजी की चर्चा करके योहन्नान जूनियर अपनी क्रिकेट-निपुणता प्रमाणित करने की कोशिश करता, तब कोई उसका विरोध नहीं करेगा। बुजुर्ग लोगों को अब भी याद है कि उन दिनों डेनिस काम्प्टन कोच्चि आये थे।

कोई नहीं जानता कि योहन्नान को मार्कर का विशेषण कैसे प्राप्त हुआ। हाँ, जब किसी से उसका परिचय कराया जाता, तब वह खुद अपने को 'मार्कर' कहकर शेक हैंड के लिए हाथ बढ़ा देता था। योहन्नान का दाहिना हाथ बायें हाथ से कम लम्बा है। कन्धे से कुहनी तक की लम्बाई में कमी है। योहन्नान के अनुसार उसके बॉलिंग ऐक्शन के सम्बन्ध में अम्पायरों के ग़लत निर्णय का यही कारण हो सकता है।

इसी प्रकार की कैफ़ियत मुहम्मद हुसैन के बॉलिंग-सम्बन्धी विवाद में भी सुनने को मिली थी।

प्राय: सभी फास्ट बॉलरों के ऐक्शन में ऐसा होता है कि गेंद को मुट्ठी से छुड़ाते समय उनकी छाती आगे को झुकी रहेगी और, फैलाये गये हाथ की कुहनी ज़रा भी मुड़ने नहीं पाएगी। मुहम्मद हुसैन का यह हाल है कि उनकी छाती ज़रा भी नहीं झुकेगी। सीधे दौड़कर हाथ ऊँचा उठाकर वे गेंद फेंकते हैं। कुछ गेंदें बैट्समैन के सिर की सीध में उछलती चली आएँगी। हालाँकि बॉलिंग ऐक्शन में इसका कोई संकेत नहीं मिलेगा। कुछ बॉल बल्ले के निचले सिरे को लक्ष्य करके आनेवाले यॉर्कर होंगे। इंग्लैंड और ऑस्ट्रेलिया के क्रिकेट-पंडितों ने भरसक चेष्टा की। वीडियो चित्रों के सेकेंड के पच्चीसवें अंश के क्रम वाले फ्रेमों का कई बार ध्यानपूर्वक निरीक्षण किया। निसार, सलमान खान और क्रिकेट कंट्रोल बोर्ड ने मुहम्मद हुसैन का ज़ोरदार बचाव किया।

थ्रो के बहाने मुहम्मद हुसैन को टीम से अलग रखने की कोशिश नाकाम हुई।

दूसरी गेंद।

मुहम्मद हुसैन का रन-अप। मार्कर योहन्नान की उसी शैली में। योहन्नान की गेंद का कितनी ही बार सामना किया है मैंने!

सुरेश मेनन ने चारों ओर देखा।

जब मुहम्मद हुसैन ने दौड़ना शुरू किया, तब उसके प्रत्येक कदम पर ध्यान दिया। ये तो वही परिचित कदम हैं। विकेट के पास आने का रफ़्तार धीमी पड़ गयी। सिर्फ़ तीन कदम बाक़ी।

दाहिना पैर ऊपर उठता है।

माइ गॉड!

ज़रूर यह बम्पर होगा।

गेंद तेज़ी से ऊपर उठी और सुरेश के चेहरे की ओर उछली।

सुरेश पहले ही से तैयार खड़ा था। एकाएक सिर नीचा कर लिया। कन्धे की ऊँचाई पर से होकर गेंद पीछे की ओर गयी।

अम्पायर एक क्षण हिचके। परन्तु उन्होंने वाइड नहीं दिया।

गैलरी में शोर-शराबा मच गया।

पूर्वी गैलरी से उठा कोलाहल तरंगित होकर पूरे स्टेडियम में फैल गया।

पर, इससे सुरेश का हौसला बुलन्द हुआ।

जैसा मैंने सोचा था, वैसा ही हुआ। उसके बॉलिंग में मार्कर योहन्नान भैया के बॉलिंग की-सी ताक़त है। परन्तु अब इसे यह जानने नहीं देना चाहिए कि मैंने इसके बॉलिंग के रहस्य का पता लगा लिया है।

श्रीनिवास सुरेश पर नज़र गड़ाये खड़ा था। संसार के पहुँचे हुए और अनुभवी बैट्समैनों को भी डरानेवाला बम्पर ही सिर की तरफ आया था। फिर भी छोकरे के चेहरे पर घबराहट का नामोनिशान तक नहीं।

यद्यपि तीसरी गेंद ने भी पहले की दोनों गेंदों के स्थान पर ही टप्पा खाया था, तो भी रन-अप के अन्तिम तीन कदमों के ज़रा-से अन्तर से सुरेश को निश्चय हो गया था कि वह ठीक विकेट को लक्ष्य करके आएगी।

सौवें टेस्ट में खेलनेवाले अनुभवी खिलाड़ी के समान, सामने आयी गेंद को बल्ले के मध्यभाग से रोककर सुरेश ने बॉलर की तरफ ही उसे मार दिया।

पाकिस्तानी कप्तान निसार अविश्वास के अन्दाज़ में सुरेश के खेल का निरीक्षण करने लगा।

12

''वह देखो शैलजा। लगता है, उधर दूसरी क़तार में बैठी महिला तुम्हारा अभिवादन कर रही है। तीन-चार बार ऐसा हो चुका।''

शैलजा मेनन ने पतिदेव की बातों पर ध्यान नहीं दिया। ठीक सामने और पीछे बैठे लोगों को भी नहीं देखा। कई व्यक्ति बीच-बीच में शैलजा की ओर इशारा करते हुए कहते थे, ''वो देखो, सुरेश मेनन की माँ।'' सुबह के सभी अख़बारों में राइट-अप आये थे। उन सबमें बेटे के इस अतिशय उत्कर्ष के पीछे की सबसे बड़ी प्रेरणा के रूप में उसकी माँ की चर्चा की गयी थी। अतिरंजनापूर्ण शैली में कहा गया था कि माँ की कुशल निगरानी और अक्लान्त परिश्रम ही बेटे की उन्नति का मुख्य कारण है। अधिकांश अख़बारों में सुरेश के साथ खड़ी शैलजा का फोटो भी छपा था। स्वयं को मिली इस ख्याति पर ध्यान देने की भी फ़ुरसत शैलजा मेनन के पास नहीं थी। उन्होंने किसी की ओर भी नहीं देखा। बीच-बीच में अपनी ओर घूमनेवाली टी.वी. कैमरे की निगाह भी नहीं देखी। स्टेडियम का कोलाहल भी नहीं सुना।

जब से सुरेश बैटिंग के लिए उतरा था, तब से शैलजा की दृष्टियों का एक ही लक्ष्य था सुरेश। सुरेश के क्रीज़ में खड़ा होने का ढंग, चाल, दौड़, बल्ला चलाने की रीति, चारों ओर देखते समय का चेहरे का भाव आदि। एक ही चिन्ता उस पर सवार थी कि सुरेश विजयी हो जाए। बिना उसकी इच्छा के, एक भी गेंद क्रीज़ से न उठे।

मुहम्मद हुसैन की दूसरी गेंद का सुरेश के चेहरे की तरफ आना, पल-भर में सुरेश का सिर नीचा करना, यह सब देखकर शैलजा सचमुच अकुला उठी थी। हेल्मेट और गार्ड तो हैं। फिर भी! शैलजा भगवान से प्रार्थना कर रही थी। सुरेश ज़रा भी न डरे। उसके नानाजी की हिम्मत उनकी बेटी के कारण वह खो न बैठे।

नानाजी!

पिताजी को तृपूणितुरा के ओवल ग्राउंड में पूजा क्रिकेट टूर्नामेंट में फील्डिंग करने के लिए खड़े होते देखा है। शॉर्ट लेग पोजीशन में बल्ले से ज़्यादा-से-ज़्यादा दो गज की दूरी पर। सबसे अधिक ज़ोर लगाकर बल्ला चलानेवाला विपक्षी भी थोड़ा सहम जाएगा। ज़रा-सी चूक हुई, बल्ले पर निर्दिष्ट स्थान पर गेंद न लगी, तो कैच सुनिश्चित है। बाबूजी ने हेल्मेट का उपयोग नहीं किया था। उनका विश्वास था कि वह क्रिकेट के गियर में नहीं आएगा। कैच लेते समय दर्शकों को लगेगा, कितना सिम्पल कैच। पाँच वर्ष का बालक भी कैच ले सकता है। परन्तु, बल्ले के इतने नज़दीक जाकर खड़े होने का साहस और किसी में नहीं होगा।

वही साहस! बेटा, नानाजी अब तेरे साथ हैं। अगला बम्पर साहस के साथ हुक करने की शक्ति तुझे प्रदान करते हुए।

तीसरी गेंद को बल्ले के मध्यभाग से मिडिल किया। बेहद ख़ुशी हुई। साथ में तसल्ली भी। सुरेश निडर है। वह गेंद की दिशा और शक्ति पहले ही पहचान सका। उसका बल्ला नीचा करने का ढंग और चारों ओर सिर उठाकर देखते वक़्त की सहजता देखने पर स्पष्ट होगा कि उसे पूरा आत्मविश्वास है।

मुहम्मद हुसैन ने सुरेश पर कोई दया नहीं दिखाई थी। भला वह क्योंकर दिखाए! यह कोई दोस्ताना मैच तो है नहीं किसी नौसिखिए युवक को प्रोत्साहन देने के लिए!

उण्णी को कभी विवेक भैया नहीं बनना है। बिल्कुल नहीं।

विवेक भैया को प्रोत्साहन मिला, वह तो बात ही अलग है।

उन दिनों सिर्फ़ नाममात्र के लिए केरल की टीम रणजी ट्राफी में हिस्सा लेती थी। सबको मालूम था कि टीम पहले ही राउंड में हारेगी। मैच था कर्नाटक से। इनिंग्ज डिफीट सुनिश्चित। सबको यह भी मालूम था कि एक इनिंग्ज और इतने रन, यही अन्त में स्कोर शीट पर लिखकर दोनों कप्तानों को हस्ताक्षर करने होंगे। ऐसी हालत में पहली बार रणजी ट्राफी खेलने निकला विवेक यद्यपि दस-बारह रन ले ले, तो भी कर्नाटक टीम के लिए कोई फ़र्क़ नहीं पड़ेगा। तीन दिनों वाला मैच दूसरे दिन चाय के पहले ही वे जीत लेंगे। जीता है, यह खूब याद है। एक इनिंग्ज और एक सौ दस रन से। इस बीच जब उन्नीस वर्षीय बालक विवेक पहला ओवर बैट करता है तब उसके लिए तेज़ गेंदबाज रंगराज गेंद धीमी चाल से, बग़ैर स्पिन के फेंक दे, तो उसमें आश्चर्य की कोई बात नहीं थी।

उस दिन जब विवेक घर लौट आया, तब की वह टिप्पणी एक शुरुआत थी।

वह पल सचमुच कोई निमित्त बन गया होगा।

शाम के धुँधलके में शैलजा अभी-अभी मन्दिर से लौटी थी। जानती थी कि विवेक भी ग्राउंड से प्रैक्टिस के बाद बाबूजी के साथ आएगा। विवेक शैलजा का मौसेरा भाई है। विवेक को वह कभी भैया कहती, चिढ़ाने के लिए कभी नाम लेकर भी बुलाती। रणजी ट्राफी में विवेक के प्रथम प्रदर्शन से बाबूजी प्रसन्न थे। माँ ने कहा, "बाबूजी आज अच्छे मूड में हैं। दोपहर को दो पेग व्हिस्की चढ़ाई है। खूब खाना भी खाया। सोने के बाद मुँह धोकर चाय पी ली, ग्राउंड की ओर चले थे। शैलजा को ढूँढ़ने।"

बाबूजी ख़ुश थे। बड़ी बहन का बेटा रणजी ट्राफी में खेला। वह भी उन्नीस वर्ष की आयु में। यूनिवर्सिटी क्रिकेट टीम का सदस्य था विवेक। ऑल-राउंडर। ओपनिंग बैट्समैन। लेग-ब्रेक बॉलर। क्लोज़-इन फील्डर। क्रिकेट के दर्शक एवं उच्च अधिकारी विवेक पर पहले ही से ध्यान देने लगे थे। हुब्ली में कर्नाटक से केरल का मैच होनेवाला था। मैच के दो दिन पहले केरल के कैम्प में समस्या उठ

खड़ी हुई। एक प्रमुख खिलाड़ी पीलिया का शिकार बना। दूसरे की माँ की मौत हुई। एक तीसरे के घुटने में दर्द। बाबूजी उन दिनों चयन समिति में थे। बाबूजी ने कहा था, कोई बात नहीं, टीम खेल के लिए चली जाए। अपने विवेक को ले चलेंगे। बारहवें नम्बर का खिलाड़ी बनाकर। जब और कोई चारा नहीं, तब हम हैं न?

अपने क्रिकेटर-मित्रों के बीच बाबूजी राजा साहब नाम से जाने जाते थे। राजा साहब की बात सिर आँखों पर।

हुब्ली पहुँचने पर एक और खिलाड़ी बीमार पड़ गया।

विवेक रणजी ट्राफी में खेला। पहली पारी में बीस रन। दूसरी में बारह। बॉलिंग भी किया पर, कोई विकेट नहीं मिला। एक कैच लिया।

पिताजी के साथ ही विवेक हुब्ली से लौटा था। आते ही शैलजा जाकर उसे मिल न सकी। उस समय वह कॉलेज में थी। महाराजाज़ कॉलेज में प्री-डिग्री क्लास में पढ़ रही थी। उस दिन शाम चार बजे जब कॉलेज से लौटी, तो मालूम हुआ कि बाबूजी ग्राउंड की ओर जा चुके हैं।

अब भी ठीक से याद है। उस शाम के सायों में चुम्बक से भी अधिक शक्ति थी। आज भी वे इस प्रकार आपस में गुँथे पड़े हैं कि जुदा करना असम्भव है।

ऊपर के तल्ले पर बाबूजी के कमरे से विवेक भैया और बाबूजी की आवाज़ सुनायी पड़ी।

''बहुत अच्छी शुरुआत है, बेटे। अब तुम यहीं रहोगे, तो बात नहीं बनेगी। तुम्हें एक्सपोजर चाहिए। इसके लिए भारत में बम्बई को छोड़कर और कहीं गुंजाइश नहीं है। अगर क्रिकेट में तरक्की करनी हो, तो बम्बई में ही खेल की प्रैक्टिस करो।''

विवेक भैया को ही नहीं, सभी लड़कों को बाबूजी प्रेम से 'बेटे' कहकर ही पुकारते थे।

थोड़ी देर बाद फिर बाबूजी की आवाज़ आयी, ''लेट मी सी।''

मन्दिर से वापस आने के बाद भी माँ दस-बीस मिनट तक पूजा की कोठरी में ही बैठेंगी। माँ का यह कार्यक्रम शुरू हो चुका था।

सीढ़ियों के ऊपर से धीरे-धीरे किसी के नीचे उतरने की आहट सुनायी पड़ी। आबनूस के चौड़े तख़्ते के चिकनेपन पर कदम रखते समय विशेष प्रकार की ध्वनि पैदा होती थी। इन ध्वनियों के अन्तराल और सघनता पर ध्यान देने से पता लगाया जा सकता था कि कौन सीढ़ियाँ उतर रहा है।

रह-रहकर वह सूरत याद आती। याद क्या आती, वह तो साफ़-साफ़ दिल पर अंकित है। तनहाइयों में तनाव के बीच बिजली के समान वह चमक उठेगी। यह

जताने के लिए कि अब भी मैंने तुम्हारा साथ नहीं छोड़ा।

सीढ़ियाँ उतरकर मुस्कुराते हुए खड़े विवेक भैया का प्रोफाइल। बीच के हॉल की दीवार पर ऊँचाई तक तसवीरें अंकित हैं। महाभारत के दृश्यों के भित्ति-चित्र। बाबूजी ने गुरुवायूर से विशेष रूप से चित्रकारों को लाकर खिंचवाये थे। द्रौपदी का स्वयंवर, एकलव्य का द्रोणाचार्य को गुरुदक्षिणा के रूप में अँगूठा समर्पित करना, भीष्म पितामह का शरशैयाशयन, गीतोपदेश आदि। उन दिनों मैं चार या पाँच साल की ही थी। दीवार के चित्रों को बनाये कुछ ही सप्ताह हुए थे। माँ-बाप की आँखें बचाकर चित्रों की लकीरों पर उँगली फेरने की इच्छा होती थी। उस ज़माने का सबसे बड़ा थ्रिल। चित्रों तक अपने हाथों की पहुँच नहीं थी। कुर्सी सरकाकर उस पर खड़ी हो जाने का साहस नहीं था। विवेक भैया की प्रतीक्षा में खड़ी रहती। वह मुझे हाथों में लेकर सिर के भी ऊपर उठाता।

हॉल में हमेशा अँधेरा रहता था। दिन को और रात को। हॉल के बीच विविध वर्णों के काँच के टुकड़ों से सजाये पुराने फ़ानूस के मन्द बिखरते प्रकाशबिन्दु छिपे बैठे अन्धकार को परछाइयों का रूप दे रहे थे। उन दिनों तो डर लगता था, शाम को हॉल में अकेली बैठने में। आज भी परछाइयों से डर लगता है। उनमें दुःशासन, भीष्म और अर्जुन हैं। न जाने कब वे लपककर सामने आ जाएँगे।

ज़ीने की बायीं तरफ अपना कमरा था। वहाँ देहली पर मैं खड़ी थी। कमरे में बत्ती अभी नहीं जलाई थी। भूल नहीं गयी थी। खिड़कियों की राह सन्ध्या को अन्दर आमन्त्रित करते समय मैं बत्ती नहीं जलाती थी।

"विवेक भैया,, ज़रा दाँत तो दिखाओ। सुना है कि हुब्ली के पिच में बाउंस बिल्कुल नहीं था। फिर भी उस रंगराजन की गेंद से दाँत उखड़ा, यह तो बुरा हुआ। मैंने सोचा था, अपना हीरो शतक नहीं, तो कम-से-कम पचास रन बटोर लेगा। हाँ, हाँ, कहाँ है? दिखाओ तो।"

"मेरा?"

उसके बाद के पलों की लम्बाई मापने की कोशिश की थी। कई बार। परन्तु, सदा असफल ही रही। कभी-कभी लम्बाई अधिक होती। कभी वह पलक मारते ही गुज़र जाएगी।

अच्छी तरह याद है। उनके दोनों हाथ आगे बढ़े थे। पहले की उसी पाँच साल की बालिका की तरह मैं उन हाथों में ऊपर उठी। उठती ही गयी। बिल्कुल भारहीन-सी।

उस दिन पहली और आख़िरी बार विवेक भैया ने मेरा चुम्बन लिया। फिर बरसों तक। खयालों में सिर्फ़ विवेक भैया ही थे। प्रचलित प्रथा के अनुसार पति बननेवाले। किसी को कोई आपत्ति नहीं। प्रसिद्ध टेस्ट क्रिकेटर की पत्नी का

अभिनय करने के लिए मेक-अप किया। रणजी ट्राफी। ज़ोनल टीम। फिर टेस्ट में। फिर विश्व-इलेवन में।

दो सप्ताह के अन्दर विवेक भैया बम्बई चले गये। उन्हें एक ब्रिटिश कम्पनी में नौकरी मिली। पिताजी ने ही इसका प्रबन्ध किया था। कम्पनी के मैनेजिंग डायरेक्टर अँग्रेज साहब क्रिकेट के सनकी थे। इंटरव्यू में सिर्फ़ यही पूछा था कि कर्नाटक से हुए मैच में रंगराज ने पेस-बॉलिंग का सामना कैसे किया था। बाबूजी ने कहा कि साहब को एक बात में बिल्कुल सन्देह नहीं था। जो क्रिकेट के मैदान में विजयी होते हैं, और जो खेल तथा व्यवहार दोनों में ऊँचे स्तर पर हों, वे निश्चय ही कम्पनी के लिए फ़ायदेमन्द सिद्ध होंगे।

शुरू-शुरू में सप्ताह में दो या तीन चिट्ठियाँ आती थीं। बाबूजी टाइम्स ऑव इंडिया के ग्राहक बने। उस अख़बार के खेल के पृष्ठों में बम्बई में खेली जानेवाली छोटी-मोटी प्रतियोगिताओं की रिपोर्ट भी छपती थी। रोज़ कॉलेज से लौटने पर सबसे पहले टाइम्स ऑव इंडिया का खेलकूद-पृष्ठ ही देखती। विवेक का नाम उसमें बहुत कम ही छपता था। छह महीने बाद अँग्रेज साहब कम्पनी से सेवानिवृत्त होकर इंग्लैंड लौट चले।

विवेक भैया ने कम्पनी बदली। साल पर साल बीत गये। विवेक ने महाराष्ट्र की शिल्पा नामक लड़की से शादी करने का निश्चय किया है, यह बात पिताजी के जानने से पहले ही शैलजा जान चुकी थी। विवेक ने लड़की के फोटो के साथ शैलजा को ही चिट्ठी भेजी थी। माँ को समझाने-बुझाने का आग्रह भी प्रकट किया था।

विवाह बम्बई में सम्पन्न हुआ। सिर्फ़ पिताजी ने उसमें भाग लिया था। मधुमास के सिलसिले में वे कोच्चि में भी आये थे।

उस दिन पूछा था, ''जिस बात के लिए बम्बई गये थे, उसका क्या हुआ?''

विवेक ने शिल्पा की ओर देखा।

''मेरा मतलब क्रिकेट से था।''

नया डाइनिंग टेबुल। बाबूजी ने कहा कि विवेक और शिल्पा की दावत के साथ उसका उद्‌घाटन हो जाए। बुआजी अपराधिनी की भाँति दावत में शरीक हुई थीं। केले की बड़ी पत्तल में खाना परोसने के लिए शिल्पा आगे बढ़ी, तो बाबूजी ने कहा, ''इन सबकी कुछ अलग विधियाँ होती हैं। विज्ञान, कला, परम्परा— इन सबके सहयोग से बनी विधि। लो, यहाँ पत्तल बिछाने की रीति ही देखो। पत्तल का अनकटा भाग दावत खानेवाले के बायें भाग पर होना चाहिए। और देखो, यहाँ अचार, इस कोने में। इसके ठीक पास पापड़ और चिप्स। फिर एक-एक करके दायीं तरफ तोरन, अवियल, एरिश्शेरी आदि व्यंजन।''

यद्यपि शिल्पा थोड़ी हतप्रभ हुई, तो भी वह उसे मुस्कान में छिपाने की कोशिश कर रही थी। शिल्पा को सिर्फ़ अँग्रेजी, मराठी और हिन्दी आती थी। मलयालम बिल्कुल नहीं समझ पाती थी। बुआजी और माँ ने इसलिए चुप्पी साधी।

अँग्रेजी में ही सवाल किया था।

विवेक भैया हँस दिये।

"ओ, क्रिकेट! उसके लिए अपने पास फुरसत कहाँ! हमारी कम्पनी में नौकरी का मतलब है चौबीसों घंटे बस काम ही काम। पुराना ज़माना बदल गया। मेरे बॉस को क्रिकेट तो दूर, गोल्फ तक पसन्द नहीं। हाल में जब उनको ख़बर मिली कि महाराष्ट्र के नये मुख्यमन्त्री गोल्फ खेलनेवाले हैं, तभी उन्होंने गोल्फ को थोड़ी-सी मान्यता दी थी। परन्तु क्रिकेट! जब तक कोई क्रिकेटर मुख्यमन्त्री या प्रधानमन्त्री न बने, तब तक कोई चारा नहीं। काम करने के लिए ख़ूब पैसा देंगे। मगर उस पैसे से अपनी पसन्द का कुछ करना चाहें, तो उसके लिए समय नहीं देंगे। क्रिकेट का तो कोई सवाल ही नहीं उठता।"

"मुझे उम्मीद थी कि विवेक भैया बम्बई जाकर बड़ा टेस्ट सितारा बनकर लौट आएँगे।"

शिल्पा के ओठों पर हमेशा हल्की-सी मुस्कान छायी रहती थी।

गोरी-चिट्टी, पतली छरहरी सुन्दर लड़की थी वह। उसकी गर्दन की नीली नसों को देखकर उन पर उँगलियाँ फेरने को जी ललचाता था। भित्ति-चित्रों में खिंची नीली रेखाओं से भी ज़्यादा ख़ूबसूरत थीं वे। यह समझकर कि शिल्पा ध्यान दे रही है, शैलजा ने कहा, "यू नो, जब पहली बार रणजी ट्राफी में खेले, तब यदि रंगराजन रहम न करते, तो भैया के दाँत उखड़ जाते। हैं न? मैं जानती थी। और यहाँ क्या-क्या..."

"क्या-क्या?..." विवेक का चेहरा हल्का-सा पीला पड़ गया। शिल्पा ने उसे पहचान लिया, फिर भी उसकी मुस्कुराहट वैसी ही बनी रही।

विवेक ने विषयान्तर का प्रयास किया।

उस दिन रंगराजन ने दया दिखाई थी, यह साबित करना चाहती थी शैलजा। परन्तु, उसे समय नहीं मिला। लेकिन, अब मुहम्मद हुसैन सुरेश पर कोई दया नहीं दिखा रहा है। दिखानी भी नहीं चाहिए।

सुरेश दया का मुहताज नहीं।

इसी बीच सुरेश ने चौथी गेंद लेग-साइड में मोड़ दी थी। जब तक डीप-फाइन लेग से फील्डर ने दौड़कर गेंद फेंक नहीं दी, तब तक सुरेश एक रन ले चुका था। चाहता तो दूसरा रन भी ले सकता था। परन्तु, श्रीनिवास ने 'न' कहा। यह रिस्क लेने का समय नहीं है।

शैलजा के कन्धे को झकझोरते हुए विजयन मेनन ने कहा, ''देखो शैलजा, वह महिला तुम्हीं को बुला रही है।''

शैलजा को गुस्सा आया। पिच में श्रीनिवास गेंद का सामना करने की तैयारी में हैं।

शैलजा ने उस ओर देखा, जहाँ पतिदेव ने इशारा किया था। हैंग बॉब किये बालोंवाली एक महिला। अच्छे मेकअप में है। भावावेश के साथ वह हाथ हिलाती और हँसती भी है।

कौन है? लगता है कि उसे कहीं देखा था। शैलजा ने हाथ उठाकर अभिवादन किया।

उस महिला ने दायें हाथ का अँगूठा ऊपर उठाया। फिर दिल खोलकर हँस दी।

''बेस्ट ऑव लक!''

हँसी।

माइ गॉड! यह...यह हँसी मेरी सुपरिचित है। वह हँसी जिसने मुझे मात दी थी। शिल्पा की हँसी।

13

विनू ने चौथे सूर्यमुखी केले पर हाथ लगाया। किसी ने उस पर ध्यान नहीं दिया। माँ, दादी माँ, दीपा दीदी सबका ध्यान टी.वी. स्क्रीन पर ही केन्द्रित था।

पाकिस्तान के तीसरे बॉलर मुहम्मद हुसैन के पहले ओवर की पाँचवीं गेंद। भारत के कप्तान श्रीनिवास ने उसे रोकने या मारने की कोशिश नहीं की। स्टम्प से डेढ़ हाथ हटकर वह तेज़ी से विकेटकीपर के हाथों में पहुँच गयी।

कमेंटेटर की आवाज़ सुनायी पड़ी, तो दादी माँ ने पूछा, ''वह क्या कह रहा है विनू?''

तभी माँ ने मुड़कर देखा था। विनू केला छीलने लगा, जैसे कुछ हुआ ही न हो।

''यह क्या विनू?...हूँ...चारों केले खुद चट कर गये क्या? दादी माँ के लिए एक क्यों नहीं छोड़ा?''

विनू ने आधा छीला केला दादी माँ की ओर बढ़ाया।

''नहीं, दादी माँ को नहीं चाहिए। तुम्हीं खा लो। हाँ, अब यह कैसी ललक? कल तक भूलकर भी केले की ओर न देखनेवाला बच्चा। उसे खाने दो। तुम खा लो विनू।''

''आप नहीं समझीं क्या, दादी माँ?'' दीपा ने हँसते हुए पूछा।

अगला शब्द मुँह से निकले इससे क्षण-भर पहले दीपा ने विनू की तरफ़ मुँह उठाया। वही अनर्थ का कारण भी बना। विनू ने केला जो फेंका, वह ठीक दीपा के चेहरे पर जा लगा। केला नीचे ज़मीन पर गिरा। ख़ुशक़िस्मती से आँख पर न लगा।

विनू ने ज़ोर से कहा, "सुनो, तुमने अगर मुँह खोला, तो आई विल किल यू!"

"मैं कहूँगी, कहूँगी...सभी से कहूँगी...सभी से।"

भवानी ने ज़मीन पर गिरा केला उठा लिया। वह क्षण-भर को हिचकी। बच्चों के झमेले में क्या उलझूँ! विनू कल से बेचैन है। वह झगड़ा करने के लिए कोई-न-कोई कारण ढूँढ़ रहा है। उस पर आरोप लगाना भी ठीक नहीं लगता। बाबूजी और भैया क्रिकेट देखने जा रहे हैं। सिर्फ़ वह नहीं जा पा रहा। बच्चा जो ठहरा। झुँझलाएगा क्यों नहीं?

कल रात विनू को बाबूजी से पूछते सुना था।

"डैडी, आज सुरेश यहाँ आया है न? आप उससे कहकर मुझे भी पास दिलवा दीजिएगा।"

उसको दुख होगा।

फिर भी यह केला?

भवानी ने वॉश बेसिन में धोकर केले को साफ़ किया और पूछा, "माँजी, क्या आपको चाहिए? आख़िरी केला है।"

"विनू को दे दो।"

"मुझे नहीं चाहिए।"

"दीपा, तुम्हें?"

दीपा ध्यान से देख रही थी कि विनू की अगली हरकत क्या होगी।

"तुम्हीं खाओ, माँजी। मुझे नहीं चाहिए।"

भवानी ने केले का आधा भाग माँ को दिया।

"सच! कितना मीठा है! मैंने नहीं सोचा था कि 'ञाली पूवन' केला इतना मीठा होगा..."

"यह 'ञाली पूवन' नहीं है माँजी। कितनी बार मैंने कहा था। यह संकर जाति का है। नाम है..."

नाम लेने में भवानी को संकोच था। न जाने क्यों? यद्यपि सूर्यमुखी नाम नये वर्ग के केले के पौधे का है, तो भी वह नाम पतिदेव का ही दिया हुआ था यह सोचने पर...

वही केले का पौधा, जिसे आठ-दस महीनों के पहले मन्नुत्ती के कृषि विश्वविद्यालय में 'आधुनिक साहित्य में सौन्दर्य-विज्ञान' विषय पर आयोजित संगोष्ठी में भाषण देकर वहाँ से लौटते वक़्त उसके पतिदेव लाये थे और बड़ी

सावधानी से जिसे उन्होंने रोपा था। समाचार-पत्र में रिपोर्ट आयी थी कि उस दिन प्रो. सोमदासन ने 'आधुनिक साहित्य में वनस्पति विज्ञान' विषय पर भाषण दिया था। अभी याद है कि उस दिन यह कहकर सब हँस दिये थे कि कृषि विश्वविद्यालय में सौन्दर्य से बढ़कर साहित्य ही वनस्पतियों की सहायता कर सकेगा, ऐसा पत्रकारों ने सोचा होगा। केले का पौधा कुएँ के पास वहाँ रोपा था, जहाँ बर्तन माँजने के बाद का पानी इकट्ठा होता था। अतिशय वेग से पौधा बड़ा हुआ था। पौधे के फूलने में छह महीने भी नहीं लगे। केलों का एक बढ़िया-सा गुच्छा था। अस्सी के लगभग केले। कहा था कि ञाली पूवन और राबेस्टा की संकर जाति है— हरे रंग का लम्बा केला। पिछले सप्ताह एक दिन सुबह कुएँ के पास खड़े होकर दातून करके केले की तरफ थूकने के बाद पके केलों के गुच्छे को देखते हुए दस क्षण तक वे चुपचाप खड़े रहे थे।

"भवानी...यह देखो।"

भवानी ने उस ओर देखा, जहाँ उन्होंने इशारा किया था। कुएँ के उस पार जरठ कटहल के पेड़ की आड़ में सूरज। उन्होंने केलों के गुच्छे की ओर उँगली से फिर इशारा किया।

"देखो उधर।"

"क्या?"

"क्या, तुमने देखा कि इसका एक-एक फल सूर्य की ओर मुखातिब हो खड़ा है। किसी पतली-छरहरी बाला की लम्बी तर्जनी के समान। केले की इस संकर-जाति का मैं नामकरण करता हूँ 'सूर्यमुखी'।"

बात कविता-जैसी लगती थी, तो भी सूर्यमुखी नाम लेते समय कुछ अजीब-सा लगता था। छरहरी बाला!

भवानी ने कहा, "यह ञाली पूवन नहीं, संकर वर्ग का है दादी माँ।"

"फिर भी बहुत मीठा है।"

दीपा ने दरवाज़े के पास से रसोईघर की देहली पर चढ़कर ऊँची आवाज़ में कहा, "आज के अख़बार में छपा था कि उण्णी भैया को केले ज़्यादा पसन्द हैं। वह देखो विनू..."

"कौन उण्णी भैया?"

"लो, वह देखो।"

टी.वी. के पर्दे पर कोलाहल का दृश्य। जो कुछ भी हाथ लगे, उसे दीदी पर फेंकने की चेष्टा के बीच विनू का भी ध्यान टी.वी. स्क्रीन की ओर गया।

ओवर की अन्तिम गेंद को हल्की-सी थपकी के साथ लेग-साइड में घुमाकर एक रन लेने के लिए जब श्रीनिवास दौड़ा, तब क्रॉस करके आये सुरेश मेनन का

दृश्य स्क्रीन पर झलक उठा।

"वह देखो, उण्णी भैया...उधर..."

दादी माँ हँस दी।

"अरे, तू कैसे इसकी छोटी बहन बनी?"

विनू ने मानो ज़ोर से स्वगत-कथन किया, "तमाम लड़कियाँ लड़कों के पीछे पड़ी हैं।"

"तुम्हें मैच देखने नहीं ले गये, यह अच्छा ही हुआ।"

"चुप! सुबह-सुबह शुरू हुई थी दोनों की खटपट।"

सचमुच तड़के चार बजे से ही समस्या शुरू हो चुकी थी। कान के पास चादर के अन्दर अलार्म रखे जाने, चेहरे पर पानी छिड़के जाने, या पाँव के निचले भाग में गुदगुदाये जाने पर भी सुबह साढ़े सात बजे से पहले बिस्तर न छोड़नेवाला बड़ा बेटा विश्वनाथ आज चार बजे ही जागकर नित्य-क्रिया में लगा था। जब पूछा कि इस आधी रात को यह क्या हो रहा है, तब जवाब मिला, "सात बजे स्टेडियम का फाटक खुलेगा, तब तक वहाँ हाज़िर होना चाहिए।" हड़बड़ी में थोड़ा-सा उप्पुमा तैयार किया। यह पूछने पर कि दोपहर के लिए कुछ पैक कर दूँ, विश्वनाथ ने रसोई की तरफ देखा तक नहीं। उसने वह जीन्स उठाकर दिखा दिया, जो तीन महीने पहले ख़रीदा गया था। फिर धीमी आवाज़ में कहा, "अगर ऐसी बेहूदी चीज़ पहनकर मैं ग्राउंड में प्रवेश करूँ, तो अपनी नहीं, प्रोफेसर की ही नाक कटेगी। ज़रा समझा देना।" यह कहने पर कि बकवास बन्द करके कुछ खा-पीकर चले जा, वह हँस दिया। "क्या है? उप्पुमा? वह मम्मी-पापा दोनों खा लें।" फिर हाथ जोड़कर मनुहार के अन्दाज़ में कहा, "मेरी अच्छी माँ है न, ट्वेंटी रूपीज़ प्लीज़।"

"तब बाबूजी से जो मिला, उसका क्या होगा?"

"वह तो बाबूजी की पढ़ाई के दिनों में चीज़ों की क़ीमतों की दर से ही मिला था। क्या आप जानती हैं कि एक पैकेट पराँठे-बीफ़ का दाम ग्राउंड में क्या होता है? सात बजे पहुँचने के लिए पहली बस पकड़नी है, इसलिए वह भागा चला गया। उसके मोजे धोकर तैयार रखे थे। परन्तु, उन्हें लिये बिना बदबूदार पुराने मोजे पहनकर चला था। बाबूजी भी जल्दी में थे। यद्यपि स्पेशल पास था, तो भी जल्दी पहुँच जाना था। उप्पुमा और केले। दीपा को उप्पुमा नहीं चाहिए। विनू को अगर ब्रेड मिले, तो भारी सन्तोष होगा। ख़ैर! माँ के लिए माँड़-भात और दोपहर को सबके लिए खाना तैयार करके नहा-धो आयी। तो समय ठीक था। टी.वी. में क्रिकेट का प्रसारण शुरू होनेवाला है। ऐसा सन्तोष महसूस हुआ जैसे कोई युद्ध जीतकर आयी हो।

इन बच्चों का झगड़ा कितना निस्सार है!

"उफ़! यह देखो। मुझे पता न था। लो, सुरेन भी खेलता है।"

"वह विज्ञापन है माँ। खेल नहीं। खेल के बीच-बीच में विज्ञापन आते रहते हैं। यह भी विज्ञापन है।"

दीपा ने कहा, "खेल के बीच हमेशा विज्ञापन नहीं आएगा। जब ओवर बदलेंगे, तभी आएगा।"

दादी माँ को ख़ास कुछ भी समझ में नहीं आया। पर, इससे उन्हें ज़रा भी रंज नहीं हुआ।

दादी माँ तब से क्रिकेट का खेल पसन्द करने लगी थीं, जब से भारत के पहुँचे हुए ऑल-राउंडर सुरजीत का आना, दौड़ना, कूदना आदि उन्होंने देखे थे। ऊँचा क़द और पौरुषपूर्ण आँखें। हज़ारों वर्षों के पहले जब एक बड़ा जनसमूह, जिनकी शिराओं में पठान रक्त बहता था, सिन्धु-गंगा समतल के मेहनती जनसमूह से मिल गया, तब उससे उत्पन्न नया गोत्र। उसी का सदस्य है सुरेन। मर्द हो, तो सुरेन-जैसा होना चाहिए। दादी माँ सुरजीत को पूरा नाम लेकर नहीं पुकारती थीं। सुरेन। ब्लैक ऐंड वाइट टी.वी. में उस सूरत से जो लगाव पैदा हुआ, वह कलर टी.वी. के आने पर दस गुना बढ़ गया। जब सुरजीत क्रिकेट से रिटायर हो गया, उसके बाद भी दादी माँ के लिए क्रिकेट का माने था सुरजीत। दोनों की कल्पना वे एक ही रूप में करती थीं।

आज भी विज्ञापन के चित्रों में पौरुष की दृढ़ता के प्रतीक मॉडलों में पहला स्थान सुरजीत को ही है।

विज्ञापन जल्दी समाप्त हुआ। कमेंटेटर की बातें। विशेषज्ञ की टिप्पणियाँ।

दादी माँ ने पूछा, "अरे, ये लोग ऐसा क्यों बकते हैं?"

"वह तो..."

भवानी बड़ी मुश्किल से अँग्रेजी पढ़ लेती है, लेकिन बोल, ख़ासकर तेज़ रफ़्तार का बोल वह ज़रा भी नहीं समझ सकती। दीपा मलयालम मीडियम वाले स्कूल में पढ़ती है। आठवीं कक्षा में। उन दिनों दीपा को पहली कक्षा में भर्ती कराने के समय, बच्चों को मातृभाषा में ही शिक्षा देने की आवश्यकता, मलयालम भाषा का पुनरुद्धार आदि मुद्दों को लेकर भिन्न-भिन्न संस्थाओं का गठन हुआ था। प्रोफेसर सोमदासन ऐसी ही एक संस्था के अखिल केरल उपाध्यक्ष भी थे। पतिदेव से रूठ जाने के दुर्लभ अवसरों पर भवानी कहा करती थी कि भले ही यह कोई कारण रहा हो, लेकिन मुख्य कारण था हज़ार रुपये का डोनेशन जो अँग्रेजी मीडियम वाले स्कूलों में वसूल किया जाता है। दीपा को सरकारी स्कूल में मलयालम मीडियम में भर्ती कराके आदर्श अभिभावक बनकर प्रोफेसर साहब ने दो-तीन वर्षों तक सब कहीं इस घटना का प्रचार किया। अतएव दीपा अब सिर्फ़ कमेंटेटर का चित्र देखते हुए चुपचाप बैठी थी।

दादी माँ ने पूछा, "ये लोग मलयालम क्यों नहीं बोलते?"

"वह तो माँ, यह सारी दुनिया के लोग देख रहे हैं न? अगर मलयालम में बोलें, तो..."

"ऐसा क्यों? हमारे देश में खेल हो, तो उसके साथ के बोल हमारी समझ में आने चाहिए न?"

विनू ने कहा, "उनका कहना है कि अब आगामी दो-तीन ओवर बहुत महत्त्वपूर्ण हैं।"

दादी माँ ने सम्मान और वात्सल्य के मिले-जुले भाव से पोते की ओर देखा।

"हाँ हाँ, ठीक है। मुझे भी ऐसा लगा।"

जब तक विनू को नर्सरी में भर्ती कराने का समय आया, तब तक डोनेशन की दर तीन हज़ार रुपये हो गयी। पर, कोई बात नहीं। पाँच साल में उसे इन साहबों की कही बातें समझने की क्षमता तो हासिल हुई।

दादी माँ ने विनू को पास बुलाकर बिठाया।

"वह कौन है? वह दौड़कर आनेवाला?"

गर्दन तक पहुँचते घने काले बाल और घनी सुन्दर मूँछोंवाला हँसमुख व्यक्ति था इब्राहीम खान। साधारण से अधिक मोटे शरीर और मासूम चेहरे के कारण इब्राहीम खान को कोई भी गम्भीर प्रतियोगी नहीं मानता था। यही उनकी सफलता का राज़ भी था। पाकिस्तान का सबसे ज़बरदस्त ओपनिंग बैट्समैन ही नहीं, चुस्ती से, बिना थकावट के, कितने ही ओवर तक गेंदबाजी करने के दम से युक्त खिलाड़ी भी था वह। सच्चे अर्थों में प्रोफेशनल। इब्राहीम खान, जो अपनी क्षमताओं की सीमा से पूर्णतया अवगत है, आज तक क्रिकेट की राजनीति के क्षेत्र में नहीं उतरा है। जब उपकप्तान के पद के लिए निमन्त्रण मिला, तब भी माफ़ी माँगते हुए अपने से जूनियर खिलाड़ियों के अधीन सन्तोष के साथ वह खेलता था। किसी को शिकायत नहीं। पाकिस्तानी टीम का वह अकेला खिलाड़ी है, जो लगातार दस साल तक टीम के लिए खेला हो।

लेकिन विनू यह सब नहीं जानता था। उसने कहा, "वह इब्राहीम खान है। मामूली किस्म का बैट्समैन। बॉलिंग उतना अच्छा नहीं। हम उसे खदेड़कर रख देंगे।"

परन्तु, इब्राहीम खान के पहले ओवर में श्रीनिवास एक भी रन न ले सका। सब की सब सही लेंथ में स्टम्प को ठीक लक्ष्य में रखकर फेंकी गयी गेंदें। स्पीड और स्विंग में ज़रा-सा फ़र्क़। पहली गेंद को मिडिल किया। दूसरी को धीरे से ड्राइव किया— सीधे फील्डर के हाथ में। तीसरी पर ज़ोर से बल्ला चलाया। गेंद पर बल्ला नहीं लगा। ख़ुशक़िस्मती से विकेट से थोड़ा हटकर चला गया था।

चौथी और पाँचवीं को बल्ले से रोका। पाँचवीं को स्ट्राइक कर कम-से-कम एक रन लेने की इच्छा थी। परन्तु, गेंद मारने की तैयारी में आगे को रखा बायाँ पैर श्रीनिवास ने तत्काल ही पीछे खींच लिया।

दर्शकों की खरी-खोटी और ताने टी.वी. में सुनायी पड़ते थे। हल्की-सी चिल्लाहट। गेंद का प्रतिरोध करते देखना किसी को अच्छा नहीं लगेगा। अगर गेंद मारकर उड़ाने के लिए नहीं, तो बल्ला किस काम का!

विनू उठ खड़ा हुआ।

"अगर उनके स्थान पर मैं होता, तो सिक्सर मार लेता।"

छठी और आख़िरी गेंद। श्रीनिवास एक रन लेकर इस ओर आने की कोशिश करेगा। मुहम्मद हुसैन का सामना करके रन लेना शुरू करने के लिए। निसार ने तुरन्त ही फील्ड में कुछ हेर-फेर किये। दूर खड़े फील्डरों को पिच के नज़दीक लाया। उनके बीच का फ़ासला कम कर दिया।

प्रो. सोमदासन गैलरी की सीट से धीरे-से उठे। कोई चारा नहीं। बेसब्री की हद हो गयी।

पीछे से कोई चिल्लाया, "अरे कौन है? बैठ जा साले!" उसकी अनसुनी करके गैलरी की बीच के दरार से सोमदासनजी सावधानी से सीढ़ियाँ उतरे।

पिच में कुछ हो रहा है। एकाएक तालियाँ और कोलाहल। किसी ने कहा, "छि:-छि:! मेडन ओवर। वन डे मैच में मेडन!...साला..."

सोमदासन को कुछ भी समझ में नहीं आया। मेडन? कुँवारी कन्या? इधर?

जब वे सबसे नीचे की सीढ़ी उतरे, तब वहाँ खड़े पुलिस के अफ़सर ने पूछा, "क्या आप जा रहे हैं, सर?"

"नहीं।"

"सर, मैं आपका स्टूडेंट था।"

"अच्छा।"

कुशल-मंगल के लिए बिल्कुल वक़्त नहीं।

सोमदासन ने धीमी आवाज़ में पूछा, "बाथरूम?"

"बाथरूम?"

सोमदासन की परेशानी देखकर पुलिस अफ़सर ने हँसी दबाते हुए किसी तरह पूछा, "एक या दो?"

सोमदासन ने दोनों उँगलियाँ उठायीं।

अफ़सर क्षण-भर हिचका। फिर कहा, "आइए।"

कॉरीडोर से चलते-चलते पिछवाड़े की सीढ़ी के पीछे आये। दूर की ओर इशारा करके अफ़सर ने कहा, "वह देखिए, उधर।"

सोमदासन हँस दिये।

“थैंक्स! सुबह...पेट में...केला...सूर्यमुखी...”

अफ़सर पहले से ही जानते थे कि सोमदासन थोड़ा अबनॉर्मल हैं। कहा, “सर, जल्दी कीजिए। अगले ओवर में हमारा सुरेश गेंद का सामना करेगा।”

14

इब्राहीम खान के पहले ओवर में एक भी रन न ले सका, इस बात का श्रीनिवास को ज़रा भी अफ़सोस नहीं था। आज का यह खेल निर्णायक है। भारतीय टीम के लिए ही नहीं, टीम से बढ़कर अपने लिए भी। आज फ़ैसला होगा कि भारतीय क्रिकेट के इतिहास में अपना स्थान एक छोटी-सी पंक्ति में सिमट जाएगा, या कई पृष्ठों में चित्रों सहित अंकित हो जाएगा।

आज शाम को पंचदिवसीय टेस्टों के कप्तान का चयन होगा। टीम के खिलाड़ियों के नाम भी घोषित करेंगे। चयन-समिति के अध्यक्ष और सदस्य सब पहुँच चुके हैं। सबकी नज़रें मेरे ही ऊपर हैं।

यह सुनिश्चित है कि क़िस्मत साथ देगी। सुबह टॉस जीता था।

एक निर्णय, जोख़िम-भरा निर्णय लिया था, लगता है वह क़ारगर साबित होगा। सुरेश ने शुरू की गेंदों का सामना करने में जो हिम्मत और समझदारी दिखायी, उससे चयनकर्ताओं को लगेगा कि उसे टू डाउन पर भेजकर मैंने अच्छा ही किया है।

नसीब का खेल। राहुल पहली गेंद पर आउट हो गया। यदि वह सेटल होकर खेलता, अस्सी या सौ रन बना लेता, तो चयनकर्ता जोश के साथ उसके पक्ष में बोलते। आज की शाम ज़रूर ऐसा नहीं होगा।

परन्तु, नसीब की मदद आगे भी मिलनी चाहिए।

अब अपने नेतृत्व-कौशल का प्रदर्शन करना ज़रूरी हो गया है। निसार को उसके अपने क्षेत्र में ही मात देनी चाहिए। सिर्फ़ खेल जीतना ही काफ़ी नहीं। कप्तान की कुशलता दिखा देनी चाहिए। आज, दिन के वक़्त ही सबको, निसार तक को महसूस होना चाहिए कि उससे बेहतर कप्तान है श्रीनिवास।

किसी टीम की छवि दुनिया के सामने प्रस्तुत करनेवाला तो कप्तान ही है। जोशीला और आक्रामक खेल खेलकर विपक्षी टीम को मात देनेवाला कप्तान। यह दूसरी बात है कि खेल में जीत हुई या हार। वह स्कोर-बुक के आँकड़ों तक सीमित रहे, यही काफ़ी है। लेकिन, दर्शकों को?

क्रिकेट आज खिलाड़ियों का नहीं, दर्शकों का खेल है। दर्शकों की ओर से देखा जाए, तो भारत के लिए अभी तक सिर्फ़ एक ही कप्तान मिला है— भोपाल के पुराने नवाब। इक्कीस वर्ष की उम्र। ऐसा युवक जिसने, जिन दिनों हेल्मेट का प्रचलन शुरू भी नहीं हुआ था, संसार के सबसे तेज़ गेंदबाजों का डटकर सामना करके उनके होश उड़ा दिये थे। फ़िल्मी सितारों का जलवा और नवाबी शान से युक्त उस महान खिलाड़ी को खेल के मैदान में अपनी एक आँख गँवानी पड़ी थी। फिर भी साहस के साथ बम्परों का सामना करके छक्के मार देता था।

पाकिस्तान का निसार भी।

जयपुर में एक घटना हुई। खेल के अगले दिन अम्बर किले में गया था। थोड़ी देर तक निसार के साथ रहा था। तब पूछा, ''निसार साहब! क्रिकेट से रिटायर होने के बाद आपकी क्या योजना है?''

''तुम्हारी क्या योजना है श्रीनी?''

''मैं तो क्रिकेट में अभी बालक हूँ न? मैं कहीं इंजीनियर बनूँगा।''

''या कमेंट्री करते हुए...''

''नहीं साहब।''

''मैं...मैं...'' निसार थोड़ी देर ख़ामोश रहा। किले की ओर की पगडंडी की चढ़ाई के बीच एक हाथी थोड़ी देर हिचककर खड़ा था। हौदे में बैठे चार खिलाड़ियों ने हाथ हिलाकर अभिवादन किया। निसार ने कहा, ''तुम्हारे सामने यह राज़ मैं खोल रहा हूँ श्रीनी। राजनीति में उतरूँगा।''

''राजनीति में?''

''भाई, इधर तुम्हारे देश में फ़िल्मी हस्तियाँ अकसर राजनीति में उतरती हैं न? अब देख लेना टी.वी. का स्क्रीन लोगों को सिनेमा के स्क्रीन से ज़्यादा लुभावना साबित हो रहा है। वहाँ पर हम स्कोर करेंगे। देख लेना। संसार के किसी भी देश में अब से पाँच-दस सालों के अन्दर मतदाताओं को आकृष्ट करने की क्षमता टी.वी. की हस्तियों को छोड़कर और किसी में न रह जाएगी। अमेरिका के रोज़ पैरेट ने क्या रिपब्लिकन और डेमोक्रैटिक दोनों पार्टियों को केवल टी.वी. स्क्रीन के ज़ोर पर एकदम चौंकाया नहीं? आई ऐम श्योर श्रीनी, मैंने अपना मार्ग चुन लिया। फिर हमारे लिए तो मिलिटरी और क्रिकेट में निकट का रिश्ता भी है।''

हाथ मिलाया।

''बेस्ट ऑव लक, निसार साहब!''

निसार अहमद का तो ऐसा ही व्यक्तित्व है, ऐसी ही छवि है।

और मुझे यहाँ क्या चाहिए?

इब्राहीम खान की प्रत्येक गेंद का सामना करते वक़्त श्रीनिवास की प्रार्थना थी

कि हे भगवान, मुझे सही रास्ता दिखा दे।

एक छवि। नेतृत्व की क्षमता के प्रदर्शन का एक मौक़ा। वैसे मैं रिस्क ले चुका। पहला रिस्क था सुरेश मेनन। अब अगला... ? एक सोबर्स। सोबर्स की बुद्धि।

बड़ी मुश्किल से जीत जाना, या फिर पराजय को टाल देना मात्र खेल का मक़सद कभी न हो। खेल में खिलाड़ियों तथा दर्शकों का रोमांच और उद्वेग आख़िरी गेंद तक बने रहना चाहिए। कप्तान के कौशल की यही कसौटी है। क्रिकेट के खिलाड़ी मात्र खिलाड़ी नहीं, रंगमंच के अभिनेता भी हैं। हर क्षण रंगमंच पर कुछ घटते रहना चाहिए, जो दर्शकों का ध्यान खींच ले। यदि वे बोर हो जाएँ, तो टी.वी. ऑफ़ कर देंगे। स्टेडियम में उनकी लाइन नहीं लगेगी। विज्ञापन की कम्पनियाँ अब दिलचस्प प्रोग्रामों के पीछे चली जाएँगी। क्रिकेट दरिद्र बनेगा, अनाथ बनेगा।

विपक्षी टीम के जीतने की हल्की-सी सम्भावना सदा रहनी चाहिए। तभी खेल आकर्षक बनेगा। वह बिन्दु तय करना कप्तान की ज़िम्मेदारी है। अन्तरराष्ट्रीय एकदिवसीय मैचों को टेस्ट के बराबर का दर्ज़ा अभी हाल ही में प्राप्त हुआ है। अगर कप्तान बनना हो, तो पंचदिवसीय टेस्ट का कप्तान बनो। असली सम्मान उसी में है। वह भी सोबर्स के समान...

गेंदों में असाधारण तेज़ी थी। फिर भी विकेट बचाये रखने के लिए मामूली-सी हरकतें काफ़ी थीं।

श्रीनिवास के ख़्यालों में सोबर्स भरा हुआ था। वह टेस्ट, जिसकी चर्चा सदा सर्वदा होती रहती है और जिसकी वजह से सोबर्स के नेतृत्व को गरिमा प्राप्त हुई। क्रिकेट का कोई ऐसा विशेषज्ञ नहीं, जो उसकी कथाओं को दोहराता नहीं हो।

सन् 1968 की घटना है। वेस्टइंडीज के पोर्ट ऑव स्पेन में इंग्लैंड के ख़िलाफ़ शृंखला का चौथा टेस्ट मैच। वेस्टइंडीज की टीम के कप्तान थे सोबर्स। इंग्लैंड के कप्तान कॉलिन काउड्री। बैंगलूर में जन्मा काउड्री इंग्लिश टीम का कप्तान बना। उस इंग्लिश सीज़न में पहले जिस ब्रयान क्लास का नाम कप्तानी के लिए विचाराधीन था, उसने एक काउंटी मैच में अपनी टीम को हार से बचाने के लिए बॉलरों द्वारा बॉल कराने में बहुत अधिक समय लिया था। एक-एक गेंद के बाद फील्ड प्लेसिंग बदलकर काफ़ी समय बरबाद किया। इसी कारण उसकी जगह काउड्री को कप्तान बनाया गया था। काउड्री की इच्छा थी कि अपनी टीम को जीत भले न मिले, लेकिन हार ज़रूर नहीं मिलनी चाहिए।

चौथा टेस्ट था। पहले के तीन टेस्ट ड्रा हो गये। दूसरे टेस्ट में वेस्टइंडीज की जीत की बड़ी सम्भावना थी। अन्तिम पारी में जब इंग्लैंड आठ विकेट खोकर अड़सठ रन ही ले सका था, तब कुछ दर्शकों ने हर्षोन्माद में आकर बियर की ख़ाली बोतलें ग्राउंड में फेंकीं। भारी हंगामा हुआ। खिलाड़ी आपे से बाहर हो गये। खेल

रद्द किया गया। उसके बाद दोनों टीमों के स्नेह और सद्‌भावना में ख़लल पड़ गया और दिन-दिन वह बढ़ता ही गया।

चौथा टेस्ट। वेस्टइंडीज ने पहली पारी में सात विकेट खोकर पाँच सौ छब्बीस रन पर पारी घोषित की। भारतीय मूल का रोहन कन्हाई और सेयमूर हर्स ने शतक बनाये। जब इंग्लैंड की बल्लेबाजी चल रही थी, तब काउड्री अच्छे फार्म में था। शतक बनाया। खेल धीमी गति से आगे बढ़ रहा था। जब अन्तिम दिन बाक़ी रह गया, तब निश्चित हो गया कि यह खेल भी ड्रा हो जाएगा। एकाएक सोबर्स की महानता प्रकट हो गयी। साधारणतया जिस बेसिल बुचर को गेंदबाजी नहीं दी जाती थी, उसे ऊँचे आनेवाले फ़्लाइटेड लेग-ब्रेक के साथ ग्राउंड में उतारा। काउड्री एक सौ अड़तालीस पर आउट हुआ। और बुचर ने अपने जीवन का सबसे बढ़िया बॉलिंग-प्रदर्शन प्रस्तुत किया। दस ओवरों में पन्द्रह रन देकर पाँच विकेट गिराये। इंग्लैंड चार सौ चार रन पर ऑल आउट। वेस्टइंडीज को एक सौ बाइस रन का लीड। सिर्फ़ अलन नाट ही साहस के साथ बुचर का सामना कर सका। उनहत्तर नॉट आउट।

खेल के अन्तिम दिन लंच का समय निकट था। सब एकमत थे कि मैच ड्रा हो जाएगा।

परन्तु, सोबर्स के अन्दर का क्रिकेटर तब जाग उठा। चारों टेस्ट यदि ड्रा हो जाएँ, तो खेल निस्सन्देह बोर हो जाएगा। वेस्टइंडीज क्रिकेट के लिए अपमानजनक स्थिति होगी। एक ही उपाय है। इंग्लैंड को जीतने के लिए एक चांस दे देना। साथ ही हारने के लिए भी। अन्तिम दिन का पिच है। विकेट में स्पिन बॉलिंग के लिए ख़ूब मदद मिलेगी। बुचर के लेग-ब्रेक ने अधिकतर खिलाड़ियों को अभी-अभी परेशान किया है। एक घंटा भी नहीं बीता है। सोबर्स ने दिखा दिया कि साहसपूर्ण नेतृत्व कैसा होता है। वेस्टइंडीज जब दो विकेट खोकर बानबे रन ले चुका, तब उसने दूसरी पारी घोषित की। खेल की समाप्ति में अभी एक सौ पचहत्तर मिनट बाक़ी थे। इंग्लैंड को जीतने के लिए दो सौ पन्द्रह रन चाहिए। एक घंटे में अठहत्तर के क्रम से। सोबर्स के अनुमान के अनुसार काउड्री की टीम के इस स्कोरिंग रेट के पास फटकने की दस प्रतिशत सम्भावना भी नहीं थी।

परिणाम यह हुआ कि क्रिकेट में जान आ गयी। स्टेडियम की खाली जगहें दर्शकों से भर गयीं। क्रिकेट के प्रेमी संसार-भर में रेडियो के चारों ओर कान लगाये प्रतीक्षा में बैठे रहे।

चूँकि वेस्टइंडीज के स्थाई फास्ट बॉलर हॉल और ग्रिफिथ ग़ैरहाज़िर थे, इसलिए खुद सोबर्स ने गेंदबाज़ी शुरू की। अत्यधिक तेज़ी से स्पिन करके, किसी भी ढंग से गेंद फेंकने में समर्थ सोबर्स ने पहले ओवर में इंग्लैंड के ओपनिंग

बैट्समैन जॉन एड्रिच को इस क़दर मजबूर किया कि गेंद रोकने के प्रयास में वह उसके बल्ले के किनारे से लग गया। गेंद ऊपर उठी। विकेटकीपर डेरिक मुरे ने, जो साधारणतया फास्ट बॉलरों की गेंद बड़ी मुस्तैदी से पकड़ लेता था, वह कैच ड्रॉप किया। खेल का रुख़ ही बदल गया। यदि वह कैच लिया जाता और एड्रिच आउट हो जाता, तो इंग्लैंड परेशान हो जाता। परन्तु, ज्योफ़ बॉयकॉट और एड्रिच ने मिलकर इस अप्रत्याशित भाग्य का पूरा लाभ उठाते हुए पहले के उन्नीस ओवरों में पचपन रन बनाये। मगर एड्रिच के बाद बल्लेबाजी करने आये कप्तान काउड्री और बॉयकॉट ने टीम को पराजय से बचाने के लिए अपने विकेट बचाये रखने पर ही पूरा ध्यान लगाया।

सोबर्स ने साहसपूर्वक जो चुनौती दी, उसने इंग्लैंड के अन्य खिलाड़ियों तथा मैनेजर को उत्तेजित किया। चाय के अन्तराल में बैरिंगटन, डी ओलिवेरा, टॉम ग्रावनी इन सबों ने काउड्री से ज़ोरदार आग्रह किया कि ख़ूब बल्ला चलाओ, भले ही हारना पड़ जाए। अगर कहीं जीत मिल जाए, तो...

हठपूर्वक खेल जारी रहा। बुचर पहली पारी के स्तर तक अपनी गेंदबाजी को उठा नहीं पाया। बॉयकाट और काउड्री ने मौक़े का पूरा फ़ायदा उठाया। काउड्री इकहत्तर रन लेकर आउट हुआ। बॉयकाट अस्सी रन कमाकर बिना आउट हुए खड़ा रहा। जब इंग्लैंड जीत गया, तब खेल की समाप्ति में तीन मिनट बाक़ी रह गये थे। एक ओवर काफ़ी था।

वेस्टइंडीज हार गया। लेकिन क्रिकेट जीत गया। खेल के तौर पर क्रिकेट की हैसियत बढ़ी।

आख़िरी घंटे में, सोबर्स अगर चाहता, तो बॉलरों को बदलकर, फील्डिंग पोज़ीशनों में परिवर्तन लाकर समय गँवा सकता था। वेस्टइंडीज सम्भवतः हार से बच भी जाता। परन्तु, सोबर्स ने ऐसा नहीं किया। एक घंटे में वेस्टइंडीज ने उन्नीस ओवर बॉल किये थे। उस दिन सवेरे दो घंटे। जब वेस्टइंडीज ने बैटिंग किया था, तब इंग्लैंड ने बाईस ओवर बॉल किया था। ग्यारह ओवर प्रति घंटे की बॉलिंग।

सोबर्स ने क्रिकेट को नयी मान्यताएँ प्रदान कीं। आज जब वेस्टइंडीज की टीम खेलने आती है, तब हज़ारों की संख्या में दर्शक मैदान की ओर लपकते हैं। टेलीविज़न की रेटिंग बढ़ जाती है।

किसी कप्तान के अनश्वर बनने का यही तरीक़ा है। आज ज़रूर कुछ करना है। अगले चन्द घंटों में। दर्शक ही मेरी शक्ति है। साथ ही चयनकर्ताओं को पूरा यक़ीन होना चाहिए कि मुझमें टीम का नेतृत्व करने और खेल को किसी भी दिशा में मोड़ देने की क्षमता है।

इब्राहीम खान के ओवर की तीसरी गेंद पर बल्ला चलाने की कोशिश की थी।

जान-बूझकर नहीं। गेंद की गति देखकर खुद ही ड्राइव करने के लिए बल्ला उठाया। पर, लगा नहीं। चौथी गेंद मिडिल करने में सफल हुआ। पाँचवीं पर एक रन लेने लायक़ ढंग से बल्ला चलानेवाला ही था। पर, वह सही लेंथ की गेंद थी। ज़रा-सा चूक जाए, तो विकेट पर लगेगा। इसे अपना भाग्य ही मानूँगा कि आगे को रखा पैर अन्तिम क्षण में पीछे कर लिया। गेंद को सिर्फ़ रोक लिया।

ध्यान से देखा, तो पता चला कि छठे ओवर में एक रन लेकर उस ओर जाने से रोकने के लिए निसार फील्डिंग में परिवर्तन ला रहा है।

यहीं, इसी क्षण में निसार को दुविधा में डालना चाहिए।

पिछले ओवर में सुरेश मेनन के द्वारा मुहम्मद हुसैन के रोके जाने का ढंग देखकर श्रीनिवास को पूरा यक़ीन हो गया कि सुरेश को साहस मिल गया है। उसकी अधीरता दूर हो गयी है। छोटा-सा सन्देह भी हुआ। मुहम्मद हुसैन के बॉलिंग को मैं परख चुका हूँ, इस अन्दाज़ में उसने गेंद रोकी थी। अर्थात् सुरेश अगले ओवर की प्रतीक्षा में खड़ा है। मुहम्मद हुसैन की गेंद को मारकर दूर पहुँचाने के लिए।

इब्राहीम खान की गेंद थोड़ा दायीं ओर हटकर ज़रा नीचा होकर आयी थी। एक हल्का-सा स्पर्श ही काफ़ी है। गल्ली और कवर प्वाइंट के बीच प्लेस किया जा सकता है। एक रन ज़रूर मिलेगा।

परन्तु, जब गेंद पास आयी, तब श्रीनिवास ने बल्ला गेंद के पास न ले जाकर यों ही ऊपर उठाया।

मेडन ओवर। दर्शकों की चिल्लाहट।

श्रीनिवास ने निसार की ओर अनजानी-सी नज़र दौड़ायी। निसार की नज़रें भी श्रीनिवास की तरफ थीं।

15

वी.आई.पी. एनक्लोजर की सबसे पिछली क़तार में जिस दूसरी सीट पर सुकुमारन बैठा था, उस पर अब एक बूढ़ा व्यक्ति गर्व के साथ बैठा हुआ है। अगर कोई जवान होता, तो जाकर कह सकता था, उठने के लिए। नहीं। यह तो बूढ़ा है। लगता है, यह चेहरा कहीं देखा हुआ और परिचित है।

कहाँ देखा था?

सुकुमारन क्षण-भर को दुविधा में खड़ा रहा कि क्या करूँ। उसने ग्राउंड की ओर ध्यान से देखा। यह कौन है? गेंद रिसीव करनेवाला तो श्रीनिवास है। और यह

दूसरा? खड़े होने का वह ढंग बिल्कुल परिचित नहीं। माइ गॉड! नया बैट्समैन। मलयाली, सुरेश मेनन। पर, वह इस समय, इतनी जल्दी!

सुकुमारन ने स्कोर बोर्ड की ओर देखा। सैंतालीस रन। तीन विकेट। आख़िरी विकेट गिरा बत्तीस रन पर। अभी तक ग्यारह ओवर हो चुके।

मतलब सुरेश टू डाउन। थ्री डाउन उतरा।

राहुल?

बड़ा स्कोर-बोर्ड साफ़ दिखायी नहीं दे रहा है। राहुल आउट हो चुका होगा। अवश्य।

पिछले चारों मैचों में साथ था। पर, खेल देख नहीं सका। सोचा, यहाँ अपने राज्य केरल में थोड़ी शान्ति मिलेगी। राहुल और सुरेश की बैटिंग देखना चाहिए, निसार के साथ उनकी लड़ाई का, आराम से बैठकर मज़ा लेना चाहिए, इत्यादि मनसूबे बाँधे थे। लेकिन, जिस प्रकार जयपुर, कानपुर, गुवाहाटी और नागपुर में रात को दूरदर्शन द्वारा प्रसारित हाइलाइट्स देखकर सन्तोष कर लेना पड़ा, लगता है, यहाँ भी वैसा ही सन्तोष कर लेना पड़ेगा।

विश्व-कप फुटबाल के फाइनल में जब ब्राजील और इटली पेनाल्टी शूट-आउट कर रहे हैं, तब स्टेडियम के अन्दर ग्राउंड की सीमा पर दर्शकों को देखते खड़े रहने के लिए तैनात पुलिस के सिपाही की-सी हालत थी अपनी। अब लगता है, आई.ए.एस. परीक्षा देता, तो बेहतर होता। दूसरी बार तो निश्चित रूप से चुन लिया जाता।

श्रीनिवास द्वारा इब्राहीम खान के बॉलिंग का सामना करना तक सुकुमारन देख नहीं सका।

एक सिपाही ने आकर कहा, "सर, कंट्रोल-रूम तक चलिएगा ज़रा। वहाँ कुछ गड़बड़ है।"

दूसरे ओवर के समय शुरू हुआ था।

परसों कोच्चि पहुँचते ही मालूम हुआ था कि सुरक्षा के प्रबन्ध उतने कड़े नहीं होंगे। यहाँ उसकी ज़रूरत भी नहीं है। जयपुर में समस्या नहीं थी। पाकिस्तान के साथ राजस्थान की सीमा है। पर, श्रीनगर या जालन्धर के समान उग्रवादी गतिविधियाँ वहाँ ज़ोर नहीं पकड़ी हैं। कानपुर में स्थिति भिन्न है। मज़दूर तथा परदेशी लोगों की संख्या बहुत अधिक है। वहाँ तनाव की स्थिति आम बात है। परन्तु क़िस्मत ने साथ दिया। कोई भी समस्या पैदा नहीं हुई। किसी पत्रकार ने निसार से चिढ़ाऊ सवाल किये थे। निसार ने उचित जवाब भी दिये थे। गुवाहाटी में थोड़ा डर था। ऐसा प्रदेश जहाँ उग्रवादी संगठनों का बोलबाला है। डर था कि किसी ख़ास लक्ष्य के लिए नहीं, तो कोरी पब्लिसिटी के लिए शायद कोई प्रश्न खड़ा किया जाएगा। पर, ऐसा

कुछ नहीं हुआ। नागपुर शान्त था। वहाँ के पुलिस आयुक्त ने सुरक्षा के प्रबन्ध के बारे में पूछताछ करते समय सुकुमारन से कहा था, ''यह ग़रीबों के क्रिकेट का शहर है। जब बम्बई बड़े अमीरों का क्रिकेट खेलता है, तब हम ग़रीबों का क्रिकेट खेलते हैं। टेनिस बॉल क्रिकेट।''

सुकुमारन के लिए यह नयी जानकारी थी कि टेनिस बॉल क्रिकेट के टूर्नामेंट अब भी नागपुर में होते रहते हैं। लेकिन वहाँ भी वह खेल देख नहीं पाये। पिछले दिन बम्बई के किसी संगठन ने घोषणा की थी कि जनता नागपुर के खेल का बहिष्कार करेगी। परन्तु, जनता ने बहिष्कार नहीं किया। फिर भी सुकुमारन कंट्रोल-रूम छोड़ बाहर आकर खेल देख नहीं सका।

जब पाकिस्तानी टीम का आना निश्चित हो गया, तब सुकुमारन को कार्यभार सौंपा गया। दौरा ख़त्म होने तक टीम के साथ रहो। सभी स्थानों पर सुरक्षा के प्रबन्ध की ज़िम्मेदारी यद्यपि उन प्रान्तों की पुलिस की है, तो भी भारत सरकार के स्पोर्ट्स मन्त्रालय ने गृह-विभाग से एक सम्पर्क अधिकारी की माँग की, ताकि बदली परिस्थिति में दोनों टीमों को कोई कठिनाई महसूस न हो। सुकुमारन नामक आई.पी.एस. अधिकारी को, जिसने स्कॉटलैंड यार्ड में क्रीड़ा-जगत से सम्बद्ध उग्रवाद-विरोधी कार्रवाइयों में प्रशिक्षण प्राप्त किया था, इस कार्य के लिए नियुक्त किया गया।

सुकुमारन को भी बड़ी ख़ुशी हुई थी। जब भी कोई समस्या पैदा होती, निसार अहमद, अब्दुल अली खान, श्रीनिवास, मक़बूल अहमद, सबके सब पहले सुकुमारन से ही सलाह लेते थे।

सुकुमारन ने उनसे कहा था कि कोच्चि सबसे सुखद स्थान होगा। फुरसत मिले, तो तृशूर के पास अपने घर में सबको ले जाने की भी उसने योजना बनायी थी। परन्तु, कुछ भी नहीं हुआ। यहाँ की व्यस्तता ने कुछ करने ही नहीं दिया।

सुकुमारन तेज़ी से सीढ़ियाँ उतरकर कंट्रोल-रूम की ओर लपके। स्टेडियम मैनेजर के दफ़्तर के पास का छोटा कमरा ही कंट्रोल-रूम था। कंक्रीट और पेंट की मिली-जुली गन्ध कमरे में फैली थी। कमरा वातानुकूलित बनाने की योजना थी। परन्तु, जब स्टेडियम के निर्माण की पूर्ति में विलम्ब हुआ, तब निर्माण का ख़र्च डेढ़ गुना हो गया। ख़र्च में कटौती का पहला शिकार बना एयर कंडीशनर।

सर्किल इन्स्पेक्टर थॉमस तपाक से उठ खड़े हुए।

कमरे के कोने में खड़े युवक की आँखों में भय झलक रहा था।

थॉमस सुकुमारन को देखकर मुस्कुराये। धीरे-धीरे मेज़ का चक्कर लगाते हुए उस युवक के पास आये और वहीं दो क्षण खड़े रहे।

युवक हल्के से मुस्कुराया। उसकी मुस्कान पर भी भय का रंग चढ़ा था।

पल-भर में थॉमस का हाथ ऊपर उठा।

सुकुमारन यों ही वह दृश्य देखता रहा, जैसे कुछ हुआ ही न हो।

दो दिन पहले बम्बई से पहली फ्लाइट में जब कोच्चि आया, तब कार्यक्रम निश्चित किया था। एक हॉली-डे। सरकार के ख़र्चे पर दो-तीन दिन अपने जन्मदेश में। कॉलेज के पुराने मित्रों से मेल-मिलाप। हो सके, तो एक दिन गाँव के अपने घर में भी।

परन्तु, कुछ भी नहीं हुआ। जीप हवाई अड्डे से मेन रोड न पहुँची थी कि इन्स्पेक्टर थॉमस ने कहा, "सर, एक समस्या पैदा हुई है। कुछ ही समय पहले। चिन्ता की कोई बात नहीं। मामूली-सी बात।"

कोच्चि के पुलिस कंट्रोल-रूम का टेलीफोन नम्बर अधिकतर लोगों को मालूम है। एक-शून्य-शून्य। बच्चा तक जानता है कि पुलिस से किसी भी तरह की मदद लेने के लिए इस नम्बर पर फोन करना काफ़ी है। रोज़ सैकड़ों की संख्या में इस नम्बर पर फोन आते हैं। कहीं कोई वारदात हुई, कालोनी में कोई अजनबी व्यक्ति सन्देहास्पद स्थिति में घूमता-फिरता है, सड़क के किनारे कोई अचेत पड़ा है, स्कूल से पाँच बजे छूटने पर सीधे घर आनेवाला लड़का आठ बजने पर भी घर नहीं पहुँचा है— ये सब तो साधारण-सी शिकायतें हैं। आधी रात को मज़ाक के लिए या नशे में धुत्त, वेश्यालय का पता माँगते हुए फोन आएँगे। आटो रिक्शावाले, टैक्सीवाले, जिस किसी के साथ कोई समस्या हो, यात्री लोग पहले इसी नम्बर पर फोन करेंगे। जब कोई फोन आता है, तो अकसर फोन करनेवाले का नाम व पता पूछेंगे। अगर ठीक से जवाब न मिला, तो ऐसे फोन की उपेक्षा ही करेंगे। माँग की गम्भीरता का ख़्याल करके कभी-कभी ऐसे मामलों की भी जाँच होगी, जिनमें नाम व पता बताने में संकोच प्रकट किया गया हो। ये सब रिसीवर उठानेवाले अफ़सर और उच्च अधिकारी की विवेचन-बुद्धि पर ही निर्भर करता है।

"सर, थोड़ी देर पहले कंट्रोल-रूम में फोन आया। अनोनिमस।"

"हूँ।"

"परसों का क्रिकेट मैच होगा नहीं। उसमें तोड़-फोड़ मचाने का पूरा इन्तज़ाम हो गया है। कॉल बस, इतना ही था। कौन है, कहाँ से बात करता है, यह पूछने पर फोन रख दिया।"

उसी क्षण निश्चित हो गया कि सरकार के सौजन्य से मिली छुट्टी का अब कोई भरोसा नहीं।

अड़तालीस घंटे हो चुके। खेल को शुरू हुए एक घंटा होनेवाला है।

इधर उत्साही थॉमस और मैं दो दिन से सो नहीं पाया हूँ।

फिर से फोन आया।

हम इस निर्णय पर पहुँचे थे कि पहला फोन किसी पागल का होगा। इसलिए,

ऐसे सन्देश मिलने पर बदस्तूर जो बातें करनी हैं, सब कर डालीं। जैसे किसी चेक-लिस्ट की बातों पर एक-एक करके अमल किया जा रहा हो। आतंकवादी संगठन अपने लक्ष्य और आदर्शों की ओर दुनिया का ध्यान आकृष्ट करने के लिए अकसर खेल के मैदानों में प्रदर्शन किया करते हैं। टी.वी. कवरेज मिलेगा और अख़बारों में चर्चा भी होगी। परन्तु, उनके ये कार्य खेल में बाधा डालने का नहीं, शानदार ढंग से उसे चलाने का वातावरण तैयार करने में ही सहायक होंगे। यहाँ, केरल में इस प्रकार का कोई आतंकवादी संगठन नहीं है। तमिलनाडु में होने की सम्भावना है, परन्तु केरल में बिल्कुल नहीं। राजनैतिक या धार्मिक रूप से इस क्रिकेट-प्रतियोगिता से किसी को कोई विरोध नहीं। क्रिकेट दौरे के इन दिनों में, बाहर का कोई संगठन भारत में अपनी गतिविधियाँ तेज़ करेगा, ऐसा सन्देह इंटरपॉल ने भी नहीं जताया है। पाकिस्तान के खुफ़िया विभाग से भी यदि किसी असाधारण बात का उन्हें पता चलता, तो तुरन्त इत्तला देता। इसलिए यह निश्चित हो गया कि पहला फोन किसी पागल व्यक्ति का है।

लेकिन शाम को दूसरा फोन आया।

पहले ही चेतावनी दी गयी थी कि सभी इन-कमिंग कॉल रिकार्ड किये जाएँ। इसलिए दूसरा सन्देश टेप में कई बार सुना।

''स्टेडियम में बम फटेगा। क्रिकेट मैच नहीं होगा।''

और कुछ नहीं। इस प्रश्न का जवाब भी नहीं कि फोन करनेवाला कौन है। पृष्ठभूमि में रेल के इंजन की ध्वनि।

सुकुमारन ने टेप की ध्वनि और शब्द बार-बार सुने।

रेलगाड़ी में बम रखा है, इस मतलब के फोन कोच्चि के कंट्रोल-रूम में आया करते हैं। ऐसे अवसरों पर रेलगाड़ी रोककर, यात्रियों को बाहर उतारकर डॉग-स्क्वाड से तलाशी करवाने के बाद ही यात्रा जारी करने की अनुमति दी जाती है। दो बार सिनेमा-हॉल में भी इसी प्रकार की धमकी मिल चुकी थी। वहाँ भी तलाशी हुई। 'शो' बन्द करना पड़ा। परन्तु, बम का नामोनिशान तक नहीं मिला।

लेकिन, यहाँ स्टेडियम में बम की धमकी?

सुकुमारन ने मन में ठानी। जनता को इस ख़बर की सूचना देकर भय का वातावरण नहीं पैदा करना चाहिए।

रात-भर विशेषज्ञों के एक दल ने स्टेडियम का कोना-कोना छान मारा। ऐसी एक भी जगह नहीं बची, जहाँ पुलिस का कुत्ता सूँघा न हो। पिच की नयी घास की कोंपलों के बीच भी पता कर लिया गया कि मिट्टी खोदी गयी है या नहीं।

सवेरे से ही स्टेडियम के एक फाटक को छोड़कर बाक़ी सब बन्द ही रखे गये। मज़दूर तथा प्रैक्टिस करनेवाले खिलाड़ियों को छोड़कर अन्य किसी को अन्दर जाने

से मना करने की व्यवस्था की गयी। शाम को साढ़े पाँच बजे तीसरा कॉल आया। कल का क्रिकेट मैच ख़तरे को निमन्त्रण देना होगा। स्टेडियम में चार स्थानों पर बम रखे हैं। खेल ज़रूर रोक लेना चाहिए।

इस बार भी, बोलनेवाले की पहचान-सम्बन्धी प्रश्न का जवाब नहीं मिला। टेप पर सुनी आवाज़ और शब्दों के उच्चारण से एक बात साफ़ हो गयी। तीनों बार एक ही व्यक्ति ने फोन किया है। दूसरा कॉल रेलवे प्लेटफार्म के किसी टेलीफोन बूथ से आया होगा। तीसरे कॉल की पृष्ठभूमि में लोगों के ज़ोर-ज़ोर से बोलने की आवाज़ सुनायी देती थी। अँग्रेजी, हिन्दी और बीच-बीच में मलयालम। कई शब्दों का मिश्रण होने के कारण आवाज़ स्पष्ट भी नहीं थी।

रात-भर स्टेडियम के चारों ओर की बत्तियाँ जलती ही रहती थीं। फाइनल टच देनेवाले मज़दूरों को भी रात के दस बजे बाहर कर दिया। एक बार फिर डॉग-स्क्वाड से पूरे स्टेडियम की जाँच करवायी। सुबह सात बजे स्टेडियम के फाटकों के खुलने के समय से जिन-जिन सुरक्षा-विधियों का पालन करना है, उनकी याद दिलायी।

रात के बारह बजे थॉमस से कहा, "चलो, हम एक जगह चलेंगे। अपने दिमाग़ में एक थ्योरी कौंधने लगी है। हमें चेक करना है कि वह ठीक है या नहीं। अगर क़िस्मत ने साथ दिया, तो सब ठीक हो जाएगा।"

क़िस्मत ने साथ दिया।

भारतीय टीम के खिलाड़ियों के नाम घोषित करने के लिए श्रीनिवास और मैनेजर मक़बूल अहमद ने जिस होटेल की लॉबी में प्रेस कॉन्फ्रेंस बुलायी थी, वहाँ चार टेलीफोन बूथ थे। सब ऑटोमैटिक सुविधा से युक्त। उनके कॉल जो रिकार्ड किये गये थे, उनकी जाँच दस मिनट में पूरी हुई।

एक टेलीफोन बूथ से ठीक पाँच बजकर बत्तीस मिनट पर बीस सेकेंड लम्बा एक लोकल कॉल पुलिस कंट्रोल-रूम के नम्बर 100 पर किया गया था।

सुकुमारन ने कहा, "लो, अब जाकर चैन मिला। अब हम रिलैक्स करेंगे। मुझे पहले ही से शक था। जिसने यह कॉल किया, उसका लक्ष्य था किसी भी हालत में खेल होने न देना। दूसरा कोई उद्देश्य नहीं। मतलब, उस नज़रिये से देखने पर..."

थॉमस की समझ में बात आयी।

"सुरेश मेनन कल खेलने न पाये, यही न?"

"हाँ, उसी की सम्भावना है। टीम की घोषणा के तुरन्त बाद कॉल किया गया है न? मुझे पूरा यक़ीन है कि इसमें दूसरा कोई लक्ष्य नहीं।"

थॉमस ने कहा, "कल सुबह वह फिर टेलीफोन करेगा।"

सवेरे सुरेश मेनन बल्लेबाजी के लिए ग्राउंड में उतरा।

जब सुरेश मेनन को शुरू की कुछ गेंदों का साहस के साथ सामना करते हुए देखा, तब वह युवक स्टेडियम के बाहर गया था। सड़क के उस पार नये खुले टेलीफोन बूथ से नम्बर मिलाया—100।

जब पुलिस कंट्रोल-रूम में कनेक्शन मिला, तब युवक ने कहा, "क्रिकेट के स्टेडियम में जिस स्थान पर वी.आई.पी. लोग बैठते हैं, वहाँ बम रखा है। आधे घंटे में धमाका होगा। खेल रोकना चाहिए।"

टेलीफोन का चोंगा नीचे रखने से पहले दरवाज़े के बाहर अधीर खड़े थॉमस ने दरवाज़ा धकेलकर खोल दिया और युवक के हाथ से फोन ले लिया।

"क्या, यह पुलिस कंट्रोल-रूम है?"

"हाँ।"

"मैं सी. आई. थॉमस। अभी-अभी जो मैसेजे मिला, उसे ज़रा दोहराना।"

युवक ने बूथ से भागने की कोशिश की। मगर तब तक उसकी कलाई थामस की मुट्ठी में आ गयी थी। पल-भर में उसके गालों पर दो तमाचे पड़े। सकपकाकर वह पीछे की ओर गिरा।

सुकुमारन ने पूछा, "क्यों रे, ये बोगस कॉल्स क्यों किये तुमने?"

युवक ने कोई जवाब नहीं दिया।

थॉमस धीरे-धीरे उसकी ओर कदम बढ़ाने लगा। एकाएक युवक ने कहा, "यह सरासर अन्याय है, सर। केरल में कितने ही कुशल खिलाड़ी हैं। उन सबकी उपेक्षा करके, एक छोकरा...मुख्यमन्त्री और विपक्षी नेता दोनों मिलकर, भारतीय टीम में...यह बहुत बड़ा अन्याय है। इस प्रकार का कोई मैच यहाँ हो, यह अच्छा नहीं।"

युवक के चेहरे की गम्भीर मुद्रा देखकर सुकुमारन को हँसी आयी, जिसे बड़ी मुश्किल से ही वह दबा पाये।

थॉमस ने पूछा, "क्या, तुम क्रिकेट खेलते हो?"

"खेलता था।"

"अब?"

"अगर मुझे भी इस प्रकार का प्रोत्साहन मिले, तो शायद मैं भी इसी प्रकार..."

"क्या नाम है तुम्हारा?"

युवक ने नाम बताया।

"मैंने तुम्हारा नाम तो नहीं सुना है।"

"कैसे सुनेंगे? ऊँचे लोगों तक जिनकी पहुँच हो, वे ही तो बड़े खिलाड़ी बन सकेंगे। यही आज का रिवाज़ है न?"

थॉमस ने सुकुमारन की ओर देखा।

"सर, इसे क्या किया जाए?"

सुकुमारन ने कहा, "उसे बस, छोड़ दो। जाकर खेल देख ले।"

युवक को थॉमस के पास छोड़कर सुकुमारन जब सीढ़ियाँ उतरकर पवेलियन में आया, तब सुरेश मेनन अगले ओवर का सामना करने की तैयारी में लगा था।

भीड़ ने किसी की आवाज़ दुहरायी, "अप अप उण्णी..."

16

मुहम्मद हुसैन की पहली गेंद थोड़ा-सा शॉर्ट पिच करके ऊपर को उछलकर सुरेश मेनन के कन्धे के पास से पीछे की ओर उड़ी और विकेटकीपर शाहनवाज़ के दस्तानों के अन्दर सिमट गयी। सुरेश ने बल्ला ऊपर उठाये रखा, ताकि वह गेंद से दूर ही रहे। दर्शक ख़ामोश। न कोई हूटिंग न तालियाँ।

परन्तु, सुरेश को सन्तोष हुआ। दिल भरा-भरा सा लगा। मुहम्मद हुसैन का तैयार हो जाना, आगे को उभरी उनकी छाती और हिलते-डुलते आगे बढ़ते कदमों पर उसने ग़ौर किया। दौड़ आधी ही हुई कि निश्चय हुआ, यह शॉर्ट पिच गेंद है। सीधे सिर की ओर नहीं आएगी। कन्धे तक इस प्रकार उठेगी कि अम्पायर वाइड क़रार नहीं कर पाएँगे। किस ओर? लेग साइड में या दायीं ओर? अन्तिम कदमों की रफ़्तार धीमी हो जाती है। लपकना और हाथ की उँगलियों का थोड़ा-सा हिलना। हाँ, लेग साइड में।

सुरेश ने बल्ला काफ़ी दूर रखा।

हे मार्कर योहन्नान भैया! अब मैं आपसे बिल्कुल नहीं डरता।

अगली गेंद।

ज्यों ही मुहम्मद हुसैन रन-अप के शुरू के स्थान पर पहुँचकर पीछे मुड़ा, त्यों ही सुरेश मेनन ने तय किया, अब देर नहीं करनी चाहिए। मार्कर योहन्नान भैया से बढ़कर चाल चलने की क्षमता इस बॉलर में नहीं। हमला किस ढंग का हो, यह तय करने का अवसर उसे न दिया जाए। ख़ुद हमला बोल दूँ, क्योंकि हमला ही बचाव का सबसे बढ़िया तरीक़ा है।

जब मुहम्मद हुसैन विकेट से चार-पाँच स्ट्राइड के फ़ासले पर पहुँचा, तब सुरेश क्रीज़ से बिल्कुल एक फुट आगे पैर रखकर बल्ले से स्टम्प्स को ढँकने के अन्दाज़ में खड़ा रहा। सबकुछ पलक मारते ही हो गया। मुहम्मद हुसैन सुरेश पर ही नज़र गड़ाये हुए दौड़े आ रहा था। बैट्समैन के खड़े होने के ढंग में अचानक आये परिवर्तन ने मुहम्मद हुसैन को हैरान-सा कर दिया। अब क्या किया जाए! सही लेंथ

में टप्पा खाकर ऊपर उठने पर थोड़ा हिलते हुए लेग-स्टम्प को लक्ष्य करे, इस ढंग से गेंद फेंकने की उसने ठानी थी। पर सुरेश के आगे बढ़कर खड़े होने के ऐक्शन से उसके बॉलिंग का ताल-भंग हुआ। गेंद निश्चित बिन्दु पर टप्पा खाकर उठी, किन्तु इसमें स्पिन नहीं था।

सुरेश ने बड़ी आसानी के साथ पीछे की ओर उठाये बल्ले के मध्यभाग से पूरा ज़ोर लगाकर गेंद पर प्रहार किया। फॉलो-थ्रू में पिच में पहुँचा मुहम्मद हुसैन झुक सके इससे पहले ही, बन्दूक से निकली गोली की तेज़ी से गेंद सीधे उस छोर के साइट-स्क्रीन के नीचे की ओर बढ़ी। श्रीनिवास तो रन लेने के लिए दौड़ने ही वाला था। पीछे मुड़कर देखा, तो गेंद बाउंड्री में पहुँच चुकी थी।

अम्पायर ने जो हाथ घुमाते हुए बाउंड्री का इशारा किया, उस पर किसी ने ध्यान नहीं दिया।

पाकिस्तानी टीम के कप्तान निसार अहमद ने भी अनजाने ही ताली बजा ली। क्षण-भर में ही पूरा स्टेडियम फिर से सक्रिय हो उठा।

उण्णी...उण्णी...

उण्णी...उण्णी...

अब केवल गैलरी में ही नहीं, पवेलियन और वी.आई.पी. एनक्लोजर में भी मेले का-सा माहौल था।

नानाजी की आवाज़ कानों में गूँजने लगी। सुरेश ने कान खड़े किये।

वेल डन उण्णी...वेल डन!

यह आवाज़ कहाँ से आ रही है?

सुरेश ने वी.आई.पी. एनक्लोजर के उस भाग की ओर देखा, जहाँ माँ के बैठने की सम्भावना थी। सभी लोग हाथ उठाते हैं, हाथ हिलाते हैं और तालियाँ बजाते हैं।

नानाजी तो उनके बीच में नहीं। मेरे साथ हैं...वे कह रहे हैं, उण्णी, तुमने क्रीज़ के सामने क्यों पैर रखा? वह तो क्रिकेट की तकनीक के ख़िलाफ़ है। वह...फिर...नानाजी...

वर्षों पहले की बात। तृपूणितुरा के ओवल के कोयर मैटवाले नेट में प्रैक्टिस कर रहा था। केरल का सबसे तेज़ गेंदबाज शंकरन कुट्टी बॉलिंग कर रहा था। शंकरन कुट्टी जब तेज़ी से दौड़ा आया, तब दो कदम आगे बढ़कर खड़ा हो गया। गेंद की रफ़्तार में कमी नहीं हुई। पर, निशाना ज़रा चूका। ज़ोर से बल्ला चलाया, तो गेंद को निर्दिष्ट स्थान अर्थात् पवेलियन पहुँचाने में सफल हुआ। पवेलियन नाममात्र के लिए ही था। टूटा-फूटा एक मकान जिस पर यतीमी की मुहर लगी थी। पुराने किट-बैग, कोयर की चटाई और चूहों से भरी एक कोठरी। उसमें मानो मन की शान्ति के लिए

जंग से भरा पुराना ताला। बाहर बैठने के लिए आसन है। उनमें ऐसी एक कुर्सी पर, जो टूटी नहीं थी, नानाजी बैठे थे। वे उठकर ग्राउंड में आये।

''उण्णी, यह तुम क्या कर रहे हो? जब कोई फास्ट बॉलर गेंदबाजी करता है, तब तुम्हें क्रीज़ से आगे नहीं बढ़ना चाहिए।''

''क्यों?''

''जितना पीछे रहोगे, उतनी देरी से ही गेंद बल्ले के पास आएगी। तब बल्ला चलाने की तैयारी के लिए अधिक समय मिल जाएगा न?''

''नानाजी, अगर हम आगे बढ़कर खड़े रहें, तो फास्ट बॉलर को गेंद दस्तूर के ख़िलाफ़ कुछ और शॉर्ट करके फेंकना पड़ेगा न? वह भी, आख़िरी आख़िरी पल में जब मैं पैर आगे रखूँगा, तब वह पसोपेश में पड़ जाएगा। लेंथ खो बैठेगा।''

नानाजी कहने लगे, ''लेकिन...''

''नहीं नानाजी। आगे बढ़कर खड़े होने से और भी कई लाभ हैं। यदि गेंद का प्रतिरोध करना हो, तो बैक फुट पर खेलने के लिए पीछे हट सकेंगे। यदि क्रीज़ के अन्दर हों, तो शायद अनजाने में बल्ला टकरा जाए और हिट विकेट हो जाएगा। अब तो बल्ला घुमाने पर भी स्टम्प तक नहीं पहुँचेगा। इसके अलावा, नानाजी, आगे बढ़कर खड़े होने से एल.बी.डब्ल्यू. होने की गुंज़ाइश भी कम रहेगी न? स्टम्प के पास से जितना आगे बढ़कर खड़े हो जाओगे, विकेट के आगे पैर के रहने से एल.बी.डब्ल्यू. होने का चांस भी उतना ही कम होगा न?''

जब फास्ट बॉलर गेंद फेंकने लगता है, तब विकेटकीपर विकेट से दूर ही खड़ा रहता है। इसलिए यद्यपि बैट्समैन क्रीज़ छोड़ आगे खड़ा हो जाए, या गेंद मारने में चूक हो जाए, तो भी विकेटकीपर द्वारा स्टम्प किये जाकर आउट हो जाने की बिल्कुल सम्भावना नहीं। विकेटकीपर के हाथ में गेंद पहुँचे, इससे पहले ही बैट्समैन को क्रीज़ में बल्ला छुआने के लिए समय मिल जाएगा।

पर, ये सब नानाजी से उसने नहीं कहा।

उस दिन रात को खाना खाते समय नानाजी ने माँ से पूछा, ''क्यों शैलजा, उण्णी अब बारह साल का हो गया क्या? या तेरह?''

''बारह। क्यों?''

''मैं सोच रहा था कि उण्णी को किसी कोच के अधीन प्रशिक्षण दिलवा दूँ। अब अपने मन में शक उठने लगी है।''

''क्या है बाबूजी?''

''नहीं, कुछ नहीं।''

लेकिन उस दिन रात को अध्ययन-कक्ष में टेबल-लैम्प के सामने ब्रेडमैन की जीवनी पढ़ते समय माँजी दबे पाँव कमरे में आयीं। किताब मेज़ की दराज़ में

धकेलकर सोशल स्टडीज़ की कॉपी खोली। माँ ने पीछे खड़ी होकर बालों पर उँगलियाँ फेरीं। उन्होंने दराज़ खोलकर किताब निकाली और देखी। उसके बारे में कुछ भी नहीं कहा।

"क्या बात है, माँ?"

"जानते हो, नानाजी ने क्या कहा था?"

"क्या कहा था? क्या, वह उण्णी के बारे में था?"

यद्यपि स्वयं के लिए 'मैं' का प्रयोग करना तब तक सीख चुका था, तो भी अनजाने में कभी-कभी 'उण्णी' शब्द जीभ पर आ जाता था।

"हाँ।"

"क्या कहा था?"

"अगर उण्णी इसी तरह प्रैक्टिस करता रहेगा तो भारतीय टीम में स्थान पा सकेगा। कहते हैं कि विवेक अंकल से भी सौगुना टैलेंट उण्णी में है।"

विवेक अंकल रणजी ट्रॉफी में खेले हैं। सबसे कम उम्र का खिलाड़ी नहीं, तो भी उनमें से एक ज़रूर हैं। यह ख़िताब अब शायद उण्णी को मिलेगा।

कहा, दादाजी ने निर्णय ले लिया है। उण्णी के चौदहवें साल के बाद कोचिंग देना काफ़ी है। तब तक नैचुरल टैलेंट का विकास हो। अभी से क्रिकेट के सबक सिखाकर उसे सीमा में मत बाँधो।

तन्दुरुस्ती। स्टैमिना।

उस दिन से शुरू हुआ था। सवेरे पाँच बजे उठकर जॉगिंग। कसरतें। मांसपेशियाँ मजबूत होनी चाहिए। हाथों और पैरों में उस आख़िरी पल में सबसे अधिक ताक़त होनी चाहिए। डेढ़ घंटे रोज़ फिज़िकल। नानाजी फिज़िकल ही कहते हैं। जिमनैस्टिक्स के पाठ भी।

रूस और चीन में विभिन्न खेलों में या एथलैटिक्स में लगातार विश्वविजेता कैसे पैदा होते हैं? उसकी एक ही वजह है। वहाँ के स्कूलों में सात और आठ वर्ष की उम्र में ही खेल-कूद में रुचि रखनेवाले और क्षमताओं से भरपूर लड़कों और लड़कियों को चुनकर उनको विशेष प्रशिक्षण देते हैं। खेल कोई भी हो सकता है। फुटबाल, बैडमिंटन, तीरन्दाज़ी, वाटर पोलो, हाई जम्प, जो कुछ भी हो, उसका मूल है शारीरिक बल। पेशियों की दृढ़ता और प्रतियोगिता में विजय पाने की ललक।

उण्णी को भी वैसा ही प्रशिक्षण मिलना चाहिए।

फिज़िकल।

माँ सुबह साढ़े चार बजे उठती थी। उण्णी भी।

आज सवेरे भी माँ साढ़े चार बजे जाग उठी होगी। हो सकता है, रात को सोई भी नहीं होगी।

अगर नानाजी आज ज़िन्दा होते, तो?

आज का यह पल...

उण्णी की निगाह का रुख़ पहचानकर मुहम्मद हुसैन ने लेग-अम्पायर के पीछे खड़े फील्डर को हाथ के इशारे से निर्देश दिया कि थोड़ा और आगे बायीं तरफ हटकर खड़ा हो जाए। जिस ओर उण्णी की निगाह थी, वहाँ बहुत बड़ी गैप थी। उण्णी ने अपनी मुस्कान दबा ली।

नानाजी कहा करते थे, ''बल्लेबाजी करते समय एक बात का तुम्हें हमेशा ध्यान रखना चाहिए, उण्णी। गेंद की गति का पहले ही अनुमान कर लेना। यह क्षमता प्राप्त करना बहुत ही ज़रूरी है। इसके लिए आवश्यक है पैनी दृष्टि, साधना और जिज्ञासा। लेग-ब्रेक और गुगली का अन्तर समझने की क्षमता हासिल करनी चाहिए। इनस्विंगर और आउट-स्विंगर में फ़र्क पहचानो। उसके लिए प्रैक्टिस करते रहो। क्या बारिश, क्या कोहरा, प्रैक्टिस में कभी ख़लल नहीं पड़ना चाहिए। अगर यह पता चले कि गेंद कैसे और कहाँ आएगी, तो उसका सामना करने के लिए जो नैचुरल टैलेंट चाहिए, वह तुम्हारे पास है, उण्णी। उसी प्रकार बॉलिंग में रफ़्तार और गति पर क़ाबू रखने की प्रैक्टिस। ठीक निशाने पर फेंकने की क्षमता। इन सबके लिए भी निरन्तर साधना अनिवार्य है।''

नानाजी याद दिला रहे हैं— उण्णी देख, बी अटेंटिव। एकाग्रता बनाये रखो।

मुहम्मद हुसैन क्षण-भर को हिचका। पिछली गेंद के शॉर्ट-पिच होने का यही कारण था कि छोकरे का आगे बढ़कर खड़ा होना देखकर अपना ध्यान बँट गया था। उसने गेंद को जमकर मार दिया। माना कि ख़ूबसूरत स्ट्रेट-ड्राइव था। पर, किसी नन्हे छोकरे द्वारा अपनी गेंद की खिल्ली उड़ाया जाना मैं बरदाश्त नहीं करूँगा। ऐसा होने नहीं देना चाहिए। छोटा लड़का है, पहला अन्तरराष्ट्रीय मैच है, ऐसा सोचकर थोड़ी-सी नरमी बरती तो...

नियमों की सीमा के अन्दर रहकर भी सिर की सीध में उड़ चलनेवाले बम्पर फेंकने में माहिर मुहम्मद हुसैन ने मन में ठानी कि इस गेंद में वह छोकरा या तो एकदम डर जाए, या फिर बल्ले के किसी भाग से टकराकर गेंद उछल पड़े। कैच मिले, या न मिले, अब इस छोकरे को इतने तिरस्कार के साथ गेंद मारने नहीं दूँगा।

मुहम्मद हुसैन का रन-अप शुरू होते ही सुरेश दो फुट आगे आया। पीछे खड़ा विकेटकीपर क्षण-भर के लिए सोच में पड़ गया। यदि सुरेश गेंद न छू ले, तो पकड़कर स्टम्प करूँगा। लेकिन, उसके लिए कम-से-कम दस फुट आगे बढ़ जाना चाहिए। शाहनवाज़ को भी सन्देह हुआ। वह एक कदम आगे बढ़ा। तब तक मुहम्मद हुसैन अपने आख़िरी तीन कदम भी लेकर पूरे ज़ोर से ज़मीन पर टप्पा खाकर उछलने लायक ढंग से गेंद फेंक चुका था। गेंद सुरेश के सिर की तरफ उठ

आयी। सुरेश दायाँ पैर आगे रखकर तिरछा हुआ, जैसे इस बम्पर की उसे पहले से ही प्रतीक्षा थी। सिर अपने-आप झुक गया। जो गेंद दाहिने स्टम्प के ऊपर से जा सकती थी, वह ग़ज़ब के टाइमिंग के साथ चलाये गये बल्ले के मध्य में लगी और लेग-साइड की ओर उड़ी। लेग-अम्पायर के पास पहले खड़े फील्डर के पोजीशन के पास से गेंद बाउंड्री की तरफ गयी। जब तक कैमरे की निगाह घूम पड़ी, तब तक गेंद बाउंड्री में विज्ञापन के बैनरों से टकराकर उनके बीच कहीं खो गयी।

स्टेडियम में दो स्थानों पर पटाखे छूटे। श्रीनिवास ने आश्चर्य और गर्व से सुरेश के पास पहुँचकर उसके कन्धे थपथपाये। करोड़ों दर्शकों ने वह दृश्य देखा।

सुरेश ने कहा, ''यह एक पर्फेक्ट पिच है, सर।''

श्रीनिवास ने कुछ कहा नहीं। सिर्फ़ मुस्कुराया।

श्रीनिवास कहना चाहता था कि अगर सावधानी के साथ ऐसी गेंदों का सामना न किया, तो ख़तरनाक स्थिति पैदा हो सकती है, तुम्हें होशियार रहना चाहिए। पिच में अगर कहीं ज़रा भी बेतरतीबी हो, तो गेंद की उड़ान में बदलाव आएगा। ज़रा-सा भी चूक गया, तो गेंद सिर पर या फिर बल्ले के किसी भाग से टकराकर कैच भी हो सकता है।

लेकिन, श्रीनिवास जो कहना चाहता था, मानो उसके जवाब के रूप में मुस्कुराते हुए सुरेश ने कहा, ''थैंक यू, सर।''

जब श्रीनिवास दूसरी ओर चला, तो सुरेश उस स्थान की ओर चला, जहाँ पिच के रंग में हल्का-सा बदलाव आया था। उसने पिच पर बल्ले का छोर हल्के से ठोंककर देखा। नहीं। कोई फ़र्क नहीं। गेंद जहाँ भी टप्पा खाए, एक ही प्रकार से वह उठेगी।

कोच्चि में यह पहली बार है। कोच्चि ही क्यों, पूरे केरल में किसी स्वदेशी व्यक्ति द्वारा तैयार किया गया पहला सम्पूर्ण टर्फ पिच है यह। अब्दुल्ला कोया उत्तर केरल के तलश्शेरी का निवासी है। वह मद्रास तथा बैंगलूर में टर्फ विकेट तैयार करनेवालों का सहायक रहा है। केरल में शुरू से पिच पर बिछाने के लिए 'कोयर मैट' ही काम में आता था। कभी-कभी कोच्चि में सन की चटाई का भी प्रयोग होता है। कड़ी ज़मीन पर चटाई बिछाकर खेलते वक़्त पिच के पुरानेपन या स्वभाव में उतना फ़र्क़ नहीं पड़ेगा। जब निर्णय हुआ कि सभी मैच टर्फ विकेट पर ही हों, तब टर्फ विकेट तैयार करने की कला क्रिकेट का ही अभिन्न अंग बन गयी।

अब्दुल्ला कोया ने ही कोच्चि का यह पिच तैयार किया था।

पिच बीस मीटर लम्बा और तीन मीटर चौड़ा आयत है। वहाँ लगभग डेढ़ फुट गहराई तक ज़मीन खोदकर ईंट और पत्थर बिछाये जाते हैं। उसके ऊपर छोटे-छोटे पत्थर के टुकड़े एवं कंकड़ों का गद्दा। उसके भी ऊपर आधे फुट तक ठोस मिट्टी

और ईंटों का चूर्ण मिलाकर बिछाते हैं। तब तक जब तक कि पिच ज़मीन के बराबर के तल का हो जाए। इस पर फिर घास उगाई जाती है। लेकिन अब्दुल्ला कोया ने पता लगाया कि ऑस्ट्रेलियाई घास से अधिक शक्तिशाली है स्वदेशी दूब। दूब भी रोपी गयी। नब्बे दिन। रोज़ दो बार पानी से सींचकर ध्यानपूर्वक उसे बढ़ने दिया। पिच के सभी भागों में वह बराबर एकरूप होकर बड़ी हुई थी। एक सप्ताह तक हेवी रोलर चलाकर समतल बनाये गये पिच में चिकने लॉन की नरमी और कंक्रीट की मजबूती थी।

सवेरे अब्दुल्ला कोया ने आकर मुस्कुराते हुए बेस्ट ऑव लक कहकर सुरेश को शुभकामनाएँ दीं।

उण्णी के अनुकूल पिच है। ब्रेक नहीं होगा।

अगर स्पिन बॉलर ही अपनी टीम की शक्ति है, तो उनके अनुकूल पिच तैयार करेंगे। और अगर फास्ट बॉलर ही शक्ति है, तो उनके अनुकूल भी। अन्तिम आधे फुट में ठोस मिट्टी एवं ईंटों के चूर्ण का जो मिश्रण बिछाया जाता है, उसका अनुपात ही अकसर निर्णायक होता है। अब्दुल्ला कोया ने एक के तीन इस अनुपात में मिट्टी और ईंट के चूर्णों का मिश्रण किया था। अगर मिट्टी की मात्रा बढ़ाई जाए, तो खेल के आगे बढ़ते-बढ़ते पिच में दरारें पड़ती जाएँगी। ये दरारें बाद में बैटिंग करनेवाली टीम के लिए मुश्किलें पैदा करेंगी।

अब्दुल्ला कोया ने कहा था, ''पिच की गारंटी है, उण्णी। तुम बेबाकी से अपने शॉट खेल सकोगे।''

सुरेश में वही दमख़म था।

चौथी गेंद छाती की तरफ उठ आयी, लेकिन सुरेश ने मामूली ढंग से उसे रोक लिया।

अगली गेंद बायीं ओर की तरफ़ ज़ोर से मार दी। फील्डर ने चार-पाँच कदम दौड़कर उसे रोक लिया। ओवर की आख़िरी गेंद का सामना करने के लिए जब श्रीनिवास तैयार हो गया, तब शिल्पा अपनी सीट से उठी।

अब और प्रतीक्षा नहीं करनी चाहिए। करने में जोखिम है। वह कुर्सियों के बीच से 'एक्सक्यूज मी, सॉरी' जैसे शब्द रटती हुई उस ओर बढ़ी, जहाँ शैलजा मेनन बैठी थी।

17

सीट से उठकर शिल्पा अपनी ओर आ रही है, इस बात का शैलजा मेनन को पता नहीं था। वह तो ईश्वर से प्रार्थना कर रही थी कि मुहम्मद हुसैन के ओवर के अन्तिम गेंद में श्रीनिवास एक रन ले पाये। जिस तरीक़े से उण्णी ने मुहम्मद हुसैन का सामना किया था, उसे देखकर एक बात निश्चित हो गयी। उण्णी को साहस मिल गया है और क़िस्मत भी।

दसवें ओवर के बाद जब उण्णी ने मुहम्मद हुसैन के पहले ओवर का मुक़ाबला किया था, तब उसका स्कोर तेरह था। तेरह अशुभसूचक है। अगर तेरह पर ही अड़ गया, तो ज़रूर आउट हो जाएगा। बाबूजी कुछ मज़ाक के तौर पर और कुछ गम्भीर होकर कहा करते थे। मैं अन्धविश्वासी नहीं। पर, न जाने क्यों, बैटिंग में स्कोर दस या ग्यारह पर पहुँच गया, तो डर लगता है। किसी तरह कोई चौका मारकर ऐसे पार हो जाना चाहता हूँ कि 'तेरह' की संख्या अपने नाम के साथ न जुड़े। अगर तेरह पर रहूँ, तो घबराहट-सी होने लगती है। तब डर के मारे एकाग्रता टूट जाएगी। आमतौर पर साहस के साथ जिन गेंदों का सामना किया करता हूँ, वे ही गेंदें इस समय चकमा दे जाएँगी।

लेकिन उण्णी को डर बिल्कुल नहीं था। फिर भी, व्यक्तिगत स्कोर जब तेरह पर आया, तो शैलजा मेनन आँखें मूँदकर प्रार्थना करती बैठी रहीं। बॉल करने के लिए जब मुहम्मद हुसैन हर बार रन-अप की ओर जाता था, तब भी। चौथे गेंद में लेग की ओर मारे गये गेंद से ही एक रन मिला था। तेरह का प्रतिरोधक पार हुआ।

बारहवें ओवर में श्रीनिवास खेला। अब डरने की बात नहीं। अगला ओवर उण्णी अच्छी तरह खेला। प्रार्थना सफल हुई। आख़िरी गेंद। श्रीनिवास की ओर ठीक मिडिल स्टम्प को लक्ष्य करके आयी गेंद। बल्ले के मध्यभाग से उसे रोक लिया। ओवर ख़त्म हुआ। ''एक्सक्यूज मी...'' ठीक पीछे से आयी आवाज़ सुनकर शैलजा मेनन ने सिर उठाया। शिल्पा की आवाज़ थी।

''गुड मार्निंग शैलजा। मैं बड़ी देर से तुम्हारा ध्यान आकृष्ट करने में लगी हुई थी। बधाइयाँ!''

मैदान के बीच की ओर हाथ से इशारा करते हुए वह मुस्कुरायी।

''सिर्फ़ तुम्हारे ही कारण आज हम सबको गर्व...हमारा सुरेश।''

''थैंक्स शिल्पा। कब आयी? पहले फोन क्यों नहीं किया?''

''आज मार्निंग फ्लाइट में आयी थी। आते ही ट्राई किया। तुम्हारे टेलीफोन से कोई जवाब नहीं मिल रहा था।''

''सवेरे?''

"हाँ, सवेरे।"

"विवेक भैया नहीं आये क्या?"

"वो तो कुवैत गये हुए हैं। सच कहूँ, अगर उनको पता होता कि सुरेश टीम में खेलेगा, तो ज़रूर आ जाते। लेकिन कोच्चि में खेलनेवाले खिलाड़ियों के नाम की घोषणा कल शाम को ही हुई थी।"

यद्यपि विजयन मेनन इस बातचीत पर ध्यान दे रहे थे, तो भी नज़र उन्होंने पिच से नहीं हटायी। फिर प्रश्नसूचक दृष्टि से पत्नी की ओर देखा।

शिल्पा ने कहा, "अपनी कम्पनी की ओर से एक प्रोपोज़ल है। मेरे आने का मतलब भी यही है। लो, यह लिफ़ाफ़ा अपने पास रख लो।"

शैलजा ने लिफ़ाफ़ा ले लिया और पूछा, "इसमें क्या है?"

"और कुछ नहीं। छोटी-सी रक़म। अडवांस रिटेनर।"

"किस बात का?"

"इस पल से लेकर शैलजा, भैयाजी, या सुरेश का, अख़बारवालों, टी.वी. वालों, विज्ञापन की कम्पनियों या किसी माल के निर्माताओं से बातचीत करना, चित्र खिंचवाना, इंटरव्यू देना जैसी बातें सिर्फ़ हमारी कम्पनी के ज़रिए ही होनी चाहिए। सारा प्रबन्ध हम करेंगे। सबसे बढ़िया पारिश्रमिक भी दिला देंगे। हम सुरेश को स्पॉन्सर करेंगे। पूरा-का-पूरा। अपने हक़ का कमीशन हम पार्टियों से वसूल करेंगे। खेल जारी होनेवाला है। अब ड्रिंक्स के समय आऊँगी।"

विजयन मेनन के लिए भी एक मोहक मुस्कान सौंपकर 'एक्सक्यूज मी' रटती हुई वह अपनी सीट की ओर लौट पड़ी।

कल रात नौ बजे ही निर्णय लिया गया था। उसी समय सुबह की पहली फ़्लाइट में टिकट बुक कर कोच्चि में खेल के टिकट का प्रबन्ध किया और कोच्चि शाखा के मैनेजर को निर्देश दिया कि रिसीव करने के लिए एयरपोर्ट आ जाएँ। पहले सोचा, तृपूणितुरा टेलीफोन करके सूचना दी जाए। फिर तय किया कि नहीं, सुबह देखा जाएगा।

भारत में स्पोर्ट्स प्रायोजन के क्षेत्र में चार विज्ञापन कम्पनियाँ सबसे आगे हैं। उनमें से दो कम्पनियाँ प्रसद्धि खिलाड़ियों द्वारा खेल की बातें, खेल सम्बन्धी उनके विचार आदि विस्तृत रूप से लिखवाकर समाचार-पत्रों और न्यूज़ एजेंसियों को दे देंगे। यह सुनिश्चित है कि ऐसे सिंडिकेटेड लेखों में विवादास्पद टिप्पणियाँ भी होंगी। उन दिनों जब सिंडिकेटेड लेख अख़बारों में निकलने लगे थे, तब टीम में खेलनेवाले खिलाड़ी भी लिखने को तैयार होकर आगे आया करते थे। अधिकतर लेख, भाव समझा दिये जाने पर पत्रकारों द्वारा घोस्ट-राइटिंग के ज़रिए ही तैयार किये जाते थे। स्वाभाविक रूप से इन लेखों में ज़ायक़े के लिए मिर्च-मसाले का

प्रयोग काफ़ी मात्रा में होता था। अन्य खिलाड़ियों के बारे में तथा क्रिकेट कंट्रोल बोर्ड, चयन-समिति आदि के बारे में मज़ेदार टिप्पणियाँ होंगी। लेख ज़्यादा मज़ेदार हों, तो पारिश्रमिक भी ज़्यादा मिलेगा। खेल से जो रक़म मिलेगी, उससे भी बड़ी रक़म लेख लिख देने से मिलेगी ऐसी स्थिति आ गयी। अधिकारियों ने लम्बी-चौड़ी बहस के बाद यह शर्त रखी कि खिलाड़ी उन खेलों के बारे में, जिनमें वे भाग ले रहे हों, अख़बारों में न लिखें। उस समय जो लोग खेल से हाल ही में रिटायर हुए थे, उन्होंने क़लम हाथ में ले ली।

साधारण खेल-समाचारों के पाठकों से भी अधिक इन सिंडिकेटेड कॉलमों के पाठकों की संख्या बढ़ने लगी। विज्ञापन की दो कम्पनियों ने ऐसे स्तम्भों पर ध्यान दिया था। अन्य दो कम्पनियों ने विज्ञापन-चित्रों और साक्षात्कारों में खिलाड़ियों को प्रस्तुत करने को ज़्यादा प्रमुखता दी।

टीनेज यानी बारह साल से उन्नीस साल तक का समय। यही भारत का नया चेहरा है। आधुनिक संकल्पनाएँ, नवीनतम सामग्रियाँ, रीति-रिवाज़, वेशभूषा, भोजन, पढ़ाई का ढंग आदि सभी बातों में टीनेज ने भारत को अलग ही स्वरूप प्रदान किया। विचारधाराएँ, पारम्परिक संस्कृति आदि को आधुनिक बाज़ारू संस्कृति की होड़ के सामने हैरान और आशंकित खड़े होते देखकर किशोरों की यह पीढ़ी बड़ी हो रही है। निष्काम कर्म के महत्त्व का पाठ, जो हज़ारों वर्षों से इस देश में पढ़ाया जाता रहा है, आज के किशोर की समझ से परे की चीज़ रह गयी है। कोई भी चीज़, पैसे देने पर ही मिलेगी। किसी भी तरीक़े से सुख-सुविधाएँ प्राप्त करो। इस विचारधरा का आधार हो गया विज्ञापन। विज्ञापन-चित्र। निश्चल और चलते-फिरते दोनों।

फ़िल्मी सितारों को टीनेज द्वारा मान्यता मिल गयी। लेकिन, केवल स्वप्नलोक के सदस्य के रूप में ही। उसे यह अहसास है कि पर्दे पर दस प्रतियोगियों को घूँसे जमाकर गिरानेवाला नायक अपने निजी जीवन में कायर और कमज़ोर है। उसी प्रकार उसमें यह चेतना भी सुप्तावस्था में पड़ी है कि अनायास नृत्य करनेवाली सुन्दरी नायिका के शॉट कई दिन तीन-चार क्षणों के क्रम से लिये गये कई शॉटों को जोड़कर बनाये गये हैं।

परन्तु, खेल-कूद के सितारों की स्थिति भिन्न है। मैराडोना हमारी आँखों के सामने ही छह दिग्गज खिलाड़ियों का प्रतिरोध तोड़कर गेंद के साथ आगे बढ़ता है। गेंद पास आने पर लारा का उसे मारना कोई जादू या एडिटिंग का कौशल नहीं, अपनी निजी क्षमता ही है। वह भी बिना किसी मिलावट के हमारे सामने प्रस्तुत किया जाता है। मुहम्मद अली का, बायें हाथ से दिया जानेवाला घूँसा कैमरा-ट्रिक नहीं, यथार्थ ही है।

हालत ऐसी हो गयी है कि भारतीय टीनेज के लिए नयी वस्तुओं की बिक्री के

लिए खेल-कूद के सितारों के ज़रिए किये जानेवाले विज्ञापन ही उपयुक्त माध्यम बन गये। अनेक उपग्रह-चैनलों ने भी प्रतियोगिताओं का लाभ और हानि बढ़ाने या घटाने में सहायता पहुँचायी।

इस होड़ में लगी दो प्रमुख भारतीय विज्ञापन कम्पनियों में से एक की उपाध्यक्ष थी शिल्पा। उसकी कम्पनी टेनिस और चेस— इन दो खेलों के सितारों को अपने कंट्रैक्ट में लाने में सफल हुई। परन्तु, क्रिकेट में वह फिसड्डी रह गयी। क्रिकेट का सबसे बड़ा कैच है राहुल। राहुल को दूसरी कम्पनी ने बचपन से ही अपना लिया था। जब स्कूल्स क्रिकेट में उसने ट्रिपल शतक पाया, तभी राहुल को स्पॉन्सर करने का उसने अनुबन्ध बनवा लिया। बाद में राहुल अत्यधिक मशहूर हो गया। विश्व-क्रिकेट का सबसे चमकता सितारा। शिल्पा की कम्पनी ईर्ष्या के साथ ही राहुल की तरक्की देख पायी थी।

क्रिकेट में एक नया सितारा चाहिए। उम्र में राहुल से छोटा। सभी सीज़नों में शिल्पा की कम्पनी पेशगी चेक और कंट्रैक्ट के साथ भारतीय टीम के नये खिलाड़ियों के पास पहुँच जाती। किन्तु आज तक कोई फ़ायदा नहीं हुआ। नया खिलाड़ी, जिसने पेशगी लेकर कंट्रैक्ट पर दस्तख़त किये, वह पूरा एक सीज़न खेलेगा। या फिर विदेश का एक दौरा। बस, उसका खेल अन्तरराष्ट्रीय स्तर पर चमकता नहीं और वह टीम से हटाया जाता है। उसे दिखाकर विज्ञापन देने के लिए कोई भी माल-निर्माता राज़ी नहीं होगा। कम्पनी के लिए पेशगी की राशि का नुकसान।

उस समय भी राहुल चमकता ही रहता है।

इस सीज़न में भी कम्पनी ने नये सितारों की प्रतीक्षा की। एकदिवसीय सीरीज़ की टीम में सिर्फ़ दो नये खिलाड़ी ही लिये गये थे। लेग-स्पिनर अवस्थी और मुश्किल से ऑल राउंडर कहलाने लायक सुरेश मेनन। दोनों को अभी तक खेल के मैदान में उतरने का मौक़ा नहीं मिला है।

कल शाम को ख़बर मिली, आज कोच्चि में खेलनेवाली भारतीय टीम के ग्यारह खिलाड़ियों में सुरेश मेनन भी है।

शिल्पा ने पहले ही कहा था, भारतीय टीम का चौदहवाँ खिलाड़ी मेरे पतिदेव का सगा सम्बन्धी है।

शाम को सात बजे जब घर लौटने की तैयारी कर रही थी, तब चीफ़ एक्सिक्यूटिव केबिन मे आये। आते ही उन्होंने कहा, ''शिल्पा, तुम्हारा वह लड़का कल कोच्चि में भारतीय टीम में खेलेगा। श्रीनी ने थोड़ी देर पहले टीम की घोषणा की। सुरेश मेनन इज़ इन। यह देखो।''

सुरेश के तीन फोटो। बल्लेबाज, गेंदबाज और कॉलेज का छात्र इन तीन विभिन्न मुद्राओं में। तीनों फोटो उन्होंने आगे बढ़ाये।

''देखो, इसे पकड़ना है। अभी अठारह साल भी पूरे नहीं किये हैं। अच्छे फोटोजेनिक फीचर्स। शिल्पा, यू गो।''

''कहाँ?''

''कल सवेरे कोच्चि में। समाचार-पत्रों की भविष्यवाणी अगर सच निकली, तो कोच्चि में इसे सफलता मिलेगी। कोच्चि उसका अपना ही ग्राउंड है न! कल मैं महालक्ष्मी के विनायक मन्दिर में नारियल चढ़ाऊँगा। शिल्पा, जाकर कंट्रैक्ट ले आ।''

''एडवांस?''

''तुम्हीं तय कर लो। मगर उसे हाथ से निकल जाने न देना। अब तक हांगकांग वालों और सिंगापुर वालों के भी आने की सम्भावना है। इसलिए...''

शिल्पा सिर्फ़ हँस दी।

''मेरे हसबैंड तो उसके मामाजी हैं। रणजी ट्राफी में एक मैच खेला। फिर...''

''चलो हम प्रार्थना करें कि भानजा विवेक-जैसा न हो।''

चेक में रक़म नहीं लिखी।

बात की सूचना देने के लिए ही सवेरे टेलीफोन किया था। पर, जब सुरेश के घर के टेलीफोन से जवाब नहीं मिला, तब ख़ुश हुई। चलो, अच्छा ही हुआ। कोई अगर फोन उठाता, तो कुछ कहना पड़ता। दुर्भाग्य से अगर सुरेश को बैटिंग का मौक़ा ही न मिले, तो? यदि पाकिस्तान पहले खेलकर कम रनों पर आउट हो जाए, या राहुल और बलबीर फॉर्म में आ जाएँ, तो कुछ भी हो सकता है। किसी का भी ध्यान आकृष्ट किये बिना सुरेश पवेलियन में ही बैठेगा। बॉलिंग में तो बैटिंग का ग्लैमर भी नहीं। अच्छे बॉलिंग के प्रदर्शन मात्र से कोई क्रिकेट का सितारा नहीं बनेगा। सुरेश को ज़रूर बैटिंग करना चाहिए। स्कोर करना चाहिए। चौके और छक्के।

वह प्रतीक्षा में बैठी रही।

भारत की बल्लेबाजी शुरू होनेवाली है, यह जानकर ख़ुशी हुई।

जब राहुल आउट हुआ, तब धक्के के बीच भी दिल की धड़कन बढ़ गयी।

टू डाउन— सुरेश मेनन।

बल्ला घुमाते सुरेश की चाल, ग्राउंड में उतरकर धीरे-धीरे उसका कदम बढ़ाना, ये दृश्य काल्पनिक टी.वी. स्क्रीन पर शिल्पा ने देखे। कोई कसर नहीं। थोड़े-से रिहर्सल और मेक-अप से बिल्कुल ठीक हो जाएगा।

प्रार्थना यही थी कि सुरेश को सफलता मिले।

जब पहली गेंद तेज़ी से उड़ी और निसार का 'हाउज़ाट' की चीख कानों तक पहुँची, तब लगा कि दिल की धड़कन बन्द हो गयी। जब निश्चय हुआ कि अम्पायर की उँगली नहीं उठी, तभी दम लिया।

निसार अहमद की गेंद अनायास ही मारकर सुरेश ने जब चौके और छक्के लगाये, तब शिल्पा ने चारों ओर देखा। किस्मत ने साथ दिया। दूर, वी.आई.पी. लोगों के सम्मानित स्थान पर शैलजा मेनन को देखा। देखती हुई उसने हाथ हिलाया। पर शैलजा ने नहीं देखा।

जब मुहम्मद हुसैन के दूसरे ओवर में स्ट्रेट ड्राइव के ज़रिए तथा हुक करके सुरेश ने दो चौके लिये, तब पूरे स्टेडियम में भावावेश से मेले का-सा माहौल पैदा हुआ। तब शिल्पा ने बैग से लिफ़ाफ़ा निकाला, लिफ़ाफ़े में से चेक लीफ लेकर रक़म लिखी और उसे वापस रख दिया।

धीरे-से वह उठी। अब देर नहीं करनी चाहिए। दूसरी दृष्टियाँ सुरेश पर पड़ें इससे पहले ही।

अविश्वास के अन्दाज़ में शैलजा मेनन ने दूर चली जाती शिल्पा को देखा। विजयन मेनन ने लिफ़ाफ़ा लिया और खोलकर देखा।

"अरे देखो! क्या तुमने यह देखा?"

"क्या है?"

"चेक।"

पाँच लाख रुपये का चेक हाथ में रखकर शैलजा मेनन अचकचाई-सी बैठी रही। पर उसके मन में तब भी एक जवाब सूझा, जो शब्दबद्ध नहीं हो पाया।

एक शैलजा ही के कारण हम सबको गौरव...नहीं, एक प्रकार से सोचा जाए, तो क्या मैं ही इसका कारण हूँ? तुम्हीं हो न...सचमुच?

18

इब्राहीम खान के दूसरे ओवर की पहली गेंद का सामना करने के लिए सुरेश मेनन तैयार होकर खड़ा रहा, तो दर्शकों के लिए ये तनाव और उद्वेग के क्षण थे। इब्राहीम खान के पहले ओवर में श्रीनिवास-जैसा अनुभवी और कुशल बैट्समैन एक भी रन न ले सका। मेडन ओवर। एकदिवसीय क्रिकेट में, ख़ासकर प्रारम्भिक ओवरों में साधारणतया मेडन ओवर नहीं हुआ करते। वैसे, पाकिस्तानी टीम में इब्राहीम खान ने ही सबसे अधिक मेडन ओवर फेंके हैं। स्टेडी बॉलर। यद्यपि कोई विकेट न मिले, तो भी ठीक स्टम्प को लक्ष्य करके बड़ी तेज़ी से, बिना थके, जितने भी ओवर चाहे फेंकने को सदा तैयार। घनी मूँछें, कन्धों तक फैले घुँघराले बाल और संजीदगी झलकाता चेहरा। इब्राहीम खान का रन-अप किसी भी बल्लेबाज को आतंकित करने के लिए पर्याप्त है। प्रतिरोध करने में ज़रा-सा चूक गया, तो गेंद ठीक स्टम्प पर

ही लगेगी और बेल उड़ जाएँगे।

किन्तु, सुरेश ज़रा भी आतंकित नहीं था।

खेल का चौदहवाँ ओवर चल रहा था। और एक ओवर के बाद फील्डिंग में परिवर्तन होगा। पिच के चारों ओर के तीस गज के वृत्त के अन्दर ही दो को छोड़कर बाक़ी सब फील्डर खड़े हो जाएँ, यह पाबन्दी हट जाएगी। अब, मौजूदा और अगला, सिर्फ़ दो ही ओवरों में, फील्डरों के सिर के ऊपर से निडर हो गेंद उड़ा पाऊँगा। कहीं अनजाने में, टाइमिंग सही न होने के कारण बल्ले के उद्दिष्ट स्थान पर गेंद न लग जाए, तो भी बच जाऊँगा। उसके बाद तो इस प्रकार क़िस्मत आज़माने का मौक़ा कम ही मिलेगा।

सुरेश ने फील्ड-प्लेसिंग देख लिया। घेरे के बाहर के दोनों खिलाड़ी दो दिशाओं में खड़े हैं। बॉलर के ठीक पीछे कोई नहीं। बगल से दौड़कर आ भी नहीं सकते, दोनों इतने फ़ासले पर खड़े हैं।

जब इब्राहीम खान क्रीज़ के क़रीब आ धमका, तब सुरेश ने एक पैर आगे रखा। मिडिल स्टम्प को लक्ष्य करके अतिशय वेग से आयी गेंद उम्मीद के ख़िलाफ़ बहुत ही नज़दीक टप्पा खाकर ऊपर उठी थी। सुरेश ने पलक मारते ही आगे की ओर लपककर गेंद हाफ़-वॉली में ले ली। ज़ोर से घुमाए गये बल्ले के मध्यभाग में जहाँ गेंद लगनी थी, उस बिन्दु पर पूरा ज़ोर इकट्ठा किया। आधे क्षण तक गेंद हवा में उठी। सुरेश को ज़रा भी उम्मीद नहीं थी कि गेंद इतनी तेज़ी और ज़ोर से उठेगी। सामने के साइट-स्क्रीन के ऊपर से गेंद गैलरी की सबसे ऊँची क़तार में बैठे दर्शकों के सिर के ऊपर से उड़ी। स्टेडियम में पल-भर की ख़ामोशी। एकाएक तृशूर के 'पूरम' मेले की-सी हवाइयाँ फूटीं। आतिशबाजी में आग लगी।

छक्का!

जब गेंद उठी, तब सुरेश के मन में तत्काल उमड़ी भावना भय की ही थी।

उफ!...अय्यपन भैया!

अनजाने ही वह नाम ज़बान पर आया।

हे भगवान, गेंद नाले में न गिर जाए!

तृपूणितुरा ओवल में जब दक्षिणी छोर पर खड़े होकर बल्लेबाजी करते हैं, तभी सावधानी बरतनी है। अगर गेंद बल्ले से उठा दी जाए तो, या तो सीधे साठ गज दूर जाकर दीवार पर लगनी चाहिए, या एक सौ गज से ज़्यादा दूरी पर पहुँच जाना चाहिए। अगर इन दोनों के बीच कहीं गेंद पहुँच जाए, तो उसे नाले में गिरना निश्चित है। नाला अफ्रीकी काई से भरा है। इसके नीचे पूरे शहर का कूड़ा इकट्ठा है। कितना ही ढूँढ़ो, गेंद का पता ही नहीं चलेगा। अय्यपन भैया कहते कि जानते हो उण्णी, गेंद की क़ीमत है साठ रुपये। हाँ, तुम कैसे जानोगे! ऐसी बातों पर कौन

ध्यान देगा!

उण्णी, अगर तुम्हें छक्का मारना ही है, तो उस समय मारो जब तुम उत्तर में खड़े होकर बल्लेबाजी करते हो। मैं तुम्हारी माँ के पास बिल पहुँचा दूँगा। जानते हो, इस महीने में कितनी गेंदें नाले में गिराकर खो दीं?

जानता हूँ। यद्यपि अय्यपन भैया डाँटते थे, तो भी गेंदों का खो जाना भी उन्हें पसन्द था।

जब सुरेश भारतीय टीम का सदस्य चुना गया, तब तृपूणितुरा ओवल में चिरपरिचित नन्ही घास के कोंपल, दो आदमियों से खींचा जानेवाला छोटा-सा रोलर, स्कोर-बोर्ड के खम्भे में हमेशा बँधी रहनेवाली काली गाय आदि को साक्षी बनाकर, शाम के वक़्त के प्रैक्टिस के बाद अनौपचारिक ढंग से एक अभिनन्दन समारोह आयोजित हुआ था। जब और लोगों के मुँह से बोल नहीं फूटते थे, तो अय्यपन भैया ने ही अपनी सरस बातों से उस अवसर को हास्य का पुट प्रदान किया था। उन्होंने कहा था, ‘‘हम सबका यह उण्णी अब भारतीय टीम में खेलनेवाला है। अच्छा ही हुआ। पर जानते हो, इसके लिए हमें कैसी क़ीमत चुकानी पड़ी? अब इसका अन्त होना ही चाहिए। आगे मैं उण्णी को स्पॉन्सर नहीं कर सकता।'' बात किसी की समझ में नहीं आयी थी। अध्यक्ष के समान रोब से बैठे वकील अंकल की भी। उन्होंने पूछा, ‘‘बात क्या है अय्यपन?''

‘‘उण्णी जब पहले पहल यहाँ खेलने आया, तब उसे रबड़ की गेंद ख़रीद दी थी। फिर टेनिस की गेंद। फिर एक बार छोटे-से पत्थर के ऊपर काग़ज़ लपेटकर, उसके भी ऊपर तारकोल की घनी परत चढ़ाकर चिकनी गेंद बनायी। अन्त में क्रिकेट की गेंद भी। उण्णी की बदौलत किसी भी गेंद को दो दिन से ज़्यादा की आयु नहीं मिली। उस नाले को देखो। तीन साल पहले, म्युनिसिपल चुनाव के पहले जब नाला साफ़ किया गया, तब जानते हो कितनी गेंदें मिली थीं? एक सौ पन्द्रह। उनमें से सौ तो खुद उण्णी की मारी गेंदें थीं। मैंने वह बात छिपाकर गेंदों के दाम आम ख़र्चे में डाल दिया था। अब ऐसा नहीं हो पायेगा। कितने दर्जन गेंदों की अब ज़रूरत पड़ेगी! क्यों उण्णी?''

अय्यपन भैया हँस पड़े।

‘‘एक तरह देखा जाए, तो मेरे ही कारण उण्णी आज इस स्तर तक पहुँच सका है। उस दिन जब पहली गेंद नाले में जा गिरी, तब क्या मैंने जाकर राजा साहब से शिकायत की? नहीं। उन दिनों राजा साहब ज़िन्दा थे। पर, उनसे क्यों नहीं कहा? उण्णी के स्वाभाविक खेल पर लगाम नहीं डालना चाहिए, इसलिए मैं...''

वकील अंकल ने हाथ ऊपर उठाया।

‘‘लेकिन, उण्णी चाहे जितना भी बड़ा नैच्युरल खिलाड़ी हो, उसके कौशल के

प्रदर्शन के लिए मंच चाहिए न? अगर मंच न मिले, तो?'' वकील अंकल ने सबकी ओर देखा। वे विस्तार से वह कहानी सुनाने लगे, जो पहले भी कई बार दुहराई गयी थी। भूनी हुई मूँगफलियाँ, आम के अचार के पैकेट सब अंकल ने ही मँगवाये थे। कथा सुनने में किसी को एतराज नहीं था।

''क्या पिछली बार से ठीक पहले का पूजा नॉक-आउट टूर्नामेंट याद है? उम्मीद थी कि कमलनाथ आएँगे। लेकिन नहीं आये। एक टूर्नामेंट जिसमें उनको छोड़ सभी शरीक़ हुए थे उस दिन। याद है न? उन दिनों के वेटैरंस बनाम यंगस्टर्स मैच। पहला राउंड था। सवेरे ठीक नौ बजे मैच शुरू हुआ। हमारे अखिल भारतीय अंडर नाइंटीन टीम की चयन-समिति के अध्यक्ष वाघमारे साहब भी उस समय उपस्थित थे। खेल तो बहाना था। उन्हें गुरुवायूर मन्दिर में दर्शन करना था। पत्नी भी साथ थी। उनकी यात्रा का कार्यक्रम मैंने ही तय किया था। वे सब एक दिन पहले शाम के वक़्त आये थे। एरणाकुलम में झील के किनारे के होटल में ठहरे। सुबह आठ बजे कार आयेगी। सब तैयार होकर तृपूणितुरा के इस मैदान में मेरा खेल देखने के लिए नौ बजे के पहले आ जाएँगे। खेल देखने के बाद लंच। फिर विश्राम। शाम को मेरे साथ गुरुवायूर। यही प्रोग्राम था।''

जब कहानी निश्चित मोड़ पर आ जाती, तो वकील अंकल सहसा इस अन्दाज़ में रुक जाते कि अब आगे क्या कहना है। सुना है कि अदालत में भी उनका यह हाल है। अंकल कहा करते हैं कि बीच-बीच की ख़ामोशी के द्वारा ही जज का ध्यान वे अपनी ओर आकृष्ट किया करते हैं।

वकील अंकल ने मूँगफली मुँह में डालकर चबायी।

''फिर क्या हुआ?''

''टॉस जीतकर वेटैरंस ने यंगस्टर्स को बैटिंग के लिए भेजा। क्या तुम्हें याद है, उण्णी? उस दिन तुमने ही यंगस्टर्स का बैटिंग ओपन किया था। मैं फर्स्ट स्लिप में था। याद है न? अपने शिवन भैया की चौथी गेंद सीधे मेरे हाथ में। मेरी बात तो सोचो, फर्स्ट स्लिप में खड़े होकर आज तक कोई कैच मैंने नहीं छोड़ा है।''

श्रोताओं ने भीतर ही भीतर हँसी दबायी। वकील अंकल के फील्डिंग की कहानी मशहूर है। फर्स्ट स्लिप में ही फील्डिंग करेंगे। हथेलियों को आगे करके झुककर खड़े हो जाएँगे। गेंद ज़रा-सा हटकर आये, तो भी हाथ या पैर नहीं हिलाएँगे। गेंद यदि पीछे जाएगी, तो पीछे मुड़कर ऐसे खड़े रहेंगे जैसे कोई हादसा हुआ हो। दौड़ेंगे बिल्कुल नहीं।

''गेंद सीधे मेरे हाथों में। लेकिन भगवान की इच्छा कुछ और ही थी। गेंद हाथ से फिसलकर नीचे गिरी। उण्णी को नया जीवन-सा मिला। अगली गेंद उण्णी ने मारकर नाले में गिरा दी। जब नयी गेंद आयी, तब समय था सवा नौ बजे।

ठीक उसी वक़्त हमारे वाघमारे साहब और पत्नी ग्राउंड में आ पहुँचे। साढ़े आठ बजे एरणाकुलम से निकलने पर भी सवा नौ बजे ही पहुँच पाये थे। वाइटिला और तयकूटम में ट्रैफिक जाम हो गया था। जैसे ही वाघमारे साहब आकर खेल देखने बैठे, उण्णी ने पहला चौका मारा। फिर क्या था! रनों की झड़ी-सी लग गयी। तुम्हें शायद याद नहीं, उण्णी।...यंगस्टर्स तीस ओवरों में तीन विकेट खोकर एक सौ अस्सी। उसमें उण्णी का स्कोर था एक सौ पन्द्रह। उस दिन शाम को गुरुवायूर की यात्रा के बीच वाघमारे साहब ने कहा था, वह छोकरा, क्या नाम है उसका?...सुरेश मेनन। ही इज़ टैलेंटेड। मैं उसे न्यूजीलैंड के ख़िलाफ़ अंडर नाइंटीन मैच में ले लूँगा। मैं क्या जवाब देता! गुरवायूर पहुँचने पर उण्णी के नाम पर चाँदी के बने हाथ, पैर और आँखों की मूर्तियाँ भगवान के सामने चढ़ायीं।''

यह कहकर उन्होंने चारों ओर देखा।

''अकसर सोचा करता हूँ कि उस दिन अगर मैं वह कैच पकड़ लेता, तो उण्णी शून्य पर आउट होकर पवेलियन में बैठता। वाघमारे साहब को उण्णी की बल्लेबाजी का पता ही नहीं लगता। क्या, उसे अंडर नाइंटीन टीम में स्थान मिलता? नहीं। न्यूजीलैंड के ख़िलाफ़ हैदराबाद में साठ रन ले सकता? नहीं। अगर उस दिन अंडर नाइंटीन टीम में स्थान नहीं मिलता, तो क्या आज हमारा उण्णी भारतीय टीम का सदस्य बन जाता? नहीं। अब सोचो, उण्णी को इस स्थान तक पहुँचाने में किसका हाथ था!''

किसी ने कहा, ''अंकल का।''

''अंकल की फील्डिंग।''

कोई बड़बड़ाया, ''वाइटिला का ट्रैफिक जाम।''

सुरेश मेनन अनजाने ही हँस पड़ा।

कितने व्यक्ति! कितने ही लोग! आज यहाँ इस जनसमूह के बीच, संसार-भर में चौकोर स्क्रीन पर अपने कौशल का प्रदर्शन कराने के लिए कौन उत्तरदायी नहीं है?

छक्के में उड़ी गेंद वापस आयी। इब्राहीम खान दूसरी गेंद फेंकने के लिए रन-अप शुरू कर चुका था। रन-अप के शुरू से ही सतर्क रहना चाहिए। तभी इब्राहीम खान जैसे दिग्गज खिलाड़ियों का मुक़ाबला कर पाऊँगा। इब्राहीम खान की फुलशर्ट की आस्तीन बहुत ढीली दिखाई पड़ती है। क्या, कलाई का बटन नहीं लगाया है? या ख़ुद ही खुल गया है क्या? यदि बटन नहीं लगाया है, तो शायद जान-बूझकर ऐसा किया होगा। यह एक चाल है जिससे उँगलियों का घूमना बैट्समैन को दिखाई नहीं देगा। अम्पायर से शिकायत करनी चाहिए। क्रिकेट के नियमों के अनुसार प्रतिद्वन्द्वी के कपड़े कभी ऐसे न हों कि वे गेंद पर से खिलाड़ी का ध्यान हटा लें।

कलाई तक की आस्तीनवाली शर्ट की आस्तीन का बटन लगाने के लिए अवश्य कहा जा सकता है। नहीं। उन्हें गेंद फेंकने दो। बाद में कप्तान श्रीनिवास से कहूँगा। वे जैसा चाहें, काम निपटा लें।

यह गेंद भी थोड़ा सामने टप्पा खाकर उठी थी। लेग-स्टम्प को लक्ष्य करके ठीक ऊँचाई के साथ आयी गेंद थोड़े स्पिन के साथ ऊपर उठी थी। सुरेश ने पैर आगे बढ़ा रखा था। परन्तु, आख़िरी क्षण में ही पता चला कि गेंद उम्मीद के ख़िलाफ़ लेग की ओर उठती है। सुरेश ने गेंद को बल्ले के मध्यभाग से मारकर लेग-साइड में मिड-विकेट के फील्डर के सिर के ऊपर से उड़ा दिया। गेंद तीस गजवाले घेरे के बाहर जाकर ही नीचे गिरने लगी। जब मिड-विकेट से फील्डर ने दौड़कर, लुढ़कती हुई गेंद उठाकर विकेटकीपर के हाथ को लक्ष्य करके फेंका, उसके पहले ही सुरेश दो रन ले चुका था।

इब्राहीम खान की अगली गेंद बहुत ही ख़तरनाक थी। सुरेश को यक़ीन था कि ऐसा ही होगा।

जब विकेटकीपर ने गेंद इब्राहीम खान के पास फील्डिंग करते खड़े अफ़जल मसूद की तरफ फेंकी, तब सुरेश ने क्रीज़ के बीचोंबीच आकर श्रीनिवास को बुलाया। सोचा था, श्रीनिवास से कहा जाए कि इब्राहीम खान ने शर्ट की आस्तीन जान-बूझकर बटन लगाये बिना खुली छोड़ रखी है। परन्तु, जब श्रीनिवास पास आये, तब कुछ भी कहने का उसका मन नहीं हुआ। पहले पहल मैदान में उतरनेवाले नये खिलाड़ी का, खेल के बाहर की बातों के बारे में शिकायत करना, कप्तान को भी अच्छा नहीं लगेगा। कुछ भी कहना नहीं चाहिए।

सुरेश ने कहा, "सर...?"

"क्या?"

"कुछ नहीं, सर..."

श्रीनिवास ने सुरेश के कन्धे थपथपाये। "गुड...प्ले योर गेम।"

टी.वी. कैमरे की निगाह ने सुरेश और श्रीनिवास का क्रीज़ के बीच खड़े होकर बातें करने का दृश्य सब कहीं दिखा दिया। कोई सुन नहीं पाया कि उन्होंने कौन-सी बातें कीं। कमेंटेटर हरीश पटेल के शब्दों ने ही इस दृश्य का साथ दिया था। हरीश पटेल ने कहा, "देखिए, देश के दक्षिणी कोने से क्रिकेट में एक नया सितारा उदित हुआ है। शंकराचार्य के जन्मदेश से, उनके जन्मस्थान से, लो एक सितारा भारतीय क्रिकेट पर अपनी धाक जमाने के लिए उदित हुआ है। कप्तान श्रीनिवास अपने इस निर्णय की सफलता पर बहुत ख़ुश हैं कि मैंने कॉलेज के छात्र सुरेश मेनन को साहस के साथ टू डाउन पर बैटिंग के लिए भेजा। आज शाम को जब पंचदिवसीय टेस्टों के कप्तान के नाम की घोषणा होगी, तब अवश्य ही इस साहसपूर्ण निर्णय का भी

अलग महत्त्व होगा।''

सुरेश को पूरा विश्वास था कि इब्राहीम खान यह गेंद बड़ी समझ-बूझ के साथ ही फेंकेगा।

'''शक होने पर बैक-फुट में खेलना।'' नानाजी कहा करते थे।

''तुम क्यों ज़िद पकड़ते हो, उण्णी, कि सभी गेंदों पर बल्ला चलाना ही चाहिए?'' माँ पूछा करती थी।

''वह तो माँ, गेंद तो मारने की ही चीज़ है न? बैक-फुट पर भी मार सकते हैं। डिफेंसिव स्ट्रोक। तुम ज़रा बॉल करना माँ। मैं अभी दिखा देता हूँ।''

माँ दौड़ेगी नहीं। खड़ी की खड़ी ही बॉल करेगी। सभी गेंदें कम रफ़्तार की होंगी। लेग-स्पिन, ऑफ़-स्पिन, गुगली। उँगलियों से स्पिन करना माँ को ख़ूब आता है।

'सभी गेंदों पर तुम क्यों बल्ला चलाते हो, उण्णी?'

'शक होने पर...'

इब्राहीम खान की शर्ट की आस्तीन ढीली होकर लटकती है। वह उँगलियों को छिपाती है। दौड़े आने पर।

गेंद क्रीज़ के डेढ़ फुट आगे टप्पा खाने लायक़ ढंग में उड़ आयी थी।

यद्यपि बैक-फुट पर सामना करने का पहले सुरेश ने सोचा था, तो भी अनजाने में पैर आगे बढ़े।

बैट्समैन के पैरों को तेज़ी से घुमाने के फुट-वर्क के ज़रिए गेंद को हाफ़ वॉली कराया जा सकता है। टप्पा खाकर उठने पर बल्ले को पैंतालीस डिग्री तक झुकाकर प्रतिरोध। धीमी चाल से बल्ला नीचा करके यॉर्कर बनाया जा सकता है। एक कदम आगे रखना काफ़ी है। दो कदम आगे रखे जाएँ, तो फुल-टॉस होने से गेंद ज़मीन पर टप्पा खाने के पहले मारकर दूर भेजी जा सकेगी।

सुरेश का उद्देश्य गेंद को हॉफ वॉली पर डिफेंस करने का था। लेकिन पैर आप ही आप आगे को बढ़े। बल्ला खुद ही पीछे की ओर ऊपर उठा। गेंद की गति पर ही नज़र गड़ाये रहा।

दो कदम आगे बढ़कर फुल-टॉस के समान गेंद पर ज़ोर से बल्ला चलाया। सीधी दिशा में फॉलो-थ्रू में तेज़ी से दौड़े आया इब्राहीम खान एकाएक झुका। गेंद अतिशय वेग से उसके दायें हाथ की उँगलियों से टकराते हुए पीछे की ओर गयी। अफ़जल मसूद ने स्केट करके गेंद के नज़दीक जाकर उसे पकड़ लिया।

तब तक सुरेश एक रन ले चुका था। उँगलियों पर दर्द के मारे इब्राहीम खान हाथ झटक रहा था।

शैलजा मेनन ने पति से कहा, ''उण्णी जब क्रीज़ से बाहर लपकता है, तब मुझे

डर लगता है।''

विजयन मेनन ने उसका जवाब नहीं दिया। पूछा, ''इस चेक के बारे में क्या निर्णय लेना है?

19

मुख्यमन्त्री गौतमन जब कैन में से स्ट्रॉ के ज़रिए ठंडक, मिठास, कसाव और गैस के बुलबुलोंवाले 'कोला' की चुस्कियाँ ले रहे थे, तभी अफ़जल मसूद की चुस्त-दुरुस्त फील्डिंग देखने को मिली, जिसमें उसने पलक मारते ही गेंद विकेटकीपर की ओर फेंकी थी। सुरेश क्रीज़ में पहुँच चुका था। स्ट्रॉ में से लम्बे घूँट भरते हुए गौतमन ने कहा, ''गुड!''

बिल्कुल पास बैठे क्रिकेट कंट्रोल बोर्ड के अध्यक्ष राजा साहब ने अपने हाथ के कैन की तरफ क्षण-भर देखा और कहा, ''जी हाँ।''

विश्वप्रसिद्ध 'कोल्ड-ड्रिंक्स' निर्माता कम्पनी के द्वारा भारत के बाज़ार में प्रयोगार्थ प्रस्तुत नया उत्पाद है। कच्चे नारियल के स्वाद से युक्त नया फ़ार्मूला। कहते हैं, भारत के लिए विशेष रूप से तैयार किया गया है। पिछले पचास वर्षों में कोल्ड-ड्रिंक्स बनानेवाली दो विश्वप्रसिद्ध कम्पनियों के बीच व्यापक युद्ध चल रहा है। पेरिस्ट्राइका के समय उनमें से एक कम्पनी ने रूसी बाज़ार एवं पूर्वी योरप के बाज़ार पर कब्ज़ा कर लिया। दूसरी कम्पनी का ध्यान एशियाई देशों की तरफ गया। अमरीका, पश्चिमी योरप और जापान के बाज़ारों में दोनों कम्पनियों ने विज्ञापन के कई उपायों का प्रयोग करके कड़ी प्रतियोगिता के बीच भी अपना-अपना मार्केट शेयर बरक़रार रखा। प्रमुखता थी विज्ञापन-चित्रों की। बीच में दो वर्ष तक दूसरे स्थान पर रही कम्पनी ने माइकेल जैक्सन को आधुनिक कौमार्य के प्रतीक के रूप में चित्रित एवं प्रदर्शित करके कुछ हद तक अपनी बिक्री बढ़ाई। उन विज्ञापन-चित्रों ने, जिनमें माइकेल जैक्सन प्रत्यक्ष हुए थे, युवा-मन को जीत लिया। दूसरी कम्पनी निराश नहीं हुई। वे चीन के उस विशाल बाज़ार की ओर, जिसकी सरहदें गुप्त रूप से खुली रखी गयी थीं, लपके। चीन और भारत— संसार की कुल आबादी का एक तिहाई से ज़्यादा भाग। उस समय दोनों राष्ट्र आधुनिकीकरण द्वारा प्रगति हासिल करने की जी-तोड़ कोशिश कर रहे थे। इतना बड़ा बाज़ार। दोनों कम्पनियों की आपसी होड़ पराकाष्ठा पार कर गयी। दूसरी कम्पनी ने भारत के लिए नये-नये पेय-पदार्थों का फॉर्मूला तैयार किया। पहली कम्पनी ने अपने प्रसिद्ध नाम पर ही ध्यान केन्द्रित कर भारत के उन छोटे गाँवों में जहाँ पेय जल मिलना भी मुश्किल

था, विपणन-शृंखला स्थापित करने को प्राथमिकता दी। दूसरी कम्पनी को माइकेल जैक्सन का अनुभव प्राप्त था। उन्होंने एक नये भारतीय सितारे को ढूँढ़ निकालने के लिए विज्ञापन की कम्पनियों की मदद माँगी। उन्हें राहुल मिल गया।

राहुल के चित्र टी.वी. के विज्ञापनों में ही नहीं, बड़े-बड़े शहरों के भीमाकार कट-आउटों पर, गाड़ियों पर, छात्रों की कॉपियों के कवरों पर, बनियानों पर, सब जगह प्रत्यक्ष होने लगे। बगल में बल्ला, एक हाथ में ऊपर उठायी हुई बोतल और उठते झाग के बीच से वह मशहूर मुस्कान।

कम्पनी एक और नया प्रयोग कर रही है। कोल्ड-ड्रिंक्स भारत में बोतलों में बन्द करके ही बिकते थे। बोतल के बदले कैन या डिब्बे का इस्तेमाल क्यों न किया जाए! भारत-जैसे दरिद्र राष्ट्र में ज़रा-सी प्यास बुझाने के लिए पानी के स्थान पर टीन के कैन में कोल्ड-ड्रिंक्स। कम्पनी के विशेषज्ञों को भी इसकी बिक्री के बारे में सन्देह था। एक बोतल कोल्ड-ड्रिंक्स का दाम छह रुपये है। वही जब कैन में बन्द होकर आये, तो तीस रुपये लगेंगे।

''लेट्स ट्राइ। नबे प्रोडक्टों की ओर भारतीय बाज़ार की प्रतिक्रिया अप्रत्याशित हुआ करती है।''

कैन के ऊपर का चित्र मोहक हँसीवाले राहुल का था।

विपक्षी नेता गोविन्दन कुट्टी ने कैन के ऊपर के चित्र और नीचे छपे अक्षरों पर ग़ौर से नज़र दौड़ायी।

''क्या आपने यह देखा, सर? इसकी क़ीमत है इकतीस रुपये।''

गौतमन ने और ज़ोर से स्ट्रॉ को चूसा।

''कहते हैं नारियल के पानी का स्वाद है। पर इसका स्वाद तो...''

''सब सिंथेंटिक है, सर। नहीं तो...''

गोविन्दन कुट्टी की बात बीच में ही रह गयी।

इब्राहीम खान दौड़ शुरू कर चुके थे।

गोविन्दन कुट्टी कहना चाहते थे, क्या आपको इसका पता है गौतमनजी... हाल ही में मेरे कानों में एक बात पड़ी। क्रिकेट कंट्रोल बोर्ड के अध्यक्ष राजा साहब की अधीनता वाली किसी कम्पनी से ही कोल्ड-ड्रिंक्स की इस अमेरिकी कम्पनी ने मार्केटिंग का क़रार लिया है। यहाँ अपने देश में नारियल और सोंठ के पानी के अभ्यस्त हम लोगों को नारियल के पानी के स्वाद से युक्त सिंथेटिक पानी तीस रुपये में, नहीं, इकतीस रुपये में पिलाना माने?...इसमें कोई राजनीति नहीं। हमें एक साथ मिलकर विरोध करना चाहिए। है न?

केरल में वामपन्थी और ग़ैर-वामपन्थी मोर्चों के बारी-बारी से सत्ता में आते रहने से इन दोनों मोर्चों के अनुयायियों में एक-दूसरे पर आरोप लगाने की प्रवृत्ति

कुछ ज़्यादा ही बढ़ी हुई थी और अख़बार की सुर्ख़ियों में इन आरोपों को काफ़ी महत्त्व भी दिया जाता था। आपस में कीचड़ उछालने से सम्बद्ध ये ख़बरें पाठकों को भी पसन्द थीं। परन्तु, गौतमन और गोविन्दन कुट्टी में और इनके समान कुछ अन्य राजनीतिक दलों के शीर्षस्थ नेताओं में एक बात को लेकर सहमति हो गयी थी। वह यह कि सामान्य रूप से केरल को प्रभावित करनेवाली, केरल की छवि पर बट्टा लगानेवाली या केरल की परम्परा या संस्कृति के प्रतिकूल लगनेवाली किसी भी बात पर वे कोई राजनीतिक निर्णय नहीं लेंगे, बल्कि ऐसी बातों का ये एक स्वर में विरोध करेंगे। इसी प्रकार उन क्षेत्रों में, जिनमें ठीक से काम हो रहा है, कभी राजनीतिक हस्तक्षेप नहीं करेंगे। उनको प्रोत्साहन ही देंगे।

गोविन्दन कुट्टी को अच्छी तरह याद है। जब चुनाव में गौतमन के मोर्चे की हार हुई और गोविन्दन कुट्टी पहले-पहल मुख्यमन्त्री बने, तब की बात थी। गौतमन ने गोविन्दन कुट्टी को खुले तौर पर बधाई दी। दोनों ने प्रेस की माँग पर एक साथ फ़ोटो के लिए पोज़ भी किया। चाय पीने बैठे तो दोनों को अकेले में बात करने की फुर्सत मिली। तब गौतमन ने जो कहा था, वह अभी तक याद है। ''सर, आपको मालूम ही है कि हमारे इसी तिरुवनन्तपुरम में कई ऐसी संस्थाएँ हैं जिनका शासन कुशल व्यक्तियों के हाथ में है। लगन और समर्पण के साथ काम करनेवाले वैज्ञानिक और तकनीकी पुरुष। मैंने अपने शासन-काल में एक बात पर विशेष ध्यान दिया था कि ऐसी संस्थाओं में किसी भी प्रकार का राजनीतिक हस्तक्षेप न हो।''

उन संस्थाओं के निदेशकों से पहली बार मिलते समय गोविन्दन कुट्टी ने उन्हें इस बात का संकेत भी दिया था, ''सचिवालय में परिवर्तन हो सकते हैं। कुछ प्राथमिकताओं के कारण नीतियों में परिवर्तन हो सकते हैं। लेकिन आप और आपकी संस्थाएँ केरल की हैं। केरल की समूची जनता की। सरकार का बदलना आपके लिए सिर्फ़ अख़बार के समाचार से ज़्यादा कुछ न हो।''

गोविन्दन कुट्टी ने गौतमन से कहने का निश्चय किया।

विज्ञापनों द्वारा प्रचारित कोल्ड-ड्रिंक्स की इन कम्पनियों के ख़िलाफ़ हम साथ-साथ मिलकर प्रतिरोध क्यों न करें? आपकी क्या राय है?

इब्राहीम खान ज़रा रुकने के बाद दुबारा दौड़ने लगा था। श्रीनिवास ने सिर उठाया।

श्रीनिवास ने मन-ही-मन हिसाब लगाया। कोई सुनिश्चित रणनीति अभी तक तय नहीं हो पायी है। पंचदिवसीय टेस्टों में तो इसके लिए फुर्सत मिलेगी। प्रत्येक दिन के खेल के बाद शान्त हो, सोच पाऊँगा। मैनेजर या टीम के वरिष्ठ खिलाड़ियों से सलाह कर पाऊँगा। उपदेश ग्रहण करूँगा। खेल के बीच में ही, दोपहर के लंच और चाय के लिए समय मिलेगा। योजना बनाने के लिए समय और सुविधा है। पर,

इस एकदिवसीय मैच में इसके लिए समय नहीं मिलेगा।

ख़ासकर तब, जब कप्तान पहले ही बैटिंग करने को मजबूर हो गया है।

दो सौ सत्तर रन से कम का लक्ष्य न हो। पिच तो पाकिस्तान की बल्लेबाजी के समय भी इसी प्रकार कड़ा रहेगा और बल्लेबाजी के लिए सहायक निकलेगा। अफ़ज़ल मसूद, शमीउल्ला, शफ़क़त अली, निसार और फिर वंडरब्वॉय उपनाम से प्रसिद्ध अस्मत राणा। कोई भी खिलाड़ी समय की माँग के अनुसार कमाल दिखाएगा। पाँच रन प्रति ओवर का औसत। उनके लिए यह बायें हाथ का खेल है।

नहीं, अब दो सौ सत्तर रन से काम नहीं चलेगा। अभी तो चौदहवाँ ओवर है। तीन विकेट खोकर पैंसठ। ज़्यादा गेंदों का सामना खुद ही करूँ, या सुरेश को सामना करने दूँ— इस बात पर तत्काल निर्णय लेना चाहिए।

लेकिन श्रीनिवास को ज़्यादा माथा-पच्ची नहीं करनी पड़ी।

धीमी चाल से आयी गेंद जब टप्पा खाकर उठी, तब श्रीनिवास ने उसे बायीं ओर मोड़ देने के लिए बल्ला घुमाया। टाइमिंग ज़रा-सा चूका। उठाये बल्ले से थोड़ा नीचे से गेंद पैड पर लगी और विकेटकीपर की बायीं ओर से पीछे की ओर गयी। शाहनवाज़ गेंद पकड़ने के लिए लपका, लेकिन गेंद दस्ताने के छोर पर हल्के से रगड़ खाकर निकल गयी।

जब सुरेश दौड़कर इस ओर के क़रीब आ पहुँचा, तभी श्रीनिवास ने दौड़ना शुरू किया था। लांग लेग में फील्ड कर रहा अस्मत राणा तेज़ी से दौड़े आ रहा था। यद्यपि शाहनवाज़ भी गेंद के पीछे लगा था, तो भी अस्मत को उस ओर बढ़ते देख जल्दी ही विकेट के पास आने के लिए पीछे मुड़ा। दूसरा रन लेने के लिए सुरेश चार-पाँच फुट आगे बढ़ चुका था। परन्तु श्रीनिवास उस ओर से चिल्लाया, ''नो।''

सुरेश के क्रीज़ में बल्ला छूने के दो क्षण बाद ही तीर के समान विकेट की ओर आयी गेंद शाहनवाज़ ने पकड़ ली थी। अम्पायर ने हाथ से अपना पैर छूकर स्कोरर की ओर उँगली उठाकर दिखायी। लेग-बाइ। एक रन। गेंद पैर से टकराकर आगे बढ़ी थी। बल्ले को न छुआ इस कारण से श्रीनिवास के व्यक्तिगत स्कोर में वह शामिल नहीं होगा।

टीम का स्कोर छियासठ।

रन लेने की दौड़ क्रिकेट के खेल का महत्त्वपूर्ण पहलू है। अगर दोनों बैट्समैन के बीच समझ-बूझ में पक्का तालमेल हो, तो जहाँ एक रन लेने की गुंजाइश हो, वहाँ दो रन ले सकते हैं। ऐसे प्रतिरोधात्मक बैटिंग में भी, जहाँ रन की गुंजाइश नहीं, एक रन लिया जा सकता है। इसमें बॉलर वाले छोर पर खड़े बैट्समैन को ही होशियारी बरतनी होती है। क्विक सिंगल, चीकी रन जिसे कहते हैं। एकदिवसीय क्रिकेट में एक रन का भी बहुत महत्त्व होता है। परन्तु, रन-आउट होने की

सम्भावना भी उतनी ही अधिक है। श्रीनिवास और सुरेश की यह पहली साझेदारी है। इसलिए श्रीनिवास ने तय किया था कि थोड़ी देर के बाद ही जोख़िम-भरे रन के लिए कोशिश करनी चाहिए। अगर कहीं ज़रा-सा भी चूका, तो अपनी सारी योजनाओं पर पानी फिर जाएगा।

सुरेश को आउट नहीं होना चाहिए। उसे बैटिंग करते रहना चाहिए। एक छोटे-से अवसर का सहस्रांश भी मिल जाए, तो उसका पूरा फ़ायदा उठाने के लिए आज के प्रतिस्पर्द्धापूर्ण क्रिकेट में कोई भी तैयार रहेगा।

यह क्रिकेट नहीं है। इट इज़ नॉट क्रिकेट। अँग्रेजी में यह मुहावरा-सा बन गया है। यदि कोई भलमनसी के बिना व्यवहार करे, तो उसको लक्ष्य करके तुरन्त कहा जाता है कि यह क्रिकेट नहीं है, इट इज़ नॉट क्रिकेट।

श्रीनिवास अनजाने ही हँस दिया। इसी प्रकार का एक और प्रसंग। लंकाशायर लीग में वह घटना हुई थी।

माना जाता है कि लंकाशायर लीग ही इंग्लैंड के क्रिकेट का पालना है। जहाँ इंग्लैंड के दक्षिण की काउंटियाँ क्रिकेट को भद्रपुरुषों का खेल मानती थीं, वहाँ उत्तर के लिए वह जोश से भरी प्रतिस्पर्द्धा मात्र था। उनकी मान्यता थी कि खेल में सिर्फ़ जीत की ही अहमियत होती है। किसी भी तरह जीत हासिल हुई, तो मान-सम्मान स्वयं उसका साथ देगा।

लीग मैच हो रहा था। थोड़ा ऊँची आयी गेंद बैट्समैन के प्रतिरोध से बचकर उसकी कुहनी से ज़ोर से जा टकरायी। बैट्समैन का बल्ला नीचे गिर पड़ा। खुद बैट्समैन भी दर्द के मारे ज़मीन पर गिरा। गेंद घुटने पर से उठकर स्लिप में फील्ड करनेवाले फील्डर के हाथ में पहुँच गयी। बॉलर वाले छोर पर खड़ा बैट्समैन अपने साझेदार की मदद के लिए पहुँच गया। उसने सहारा देकर उसे उठाया। जिस फील्डर ने कैच लिया था, उसने गेंद बॉलर की तरफ फेंकी। मिड-ऑफ में जो खिलाड़ी फील्ड कर रहा था, उसने बॉलर की ओर इशारा किया कि दोनों बल्लेबाज दूसरी तरफ हैं, विकेट पर गेंद छुआकर रन-आउट के लिए अपील करो। परन्तु, बॉलर 'इट इज़ नॉट क्रिकेट' के उसूल को माननेवाला जेंटलमैन था। उसने गेंद विकेट पर नहीं छुआया। मिड-ऑफ के फील्डर को गुस्सा आया। वह गेंद लेकर रन-आउट कराने के लिए बॉलर के पास आया। बॉलर ने गेंद नहीं दी। जब आपस में हाथापाई की नौबत आयी, तब बॉलर ने गेंद अपने पतलून की जेब में डाली। इतने में ज़मीन पर गिरा बैट्समैन उठ खड़ा हो चुका था। वह बेहोशी की-सी अवस्था में लड़खड़ाते कदमों से बॉलर वाले छोर की ओर चला आया। पिच का आधा भाग पार करने पर उसने बल्ला आगे बढ़ाते हुए क्रीज़ की ओर छलाँग मारी। उसकी चोट सख़्त नहीं थी। इसलिए बॉलर की सुजनता का लाभ उठाते हुए एक रन लेना उसका

लक्ष्य था। आख़िरी क्षण में बॉलर को होश आया कि उसकी सुजनता टीम की हानि का कारण बन रही है। गेंद लेकर वह विकेट की ओर लपका। बेल उड़ गये।

आउट के लिए कई प्रकार की अपीलें उठीं।

मिड-ऑफ ने कहा, "रन-आउट।"

बैट्समैन ने कहा, "एक रन।"

स्लिप फील्डर ने कहा, "कैच।"

क्रिकेट का सम्मान्य खेल विजय पाने की प्रतिस्पर्द्धा मात्र से अन्य खेलों के स्तर तक गिर चुका। अब मान-सम्मान की एक ही कसौटी है।

विनिंग इज़ क्रिकेट। विजय पाना ही क्रिकेट है।

श्रीनिवास ने मुड़कर देखा। इब्राहीम खान दौड़ने लगा है। सुरेश के रिफ्लेक्स के विषय में सावधान रहना चाहिए। जब गेंद बल्ले से टकराकर दूर जाने लगती है, तभी से गेंद की गति से नज़र हटाये बिना दौड़ के लिए लपकने में कितना समय लगेगा, यही मुख्य बात है। उस लपक के बीच बॉलर वाले छोर के बैट्समैन को तीन-चार गज पास आना चाहिए। होशियारी से गेंद की फील्डिंग होने पर भी पीछे की ओर तेज़ी से आने का अवकाश मिलना चाहिए।

श्रीनिवास प्रतीक्षा में खड़ा रहा।

वी.आई.पी. पवेलियन में क्रिकेट कंट्रोल बोर्ड के अध्यक्ष राजा साहब ने मुख्यमन्त्री गौतमन से कहा, "योर ब्वॉय सुरेश वाज़ माइ फाइंड। उसे यहाँ चांस देने पर मैं अड़ा हुआ था।"

गौतमन मुस्कुराये। परन्तु, धन्यवाद तक नहीं कहा।

20

"सुनो, इसका हमें क्या करना है?" शिल्पा ने जो चेक दिया था, उसमें अक्षरों में तथा अंकों में लिखी पाँच लाख की संख्या पर ध्यान देने के बाद विजयन मेनन ने पूछा। "फाइव लैक्स। आइ कांट बिलीव इट।"

शैलजा ने पति के सवाल का कोई जवाब नहीं दिया। सिर्फ़ मुड़कर देखा। विजयन मेनन ने चुप्पी साधी और चेक को तह करके लिफ़ाफ़े के अन्दर डाला। पत्नी की इस नज़र का मतलब उन्हें अच्छी तरह मालूम है। मतलब नहीं, असल में वह अन्तिम निर्णय का परिचायक था। जीभ से भी ज़्यादा उन नज़रों को बोलना आता था। मेनन साहब के लिए वे नज़रें बहुत ही प्यारी हैं। क्षण-भर में ही वे विकसित होंगी। एक मुस्कान की मोहकता। उन पलकों के गिरते समय की

मोहकता ऐसी कि सभी प्रतिरोधों के टूटने के बाद स्वयं के अस्तित्व के भी मिट जाने का अहसास होता था।

विजयन मेनन ने लिफ़ाफ़ा जेब में डाल दिया। बिना मुड़े ही कनखियों से पत्नी की ओर देखा।

शैलजा की नज़रें पिच पर लगी हुई थीं। उसकी एकाग्रता देखकर ऐसा लगता था मानो अब वही इब्राहीम खान की गेंद का सामना कर रही हो।

विजयन मेनन को खिसियाहट-सी महसूस हुई। अपना बेटा सुरेश, वह नौजवान जिस पर पूरे केरल को गर्व है, और जो भारतीय क्रिकेट टीम में खेलनेवाला पहला केरलीय खिलाड़ी है, अब पाकिस्तान के अनुभवी फास्ट बॉलरों की अत्यन्त कुशल गेंदबाजी का सामना कर रहा है। उन महत्त्वपूर्ण क्षणों में मेरा मन क्रीज़ में उसके साथ क्यों नहीं है? पाँच लाख का यह चेक देखने पर पहले सुरेश के बारे में नहीं सोचा था, बल्कि यह सोचा था कि इसमें से कितने रुपये इनकम-टैक्स के भरने पड़ेंगे। धारा इक्यासी, उसकी उप-धाराएँ और उनकी व्याख्या तथा कर से छूट-सम्बन्धी शर्तें ही मन में आयी थीं।

हाँ, यह सोचकर दिल को तसल्ली मिल सकती है कि मैं चार्टर्ड अकाउंटेंट हूँ।

शैलजा रट लगाये हुए थी— सचमुच मैं तुम्हें समझ नहीं पाती।

जब शैलजा के माथे पर बल पड़ते हैं तब ये ही शब्द उसके मुँह से निकलते हैं।

जवाब भी ताल-जैसा है।

मैं भी तुम्हें समझ नहीं पाता, शैलजा।

तुम्हारा दिल हमेशा अकाउंटेंट। इस पर मुझे गर्व है।

इसका यह मतलब नहीं कि उण्णी भी चार्टर्ड अकाउंटेंट बने।

मैंने कोई ज़िद पकड़ी क्या? हालाँकि मुझे उसका पूरा हक़ है।

विजयन मेनन ने आँखें मूँद लीं। क्षण-भर के लिए क्रीज़ में सुरेश के पास जाकर उसे आशीर्वाद दिया— उण्णी! बाबूजी तुम्हारे साथ हैं। गो अहेड।

सुरेश को इस समय बाबूजी की ही नहीं, माँजी, नानाजी, सभी के साथ की आवश्यकता थी। न जाने क्यों एकाएक विचित्र-सी कुलबुलाहट मन में भरने लगती है।

इब्राहीम खान का गेंद फेंकना इस समय अपशकुन-जैसा लगता है।

सुरेश भली-भाँति जानता है कि यह अकारण है। पर जाने क्यों, एक कसमसाहट-सी महसूस होने लगती है। गेंद निश्चय ही ख़तरनाक होगी। इसका सामना कैसे करूँगा!

आज तक ऐसा नहीं हुआ है।

भारत की अंडर नाइंटीन टीम में न्यूजीलैंड के ख़िलाफ़ हैदराबाद में खेलते समय ऐसी अवस्था नहीं हुई थी।

यह विवशता तब से महसूस होती है जब कप्तान श्रीनिवास इब्राहीम खान की पिछली गेंद का टाइमिंग समझ पाने में असमर्थ रहे थे।

कहीं पढ़ने को मिला था। शायद माँ की सुनायी किसी कहानी में?

बिग मैच ब्लूज़। होड़-भरे बड़े-बड़े मैचों में भाग लेते वक़्त अचानक महसूस होनेवाला नर्वसनेस। पेट के अन्दर इधर-उधर तेज़ी से उड़ती तितलियाँ।

किन्तु सुरेश के साथ जो दुर्घटना हुई, वह श्रीनिवास के पैड से टकराकर उठी गेंद को देखकर नहीं हुई थी।

पहली बार बड़ा मैच खेलनेवाला कोई भी युवा खिलाड़ी इस प्रकार के संकोच का शिकार बन सकता है। ख़ासकर नेचुरल खिलाड़ियों के साथ यह आम बात है। बड़ा मैच खेलते वक़्त पहली गेंद का सामना करने का वह क्षण पार करने के लिए अपूर्व साहस चाहिए। उसे पार करने पर बरसों से संचित ऊर्जा बल्ले के ज़रिए अनायास ही प्रवाहित हो जाएगी। आरम्भिक ओवरों में ही कुशल बॉलरों का बुरा हाल कर देंगे। इस ख़तरनाक नज़रिये का उद्देश्य प्राय: अपनी स्थानलब्धि के औचित्य पर स्वयं को विश्वास दिलाना होता है। उसके बाद, चार-पाँच ओवरों की कामयाबी के बाद अचानक धक्का-सा लगता है।

ओ गॉड! कितनी आसानी से मैंने इतने रन बटोर लिये। अब सावधानी बरतनी चाहिए। बॉलर ने भी मेरे खेलने का ढंग पहचान लिया है। आगे बड़ी सतर्कता के साथ ही उसका सामना करना चाहिए। बल्ला चलाने में कोई जोख़िम नहीं उठाना है। पचास रन। अगर सम्भव हुआ, तो एक शतक। पहले एकदिवसीय मैच में ही शतक। मृत्यु के बाद भी अपना यह कीर्तिमान क़ायम रहेगा। हाँ, सावधानी के साथ खेलना चाहिए। विकेट की सीध में सही निशाने पर आनेवाली गेंद को प्रतिरोध के अन्दाज़ में बल्ले के मध्यभाग से रोक लेना काफ़ी है। लूज़ गेंदों को ही मारना चाहिए।

सुरेश के साथ भी ऐसा ही हुआ। पिछली गेंद के समय जब बॉलर वाले छोर पर खड़ा था, तब संयोग से उसने पूर्वी गैलरी की ओर देखा। भीड़ में अपने बहुत-से मित्र होंगे। विशेष छूट पर टिकट लेनेवाले छात्रों का स्टैंड खचाखच भरा हुआ है। स्टैंड के बगल में ही स्कोर-बोर्ड था। दो पल के लिए सुरेश की दृष्टि स्कोर-बोर्ड के बड़े-बड़े अक्षरों पर टिक गयी।

तीन विकेट खोकर पैंसठ रन। चौदहवाँ ओवर। जब बैटिंग के लिए आया था, तब स्कोर था, दो विकेट खोकर छब्बीस रन। अब अपने नाम के आगे के इकतीस के एक को हटाकर दो का बोर्ड रखा जा रहा है।

बत्तीस रन। वह भी मेरे क्रीज़ में आने के बाद भारत को कुल जो उनचालीस रन मिले, उनमें!

एकाएक याद आया। अर्द्धशतक पाने के लिए अब अठारह रन बाक़ी। दिल भारी-भारी सा लग रहा है। अब चौकसी बरतनी चाहिए।

तभी इब्राहिम खान दौड़ते हुए अम्पायर के पास आ गया था। ज्यों ही इब्राहीम खान के हाथ से गेंद छूटी, त्यों ही सुरेश के कदम तेज़ी से दूसरी ओर बढ़े। श्रीनिवास का टाइमिंग चूक गया, तो सुरेश क्षण-भर को सकपकाया। भाग्य ने साथ दिया। गेंद लेग-बाई हो गयी।

इसलिए जब इब्राहीम खान के ओवर की पाँचवीं गेंद का सामना करने के लिए खड़ा रहा, तब सुरेश को एकाएक डर लगा। अब चौकसी बरतनी है। अपना विकेट नहीं खोना चाहिए। घुटनों में हल्की-सी कँपकँपी महसूस होने लगी।

इब्राहीम खान ने पूरी ताक़त लगाकर सुरेश के लेग-स्टम्प को लक्ष्य करके गेंद फेंकी। एक आउट-स्विंगर। पलक मारते ही गेंद टप्पा खाकर उठी और प्रतिरोध में सुरेश का बल्ला भी उठा। गेंद बल्ले पर लगे बिना ही एक सौ पचास किलोमीटर की तेज़ी से स्टम्प से थोड़ा उठकर गयी और विकेटकीपर के दस्तानों में सिमट गयी। सुरेश कुछ समझ नहीं पाया। उम्मीद नहीं थी कि गेंद आउट-स्विंगर होगी। सोचा था, या तो सीधे लेग-स्टम्प की ओर जाएगी या फिर इन-स्विंगर। लेकिन गेंद आउट-स्विंगर थी। उँगलियों का कोई करिश्मा दिखाये बिना, ऐक्शन में कोई परिवर्तन न लाकर इब्राहीम खान ने जो गेंद फेंकी, उसके लिए टीम के अन्य खिलाड़ियों ने ताली बजाकर उसका अभिनन्दन किया। सुरेश ने अविश्वास के साथ उस स्थान की ओर देखा, जहाँ टप्पा खाकर गेंद उठी थी। सौभाग्य से गेंद ने बल्ले के किनारे को नहीं छुआ। अगर छू लेता, तो ज़रूर कैच हो जाता।

सुरेश के दिल की धड़कन बढ़ी। वह गेंद का प्रतिरोध करके उसे रोकने में या मारने में असमर्थ रहा। उम्मीद थी कि गेंद बल्ले के बीच से टकरायेगा, पर वह बल्ले से आधे फुट दूर से उड़ गयी। क्या, पिच में गेंद के टप्पा खाने के स्थान पर घास में कोई बदलाव आया है? पिच के निर्माता अब्दुल्ला कोया को पिच का जो भरोसा था, वह ग़लत साबित हुआ क्या? ऑस्ट्रेलियाई घास की मजबूती देसी दूब में नहीं है, तो?

अभी अठारह रन और चाहिए, पचास के लिए। पचास नहीं, शतक ही मारना चाहिए। अगर शतक मारूँ, तो निश्चय ही पंचदिवसीय टेस्ट-शृंखला की टीम में स्थान मिलेगा। पचास काफ़ी नहीं। पचास के बाद अगर सत्तर या अस्सी रन पर आउट हो जाऊँ, तो एकाग्रता के अभाव का आरोप लगेगा। पचास नहीं, सौ ही चाहिए। अगर शतक न मारा जाए, तो इस साल आगे टीम में प्रवेश पाने की

सम्भावना जाती रहेगी।

बत्तीस रन कितनी आसानी से लिये। अब सिर्फ़ अड़सठ रन चाहिए।

ख़बरदार। जोख़िमों से बचे रहो।

ओवर की अन्तिम गेंद है। आगे क्या करना चाहिए? एक रन लेकर क्रॉस करना चाहिए, या श्रीनिवास को मुहम्मद हुसैन के ओवर का सामना करने देना चाहिए?

आख़िरी गेंद।

इब्राहीम खान में ज़फ़रुल्ला की-सी तेज़ी नहीं। निसार अहमद का-सा तेज़ दिमाग़ भी नहीं। मुहम्मद हुसैन की-सी उमंग और जोश नहीं। पर एक बात ज़रूर है— पिच और अन्तरिक्ष में होनेवाले छोटे-से परिवर्तन का भी पूरा लाभ उठाने की क्षमता। पिच की दरार, अन्तरिक्ष की नमी, पश्चिमी हवा— इन सबकी गणना करके, माप-तौल करके बॉल करने की कला में इब्राहीम खान के टक्कर का कोई खिलाड़ी आज क्रिकेट के क्षेत्र में मुश्किल से ही मिलेगा।

पाँच-छह साल पहले की बात है। ऑस्ट्रेलिया और पाकिस्तान प्रेसिडेंट्स इलेवन के बीच पाकिस्तान के हैदराबाद में मैच हो रहा था। तीन दिन तक चलनेवाला बढ़िया खेल। आख़िरी दिन दोपहर होते-होते पूरे पिच में दरारें पड़ने लगीं। जीत के लिए ऑस्ट्रेलिया को तीन सौ बयासी रन चाहिए। दोपहर लंच के बाद निकलने पर ऑस्ट्रेलिया एक विकेट खोकर दो सौ दस रन। चाय के वक़्त तक बल्ले, गेंद और पिच की दरारों में लड़ाई चली थी। दो विकेट और खो गये। रन बढ़ते-बढ़ते तीन सौ पाँच हो गये। सात विकेट बाक़ी थे। जीत के लिए ऑस्ट्रेलिया को सतहत्तर रन चाहिए। दो घंटों का खेल बाक़ी था। चाय के बाद जब खेल जारी हुआ, तब पाकिस्तान के कप्तान और इब्राहीम खान दोनों ने पिच का बारीकी से अवलोकन किया। इब्राहीम खान ने ही शायद पिच की तीन इंचोंवाली ख़तरनाक जगह का पता लगाया। इसी जगह पर इब्राहीम खान की गेंदें टप्पा खाएँ, इस ढंग से कप्तान ने बॉलिंग एंड में परिवर्तन कर लिया। अभी तक दूसरे छोर से खान ने गेंदबाजी की थी। आसमान बादलों से भरा था। दरारों से भरा पिच। उसमें तीन इंच का वह उजाड़ चतुष्कोण मात्र। इब्राहीम खान बॉल करने लगा। ओवर की छह में से पाँच गेंदें ठीक उस तीन इंचवाली जगह पर या उसके बिल्कुल पास टप्पा खाकर उठेंगी। गेंद इस प्रकार उठेगी कि बैट्समैन किसी भी प्रकार का अन्दाज़ा नहीं लगा पायेगा। ऐसी गेंदें, जिनका प्रतिरोध नहीं किया जा सकेगा। जिस क्षण गेंद बल्ले पर लगेगी, उसी क्षण उस पर झपटने को तैयार, बैट के चारों ओर खड़े फील्डर। रनों से भी अधिक तेज़ी से दनादन विकेट गिरने लगे। तैंतीस गेंदों में सिर्फ़ तीन रन देकर इब्राहीम खान ने सात विकेट गिराये। चाय के बाद ऑस्ट्रेलिया ने सिर्फ़ पन्द्रह रन ही लिये थे। तीन सौ बीस पर ऑल आउट। दूसरे दिन के ऑस्ट्रेलियाई अख़बारों ने

पिच के बारे में आरोप लगाया कि पिच जोते हुए खेत के समान था और पाकिस्तान ने जान-बूझकर ऐसा पिच तैयार किया था। परन्तु साथ ही, इब्राहीम खान की अचूक निशानेबाजी, पिच के ज़रा-से बदलाव को भी परखकर अपने बॉलिंग में यथोचित परिवर्तन लाने की क्षमता, प्रोफेशनलिज़्म आदि की प्रशंसा भी की थी।

वही इब्राहीम खान सूक्ष्म दृष्टि से पिच में कहीं पर निशाना साध रहा है।

सुरेश के हाथ काँपने लगे। उसकी नज़रें इब्राहीम खान पर थीं, जो अब गेंद हाथ में लेकर अम्पायर के पास खड़े हो, फील्डरों के स्थानों में आवश्यक परिवर्तन ला रहा था। शार्ट स्क्वायर लेग से फील्डर थोड़ा आगे बढ़ा। सिली मिड-ऑन ऐसे स्थान पर आया कि बल्ला घुमाने पर उसे छू जाएगा। मिड-विकेट थोड़ा पीछे हट गया।

सुरेश को पूरा यक़ीन था कि अपनी बायीं ओर को लक्ष्य करके अगली गेंद आएगी। पाँच गज की दूरी पर के उस निश्चित बिन्दु पर टप्पा खाकर गेंद उठ आएगी। आगे को लपककर उसे मारा जा सकता है। लेकिन, अगर टाइमिंग में ज़रा-सा भी चूक हुई या गेंद की रफ़्तार के विषय में सही अन्दाज़ा नहीं लगा पाया, तो निर्दिष्ट स्थान पर न लगेगा। जोख़िम का काम है। इसलिए पैर पीछे हटाकर बैक फुट पर प्रतिरोध करना ही अच्छा है।

सुरेश निर्णय नहीं कर पाया कि क्या करना चाहिए।

शैलजा मेनन ने धीरे-से पतिदेव के हाथ का स्पर्श किया। विजयन मेनन ने पूछा, ''क्या बात है? कुछ चाहिए क्या?''

उन्होंने उस नौजवान को, जो कोल्ड-ड्रिंक्स के ट्रे के साथ कम्पनी का विज्ञापन सिर और शर्ट पर चिपकाकर खड़ा था, इशारे से पास बुलाने की कोशिश की। मगर उसका ध्यान विजयन मेनन या दर्शकों पर नहीं था।

इब्राहीम खान का रन-अप शुरू हो चुका था।

शैलजा ने आँखें मूँद लीं।

उण्णी, नानाजी की बात तुम भूल गये क्या?

पूरब के दालान में पड़ी आरामकुर्सी से आवाज़ आयी थी।

उस दिन उण्णी पहले पहल स्कूल टीम में खेलने गया था।

क्रिकेट को उन दिनों केरल में इंटर-स्कूल स्तर पर प्रमुखता नहीं मिलती थी। ज़िले में सिर्फ़ पाँच-छह स्कूलों में ही टीमें होती थीं। उन दिनों उण्णी की उम्र ग्यारह साल की थी। छठी कक्षा में पढ़ रहा था। शैलजा चाहती थीं कि उण्णी को सी.बी.एस.ई. सिलेबस वाले किसी अँग्रेजी स्कूल में भर्ती कराया जाए। लेकिन बाबूजी ने ज़ोर देकर कहा, ''नहीं, उण्णी यहाँ अपने ही स्कूल में पढ़े। यहाँ उसे क्रिकेट खेलने को ज़्यादा समय मिलेगा। दूसरे स्कूलों में पुस्तकें पढ़ने में उसका

काफ़ी समय बरबाद हो जाएगा।''

विजयन मेनन ने अँग्रेजी स्कूल के बारे में बाबूजी से कुछ कहने की कोशिश की। लेकिन निर्विकार होकर बाबूजी ने कहा, ''देखो, उण्णी के लिए मैंने एक उज्ज्वल भविष्य की कल्पना कर रखी है। मैंने नहीं, ऊपरवाले ने। उन्होंने हम सबके लिए कुछ न कुछ भविष्य निर्धारित कर रखा है। उसके लिए आवश्यक क्षमता भी प्रदान की है। हमारा कर्तव्य है कि उन क्षमताओं का विकास करें।''

''उण्णी को...?''

''उण्णी क्रिकेट का एक नामी खिलाड़ी बनेगा। हो सकता है, टेस्ट टीम में भी उसे स्थान मिले। यह भी सम्भव है कि विश्व के सबसे कुशल खिलाड़ियों में उसकी गणना हो जाए। हमारा कर्तव्य है, उसके लिए हम उचित पृष्ठभूमि तैयार कर दें।''

जब उण्णी नया पतलून और सफ़ेद कैनवास-शू पहनकर, तेल-मालिश से चिकना किया हुआ बल्ला कन्धे पर रखकर खड़ा रहा, तब उसके माथे पर मन्दिर का प्रसाद लगाने के लिए शैलजा पास गयी थी।

बाबूजी की आवाज़ तभी कानों में पड़ी थी, ''जानते हो उण्णी, खेलने के लिए निकलते समय हमारे लिए सबसे ज़रूरी चीज़ क्या है? साहस। भरोसा। प्रतिद्वन्द्वी को मात दूँगा, ऐसा आत्मविश्वास। हममें यह विश्वास होना चाहिए कि चाहे जितना भी कुशल बॉलर हो, उसकी सभी चालों को परास्त करनेवाला खेल अपने पास है। बड़ा खिलाड़ी बन जाने पर सबसे पहले जिस चीज़ की ज़रूरत पड़ती है, वह यही आत्मविश्वास है। उसे कैसे हासिल करोगे? लगातार प्रैक्टिस से। एक पोज़िटिव अप्रोच भी चाहिए। गेंद तो मारने के लिए है। अभिमन्यु की कथा तुम जानते ही हो। अभिमन्यु चक्रव्यूह को भेद नहीं सका। क्यों? सभी दाँव-पेंच उसे मालूम थे। बड़ा पराक्रमी और बुद्धिमान भी था। इन सबके बावजूद अन्तिम क्षण में पराजित हो गया। क्यों? चक्रव्यूह भेदने का गुर सिर्फ़ अर्जुन को ही मालूम था। पुराणों के अनुसार उसने वह गुर अभिमन्यु को नहीं बताया था। लेकिन मैं ठीक से जानता हूँ। अन्तिम क्षण में अभिमन्यु का आत्मविश्वास नष्ट हो गया। वर्ना, वह चक्रव्यूह तोड़ डालता। कभी डरना नहीं चाहिए। प्रतिद्वन्द्वी के अस्त्रों को ही देखना चाहिए, प्रतिद्वन्द्वी को नहीं। बॉलर को देखना नहीं चाहिए। बॉल की हुई गेंद पर ही एकाग्र दृष्टि होनी चाहिए। उण्णी, तुम गेंद से मत डरो। हाथ में बल्ला है न?''

शैलजा ने आँखें मूँदकर प्रार्थना की। उण्णी, नानाजी की आवाज़ तुमने सुनी नहीं क्या? डरो मत। साहस के साथ सामना करो।

गेंद सही ढंग से टप्पा खाकर उठी। लेकिन उण्णी प्रतिरोध की मुद्रा में बल्ला पकड़ भी न सका। भाग्य ने साथ दिया। गेंद बल्ले पर नहीं लगी।

विकेटकीपर ने गेंद पकड़ ली। फील्डरों ने तालियाँ बजायीं।

उण्णी ने लम्बी साँस भरी।

दर्शकों ने भी।

21

सह्याद्रि के ऊपर पहुँचने पर नीचे दूर तक बादलों के बीच की दरार से हरियाली नज़र आयी। पिछले आधे घंटे से रह-रहकर नीचे की ओर देखता था। हवाई जहाज़ के पंखों के तले गहरी सफ़ेदी फैली है। बादल बिल्कुल नहीं हिल रहे हैं। लगा कि हवाई जहाज़ भी हिल नहीं रहा है।

विवेक ने ध्यान से घड़ी देखी। थोड़ी देर पहले देखा, तो दस बजकर पैंतीस था। अब दस बजकर अड़तीस। क्या, तीन मिनट ही गुज़रे हैं? अब कोच्चि पहुँचने में कितना समय लगेगा? कोच्चि पहुँचने का नियत समय दस बजकर पच्चीस मिनट है। लेकिन आधा घंटा देर से ही मद्रास से छूटा था।

फिर भी, डरने की कोई बात नहीं।

अच्छा होता, अगर पाकिस्तान बैटिंग करता। ख़ैर, कोई बात नहीं। भारत भले ही बैटिंग शुरू करे, तो भी बैटिंग में जब तक सुरेश की बारी आएगी, तब तक साढ़े ग्यारह या बारह बजेंगे। सिक्स डाउन नहीं तो सेवेन डाउन। उससे पहले नम्बर पर कोई भी कप्तान, ख़ासकर श्रीनिवास, किसी नौसिखिये खिलाड़ी को बैटिंग करने नहीं देगा। भारत के वर्तमान बैटिंग लाइन-अप में छह विकेटों का गिरना आसान नहीं होगा। आख़िरी ओवरों में रन बटोरने के फेर में अन्धाधुन्ध बल्लेबाजी नहीं की, तो छह विकेट नहीं गिरेंगे। यह बात निश्चित है। बेचारा सुरेश! उसे बैटिंग के लिए मैदान में उतरने का मौक़ा दिये बिना ही शायद पहला मैच ख़त्म हो जाएगा।

अब हवाई जहाज़ के पंखों के नीचे बादलों के बीच दरारें बढ़ रही हैं। रुई का गट्ठर-जैसा एक बादल अत्यधिक तेज़ी से उड़ रहा है। पहाड़ियों की घनी हरियाली के बीच दमकती लम्बी करधनी। क्या, यह भारतपुषा है? या पेरियार?

विवेक ने बटन दबाया।

एकाएक उसे लगा कि यह मैंने अच्छा नहीं किया। यह पूछने की ज़रूरत ही नहीं है कि अब कोच्चि पहुँचने में कितनी देर लगेगी। दस मिनट या पन्द्रह मिनट। ज़्यादा-से-ज़्यादा बीस मिनट। यह पूछने के लिए एयर हॉस्टेस को बुलाना फालतू लगा।

मद्रास कोच्चि फ्लाइट में नाश्ते और लंच के बीच के जलपान की थालियाँ और

कॉफी के प्याले सभी यात्रियों की सीटों से वापस ले जाकर रखने तक का समय ही एयर हॉस्टेसों को मिलेगा। तब तक इस घोषणा के लिए तैयार हो जाना चाहिए कि जल्दी ही हवाई जहाज़ कोच्चि में उतरेगा। इसके बीच आम तौर पर यात्रियों को भी किसी बात की ज़रूरत नहीं पड़ेगी।

इसलिए कुछ आश्चर्य के साथ ही एयर हॉस्टेस विवेक के पास आयी थी।

''येस सर, व्हाट कैन आइ डू फॉर यू?''

जाने क्यों, विवेक कोच्चि पहुँचने के समय के बारे में पूछ नहीं सका। फिर भी इतना तो उसने पूछ ही लिया, ''स्कोर कितना हुआ? आपको मालूम है क्या?''

एयर हास्टेस क्षण-भर को असमंजस में खड़ी रही। पर, अगले ही पल सन्तुलन पाकर मुस्कुराई। प्रशिक्षण के समय सभी आचार्यों ने सीख दी थी कि हर संकट के समय हिम्मत न हारने में ही एयर हास्टेस की सफलता है। उसके लिए सिर्फ़ मनोबल और साहस ही नहीं, सामान्य ज्ञान भी आवश्यक है। थोड़ी देर पहले कॉफी का कप देने के लिए कॉक-पिट में घुसते समय को-पायलट को कप्तान से मैच के बारे में बातें करते सुना था। यह सज्जन भी अब उसी के बारे में जानना चाहते हैं।

''वन मिनट। आई विल चेक अप दि लेटेस्ट स्कोर।''

''थैंक्स।''

मैंने सुचारु रूप से अपने कर्तव्य का पालन किया, इस बात का सन्तोष एयर हॉस्टेस की मुस्कान में झलक रहा था। विवेक को ख़ुशी हुई। एयर हॉस्टेस हो, तो ऐसी हो। वह अनजाने ही हँस दिया।

शिल्पा होशियार है। बड़ी विज्ञापन-कम्पनी की उपाध्यक्ष है। लेकिन, पानी चाहिए या कॉफी, कोच्चि एयरपोर्ट में गर्मी ज़्यादा होगी क्या, जैसे सवालों की प्रतीक्षा में आती शिल्पा को अचानक, स्कोर कितना है, जैसा अटपटा सवाल सुनकर कैसा लगेगा? आश्चर्य से उसकी आँखें खुली की खुली रह जाएँगी। गालों पर गुल प्रत्यक्ष हो जाएँगे। प्रश्नसूचक मुद्रा में फौरन ही ओठ ज़रा खुल जाएँगे। मुड़कर पूछेगी, ''क्या पूछा? स्कोर? कैसा स्कोर?''

शिल्पा का मन सिर्फ़ एक ही प्रकार सोच सकता है। अगर वह विज्ञापन के चित्रों के बारे में सोच रही हो, तो ज़रूर एक और प्रश्न भी होगा।

किसका स्कोर?

वह समझेगी कि संगीत का ताल और शब्द, इनके लिए ही 'स्कोर' का प्रयोग किया गया है।

शिल्पा के बारे में सोचा, तो मन में सवाल उठा कि वह कहाँ गयी। मद्रास एयरपोर्ट से दो बार ट्राई किया घर में, पौने आठ बजे और साढ़े आठ बजे। फ्लाइट के

पहुँचने पर बिना गुसलखाने में गये ही बम्बई को फोन किया। घंटी तो बजती है। क्या, फोन आउट ऑव ऑर्डर है? सवेरे सवा आठ बजे के पहले शिल्पा घर नहीं छोड़ेगी। कहां गयी है? हो सकता, तो बम्बई आकर शिल्पा को भी साथ लेकर कोच्चि जाता। वही करना चाहिए था। बिना शिल्पा को साथ लिये, स्वदेश जाना अब भी अच्छा नहीं लगता।

शैलजा की तरफ़ नज़रें नहीं उठेंगी।

आज?

दो घंटे पहले अगर ख़बर मिलती, तो एयर इंडिया की ही फ्लाइट चुन लेता। साढ़े तीन बजे बम्बई पहुँचेगी। शिल्पा को साथ लेकर अगली फ्लाइट से कोच्चि जा सकता था।

कुवैत में रात के नौ बजे दफ़्तर से होटल पहुँचने पर काउंटर पर बैठे केरलवाले युवक ने कहा था, "सर, हमारा सुरेश मेनन कल कोच्चि में खेलेगा। टीम की घोषणा हुई है।"

युवक क्रिकेट का बड़ा शौक़ीन था। एरणाकुलम वाला विवेक पहले रणजी ट्राफी में खेला था, यह ख़बर वार्तालाप के बीच दो दिन पहले वह जान चुका था।

"रियली?"

जल्दी में सबकुछ तय किया जाना है। हो सके तो, ऐसा नहीं। होना ही चाहिए। जैसे भी हो, सुबह कोच्चि पहुँचना है।

एयर इंडिया की बम्बई फ्लाइट दस बजे को है। वह मिलेगी नहीं। फिर कौन-सा रास्ता है?

काउंटर के युवक ने ही मदद की, "ब्रिटिश एयरवेज की एक फ्लाइट है, सिडनी को। वह मद्रास में रुकेगी। रात के बारह बजे। ज़रा ट्राई कीजिए। शायद सीट मिलेगी।"

कोशिश की। सीट मिल गयी। आख़िरी पल में। एयरपोर्ट में। एक घंटे की देर से प्लेन आया था। टेक-ऑफ में फिर भी देर लगी। अगर ठीक समय पर मद्रास पहुँचता तो शिल्पा को बुलाकर सवेरे की फ्लाइट में कोच्चि आने को कह देता। पहली या दूसरी फ्लाइट में। कुवैत में प्लेन में बैठ जाने के बाद ही याद आयी थी। आधी रात बीत गयी थी। फिर भी कोई बात नहीं। सुबह कोच्चि आने के लिए शिल्पा से कह सकता था। बात यह थी कि भारत और कुवैत के समयों का अन्तर, ढाई घंटे का, उस समय याद नहीं रहा। इसी कारण से गड़बड़ी हुई थी।

मद्रास में सुबह साढ़े सात बजे पहुँचा। बम्बई टेलीफोन किया। शिल्पा नहीं मिली।

एक सिगरेट निकालकर ओठों पर रखा। एक टेढ़ी करधनी, शायद पेरियार,

चमक रही है। झाँककर देखा। दूर तक फैला नीला सागर।

ठीक सामने पीले अक्षर चमक उठे। कृपया सिगरेट न सुलगाएँ। एकाएक घोषणा सुनायी पड़ी। ध्यान दिया। कप्तान की आवाज़ है— "एक समाचार। आपमें से कुछ इसे सुनने को शायद बेताब होंगे। कोच्चि के नये स्टेडियम में भारत और पाकिस्तान के बीच पाँचवाँ एकदिवसीय क्रिकेट मैच चल रहा है। पिछले मिनट में भारत को एक गहरा धक्का लगा। राहुल पहली ही गेंद पर आउट हो गया। बॉलर था निसार अहमद। भारत का स्कोर तीन विकेट पर छब्बीस। आठवाँ ओवर। अगला बैट्समैन सुरेश मेनन बैटिंग कर रहा है। थैंक यू।"

चूँकि विवेक स्कोर और राहुल के आउट होने के पहलुओं पर ध्यान दे रहा था, इसलिए थोड़ी देर बाद ही सुरेश मेनन की तरफ उसका ध्यान गया। सुरेश? सो कैसे? सचमुच सुरेश का ही नाम लिया गया था क्या?

विवेक ने पास ही बैठे गंजे सिरवाले अधेड़ उम्र के व्यक्ति से पूछा, "एक्सक्यूज़ मी! सुरेश मेनन का ही नाम लिया था न?"

उस सज्जन ने दो क्षणों तक विवेक को ध्यान से देखा।

"सॉरी। आई ऐम कुरुप। मिस्टर एम.पी. कुरुप फ्रॉम मलेशिया।"

विवेक ने आँखें बन्द कीं।

सुरेश, टू डाउन!

टू डाउन पर बैटिंग के लिए उतरना! बम्बई के ब्राबून स्टेडियम में, मद्रास के चेपोक में, कलकत्ता के ईडन गार्डन में, इंग्लैंड के लॉर्ड्स, ओवल और ओल्ड ट्रैफोर्ड में सिर ऊपर उठाये, सफ़ेद पतलून और शर्ट पहने एक सुन्दर व्यक्ति की मूर्ति को कई बार उसने सपने में देखा था। पहली रणजी ट्राफी से लौटने पर जोश बढ़ा था। तब तक कापी और स्कोर शीट में पटौदी और विश्वनाथ के साथ अपना भी नाम लिखकर सन्तोष कर लेने तक ही सीमित था, भारतीय टीम में पहुँचने का अपना सपना। पहली रणजी ट्राफी खेलने के बाद ढाढस बँध गया। अगर कोशिश करूँ, तो अवश्य भारतीय टीम में स्थान पा सकूँगा। यह सम्भव क्यों नहीं होगा?

सोबर्स-जैसा बनना है। ऑल-राउंडर। बैटिंग? कितना ही अच्छा बैटिंग विकेट हो, वर्षा के कारण ख़ूब भीगकर बॉलरों के लिए सौ प्रतिशत अनुकूल बना पिच हो, सावधानी और साहस के साथ फार्वर्ड स्ट्रोक, ड्राइव, बैक स्ट्रोक, लेग ग्लैंस, लेट-कट, हुक आदि बैटिंग के सभी तरीक़ों का प्रयोग करके दनादन शतक पर शतक पाते रहना। रनों में बढ़त होनी भी चाहिए। खेल देखने में दर्शकों को मज़ा आना भी चाहिए। बाद में फील्डिंग के लिए उतरते समय बॉलिंग करना चाहिए। ओपनर। पहले के दस-बीस ओवर फास्ट एवं कंट्रोल करके स्विंग में फेंकना है। फिर स्लो बॉलिंग। अगर ऑफ-स्पिन चाहिए, तो लो, ऑफ-स्पिन। बीच में एक

लेग-ब्रेक, एक गुगली और एक चाइनामैन। एक के बाद एक विकेट गिरते रहेंगे। फील्डिंग में किसी भी पोजीशन के लिए तैयार। बीच में अगर विकेटकीपर घायल हो जाए, तो पैड और दस्ताने पहनूँगा। उसके लिए भी तैयार। भारतीय टीम का सबसे कुशल खिलाड़ी। स्टेडियम कौन-सा है? बम्बई? मद्रास या कलकत्ता? यह निश्चित है कि भारत में ही है। वर्षा के कारण भीगा पिच। वेस्टइंडीज का लैंस गिब्स इस तरह के पिचों में अजेय है। गिब्स की फेंकी गेंद आकाश में है। क्या वह गुगली है या कोरा लेग-ब्रेक?

अनजाने ही विवेक का पैर सामने की कुर्सी के पीछे से टकराया। वह चौंककर जागा।

एयर हॉस्टेस मुस्कुराती हुई पास खड़ी है।

"आपने स्कोर सुन लिया न, सर?"

दो पल के लिए विवेक की पलकें झपकीं और फिर खुल गयीं। मुस्कुराते हुए उसने कहा, "थैंक्स। कोच्चि पहुँचने में अभी कितना टाइम लगेगा?"

"दस मिनट में हम लैंड करेंगे, सर।"

सीट बेल्ट के हुक में आपसे आप उँगलियाँ दब गयीं। इस समय हवाई जहाज़ बादलों के एकदम नीचे है। चौकोर खानों के समान नाले और खेत हरियाली में चित्र खींच रहे थे। इधर-उधर मैच-बक्स जैसे दिखते सफ़ेद और पीले मकान।

अब मुझे ही बैटिंग के लिए उतरना था! ज़फ़रुल्ला की गोलियों का सामना करने की शक्ति मेरे बल्ले में ही है। इस स्टेडियम की भीड़ ने इतने दिन मेरी ही प्रतीक्षा की थी।

मामाजी कहा करते थे। गेंद बल्ले से टकराने पर निकलनेवाली आवाज़ से यह पता चलेगा कि बैट्समैन को आत्मविश्वास है या नहीं। सिर्फ़ टेकनीक जानने मात्र से आत्मविश्वास नहीं मिलेगा। निरन्तर साधना और समर्पण चाहिए। बाक़ी सबकुछ छोड़कर एक ही लक्ष्य को पाने का प्रयत्न। बल्ले पर गेंद का छूना छोटी-सी और आख़िरी हरकत मात्र है। कोई भी व्यक्ति बल्ले से गेंद को छू सकता है। लेकिन, कहाँ और कैसे, यही महत्त्वपूर्ण है। उसके लिए थ्योरी से ज़्यादा अहम है प्रैक्टिस। ग्राउंड में, बेड-रूम में, रसोईघर में, यात्रा के बीच और यहाँ तक कि नींद में भी।

क्रिकेट ही नहीं, किसी भी क्षेत्र में अव्वल बनने के लिए मेहनत ज़रूरी है। समर्पण की भावना चाहिए। पराजय और जोख़िम का सामना करने लायक मजबूत दिल चाहिए।

वह तो यहाँ बनाया जा सकता है। मगर, प्रैक्टिस। क्रिकेट के उम्दा खिलाड़ियों और कोचों से मिलने और उनके साथ खेलने और उठने-बैठने का अवसर प्राप्त करने पर ही हम सामने की कतार में आ सकेंगे। उसके लिए बम्बई जाना ज़रूरी है।

हवाई जहाज़ ने अर्द्धवृत्ताकार में अरब सागर के ऊपर उड़कर कोच्चि की परिक्रमा करके लैंडिंग करना शुरू किया।

अचानक यह विचार मन में आया कि अगर नहीं आता, तो बेहतर होता।

लगा कि दिल भारी होता जा रहा है। लगता है, यह सब अनावश्यक था। क्या करूँ? अपने साथ हमेशा ऐसा ही होता है। जल्दी-जल्दी निर्णय लेता हूँ, और उस पर अमल भी करता हूँ। सफलता तक पहुँचते-पहुँचते फौरन पल-भर के लिए पुनर्विचार। एक प्रकार की घुटन-सी महसूस होने लगती है। सोचने लगता हूँ कि इसकी कोई ज़रूरत नहीं थी। इतनी कड़ी मेहनत नहीं करनी थी। इतनी ज़्यादा तकलीफ़ें झेलने से क्या फ़ायदा! काश, पहले ही सोच लिया होता!

सुरेश की बैटिंग देखना चाहिए। देखने को बहुत जी चाहता है। बैटिंग के लिए उतरने से पहले उसे अपना आशीर्वाद देना चाहिए। जब वह एक-एक गेंद का सामना करता है, तब उसके साथ रहना चाहिए। मेरा मन भी उसके साथ रहे।

लेकिन, जब सोचता हूँ कि सुरेश की बैटिंग देखना चाहिए, तो दिल में कहीं कसक-सी उठने लगती है। उसके हाथ में मेरा ही बल्ला है। उसका बल्ला चलाना देखकर ख़ुशी से झूमनेवाले जो हज़ारों दर्शक हैं, वे मुझे ही देखने की लालसा से भरे हुए हैं।

ज्यों ही हवाई जहाज़ कोच्चि एयरपोर्ट में उतरा, बैग लेकर विवेक सबसे पहले ही बाहर निकल गया। क्षण-भर को दुविधा में खड़ा रहा कि बम्बई टेलीफोन करूँ या नहीं। नहीं, जल्दी-से-जल्दी अब स्टेडियम में पहुँच जाना चाहिए।

होटल के काउंटर पर बैग रखकर टैक्सी से जब स्टेडियम पहुँचा, तब ग्यारह बजकर पन्द्रह मिनट होनेवाला था। सौभाग्य से केरल क्रिकेट असोसिएशन का एक पुराना कार्यकर्ता मिला और उसकी मदद से स्टेडियम में प्रवेश पा सका।

मित्र ने कहा, "हमारा उण्णी है न! गज़ब का खेल खेल रहा है। रियली ग्रेट!"

एकाएक फिर किसी ने दिल के अन्दर खरोंच मारी।

मित्र को देखते ही सुरेश के स्कोर के बारे में क्यों नहीं पूछा? क्या यह सुनने से डरता था कि वह आउट नहीं हुआ?

इब्राहीम खान की गेंद जब सकपकाये खड़े सुरेश के बल्ले को छुए बिना विकेटकीपर शाहनवाज़ के दस्तानों में पहुँची, तब उसे देखकर तसल्ली हुई।

विवेक को लज्जा अनुभव हुई। छि:, मैं क्यों ऐसा हो गया! क्या हो गया मुझे?

22

मुहम्मद हुसैन के ओवर की पहले गेंद को रोकने या बल्ले से मारकर दूर भेजने की कोशिश श्रीनिवास ने नहीं की। ऐसा लगा कि बल्ले से काफ़ी दूर हटकर दायीं ओर से आती गेंद की गति का अन्दाज़ विकेटकीपर शाहनवाज़ को पहले से ही था। उम्मीद थी कि अम्पायर उसे वाइड क़रार देंगे। लेकिन तिलकरत्ने के होठ नहीं हिले। खेल का री-प्ले स्लो मोशन में दिखाये जाने के साथ कमेंटेटर हरीश पटेल की आवाज़ सुनायी पड़ी।

''बड़े ही आश्चर्य की बात है! खेल शुरू हुए चौदह ओवर बीतने पर भी एक भी गेंद वाइड नहीं हुई। शायद एकदिवसीय अन्तरराष्ट्रीय मैचों में यह रिकार्ड होगा। क्या, यह केवल पाकिस्तानी पेस बॉलरों की निशानेबाजी का करिश्मा मात्र है या बॉलरों को शक का फ़ायदा दिलाने के लिए अम्पायरों का रवैया ही इसके पीछे है? आपकी क्या राय है मिस्टर सलमान खान?''

सलमान खान की आवाज़— ''यह एक पर्फेक्ट पिच है। कुशल बॉलर सही निशाना तय करके यहाँ बॉल कर सकेंगे। पिच कभी भी अप्रत्याशित बर्ताव नहीं करेगी। मुझे ऐसा लगता है हरीश, कि इस पिच में पाकिस्तानी बॉलरों को न्यूट्रल अम्पायरों की सहायता की ज़रूरत नहीं पड़ेगी। माफ़ कीजिए, पहले ओवर में एक वाइड था। आपने ध्यान नहीं दिया, शायद।''

''थैंक यू मिस्टर सलमान खान।''

श्रीनिवास ने अगली गेंद ऑफ-साइड में कट करने की कोशिश की। यद्यपि गेंद सही लेंथ में आयी थी, तो भी टप्पा खाकर उठने पर प्रतीक्षित रफ़्तार नहीं थी। टाइमिंग थोड़ा-सा, एक क्षण का शतांश, चूक गया। गेंद बल्ले के नीचे रगड़ा खाकर उठी। ऑफ-साइड की ओर जाने के बदले गेंद ख़तरनाक ढंग से ठीक पीछे गिरकर लुढ़की। भाग्य की बात है कि विकेट के दो इंच पास से पीछे की ओर गयी थी। विकेटकीपर ने मन में निश्चय किया कि गेंद विकेट पर लगेगी। वह उमंग से उछल पड़ा। आधा क्षण। श्रीनिवास को जब मालूम पड़ा कि क्या हो गया है, तब उसने डर से पीछे मुड़कर देखा। दिल की धड़कन मानो बन्द हो गयी।

गेंद विकेटकीपर के हाथों में पहुँच चुकी थी। विकेट पर नहीं लगी थी। श्रीनिवास ने ठंडी साँस ली। दर्शकों ने भी। अकेला मुहम्मद हुसैन फॉलो-थ्रू में ज़मीन पर उकड़ूँ बैठकर, सिर पर हाथ रखकर बड़बड़ाने लगा। जिस कैमरे ने यह दृश्य अंकित किया था, उसने मुहम्मद हुसैन के क्लोज़-अप में लेंस भी ज़ूम किया। दर्शकों को एक आकर्षक ऐक्शन-चित्र देखने को मिला।

श्रीनिवास को पूरा विश्वास था कि मुहम्मद हुसैन की अगली गेंद कुछ और

तेज़ी से सीने की ओर उठ आएगी। कारण स्पष्ट था। पिछली गेंद कट करने में चूक हुई। क़िस्मत के खेल से विकेट पर नहीं लगी। बैट्समैन बिल्कुल परेशान हो गया है। उसके दोबारा सन्तुलन पाने के पहले ही उसे डराने के लिए एक गेंद सीधे बॉल करना चाहिए। यह तरीक़ा किसी भी बॉलर द्वारा इस्तेमाल किया जानेवाला है। मुहम्मद हुसैन तो अम्पांयरों को भुलावे में डालकर बम्पर फेंकने में माहिर भी है।

मुहम्मद हुसैन के बारे में एक रोचक कहानी है। उसकी असलियत के बारे में एक बार सलमान खान से पूछा था। कहानी में वर्णित घटना का एकमात्र गवाह सलमान खान था। वह सिर्फ़ मुस्कुराया। घटना घटी होगी, और नहीं भी घटी होगी। पर, घटने की सम्भावना थी। मुहम्मद हुसैन वैसा ही एक बॉलर है। बाद में सलमान खान ने मुस्कुराते हुए इसका वर्णन किया।

इस घटना के समाचार सभी अख़बारों में छपे थे।

पाकिस्तान वेस्टइंडीज के दौरे पर था। अतिशय तेज़ीवाले फास्ट बॉलरों की एक लम्बी कतार वेस्टइंडीज की बहुमूल्य सम्पत्ति है। बम्पर। सी-सी कर आती गेंदें, जो बल्ले के बदले सिर को भी निशाना बाँध रही थीं। पहले टेस्ट के एक-एक दिन बीतने पर बम्परों के विषय में विवाद उठने लगे। अम्पायरों के ख़िलाफ़ आरोप। रोज़ ही बयान। हालत नाजुक हुई। पहला टेस्ट ड्रॉ हो गया। चौथे दिन पानी बरसा। पाँचवें दिन भी दोपहर के बाद वर्षा। पाकिस्तान की दूसरी पारी में छह विकेट बाक़ी थे। नब्बे रन चाहिए। चूँकि खेल नहीं हो पाया, इसलिए दोनों टीमों ने प्रत्यक्ष रूप से यह कहकर कि धार्मिक विजय हमारी है, और परोक्ष रूप से यह कहकर कि वर्षा ने हमें बचा लिया, स्वयं को तसल्ली दी। यह तय किया गया कि दूसरे टेस्ट में इस प्रकार कटुता का कोई माहौल नहीं होना चाहिए। दोनों टीमों के कप्तानों और मैनेजरों ने मिलकर एक नियमावली बनायी। एक ओवर में एक से ज़्यादा बम्पर नहीं फेंकना चाहिए। अगर ऐसा हो जाए, तो बॉलर को चेतावनी देना कप्तान की ज़िम्मेदारी होगी। दोनों पक्षों ने इस पर सहमति प्रकट की। दूसरा टेस्ट शुरू हुआ ब्रिजटाउन में। बैट्समैन के अनुकूल पिच था। चिलचिलाती धूप। मुहम्मद हुसैन का पहला विदेशी दौरा। ज़िन्दगी का पाँचवाँ टेस्ट। टीम में उसका स्थान अभी एकदम पक्का नहीं हो पाया था। मुहम्मद हुसैन के बॉलिंग के बारे में एक ब्रिटिश समाचार-पत्र के लेखक द्वारा यह जो विवाद शुरू कर दिया गया था कि वह सिर्फ़ गेंद ही फेंकता है, बॉल नहीं करता, अभी ख़त्म नहीं हुआ था। इस पृष्ठभूमि में दूसरे टेस्ट की पहली पारी में पूरी नियमावली ध्यान से सुनने के बाद मुहम्मद हुसैन ने पहले ओवर में ही तीन बम्पर फेंके थे। तीसरी गेंद ज़ोर से बैट्समैन के कन्धे पर लगी। बैट्समैन ज़मीन पर गिर पड़ा। ज़्यादा चोट नहीं लगी। लेकिन सलमान खान को गुस्सा आया। मुहम्मद हुसैन को बुलाकर पूछा, "यह तुमने क्या किया? मैंने कहा था न कि एक ओवर में

एक से ज़्यादा बम्पर फेंकना नहीं चाहिए?''

''जी...''

''फिर?''

मुहम्मद हुसैन ज़मीन पर नज़र गड़ाये हुए बड़बड़ाया, ''अगर हम उन्हें डराएँगे नहीं, तो वे हमारा सत्यानाश कर देंगे। आप भले मुझे गाली दें, मैं उनका सिर फोड़कर रख दूँगा। मुझे तो बस, ऐसा ही खेल आता है। हमें जीतना चाहिए।''

अस्पष्ट-से शब्द। उर्दू, पंजाबी, पश्तो और अँग्रेजी मिली हुई एक मिश्रित भाषा। सलमान खान मतलब समझ गया। यह तो क्रिकेट के जेंटलमैनों का क्षेत्र नहीं है। पूछा, ''गुस्ताख़ी की वजह से अगर तुम्हें टीम से बाहर कर दिया जाए, तो?''

''हाँ हाँ, शौक़ से मुझे हटाइए। लेकिन ऐसा ही खेल मुझे आता है। आप चाहें तो दुधमुँहे बच्चों को खेल में उतार सकते हैं। अगर पाकिस्तान को जीतना नहीं है, तो।''

उस दिन से मुहम्मद हुसैन टीम का स्थायी सदस्य बन गया।

श्रीनिवास को ख़ूब याद है। एक पार्टी के दौरान सलमान खान ने खेल-खेल में भारतीय कप्तान और अपने मित्र सोमेश गांगुली से यों कहा था, ''भारत, वेस्टइंडीज या इंग्लैंड के फास्ट बॉलरों से मैं डरता नहीं हूँ। अपनी ही टीम के मुहम्मद हुसैन से ही मैं सबसे ज़्यादा डरता हूँ। वह मेरे सिर की तरफ भी निशाना साधकर गेंद फेंकेगा। क्रिकेट क्लब में ही सही, अगर मैं उसकी विपक्षी टीम में खेलूँ, तो यही हालत होगी।''

''इट इज़ नॉट क्रिकेट। हमें उसे टीम से निकाल देना चाहिए।''

''क्यों निकालूँ? वह मेरा ट्रम्प कार्ड है। जब विपक्षी टीम का खिलाड़ी सेटल हो जाता है, तब उसे डराने के लिए, परेशान करने के लिए, उसकी एकाग्रता नष्ट करने के लिए मुझे एक हथियार चाहिए। एक मशीन। क्रिकेट में सज्जनता दिखानेवाले अमैच्योर खिलाड़ी की बात तो दूर, स्पोर्ट्समैन स्पिरिट दिखानेवाले प्रोफेशनलों का ज़माना भी बीतनेवाला है। अब ज़रूरत है मुहम्मद हुसैनों की। हमारे दिन बीत चुके। वे अब कभी लौटेंगे नहीं, सोमेश।''

ठीक तो है। श्रीनिवास को स्मरण हो आया। मुहम्मद हुसैनों का सामना करते समय ईंट का जवाब पत्थर से देने की बात याद रखनी चाहिए। नियमों को जितना तोड़ा-मरोड़ा जा सकता है, उतना तो करना ही चाहिए।

मुहम्मद हुसैन दौड़ने लग चुका था।

सीना तानकर लगायी जानेवाली उसकी वह दौड़ देखते ही बनती है। सूरज की रोशनी में चमकता अधगंजा सिर। गैलरी में कुलबुलाये बैठे दर्शक उसके प्रत्येक कदम पर एक ही ताल में शोर मचाने और तालियाँ बजाने लगे हैं।

अम्पायर के पाँच-छह गज पीछे पहुँचने पर ही मुहम्मद हुसैन के कदमों की चाल लपक में बदल जाती है। फिर एक छोटी-सी छलाँग। कदमों के बीच का फ़ासला थोड़ा कम हो जाता है। अन्तिम छलाँग के पहले हाथ ऊपर उठता है।

श्रीनिवास प्रतीक्षा में खड़ा रहा।

जब मुहम्मद हुसैन ने छलाँग लगाने के लिए पैर ऊपर उठाया, तब श्रीनिवास ने, जैसे सामने के साइट-स्क्रीन पर कुछ देख लिया हो, सिर उठाते हुए और बल्ला ऊपर करके विकेट के पास से हटकर, साइट-स्क्रीन की ओर हाथ से इशारा किया। मुहम्मद हुसैन की छलाँग चूक गयी। कदमों का ताल टूट गया। वह अपनी दौड़ की गति रोक नहीं पाया। पर, गेंद हाथ से नीचे नहीं गिरी। 'रुक जाओ' का इशारा करते अम्पायर तिलकरत्ने की उँगलियों से टकराकर मुहम्मद हुसैन ने विकेट से चार फुट आगे क्रीज़ के लिए खिंची सफ़ेद लक़ीर के उस पार पहुँचकर लाल-लाल आँखों से श्रीनिवास को देखा। श्रीनिवास ने उसे अनदेखा करके सामने के साइट-स्क्रीन की तरफ इशारा किया। सुरेश और अम्पायर तिलकरत्ने दोनों ने मुड़कर देखा। पुलिस के दो सिपाही साइट-स्क्रीन के एक किनारे से सटकर खड़े हैं। इसके अलावा कोई दूसरी बाधा वहाँ देखने को नहीं मिली। अम्पायर ने दोनों हाथ दोनों तरफ घुमाकर इशारा किया कि स्कोररों को इसकी गणना बॉल के रूप में नहीं करनी चाहिए।

अम्पायर ने इशारे से समझाया कि लोग साइट-स्क्रीन से हटकर खड़े हो जाएँ।

श्रीनिवास मासूम-सा चेहरा लिये उस ओर देखता हुआ खड़ा रहा, जहाँ मुहम्मद हुसैन धीरे-धीरे रन-अप की तरफ बढ़ रहा था।

मुहम्मद हुसैन दाँत पीसता हुआ चल रहा था। एक अच्छी डिलवरी के लिए एकदम तैयार होकर दौड़े आया था। साइट-स्क्रीन के पास कोई गड़बड़ नहीं थी। फिर भी जान-बूझकर श्रीनिवास ने मेरा ताल तोड़ दिया। अब इसे यों न छोड़ूँगा।

मेरी माँ आज़म खान के खानदान की है। अम्मीजान के मुँह से उन नानाजी की बहादुरी और शान-शौक़त की कहानियाँ सुनी हैं। जब स्कूल गये बिना, गलियों में टेनिस की गेंद फेंककर एक ही डंडावाला विकेट गिराने की कोशिश में बॉल करते हुए देखने पर अब्बाजान डाँट सुनाते, तब अम्मीजान तसल्ली दिया करतीं। हम आज़म खान साहब के पोते हैं। कौन जाने, यह भी कभी नानाजी के समान बड़ा आदमी न बने! अब्बाजान पठान हैं। अम्मीजान से मुझे मिला काला रंग और हिन्दुस्तानी नाक-नक़्श देखने पर यह सोचकर अब्बाजान को तसल्ली हुई कि पठान का खून होने पर भी यह कमज़ोर, कड़ी मेहनत करने में असमर्थ, हिन्दुस्तानी शारीरिक गठनवाला है। ख़ैर जाने दो, क्रिकेट ही सही। जब क्रिकेट में नाम कमा लिया, तो गर्मियों की रातों में आँगन की चारपाई पर बैठकर साथ-साथ खाना खाते दोस्तों की मंडली में अब्बाजान नानाजी से सुनी आज़म खान की कहानियाँ विस्तार

से सुनाया करते थे।

आलवार के आज़म खान साहब का रिकार्ड आज तक किसी ने नहीं तोड़ा है। तोड़ेगा कैसे? एक ही बॉलर द्वारा एक ही पारी के दसों विकेट गिराना। दूसरे लोगों ने भी यह कमाल दिखाया है। लेकिन पहले विश्व-युद्ध की शुरुआत के समय से लेकर चौदह साल तक आज़म खान साहब ने आलवार, बड़ौदा, सौराष्ट्र, बम्बई, कराची और लाहौर में क्रिकेट खेला। इसके बीच नौ बार, एक ही पारी के दसों विकेट खुद आज़म खान साहब ने ही गिराये। उनकी विरासत का थोड़ा-सा हिस्सा मेरे बेटे को भी मिलेगा न!

हमेशा उनकी ख़्वाहिश रही थी कि 'जिम लेकर' का रिकार्ड तोड़ डालना चाहिए। एक ही टेस्ट में दोनों पारियों के बीसों विकेट खुद गिरा देना। इंग्लैंड के 'जिम लेकर' ने ऑस्ट्रेलिया के ख़िलाफ़ उन्नीस सौ छप्पन में ओल्ड ट्रैफोर्ड में जो बॉलिंग रिकार्ड क़ायम किया था, वही आज टेस्ट क्रिकेट में सबसे असम्भव माना जानेवाला रिकार्ड है। पहली पारी में नौ विकेट और दूसरी पारी में दस विकेट। एक ही टेस्ट में उन्नीस विकेट! इधर अब तक दोनों पारियों में कुल मिलाकर दस विकेट तक गिरा नहीं सका। किसी भी टेस्ट में। एकदिवसीय मैच में तो अपना सबसे बढ़िया रिकार्ड एक बार श्रीलंका के ख़िलाफ़ लिये पाँच विकेट हैं।

मुहम्मद हुसैन के मन में जाने किसके प्रति झुंझलाहट भर गयी। फिर उसका लक्ष्य बना श्रीनिवास, जिसने अकारण ही उसके ताल को भंग किया था। जैसा भी हो, अब इसे आउट करके ही दम लूँगा।

इसका विकेट गिरना ही चाहिए।

श्रीनिवास मुझे जानता है। इस समय ज़रूर उसे एक बम्पर की प्रतीक्षा होगी। अब उसके सीने को लक्ष्य करके ऐसा बम्पर फेंकूँगा, जिसे वाइड नहीं क़रार दिया जाएगा।

हाँ, बम्पर ही फेंकना है। मगर, इससे पहले उसे दुविधा में डालना चाहिए।

मुहम्मद हुसैन ने एकाएक मुड़कर बॉलिंग का रन-अप शुरू किया।

श्रीनिवास की नज़रें मुहम्मद हुसैन के दायें हाथ में दब रही गेंद पर ही थीं। मुहम्मद हुसैन के रन-अप के अन्त की छलाँग, सीना तानकर, ऊपर उठाये हाथ की उँगली से आख़िरी पल में गेंद को दिया जानेवाला घुमाव, इन सबका अन्दाज़ा किया जा सकता है। श्रीनिवास गेंद स्वीकार करने और उसे ज़ोर से लेग में मारने के लिए तैयार होकर, बायाँ पैर थोड़ा आगे बढ़ाकर खड़ा हो गया।

सुरेश बल्ले का छोर क्रीज़ की लकीर पर छुआकर दौड़ने को तैयार खड़ा रहा।

दौड़कर आनेवाले मुहम्मद हुसैन पर से टी.वी. चित्र का फोकस बदलकर एकदम लांग शॉट हो गया, जिसमें बैट्समैन, बॉलर आदि सब दिखायी पड़ते थे।

मुहम्मद हुसैन ने आख़िरी क्षण में दायाँ हाथ उठाकर सीधे गेंद फेंकने के बदले बायें कान के पीछे से घुमाकर भरसक ज़ोर लगाकर बॉल किया। गेंद अपनी साधारण रफ़्तार नहीं पकड़ सकी। पर, दायें हाथ के बॉलर से गेंद की प्रतीक्षा में खड़े श्रीनिवास को मिली बायें हाथ के मीडियम पेस बॉलर की गेंद। गेंद बम्पर-जैसी नहीं उठी। अचानक हुआ यह परिवर्तन देख श्रीनिवास ने प्रतिरोध के लिए बल्ला ऊपर उठाया। पहले सोचा था, आउट स्विंगर होगा। लेकिन गेंद में कोई स्विंग नहीं था। गेंद बल्ले पर लगे बिना, पैड पर ठोकर खाकर उठी।

''हाउज़ाट?''

पीछे से विकेटकीपर चिल्लाया। पैड ऐसा नहीं था कि वह विकेट को कवर करे। इसलिए लेग बिफोर विकेट नहीं होगा, यह सुनिश्चित था। फिर भी शाहनवाज़ के मुँह से सवाल उठा।

क्रिकेट का एक अहम उसूल है कि अम्पायर को, बिना माँगे, किसी बैट्समैन के आउट होने का निर्णय नहीं लेना चाहिए। अन्य सभी खेलों में अम्पायर या रेफरी फ़ैसला करेगा। फुटबाल के खेल में गोल है या नहीं, फाउल है या ऑफ-साइड, टेनिस के खेल में नेट कॉर्ड है या नहीं, आउट है या इन, इस प्रकार किसी भी खेल में अम्पायर स्वयं ही निर्णय की घोषणा करेगा। क्रिकेट में भी शायद स्वयं निर्णय लेगा। लेकिन, यह लाज़िमी नहीं। अम्पायर तभी आउट का निर्णय सुनाएगा जब टीम के खिलाड़ी आउट के सम्बन्ध में अपील करें। कई तरीक़ों से बैट्समैन आउट हो सकता है। विकेट गिरने से, स्टम्प करने से, विकेट के सामने पैर रखकर एल.बी.डब्ल्यू. होने से, रन-आउट होने से, विकेट पर बल्ला या पैर लगकर बेल के गिरने से, गेंद को हाथ से छूने से, गेंद यदि विकेट की ओर न हो तो उसे बल्ले से एक से अधिक बार मारकर हटा देने से, विपक्षी टीम के खिलाड़ी को रोकने से—इन सभी तरीक़ों से बैट्समैन आउट हो सकता है। पर, आउट होने पर भी फील्ड करनेवाली टीम के खिलाड़ी यदि अम्पायर से 'हाउ इज़ दैट' की अपील नहीं करेगा, तो वह चुपचाप खड़ रह सकता है। बैट्समैन आउट नहीं माना जाएगा। अतः लेश मात्र शंका की स्थिति में भी फील्डर, ख़ासकर बैट्समैन के पास खड़ा विकेटकीपर ज़रूर अपील करेगा।

शाहनवाज़ ने अपील की।

परन्तु, तिलकरत्ने ने अनसुनी कर दी।

इस अपील के बीच गेंद विकेटकीपर के दस्तानों में न सिमटकर पीछे की ओर लुढ़कती चली।

सुरेश मेनन क्रीज़ के आधे भाग तक आ चुका था। पीछे मुड़कर देखने के बाद श्रीनिवास क्रॉस करने के लिए दौड़ा। स्लिप से फील्डर विकेट के पास पहुँचे, इससे

पहले ही सुरेश सही–सलामत क्रॉस कर चुका था। यद्यपि शाहनवाज़ ने दास्तानों से युक्त हाथ से ज़ोर से फेंका था, तो भी दूसरे छोर तक गेंद के आने में क्षण–भर का विलम्ब हुआ।

श्रीनिवास भी क्रीज़ में सुरक्षित पहुँच गया। मुहम्मद हुसैन गेंद के लौट आने की प्रतीक्षा किये बिना चलने लगा।

अम्पायर ने पैरों पर हाथ से मारकर लेग–बाई का इशारा किया।

सुरेश ख़ुश हुआ।

अब योहन्नान भैया की तीन गेंदें बाक़ी हैं। अच्छा ही हुआ।

23

दायें हाथवाले बॉलर द्वारा मीडियम पेस में बायें हाथवाले बॉलर की तरह गेंद फेंकने के मज़ाकिया खेल का प्रदर्शन योहन्नान भैया अकसर किया करते थे। उसका मुक़ाबला करना सुरेश के लिए बायें हाथ का खेल था। अम्पायर के तीन गज पीछे से ही बॉलर के हाथ उठाने के ढंग से समझा जा सकता है कि उसका इरादा क्या है। जो गेंद दायीं ओर से आने की हो, वह यदि बायीं ओर से आ जाए, तो उसकी रफ़्तार कम हो जाएगी। और अगर बम्पर हो, तो निशाना ज़रूर चूक जाएगा। यही नहीं, स्विंग पर पर्याप्त नियन्त्रण रखना भी मुश्किल हो जाएगा।

इसी कारण सुरेश मेनन को जल्दी ही हिम्मत बँध गयी। मुहम्मद हुसैन की गेंद का सामना करने में अब कोई कठिनाई नहीं होगी।

इब्राहीम खान के पिछले ओवर की अन्तिम दोनों गेंदों का सामना करते वक़्त सुरेश मेनन को जो परेशानी हुई थी, उसके बारे में मुहम्मद हुसैन को जानकारी मिल गयी थी। इस छोकरे ने उसके पिछले ओवर में दो चौके और एक सिंगल मारे थे। उसे परेशानी से बचने का अवसर देना ही नहीं चाहिए। इसलिए मुहम्मद हुसैन ने निश्चय किया कि रफ़्तार कुछ बढ़ाकर बायें हाथवाले बॉलर की तरह एक गेंद फेंकी जाए। जैसा भी हो, वह असमंजस में पड़ जाएगा। गेंद का प्रतिरोध करने की चेष्टा करेगा। क्लोज़ में फील्ड करनेवालों को दो गज और पास लाया जाए।

मुहम्मद हुसैन की फेंकी गेंद ठीक बायें हाथवाले बॉलर की फेंकी गेंद की तरह सही लेंथ में टप्पा खाकर उठी। सुरेश को मुहम्मद हुसैन की दौड़ के अन्तिम कदमों से गेंद के स्वभाव का पता लग गया था। जब तक गेंद बॉलर की मुट्ठी से छूटी नहीं, तब तक सुरेश मेनन क्रीज़ से एक कदम आगे बढ़ चुका था। जब गेंद ज़मीन पर टप्पा खा पायी, तब दायाँ पैर आगे आ पहुँचा। जो गेंद ऑफ़–साइड के विकेट

को लक्ष्य करके आयी, उसे हाफ़-वॉली में लेकर नब्बे डिग्री मोड़कर सिली मिड-ऑन और मिड-ऑन के बीच से घुमाकर ड्राइव किया। बाउंड्री की तरफ गेंद की रफ्तार रोकने के लिए दो फील्डर तेज़ी से दौड़ पड़े। गेंद को रोकने में वे सफल हुए, लेकिन जब तक वह विकेटकीपर के हाथों में पहुँची, तब तक सुरेश दो रन ले चुका था।

सुरेश श्रीनिवास की ओर देखकर हँस दिया। अविश्वास की अदा में पिच की ओर देखकर मुहम्मद हुसैन खड़ा रहा।

दर्शकों में कोलाहल मच गया।

मुख्यमन्त्री गौतमन ने पान की पिटारी खोली।

विपक्षी नेता गोविन्दन कुट्टी ने सिगरेट सुलगाने के लिए सिगार-लाइटर ढूँढ़ा।

शैलजा मेनन ने आँखें बन्द कर भगवान पूर्णत्रयीश का ध्यान करके हाथ जोड़े।

जब प्रोफेसर सोमदासन गैलरी में अपनी सीट ढूँढ़ न पाने से परेशान थे, तभी सुरेश के क्लासिक स्टाइल का शॉट देख पाये। उन्होंने ख़ुश होकर तालियाँ बजायीं।

विवेक चिरपरिचित चेहरे ढूँढ़ रहा था। उसे बैठने को जगह नहीं मिली। जब वह खाली जगह खोज रहा था, तभी सुरेश ने क्रॉस किया था। चार साल पहले एक बार सुरेश का बैटिंग देखा था। तब सुरेश स्कूल का छात्र था। कोई इंटर-स्कूल प्रतियोगिता चल रही थी। एरणाकुलम में ही। कॉलेज ग्राउंड में। उस दिन सुरेश ने सत्तर रन लिये थे। आठ ओवरों में। उस समय उसे उपदेश दिया था, डोंट बी रैश। खेल में जल्दबाजी नहीं करनी चाहिए। लगता है, सुरेश ने वह उपदेश अनसुना कर दिया। मुहम्मद हुसैन की गेंद का सामना करने का ढंग देखकर ऐसा ही मालूम पड़ता है। लेकिन, इस समय तो सुरेश भारतीय टीम में खेल रहा है। महज़ रणजी ट्राफी में एक बार खेलकर मुँह छिपाकर भागनेवाला नहीं है। भीड़ का कोलाहल और चिल्लाहट। उण्णी...उण्णी...विवेक ने अनजाने ही तालियाँ बजा लीं।

केवल एक व्यक्ति, यद्यपि उसकी नज़रें पूर्ण रूप से पिच की लड़ाई में उलझी थीं, न कुछ देखता था, न सुनता ही था।

राहुल।

नाखून काटते हुए, तालियाँ बजाना भी भूलकर किसी दूसरी दुनिया में खोये-से बैठे राहुल के कन्धे को छूकर मराठे ने कहा, ''नाखून काटना बुरी आदत है। भले लड़के नाखून नहीं काटते। उसकी जगह चाकलेट खाएँगे।''

किसी विज्ञापन-चित्र के वाक्य की तर्ज़ पर मराठे ने कहा, ''स्वादिष्ट। बुद्धि, सौन्दर्य, उत्साह, स्वास्थ्य, सबके लिए लो, किसपिस चाकलेट, ख़रीदकर चूसो।''

राहुल कोच्चि के स्टेडियम में, मैच में लौट आया।

''व्हाट हैपेंड?''

"यह तो मुझे पूछना चाहिए था। क्या हुआ?"

"नथिंग।"

मराठे ने फिर कुछ नहीं पूछा। राहुल के स्वभाव से वह ख़ूब परिचित था। आम तौर पर किसी दूसरे व्यक्ति के साथ ऐसी चुप्पी का कारण दो में से एक, या दोनों एक साथ हो सकता है। पहला कारण है, आज पहली गेंद पर ही वह आउट हो गया। दूसरा, अपने से बहुत कम उम्र के एक युवक की निहायत ख़ूबसूरत बैटिंग देखकर हुई ईर्ष्या। इन दोनों के कारण राहुल के दिल का चैन नष्ट हो सकता था। परन्तु, इस समय नहीं। पहली ही गेंद पर जो आउट हो गया, उसके बारे में, अपने कमरे में अकेले में बैठकर निसार अहमद का बॉलिंग ऐक्शन बार-बार देखकर उसका मुक़ाबला करने के उपाय ढूँढ़ निकालूँगा। यह पता कर लूँगा कि कहाँ चूक हुई। ग़लती पर पश्चात्ताप नहीं करूँगा। यह तो लड़ाई है। दिमाग़, ताक़त और तकनीक की। यहाँ जो विजयी होंगे, वे भूल-चूकों पर पश्चात्ताप करनेवाले नहीं। बल्कि, ऐसे लोग हैं जो भूलों को न दोहराने के उपाय खोज निकालनेवाले हैं। उसके लिए आवश्यक मानसिक दृढ़ता राहुल में है। बल्कि, पूरी भारतीय टीम में राहुल में ही आज वह दृढ़ता है। इसलिए उसके दुख का कारण आज उसका आउट होना नहीं होगा। दूसरा, सुरेश मेनन का आगमन। पहले मैच में अपने ही शहर के प्रशंसकों के सामने बढ़िया मौसम और अनुकूल पिच में अच्छे-अच्छे स्ट्रोक खेलकर बड़ी-बड़ी उम्मीदें जगानेवाले कितने ही खिलाड़ी क्रिकेट में हुए हैं। भारत में ही कितने! किन्तु एक साल का विदेशी दौरा। सशक्त प्रतियोगियों द्वारा बुद्धिपूर्वक किया गया आक्रमण। कुछ भी पर्याप्त है, और इन नौजवानों की उपलब्धियाँ केवल रिकार्ड बुक के पुराने पृष्ठों में समा जाएँगी। इसलिए सुरेश मेनन, फिलहाल राहुल के लिए जलन पैदा करनेवाला प्रतिद्वन्द्वी नहीं बना है। शायद बन जाएगा। यदि एक-दो वर्ष इसी तर्ज़ पर आगे बढ़ा तो। हालाँकि उसकी सम्भावना बहुत कम ही है। ख़ासकर पिछले ओवर की अन्तिम गेंदों का सामना करते समय के उसके नर्वसनेस को देखते हुए।

फिर?

राहुल को उसके अपने पास ही छोड़ दो। उसका निजी दुःख सिर्फ़ उसका अपना ही दुःख बना रहे।

उन्नति का सदा का सहचारी अकेलापन ही तो है। जो जितना ऊँचा उठेगा, उतना ही वह एकाकी भी हो जाएगा। अगली गेंद का सामना करने के लिए खड़े सुरेश फील्ड के गैपों का जो निरीक्षण कर रहा था, उस पर मराठे ने ग़ौर किया। सुरेश गैपों को एकदम से नहीं ढूँढ़ निकालता। सभी फील्डरों की गिनती लेने के बहाने वह हर एक के स्थान पर नज़र दौड़ाता है। इस अन्दाज़ में कि गैप नहीं, फील्डर ही मेरा लक्ष्य है।

यह होशियार है। क्रिकेट में यह कुछ नया लाएगा, अवश्य।

मराठे राहुल को भूल गया। परन्तु, राहुल मराठे को भूला नहीं था। मराठे के कन्धे पर हाथ रखकर कहा, "मैं ड्रेसिंग-रूम में रहूँगा। सिरदर्द हो रहा है।"

"डॉक्टर को बुलाऊँ क्या?"

"नो नो। किसी से मत कहना। दस मिनट का आराम, और मैं जल्दी ही ठीक हो जाऊँगा।"

"ओ.के. राहुल!"

राहुल की अशान्ति का कारण पहली ही गेंद पर आउट हो जाने का दु:ख, या सुरेश मेनन नामक नये बैटिंग सितारे का उदय आदि कुछ भी नहीं था। राहुल को स्कोर-बोर्ड की ओर देखे ही अब पन्द्रह मिनट से ज़्यादा हो गया। स्कोर कितना है? कितना भी हो, मुझे कोई लेना-देना नहीं है। अब तो पिछले एक साल से भारतीय टीम से भी परे का अपना स्थान है। खेल में भारत भले ही जीते या हारे, मैं शून्य पर आउट हो जाऊँ या शतक मारूँ, अपने लिए कोई फ़र्क़ नहीं पड़ता। टीम में कुछ ऐसा ही अपना रुतबा है।

वही ख़तरा भी है।

चयन-समिति के किसी भी सदस्य में मेरे ख़िलाफ़ कुछ कहने की हिम्मत नहीं। यदि किसी अख़बार में छोटी-सी ख़बर भी आये कि राहुल शायद टीम में शामिल नहीं किया जाएगा, तो जनता की रोषाग्नि भभक उठेगी और चयन-समिति के सदस्य की कुर्सी छिन जाने का भी ख़तरा पैदा हो जाएगा।

जब राहुल उठकर ड्रेसिंग-रूम की सीढ़ियाँ उतरा, तो खिलाड़ियों की सीटों से तीन कतारें पीछे सीढ़ियों के पास ऐसी जगह कप्तान राणा जागरूक बैठा था, जहाँ से एक ही छलाँग में वह राहुल के पास पहुँच सकता था। राहुल जब सीढ़ियाँ उतरा, तब वह भी उठ पड़ा। चारों ओर नज़र दौड़ाने के बाद राणा ने राहुल का अनुगमन किया।

कप्तान राणा राहुल का अंगरक्षक है। छह महीने पहले उसे यह पद मिला था। राणा का असली नाम रामलखन गुप्ता था। वाराणसी की तंग गलियों में अनगिनत अखाड़े हैं। कुश्ती और गदायुद्ध सिखाने के अखाड़े। कितनी ही सदियों से पीढ़ी-दर-पीढ़ी विकसित होती आयी मल्लविद्या का यह प्रसूतिगृह है। वहाँ बचपन में पहलवानों के साथ कुश्ती लड़कर रामलखन बड़ा हुआ था। जाति सूचक नाम 'गुप्ता' रामलखन को सदा ही अखरता था। गुप्ता माने बनिया। वैश्य। कुल का पेशा था व्यापार। कुश्ती या लड़ाई नहीं। इसलिए शहर के एक कॉलेज से क्रिकेट टीम के सदस्य होने के नाते परीक्षा में चीटिंग करने का जो मौक़ा मिला, उसका फ़ायदा उठाते हुए बी.कॉम. की परीक्षा पास होने पर कुछ वर्षों तक रामलखन वाराणसी से

फ़रार रहा। रामलखन ने निश्चय किया कि गुप्ता का बनियापन मिटाने के लिए एक प्रत्यावर्तन अनिवार्य है। उसने अपना नाम बदल लिया। कप्तान राणा। बायो-डेटा में भारतीय सेना के कई पद शामिल कराये गये। नया जीवन शुरू करने के लिए जब बम्बई पहुँचा, तब संयोग से राहुल के चाचा से परिचय हुआ, और चाचा के ज़रिए राहुल के अंगरक्षक का काम मिल गया।

ज़माना बदलता जा रहा है। दुनिया की सर्वोच्च महिला टेनिस खिलाड़ी मोनिका सेलेस को, हज़ारों दर्शकों की आँखों के सामने दूसरे नम्बर की महिला खिलाड़ी स्टेफी ग्राफ के एक प्रशंसक ने कोर्ट में घुसपैठ करके छुरी के वार से घायल कर दिया था। हमलावर ने अदालत में जो बयान दिया, उसमें कहा गया था कि मोनिका से उसकी कोई दुश्मनी नहीं। लेकिन, उसके प्रशंसा-पात्र को अगर पहले नम्बर का सितारा बनना हो, तो मोनिका का खेल से हट जाना अनिवार्य था। उसके लिए कोई दूसरा उपाय नहीं था, इसलिए उसने मोनिका पर हमला किया था। जो भी हो, मोनिका खेल से हट गयी। शारीरिक चोट की अपेक्षा वह भय और आतंक का शिकार ज़्यादा बनी। अब अगर मोनिका खेलने उतरेगी, तो भय उसके साथ ही रहेगा। एकाग्रता नष्ट हो जाएगी।

पाँच दिन तक चाचा और राणा द्वारा मोनिका तथा आतंक का शिकार बने फुटबॉलरों और बॉक्सरों की कहानियाँ विस्तार से सुनाने और समझाने के बाद ही राहुल राज़ी हुआ था, अंगरक्षक की नियुक्ति के लिए।

राहुल को कप्तान राणा बहुत पसन्द आया। वह केवल बॉडी-गार्ड की ही नहीं, छोटे-मोटे सेक्रेटरी की ज़िम्मेदारी भी निभाता था और राहुल के लिए मित्र की हैसियत तक पहुँच चुका था।

ड्रेसिंग-रूम में पहुँचते ही राहुल ने पूछा, ‘‘उसने क्या कहा था?’’

कप्तान राणा ने सहजता के साथ जवाब दिया, ‘‘कुछ नहीं सर। बस, छोटा-सा सवाल कि कप्तान राणा तो नहीं। मैंने हाँ कहा, तो बोले कि अपने साहब से थैंक्स कहना। क्यों कहना है, कौन बुलाता है, जैसे सवाल मैंने पूछे, लेकिन टेलीफोन कट हो गया।’’

‘‘और कुछ नहीं कहा क्या?’’

‘‘नहीं।’’

‘‘अच्छा, अब दस मिनट के लिए मुझे आराम करने दो।’’

‘‘एनिथिंग टु ड्रिंक, सर?’’

‘‘नो, थैंक्स।’’

क्षण-भर शंकित-सा खड़ा रहने के बाद कप्तान राणा दरवाज़े की तरफ चला। राहुल ने शर्ट के बटन खोले। लांग चेयर में निढाल पड़ा रहा।

इसमें कोई सन्देह नहीं था कि फोन किसका था। जिस दिन नागपुर का खेल ख़त्म हुआ, उस दिन रात वहीं बितानी पड़ी थी। उस रात को, पार्टी में, जिसमें बहुत-से प्रशंसकों ने भाग लिया था, किसी अज्ञात व्यक्ति ने काग़ज़ का पुर्ज़ा हाथ में थमा दिया। ऐसा समय था, जब पार्टी का मूड चरम सीमा पर था। काग़ज़ का पुर्ज़ा जेब में डाला। सवेरे फ़्लाइट की तैयारी करते समय देख लिया था। दो लाख डालर। स्विस बैंक में। कोच्चि में नो बैटिंग। फुल बॉलिंग। रात को ज़्यादा पिऊँ, तो अगले दिन खेलना दूभर हो जाएगा। दोपहर बीतने पर ही हैंगओवर से छुटकारा मिलेगा। मुझमें तो वेस्टइंडीज के सोबर्स की तरह नींद से जागते ही सीधे पिच पर पहुँचकर शतक मारने के बाद वापस आकर सो जाने की अमानुषीय क्षमता नहीं है। इसलिए खेल के पहले दिन शराब से बिल्कुल दूर ही रहूँगा। जल्दी ही सोने चला जाऊँगा। लेकिन, अब चूँकि अगले दिन खेल नहीं है, खूब पिया था। हैंगओवर वाला दर्द ऐसा कि सिर फटा जा रहा है। जब काग़ज़ पर के शब्द दुबारा देखे, तो हैंगओवर खुद ही ग़ायब हो गया।

याद करने की कोशिश की कि किसने यह काग़ज़ दिया था। कुछ भी याद नहीं आ रहा। कम-से-कम दो सौ व्यक्तियों ने हाथ मिलाये थे। उनमें से कोई होगा।

नागपुर से बम्बई होकर कोच्चि आया था। जब यात्रा शुरू की, तब काग़ज़ की बात भूल गया। कोई पागल व्यक्ति होगा, यह सोचकर बात को तूल नहीं दिया।

लेकिन पहली ही गेंद पर आउट होकर आधे घंटे के पहले ड्रेसिंग-रूम में आकर पैड खोलकर खिलाड़ियों के बीच बैठ गया, तब दो ही मिनटों में राणा ने आकर टेलीफोन की सूचना दी।

पहले चौंक पड़ा था। अनजाने ही भगवान का नाम ज़बान पर आया। उस काग़ज़ पर किसी बैटिंग सिंडिकेट का निर्देश था। अब क्या किया जाए?

आज तक मैं क्रिकेट-क्षेत्र के हर तरह के आरोपों से परे था। जब दुनिया भर में प्रोफेशनलिज़्म अपनी पूरी ताक़त के साथ क्रिकेट पर हावी हो गया, तब कई स्थानों पर यह अफ़वाह उठी कि खेल में हार जाने के लिए बैटिंग सिंडिकेट सभी खिलाड़ियों को पैसे देते हैं। सिर को लक्ष्य करके गेंदबाजी करने का बॉडीलाइन बॉलिंग, बल्ले के बदले पैर आगे रख पैड करके गेंद रोकने की पैडिंग, गेंद की 'सीम' बदलकर स्पिन में अनिश्चय बढ़ाने की रीति, ये सब तो क्रिकेट के खिलाड़ियों द्वारा खेल जीतने के लिए ईजाद नये तरीक़े थे। बहकावा नहीं, बल्कि लड़ाई के दाँव-पेंच। लेकिन, यह बैटिंग?

दो लाख डालर। साठ लाख रुपये! टैक्स-फ्री। स्विस बैंक में। हे भगवान! उनको अब यक़ीन हो गया है कि मैं उनके निर्देश को मानकर, जान-बूझकर पहली ही गेंद पर आउट हो गया था। अब मैं क्या करूँ? अगर उनके निर्देश के अनुसार

बॉल करूँ, तो मुझे पूरे-के-पूरे, याने दसों ओवर बॉल करने होंगे। उसका मतलब हुआ कि अगर पाकिस्तान को जीतना है, तो मुझे बैटिंग में हारना होगा और साथ ही बॉलिंग भी करना होगा। लगता है कि उन पर अभी मेरे बॉलिंग की धाक नहीं जमी है। ब्लडी फेलोज!

पाँच मिनट तक आँखें बन्द किये लेटा रहा। कप्तान राणा कमरे में आया। वह दो पल तक राहुल की ओर ग़ौर से देखकर खड़ा रहा।

राहुल ने आँखें खोलीं। उठकर वॉश-बेसिन में मुँह धोया। कप्तान राणा ने जो तौलिया बढ़ाया, उससे मुँह पोंछने के बीच पूछा, ''खेल कैसा चल रहा है भाई?''

''मैंने नहीं देखा, सर। मैं तो यहीं दरवाज़े पर खड़ा था।''

राहुल हँस दिया। राणा का कन्धा थपथपाया। इस दोस्ताना रुख़ से राणा को आश्चर्य हुआ।

''हमारे फील्डिंग के समय देख लेना। अब मैं पूरे दस ओवर बॉल करूँगा।''

24

मुहम्मद हुसैन का ओवर समाप्त हो गया।

चौथी गेंद पर सुरेश मेनन ने दो रन लिये थे। पाँचवीं गेंद 'नो बॉल' हुई। मुहम्मद हुसैन ने जान-बूझकर सुरेश को पसोपेश में डालने के लिए स्ट्राइडों की लम्बाई कम कर दी। वह ख़तरनाक साबित हुआ। पूरा कदम क्रीज़ की सफ़ेद रेखा के उस पार पड़ा। नो बॉल। परन्तु, सुरेश को उससे कोई लाभ न हुआ। स्ट्राइड में हुआ परिवर्तन देखकर गेंद मिडिल करने का निश्चय करके बल्ला सामने ला चुका था। 'नो' की आवाज़ जब तक नहीं सुन पाया, तब तक बल्ला प्रतिरोध की गति में आ चुका था।

फिर पाँचवीं गेंद। लेग-स्टम्प को लक्ष्य करके आयी गेंद को सुरेश ने पूरा जोर लगाकर बायीं ओर घुमाकर मार दिया। मगर, गेंद पहुँची सीधे फील्डर के हाथों में। छठी गेंद। सुरेश ने उसे उठाकर मारने की ठानी। इस ओवर की समाप्ति के बाद अगली गेंद से फील्डिंग में परिवर्तन होगा। तीस गज के घेरे की पाबन्दी नहीं रहेगी।

थोड़ा-सा शॉर्ट-पिच होकर आयी गेंद को, जो बीच के और बायें लेग के स्टम्प को लक्ष्य करके आ रही थी, सुरेश ने अनायास ही सीधे बॉलर के सिर के ऊपर से उठाकर मार दिया। अगर टाइमिंग चूक जाता, तो गेंद ज़रूर मिड-ऑन के हाथ में

पहुँच जाती। लेकिन रीबाउंड की शक्ति ने ही गेंद को उठा लिया। लांग-ऑन में कोई फील्डर नहीं था। गेंद बाउंड्री की ओर गयी।

ज़मीन पर और बेंच पर बैठे नौजवानों और लड़कों ने तालियाँ बजायीं। एक छोकरे ने कहा, "अभी ड्रिंक्स आएगा।" जवाब के तौर पर किसी ने कहा, "नहीं, अगले ओवर के बाद ही आएगा।" लाइब्रेरी हॉल से सटकर किताबों से खचाखच भरी अलमारियों के बीच पुरानी जीर्णप्राय मेज़ पर सिर झुकाये बैठे केशव पणिक्कर ने आस्तिक न होने पर भी प्रार्थना की।

"हे भगवान! आज पावर-कट क्यों नहीं होता? कम-से-कम बीच-बीच में बिजली चली जाने दो भगवान!" पणिक्करजी क्रिकेट के विरोधी नहीं हैं। बल्कि, उसके प्रेमी हैं। दस साल पहले स्कूल से सेवानिवृत्त हो गये थे। जब उन्होंने इस छोटे-से पुस्तकालय के सचिव का कार्यभार सँभाला, तो पहला काम यह किया कि पुस्तकालय के साथ ही खेल-कूद का विभाग भी चालू कर दिया। पाला शहर से दस मील की दूरी पर स्थित पहाड़ी गाँव। सुबह और शाम दो-दो बसें गर्द उड़ाती हुईं, स्कूल के सामने के चौराहे पर स्थित इमली के पेड़ के नीचे आकर रुकतीं। स्कूल की प्रधाान अध्यापिका पहली बस में आ जातीं। अन्तिम बस में लौट भी जातीं। साधारण अध्यापक दूसरी बस में आ जाते और पहली में वापस जाते। केवल केशव पणिक्करजी स्कूल के पास किराये के मकान में अकेले रहते थे। क्वाँरे। बच्चे और पुस्तकें ही उनकी एकमात्र पसन्द थी। उनके नितान्त परिश्रम से ही गाँव में एक पुस्तकालय की स्थापना हुई थी। सेवानिवृत्त होने तक वे पुस्तकालय के कार्यवाहक नहीं बने। लेकिन उससे सम्बद्ध सभी कार्यों में वे ही सबसे आगे थे।

जब दस वर्ष पहले पणिक्करजी ने सचिव का पद स्वीकार किया था, तब मुश्किल से एक सौ मेम्बर थे, रजिस्टर में। क़रीब तीन हज़ार पुस्तकें और दस पत्रिकाएँ भी थीं। पणिक्करजी ने इलाके के नौजवानों को इकट्ठा करके पुस्तकालय के विकास के कार्यक्रम शुरू किये। पुस्तकालय के आँगन में वॉलीबॉल के लिए ग्राउंड तैयार किया गया। क्रिकेट के बल्ले, गेंद, पैड, स्टम्प आदि भी ख़रीदे। एक कोयर मैट (नारियल की जटा की बनी चटाई) भी ख़रीदी। मैटिंग विकेट। फुटबाल के लिए भी टीम बनी। लड़कियों के लिए थ्रोबॉल और वॉलीबॉल का भी आयोजन किया। एक प्रकार का नवजागरण ही कहिए। लाइब्रेरी में भी पुस्तक-सप्ताह, पुस्तक-मास और सदस्यता-अभियान आदि चलाये गये। चार साल पहले यह सब हुआ था। जब वह दुर्बल क्षण आया, जिसकी याद आते ही पणिक्करजी आहें भरने लगते हैं, तब तक लाइब्रेरी के सदस्यों की संख्या साढ़े तीन सौ तक पहुँच गयी। पुस्तकों की संख्या सात हजार से ऊपर हो गयी। आठ अख़बार और बीस से ज़्यादा पत्रिकाएँ। रोज़ शाम को ग्राउंड में खेल भी होते थे। रीडिंग रूम में तो पाठकों की

भीड़ जमने लगी।

चार साल पहले की बात है।

आज भी उसकी याद करने पर केशव पणिक्कर को विश्वास नहीं होता। मैं क्यों पहले ही इसकी कल्पना नहीं कर सका? सबसे अधिक दु:ख की बात यह है कि मैंने खुद का यह प्रस्ताव पेश किया था।

अपने पैरों पर आप कुल्हाड़ी मारने की कहावत मानो चरितार्थ हो गयी।

लाइब्रेरी के वार्षिक अधिवेशन में मैंने ही यह प्रस्ताव रखा था।

रीडिंग रूम में एक टेलीविजन सेट भी होना चाहिए। इस समय रेडियो है। यह काफ़ी नहीं है। टी.वी. ही चाहिए।

लोगों ने तालियाँ बजाकर सहमति प्रकट की। उस साल पुस्तकें ख़रीदने के लिए इकट्ठी की गयी रक़म टी.वी. के लिए ख़र्च की गयी।

रीडिंग-रूम के चुनिन्दा स्थान पर टी.वी. सेट रखा गया। छत से तीस फुट तक लम्बे ऐंटिना ने पेड़ों की शाखाओं के भी ऊपर सिर उठा लिया। रीडिंग-रूम की प्रतिष्ठा बढ़ गयी।

रीडिंग-रूम में तालियाँ बजने लगीं।

"नहीं, ड्रिंक्स नहीं।"

"छि: यह श्रीनिवास भी कैसा मनहूस खिलाड़ी है!"

"क्या, बॉलिंग चेंज हो गया?"

"नहीं।"

"साले स्कोर-शीट नहीं दिखाते।"

"बहुत ख़ूब। विज्ञापन के बाद समय कहाँ?"

"अरे भाई, स्कोर तो अपने पास है!"

"सुरेश मेनन नॉट आउट। चालीस रन। अभी तीन विकेट खोकर चौहत्तर। ओवर गॉन, फिफ्टीन।"

"अरे यार, वह नहीं। फुल स्कोर-कार्ड।"

चार लड़के एक कॉपी में हर गेंद के निर्णय के साथ सभी स्कोर उसी प्रकार लिख रखते थे, जिस प्रकार क्रिकेट ग्राउंड के स्कोरर लिखा करते थे।

किसी-किसी की आवाज़ पणिक्करजी ने सुनी।

"लो, सुन लो हमारी टीम का स्कोर। बलबीर सिंह रन-आउट। अफ़जल मसूद का थ्रो। सत्रह। मराठे कॉट शाहनवाज़, बॉल्ड निसार अहमद, आठ। राहुल बॉल्ड, निसार अहमद, शून्य। सुरेश मेनन बैटिंग, चालीस। श्रीनिवास बैटिंग, दो। एक्स्ट्राज़, एक वाइड, पाँच लेग-बाई, एक नो बॉल, कुल सात। कुल पचहत्तर, तीन विकेट खोकर। औसत रन-रेट चार दशमलव नौ तीन।

विकेटों का गिरना। पहला, छब्बीस। दूसरा, छब्बीस। तीसरा, बत्तीस।''

''अच्छा, यह पार्टनरशिप कितने रन का हुआ?''

''चवालीस। इकतीस गेंदों में।''

''शायद यह रेकार्ड होगा।''

''नहीं। एक बार सोबर्स ने मेलबर्न में...''

''वह सिर्फ़ एकदिवसीय मैच था।''

''नहीं...नहीं...''

''एकदविसीय ही था...बिल्कुल।''

पणिक्करजी ने अपने दोनों कानों में उँगलियाँ डाल लीं। रीडिंग-रूम में भी आवाज़ें बन्द हो गयीं। विज्ञापन भी ख़त्म हुए। खेल शुरू हुआ होगा।

पणिक्करजी ने निराशा के साथ चारों ओर देखा। आवाज़ फिर उठने लगी।

''वह तो एकदिवसीय इंटरनेशनलों और टेस्टों में रेकार्ड है। फिर नये-नये खिलाड़ियों के बीच सुरेश को और भी रेकार्ड प्राप्त हुए हैं। अपने दूसरे ओवर में ही छक्का मारनेवाला कोई दूसरा बल्लेबाज दुनिया-भर में आज तक नहीं हुआ है।''

''शायद टेस्ट में होगा।''

''देखना है।''

क्रिकेट का खेल सचमुच आँकड़ों और रेकार्डों की अद्भुत दुनिया है।

इस विषय में क्रिकेट का खेल अन्य खेलों से सर्वथा भिन्न है। ऐसा कोई दूसरा खेल नहीं, जिसमें व्यक्तिगत रेकार्ड और आँकड़ों में इतनी अधिक भिन्नता झलकती हो। प्रत्येक मैच में बाइस खिलाड़ी। उन सबों के लिए बैटिंग, बॉलिंग और फील्डिंग के आँकड़े। ऐसे अनेक मैच। क्लब मैच। फर्स्ट क्लास मैच। वन डे मैच। वन डे इंटरनेशनल। अनौपचारिक टेस्ट। रेगुलर टेस्ट। प्रत्येक के अलग-अलग आँकड़े।

कितने रन लिये, कितने रन दिये, कितने कैच पकड़े, कितने कैच छूटे, कितनी देर बल्लेबाजी चली, कितनी देर गेंदबाजी हुई आदि बातों के अलावा, विकेट के पास बैट्समैन के पीछे गेंद पकड़ने के लिए खड़े विकेटकीपर ने बीच में अगर गेंदबाजी की है, तो उसके भी आँकड़े तक उपलब्ध हैं।

सबके सब रेकार्ड हैं।

इंग्लिश काउंटी क्रिकेट में सिर्फ़ एक ही बार दोनों टीमों के विकेटकीपरों ने पैड उतारकर दूसरे खिलाड़ी को दे दिया। बीच में कुछ गेंदें बॉल कीं। उन्नीस सौ सैंतालीस में सरे टीम का आर्थर मकिनटायर और मिडिलसेक्स टीम का लेस्ली कांप्टन।

इंग्लैंड के विकेटकीपर अलफ्रेड लिटलटन ने अठारह सौ चौरासी में ओवल

टेस्ट में ऑस्ट्रेलिया के ख़िलाफ़ जब खेल आधा बीत चुका था, तब बॉलर का स्थान लिया और उन्नीस रन देकर चार विकेट ले लिये थे।

टेस्ट क्रिकेट में कम-से-कम समय के लिए जिस खिलाड़ी ने बॉल किया था, वह एक विकेटकीपर था। भारत के विकेटकीपर किरमानी ने उन्नीस सौ तिरासी की भारत-वेस्टइंडीज श्रृंखला के पाँचवें टेस्ट में, अन्तिम क्षणों में जब वेस्टइंडीज के जीतने के लिए सिर्फ़ एक रन की आवश्यकता थी, तब पैड उतारकर बॉल करने के लिए गेंद ले ली थी। कहा जाता है कि पहली गेंद ही नो बॉल हुई। वेस्टइंडीज को एक रन मिला। किरमानी ने बॉल किया। लेकिन बॉल के तौर पर उसे मान्यता नहीं मिली।

सब-के-सब रेकार्ड हैं। क्रिकेट में हर साल नये-नये आँकड़े और रिकार्ड इस प्रकार स्थापित किये जाते हैं कि स्वयं भगवान आदिशेष भी उसका वर्णन नहीं कर पाएँगे।

तेरहवीं सदी में इंग्लैंड के भूस्वामी सामन्तों ने अपने शनिवार के मनोरंजन के लिए 'क्राइस' नामक खेल शुरू किया था। गुल्ली-डंडा जैसा एक खेल। अथवा खूँटी और डंडे का खेल। प्राचीन अँग्रेजी में क्राइस का अर्थ खूँटी ही है। समयान्तर में वही खेल क्रिकेट के रूप में परिवर्तित हो गया। उन दिनों सामन्त लोग खेलने के लिए अपने नौकरों को भी साथ लाया करते थे। सामन्त लोग बैटिंग और बॉलिंग ही करेंगे। फील्ड करने की ज़िम्मेदारी नौकरों की थी। गेंद को फील्ड से क्रीज़ तक लाने के लिए दौड़ना सामन्तों के लिए हेठी की बात थी। कुछ वर्ष पहले तक पुराने ज़माने की यह मान्यता जारी रही, जिसके कारण क्रिकेट में बैटिंग और बॉलिंग को ही प्रमुखता दी गयी थी। अभी हाल में ही प्रोफेशनलिज्म की कर्कशता ने फील्डिंग को ऊँचा स्थान दिलाया है। अठारहवीं शती में ही क्रिकेट को अपना वर्तमान स्वरूप प्राप्त हो गया और बैट्समैन तथा बॉलर के लिए फील्डिंग अनिवार्य कर दिया गया। सन् सत्रह सौ पचास में इंग्लैंड के काउंटी मैच प्रथम फर्स्ट क्लास मैच बन गये। केंट की टीम चैम्पियन बनी। उसी दिन से आँकड़ों और रेकार्डों का ऐन्द्रजालिक आकर्षण शुरू हुआ था। किसने कितनी गेंदें फेंकीं, कितने रन लिये, कब और कैसे आदि कितने ही प्रश्नों के उत्तर के रूप में क्रिकेट स्टैटिस्टिक्स विकसित हुआ— खेल का जोश बढ़ाने में ये रेकार्ड सहायक हुए। पीढ़ी-दर-पीढ़ी विकसित होकर प्रशंसकों का दिल जीतने में वे सफल हुए। जिन्होंने क्रिकेट का मैदान तक नहीं देखा, ऐसे प्रशंसक भी रेकार्ड और आँकड़ों की दुहाई देते हुए इस बात की चर्चाओं में उलझ जाते हैं कि उन्नीसवीं सदी के दिग्गज खिलाड़ी डब्ल्यू. जी. ग्रेस और बीसवीं सदी के दिग्गज ऑस्ट्रेलियाई खिलाड़ी डोनैल्ड ब्रैडमैन— दोनों में से बड़ा कौन था। विस्तृत चर्चा के बावजूद किसी निष्कर्ष पर पहुँचे बिना ही उन्हें सन्तोष भी कर लेना

पड़ता है।

यही है क्रिकेट।

स्कोर-बुक। रेकार्ड।

रेडियो तथा टी.वी. के आगमन से बहुत पहले ही करोड़ों दिलों को क्रिकेट के नशे में डुबो देने में ये आँकड़े समर्थ हो गये। इस समय तो कोरे आँकड़े ही नहीं, क्रिकेट का लुभानेवाला जादू भी कमरे के अन्दर प्रवेश कर गया है।

पणिक्कर को न जाने किस पर गुस्सा आया। चार वर्ष पहले रीडिंग-रूम में ही टी.वी. सेट की स्थापना करके उसके सामने दीया जलाकर जिन स्थानीय विधायक ने उद्घाटन किया था, उनके भाषण के वाक्य आज भी याद हैं।

हमारे गाँवों में कुछ चुनिन्दा अमीरों के घरों में ही टी.वी. है। लेकिन, यह तो जनता के लिए बना, जनता का माध्यम है। ज्ञान और मनोरंजन की प्राप्ति के साथ-साथ संसार के दूसरे राष्ट्रों में घटनेवाली घटनाएँ भी तत्काल हमारी आँखों के सामने प्रत्यक्ष हो जाती हैं। यह हमारे लिए सचमुच वरदान है।

ज्ञान और मनोरंजन।

शाम के समय रीडिंग-रूम में इकट्ठा होनेवाले लोगों की संख्या में वृद्धि हुई। आसपास के क़रीब सौ घरों में अब टी.वी. आ गया है। हाल ही में केबल टी.वी. के किसी व्यक्ति ने आकर इस बात का सर्वेक्षण भी किया कि कितने कनेक्शन की यहाँ सम्भावना है। अगर वह भी आ जाए तो, कहते हैं, चौबीसों घंटे टी.वी. पर प्रोग्राम होंगे।

पणिक्करजी को लगा कि कुछ करना चाहिए। परन्तु, क्या किया जाए! कोई सुस्पष्ट योजना दिमाग़ में नहीं आती थी।

एकाएक रीडिंग-रूम से तालियाँ और कोलाहल सुनायी पड़ा।

पणिक्करजी ने उठकर देहली पर खड़े होकर चारों ओर देखा।

हॉल की छहों बेंचों, फ़र्श, खिड़की की चौखट, और समाचार-पत्र रखने की मेज़ पर लोग बैठे हैं। पत्र-पत्रिकाओं का कुछ पता नहीं है।

पणिक्करजी ने सामने बैठे युवक के कन्धे को अपने हाथ से छूकर उसका ध्यान आकृष्ट किया और पूछा, "इस मेज़ पर पड़ी पत्रिकाओं का क्या हुआ... ?"

टी.वी. स्क्रीन पर सोलहवें ओवर का खेल चल रहा था। दृश्य था, श्रीनिवास का, थोड़ा बायीं तरफ से होकर आयी गेंद को ख़ूबसूरती से लेग-अम्पायर के पास से बाउंड्री की ओर मार देना। दोनों बाजुओं से दो फील्डर दौड़े आ रहे हैं।

पणिक्करजी थोड़ा आगे की ओर झुके।

हे भगवान! गेंद कैच न हो जाए।

जोश और ज़िद का माहौल।

दोनों फील्डर दौड़कर पहुँच जाएँ, इससे पहले ही गेंद बाउंड्री की रस्सी के चार–पाँच फुट पास तक आ गयी थी। दोनों ने एक साथ गेंद की ओर स्केट किया। उनमें से एक फील्डर गेंद को छू पाया, किन्तु रोकने में असमर्थ रहा। गेंद बाउंड्री लाइन को पार कर गयी।

तालियों की गड़गड़ाहट स्क्रीन पर से दर्शकों में फैल गयी।

पणिक्करजी ने भी अनजाने में तालियाँ बजायीं। एक बार फिर चारों ओर देखा। पत्र–पत्रिकाएँ अलमारी के ऊपर रखी गयी हैं।

वे अपनी नज़रें स्क्रीन से हटा नहीं सके। उद्वेगपूर्ण मन से पणिक्करजी अगली गेंद की प्रतीक्षा करने लगे। वे हमेशा इस ज़िद में बैठा करते थे कि अब इसे देखूँगा नहीं। यह एक बुरी आदत है। यह टी.वी. देखना और खेल को खेल के मैदान से हटाकर स्क्रीन पर लाना, सब गुनाह है। यह केवल शरीर के ही नहीं, मन के भी स्वास्थ्य को हानि पहुँचाएगा। वे कहना चाहते थे। लाइब्रेरी के सदस्यों की संख्या सौ से कम हो गयी। पुस्तकों की संख्या तो बढ़ी। परन्तु, बराबर पुस्तकें ले जाकर पढ़नेवालों की संख्या बीस से कम हो गयी। वॉलीबॉल के ग्राउंड में दर्शक कम हो गये। क्रिकेट का यह हाल हुआ कि छोटे लड़कों द्वारा टेनिस की गेंद से दिखाये जानेवाले तमाशे तक ही वह सिमट गया। किसी भी नौजवान ने यह प्रस्ताव नहीं रखा कि क्रिकेट का नया किट ख़रीदना चाहिए।

लेकिन, पणिक्करजी को इसके बारे में कुछ कहने का साहस नहीं हुआ।

श्रीनिवास ने दूसरी और तीसरी गेंद यों ही छोड़ दी।

जब चौथी गेंद का सामना हुआ, तब पणिक्करजी ने प्रार्थना की कि हे ईश्वर, इस बार वह इसे जोर से मार दे। श्रीनिवास ने दो रन लिये। पाँचवीं गेंद को मिडिल किया। आख़िरी गेंद, इब्राहीम खान का तेज़ आउट स्विंगर था। श्रीनिवास ने शान्त होकर बल्ला उठाया और गेंद को जाने दिया।

किसी ने कहा, ''अब सुरेश आएगा।''

जब पणिक्करजी ने खेल देखने की ठानी, तब ड्रिंक्स की गाड़ी ग्राउंड की ओर आती नज़र आयी।

25

''बीस गेंदों में चालीस रन। कीप इट अप, पाल। यह ज़रूर रेकार्ड होगा। वी आर ऑल रियली एक्साइटेड।''

ढक्कन हटाकर ठंडे मिनरल वाटर की बोतल सुरेश की ओर बढ़ाते हुए

अवस्थी ने कहा।

श्रीनिवास कोला का घूँट पीं रहा था। उसके पसन्दीदा च्यूविंग गम का पैकेट जेब से निकालकर अवस्थी ने आगे बढ़ाया और मुस्कुराया।

''सर, शायद आप भूल गये थे।''

''नहीं दिनू। मेरे पैकेट में अभी कुछ बाक़ी पड़े हैं।''

''याद रखिएगा सर, कि पूरे पचास ओवर तक खेलना है।''

श्रीनिवास ने अवस्थी के कन्धे थपथपाये।

सुरेश ने ठंडे पानी से मुँह धोया। सिर और माथे पर पानी छिड़क दिया। कितनी जल्दी पसीने से तर हो गया था!

अवस्थी बोतल वापस लेकर मुस्कुराया, ''बेस्ट ऑव लक, उन्नी।!''

''क्यों? किसके लिए?''

''फॉर अ वर्ल्ड रेकार्ड।''

दिनेश अवस्थी टीम का तेहरवाँ खिलाड़ी है। लेग-स्पिनर। पिछले तीन सालों से रणजी ट्राफी टूर्नामेंट में राजस्थान के लिए अच्छा प्रदर्शन कर चुका है। लेकिन इन तीन सालों में राजस्थान दो बार सेंट्रल ज़ोन के मैचों से आगे नहीं बढ़ पाया था। एक साल रनर-अप होकर इंटर ज़ोन नॉक-आउट में खेला। उस दिन तमिलनाडु के चार विकेट पहली पारी में गिराये। और कुल गिरे तीन विकेटों में दो विकेट दूसरी में। चूँकि राजस्थान की हार हुई, इसलिए इसके बाद खेलने की आवश्यकता नहीं पड़ी। फल यह हुआ कि राष्ट्रीय स्तर पर ध्यान आकृष्ट नहीं कर पाया। कितना ही कुशल खिलाड़ी क्यों न हो, छोटी-छोटी टीमों में खेलना ही जिसकी तक़दीर में बदा है, उसके लिए भारतीय टीम में स्थान पाना टेढ़ी खीर होगा। इसीलिए अवस्थी और सुरेश एक-दूसरे से यह कहकर तसल्ली पाते थे कि अपनी क़िस्मत को सराहो कि टीम में हम रिज़र्व के स्थान तक पहुँच गये हैं। राजस्थान और केरल। हमारी टीमों को एक बार रणजी ट्राफी के फाइनल में खेलना चाहिए। उस दिन बम्बई, दिल्ली, पंजाब, तमिलनाडु, कर्नाटक और हैदराबाद जैसी टीमों को शुरू के राउंडों में ही मात देनी चाहिए।

बड़े-बड़े सपने लेकर टीम में खेलने आनेवालों के लिए नेट-प्रैक्टिस में बॉलिंग द्वारा सहायता पहुँचाकर और बीच-बीच में फील्डिंग प्रैक्टिस करते-करते अवस्थी और सुरेश घनिष्ठ मित्र बन गये। हाँ, सुरेश को सिर्फ़ एक बात में अवस्थी से चिढ़ थी। वह था उसका 'उन्नी' सम्बोधन।

सुरेश ने जब कहा था कि माँ-बाप और क्लब के मित्र मुझे 'उण्णी' पुकारते हैं, तब से लेकर अवस्थी उसे 'उन्नी' पुकारने लगा था।

''अरे यार, 'उन्नी' नहीं, उण्णी। ण-ण। समझे?''

''येस, न-न। मुझे मालूम है 'उन्नी।'

''ण बोलो, दिनू।''

''येस, न। उन्नी।''

बोतल गाड़ी में रखकर दिनेश अवस्थी ने सुरेश के कन्धे थपथपाये और धीमी आवाज़ में कहा, ''तू इस समय पिच में जो जादू दिख रहा है, उसे देखकर ही उनकी आँखें खुलनी चाहिए। तभी हमारे जैसे लोगों को चांस मिलेगा। देख लेना। रेकार्ड बनेगा। फास्टेस्ट सेंचुरी। विश्व-रेकार्ड।''

इस समय चूँकि सीधे प्रसारण में एक के बाद एक अनेक विज्ञापनों की झलक लगातार प्रत्यक्ष हो रही थी, इसलिए कमेंटेटर हरीश पटेल ने अपने सहायक को निर्देश दिया कि वह कम्प्यूटर के आँकड़ों से वह रेकार्ड ढूँढ़ निकाले, जिसमें खिलाड़ी ने कम-से-कम गेंदों में ज़्यादा-से-ज़्यादा रन लिये हों। जब खेल शुरू होगा, तब ठीक आँकड़े दिखाकर सुरेश मेनन के खेल का सही मूल्यांकन किया जा सकेगा। रेडियो की रनिंग कमेंटरी के ढंग में कुछ-न-कुछ कहकर पिंड छुड़ाना ठीक नहीं होगा। कमेंटरी के क्षेत्र में भी कड़ी प्रतियोगिता चल रही है। आँकड़े, खेल की तकनीकी बातें, खिलाड़ियों की व्यक्तिगत विशेषताएँ— इन सबकी अच्छी जानकारी होनी चाहिए। सही समय पर उचित रूप से अपनी कमेंटरी में उनका समावेश करना कमेंटेटर के लिए ज़रूरी है। साथ ही कैमरे के सामने अभिनय का कौशल भी प्रदर्शित करना चाहिए। अगली शृंखला में कमेंटेटर का पद पक्का करने के लिए यह ज़रूरी है।

हरीश पटेल इस कला में अद्वितीय था।

पाँच क्षण तक कम्प्यूटर स्क्रीन पर इतिहास की दस्तावेज़ों से अक्षर और आँकड़े चुन-चुनकर झलकाता रहा।

सबसे तेज़। न्यूजीलैंड की ऑकलैंड टीम के लिए रिचार्ड एडवार्ड। 1969 में एक ओवर में। उन दिनों ऑस्ट्रेलिया और न्यूजीलैंड में आठ-आठ गेंदों के ओवर खेले जाते थे। उस ओवर में बासठ रन लिये। तीन नो-बॉल समेत ग्यारह गेंदों का सामना किया। नौ गेंदों पर छक्के मारे और दो पर चौके मारकर उन्होंने बासठ रन कमाये थे।

हरीश पटेल के लिए भी यह नयी जानकारी थी। दुबारा स्क्रीन की ओर देखकर उन्होंने आँकड़ों की असलियत पक्की कर ली।

इस समय शैलजा मेनन और विजयन मेनन के चारों ओर भीड़ बढ़ती ही रही। खेल के बीच के तीन-चार मिनट के ब्रेक में वी.आई.पी. एनक्लोजर में पॉपकॉर्न वालों और कोला वालों की आवाज़ें गूँज उठीं। 'वो देखो सुरेश के माँ-बाप' कहते हुए अजनबी व्यक्तियों की भीड़ शैलजा के चारों ओर इकट्ठी हो गयी। दो-तीन

फोटोग्राफरों ने इस दृश्य को अपने-अपने कैमरों में उतारा। भीड़ के बीच से दो बच्चों ने पास आकर कहा, ''आटोग्राफ प्लीज़, आंटी!''

''अंकल, आटोग्राफ़!''

''हमारा क्यों, बेटी?''

''कम-से-कम आंटी का तो दीजिए न, प्लीज़!''

शैलजा ने आटोग्राफ की कॉपी खोली। कलम? कलम के लिए हाथ बढ़ाया। बच्चों के पास भी कलम नहीं थी।

भीड़ में से विवेक ने जो कलम आगे बढ़ा दी, उसे ले लिया। शैलजा ने दोनों कापियों में हस्ताक्षर किए। कलम और कॉपियाँ पतिदेव के हाथ में देकर उसने बच्चों से उनके नाम पूछे। फिर जब सिर उठाया, तब विवेक पर नज़र पड़ी।

एक पल। शैलजा को ऐसा लगा मानो बिजली का शॉक लगा हो। अनजाने ही उसकी नज़रें विवेक पर से हट गयीं। शैलजा ने एकाएक सिर उठाया। वह सन्तुलन पा चुकी थी। पूछा, ''विवेक...?''

विवेक ने कहा, ''अभी-अभी तो आया। जब ख़बर मिली कि उण्णी खेलनेवाला है, तब एकदम निकल पड़ा। जब उण्णी भारतीय टीम में खेलता है, तब मैं वहाँ चैन से बैठ सकूँगा क्या?''

विजयन मेनन ने हस्ताक्षर करने के बाद आटोग्राफ कॉपियाँ बच्चों को लौटा दीं। कलम उठाकर किसे दूँ, इस अन्दाज़ से शैलजा की ओर देखा। शैलजा की बातचीत पर विजयन मेनन ने ध्यान नहीं दिया था। जब आटोग्राफ में दस्तख़त करता हूँ, तब उसी पर ध्यान देना। मन को कभी इधर-उधर भटकने नहीं देना। एकाग्रता चाहिए। शुरू के दिनों में शैलजा को यह आदत पसन्द नहीं थी। लेकिन अब वह सहमत हो गयी है। उनकी यह एकाग्रता उण्णी को भी मिली है।

शैलजा ने कहा, ''यह देखो, कौन आया है! विवेक भैया।''

फिर वह बच्चों की तरफ मुड़ी।

''इधर देखो बच्चों! क्या इनके आटोग्राफ नहीं लेंगे?''

बच्चों ने एक-दूसरे की ओर देखा।

''जानते नहीं? केरल की क्रिकेट टीम का सबसे कमसिन खिलाड़ी था। रणजी ट्राफी में...''

बच्चों ने आटोग्राफ की कॉपियाँ आगे बढ़ायीं।

विवेक को शंकित खड़े रहने का अवसर नहीं मिला। बच्चों के हाथों से कॉपियाँ ले लीं।

शैलजा ने व्यंग्य किया था क्या? नहीं। वह ऐसा सोच भी नहीं सकेगी।

शैलजा ने कहा, ''क्या आपने वह स्ट्रेट ड्राइव नहीं देखा विवेक भैया?

इब्राहीम खान का। साइट स्क्रीन के ऊपर से। सचमुच इजी लॉफ्टिंग था।''

''नहीं, मैं देख नहीं सका। पिछले ओवर की शुरुआत के समय ही मैं आ पाया था। मुझे डर था...''

वह कहना चाहते थे कि मेरे पहुँचने के पहले ही उण्णी शायद आउट हो जाएगा। परन्तु क़िस्मत ने साथ दिया। शब्दों पर जल्दी ही क़ाबू पा लिया।

विजयन मेनन ने पूछा, ''आप कल कुवैत में थे न विवेक भैया?''

''हाँ भई। रात के बारह बजे ही निकल पाया। जब मुझे ख़बर मिली कि सुरेश फर्स्ट इलेवेन में होगा तो फ़ौरन अगली फ्लाइट में निकल पड़ा। एक बी.ओ.ए.सी. मिली। मद्रास से होकर।''

एकाएक दिमाग़ में यह सवाल कौंध गया कि यह महाशय कैसे जान गये कि मैं कुवैत में था!

''आपको कैसे पता चला कि मैं कुवैत में... ?''

''शिल्पा ने कहा था।''

''शिल्पा?''

''हाँ, शिल्पा ने।''

''क्या, शिल्पा यहाँ है?''

''हाँ।''

चेक देकर शिल्पा जिस तरफ चली गयी थी, उस ओर इशारा करके विजयन मेनन ने कहा, ''वे उधर कहीं हैं। थोड़ी देर पहले यहाँ आयी थीं।''

विवेक ने उस ओर को मुँह मोड़ा, जिस तरफ विजयन मेनन ने इशारा किया था। शिल्पा ने अभी विवेक का मुँह देखा था। पिछले कुछ क्षण वह शैलजा को घेरकर खड़ी भीड़ पर ध्यान दे रही थी। उसे लगा था कि उस ओर मुँह करके खड़े बातचीत करनेवाला व्यक्ति पीछे से विवेक जैसा ही लगता था। लेकिन इसकी बिल्कुल गुंजाइश न होने से उसने ज़्यादा ध्यान नहीं दिया। लेकिन इस समय जब उधर को नज़र दौड़ाई, तो सचमुच विवेक...

शिल्पा ने हाथ ऊँचा करके हिलाया। जवाब में विवेक ने भी हाथ हिलाया।

ग्राउंड के बीच जिस गाड़ी से ड्रिंक्स दिये जाते थे, उसकी शक्ल भी बोतल की-सी थी। चूँकि स्टेडियम में विदेशी शराब की मनाही थी, इसलिए उसी कम्पनी के लोगों ने अपनी प्रसिद्ध शराब के नाम पर एक नया सोडा बाज़ार में चलाकर उसका विज्ञापन करा दिया। उस ब्रैंड के सोडा की बोतल ख़ास ख़ूबसूरत लगती थी। ड्रिंक्स वाले वैन की बनावट भी कुछ इसी तर्ज़ पर थी।

मीठे, सुगन्धित तमाखू की एक चुटकी मुँह में डालकर उसे मसूढ़े के पीछे एक कोने में दबाकर, जमकर चबाते हुए मुख्यमन्त्री गौतमन ने पास बैठे विपक्षी नेता

गोविन्दन कुट्टी से पूछा, ''इसका हमें क्या करना चाहिए, सर?''

''किसका?''

''क्या, आपने देखा कि जब हम व्हिस्की और ब्रैंडी के विज्ञापनों पर रोक लगा देते हैं, तब उनके ही ब्रैंड के सोडा बाज़ार में लाकर उनका विज्ञापन करा देते हैं। तमाम लोग, बच्चे तक, जानते हैं कि यह सोडा का विज्ञापन नहीं है।''

गोविन्दन कुट्टी हँस दिये।

''इसके लिए सिर्फ़ उन्हें दोषी ठहराना ठीक नहीं। देखिए, शराबबन्दी पर हम दोनों पक्षों के लोग सहमत हैं न? लेकिन दोनों पक्ष इस विषय में कुछ कर सकते हैं क्या? नहीं। अपना राज्य ही ऐसा है। पिछले बजट में आपने इसकी ओर संकेत भी किया था। विदेशी शराब के प्रतिव्यक्ति उपभोग में अपना राज्य भारत में पहले नम्बर पर है। औसत राष्ट्रीय उपभोग का आठ गुना।''

''जी हाँ, मुझे पता है।''

''विज्ञापन तो सोडा का है न?''

''हाँ, अपने को आश्वस्त करने का एक उपाय।''

दोनों नेताओं को उन दिनों की याद आयी, जब बरसों पहले, स्वतन्त्रता-संग्राम के दिनों में, शराबबन्दी आन्दोलन के सिलसिले में दोनों ने साथ-साथ सत्याग्रह किये थे। दोनों ने एक-दूसरे के मन की बात ताड़ ली। लेकिन, खुलकर पूछ लेने में दोनों को संकोच अनुभव हुआ।

ग्राउंड में उस दृश्य पर ध्यान केन्द्रित हो गया, जिसमें खिलाड़ी बोतलें, डब्बे और तौलिए वैन की ओर फेंक देते थे।

अवस्थी ने धीमी गति से जाते वैन के साथ तीन-चार कदम रखे। अचानक कुछ याद आया हो, इस अन्दाज़ में वह पीछे मुड़कर दौड़ा और विकेट के पास पड़े पैडों, दस्तानों और हेल्मेट की ओर बढ़ते सुरेश के कन्धों को छू लिया।

''यह लो उन्नी। तुम्हारे लिए एक बूढ़े ने दिया था।''

केले के पत्ते में बँधी कोई चीज़ थी।

सुरेश ने शंकित होकर पुड़िया पर और अवस्थी के चेहरे पर बारी-बारी से देखा।

पास ही खड़े शाहनवाज़ ने दस्ताने पहनने के बीच कहा, ''सुरेश, क्रिकेट में भी डोप टेस्ट आनेवाला है।''

अवस्थी ने कहा, ''अब मैं चला। एक बुड्ढा...''

''नाम?''

''समथिंग इन योर लैंग्वेज। साधारण नाम नहीं। आख़िरी हिस्सा तुम्हारे नाम से मिलता-जुलता है।''

"उण्णी?"

"हाँ।"

"रावुण्णी?"

"हाँ हाँ, रावुण्णी।"

"थैंक्स।"

सुरेश ने हँसते हुए पुड़िया खोली। केले के पत्ते के टुकड़े में थोड़ा-सा भस्म, चन्दन, दो तुलसी-दल और थोड़ी-सी हल्दी।

"न जाने किन-किन मन्दिरों में रावुण्णी द्वारा किए गए चढ़ावों का प्रसाद है। इसे मेरे पास पहुँचाने के लिए बेचारे ने कितने कष्ट झेले होंगे। नाटा-सा और एकदम बुद्ढा आदमी है न?"

"हाँ।"

"जानते हो, लेग-ब्रेक एक्सपर्ट है?"

अवस्थी हँस दिया और दौड़ते हुए पवेलियन की ओर लौटा।

सुरेश ने जब पुड़िया से एक चुटकी भस्म लेकर ओठों पर रखा और उसका थोड़ा-सा अंश माथे पर लगाया, तो टी.वी. कैमरों ने तत्काल ही यह दृश्य पकड़ लिया। विज्ञापन ख़त्म हो चुके थे। इसलिए सुरेश द्वारा भस्म मुँह में डालने का दृश्य सारी दुनिया ने देख लिया।

पिच की छोटी-छोटी दरारों को ध्यान से देखते हुए श्रीनिवास पास आया। सुरेश ने पत्ते की पुड़िया उनकी ओर बढ़ाई। श्रीनिवास ने भी चुटकी-भर भभूत माथे पर लगायी और कहा, "अभी बॉलिंग चेंज होगा। घबराना मत। तुम्हें अपना अर्द्ध-शतक, शतक आदि को लक्ष्य नहीं बनाना चाहिए। तुम अपना ही खेल खेलो। हाँ, एक बात। सिर्फ़ एक बात याद रखना। निसार बड़ा अक्लमन्द है। हो सकता है, शुरू में वो तुम्हें लूज बॉल दे। लेकिन जैसे-जैसे तुम्हारे पैर जमने लगेंगे, वो ज़बरदस्त दुश्मन बन जाएगा। ज़रा सँभलकर खेलना। बस।"

"थैंक यू, सर।"

"इस समय केरल की ही नहीं, पूरे भारत की दृष्टि तुम पर है।"

सुरेश ने कोई जवाब नहीं दिया। निसार हाथ में गेंद लिये चिन्तामग्न खड़ा था।

26

"विवेक, अच्छा हुआ तू आ गया। जेमिनी का वह खन्ना भी अब यहाँ पर है। मैंने अभी-अभी देखा।"

विवेक कुछ समझ नहीं पाया। अप्रत्याशित रूप से पति को देखने पर पत्नी को सन्तोष होगा। लेकिन ऐसे अवसरों पर सबसे पहले पूछे जानेवाले प्रश्न होंगे, कब आये, कैसे आये, आने की सूचना पहले क्यों नहीं दी आदि।

पति को देखकर पत्नी का चेहरा तो खिल उठा। ठीक है। मुस्कान में हार्दिक प्रसन्नता भी थी। लेकिन वे सवाल? तिस पर पत्नी का 'तू' सम्बोधन विवेक को अखरता था।

'तू' शब्द का समानार्थक मलयालम शब्द अपने से छोटों को सम्बोधित करने के लिए प्रयुक्त होता है। जिनमें अत्यधिक घनिष्ठता हो, वे भी आपस में 'तू' का प्रयोग करेंगे। यद्यपि शिल्पा जब अँग्रेजी में बातचीत करती है, तब 'यू, डार्लिंग' जैसे शब्दों से सम्बोधन करेगी, तो भी भावावेश में आकर पूर्ण स्नेह प्रकट करते समय उसकी भाषा हिन्दी में बदल जाती। उसे सुनकर, जाने क्यों, विवेक को कुछ अटपटा-सा लगता।

प्रारम्भिक दिनों में, मधुमास के समय ही समझाने की कोशिश की थी कि 'तू' का प्रयोग नहीं करना चाहिए। अगर मज़बूरी हो, तो 'आप' के बदले 'तुम' पुकार सकती हो। मतलब यह तो नहीं कि पति के प्रति श्रद्धा दिखाओ। परन्तु, बातचीत के समय किसी महिला का अपने पतिदेव को 'तू' शब्द से सम्बोधित करना उचित नहीं लगता। सबकुछ सुनने के बाद शिल्पा ने कहा, "विवेक, चाहे तो तू भी मुझे 'तू' शब्द से सम्बोधित कर लेना। उसे मैं अपनी हेठी बिल्कुल नहीं समझूँगी।" बातचीत में तीन-चार बार भिन्न-भिन्न अवसरों पर यह विषय आ भी गया। न जाने क्यों, शिल्पा को यह बात महत्त्वपूर्ण नहीं लगी।

शिल्पा ने कहा, "तेरा भानजा सचमुच वर्ल्ड-बीटर बनेगा।" फिर उसने आवाज़ धीमी कर दी, "अच्छा हुआ, इस समय तू भी साथ है। आज लंच के पहले ही अनुबन्ध पर हस्ताक्षर कराने चाहिए।"

ड्रिंक्स के अन्तराल के बाद कुछ दर्शक वी.आई.पी. पवेलियन में चले गये, तो उनकी सीटें खाली हुईं। विवेक को बैठने की जगह मिली। बिल्कुल पास ही एक अन्य खाली कुर्सी थी। शिल्पा ने भी सीट बदल दी। थोड़ा अडजेस्ट करके दोनों एक-दूसरे के पास बैठे।

खेल में या अन्य किसी क्षेत्र में किसी व्यक्ति को अगुआ समझने के लिए यह आवश्यक है कि ऊँचे पदों पर रहनेवालों के साथ उसकी निकटता लोगों के सामने प्रकट हो। टी.वी. कैमरे की निगाह सत्य को ही देखेगी। ख़ासकर सीधे प्रसारण में। इसलिए मुख्यमन्त्री और विपक्षी नेता के चारों ओर की कुर्सियों पर मुस्कुराते हुए चेहरे उनसे बोलने के अवसर की प्रतीक्षा करते-से पोज में दिखाई पड़े। अगर कहीं संयोग से कुर्सियाँ खाली पड़ जातीं, तो तपाक से उन पर बैठ जाने की ताक में थे

ये भावी नेता।

विवेक को इन सब में कोई रुचि नहीं थी।

शिल्पा कहती जाती थी, "रियली लकी, विवेक। बिल्कुल उम्मीद नहीं थी, फिर भी सौभाग्य से तू आ गया। हमें अब... शैलजा ने कुछ कहा, क्या?"

विवेक ने पिच की ओर हाथ से इशारा किया। खेल शुरू हो चुका था। मुहम्मद हुसैन की पहली गेंद। सुरेश ने उसे प्रतिरोधात्मक ढंग से बल्ले के मध्य भाग से रोक लिया। चूँकि पहले पन्द्रह ओवरों के पश्चात् दो फील्डरों को छोड़कर बाक़ी को पिच के चारों ओर के तीस गज के घेरे के अन्दर रहने की पाबन्दी नहीं है, इसलिए फील्ड-प्लेसिंग के लिए कप्तान और बॉलर को पूरी छूट है। लेकिन वही छूट, कुशल बैट्समैनों का सामना होने पर कभी-कभी जोख़िम सिद्ध हो सकती है। ड्रिंक्स के समय पाकिस्तानी कप्तान निसार अहमद के दिमाग़ को मथनेवाली समस्या भी यही थी। सुरेश मेनन के ख़िलाफ़ कैसा फील्ड प्लेसिंग किया जाए? उपरोध या प्रतिरोध?

फील्डिंग में अनेक पोजीशन हैं। चाहे तीस फील्डरों से ग्राउंड भर दिया जाए, तो भी कुशल बल्लेबाज या तो उनके बीच से या सिर के ऊपर से गेंद को मार देगा। पर, यहाँ तो तीस के स्थान पर विकेटकीपर और बॉलर को छोड़कर कुल नौ खिलाड़ी ही बाक़ी हैं। स्लिप में ही तीन या चार खिलाड़ी। एक थर्डमैन पीछे की तरफ। ऑफ साइड में ही प्वाइंट, गल्ली, सिली मिड-ऑन, लांग ऑफ। उसी प्रकार लेग साइड में लेग-स्लिप, शॉर्ट स्कायर-लेग, पीछे बाउंड्री के पास डीप फाइन लेग, लांग लेग, अम्पायर के पास स्क्वायर-लेग। बेट्समैन के ठीक सामने सिली मिड-ऑन, थोड़ा पीछे मिड-विकेट, उसके भी पीछे डीप मिड-विकेट, बॉलर के बिल्कुल पास मिड-ऑन, लांग-ऑन। ऐसे कितने ही पोजीशन हैं नौ खिलाड़ियों से कवर कराने के लिए।

वर्षों पहले, फील्डरों को खड़ा करने की इस शैली के आधार पर ही क्रिकेट की सबसे बड़ी लड़ाई लड़ी गयी थी। सन् 1930 में डोनाल्ड जार्ज ब्रैडमैन नामक चमत्कारी ऑस्ट्रेलियाई बालक ने जब अपने पहले इंग्लैंड दौरे में इंग्लैंड के ख़िलाफ़ टेस्ट में 254, 334, 232 जैसे स्कोर लेकर क्रिकेट-जगत को ही आश्चर्य में डाल दिया, तब क्रिकेट के इस जादूगर का सामना करने के लिए इंग्लैंड की टीम ने, बाद में बॉडीलाइन नाम से कुख्यात दाँव ईजाद किया। जार्डिन की कप्तानी में इंग्लैंड की टीम ने ऑस्ट्रेलियाई दौरे के शुरू में ही यह लक्ष्य तय कर लिया कि किसी भी मूल्य पर ब्रैडमैन को रोकना चाहिए। भारतीय खिलाड़ी दिलीप सिंहजी ने जब यह कहा कि क्रिकेट भलेमानसों का खेल है, तब उन्हें टीम से ही निष्कासित कर दिया। इंग्लैंड के कोयले की खदानों की ताक़त और दृढ़ता के प्रतीक लारवुड को जार्डिन ने

अपना प्रमुख हथियार बना लिया। टेस्ट क्रिकेट की इस श्रृंखला ने ऑस्ट्रेलिया में तहलका मचा दिया। रेडियो द्वारा सीधा प्रसारण शुरू हुए अभी एक साल ही बीता था। ख़बरों का प्रमुख माध्यम था समाचार-पत्र। और अफ़वाहें भी।

लारवुड के नये ढंग के बॉलिंग के लिए पहले ही दिन नया नाम मिल गया। 'बॉडीलाइन बॉलिंग'। अत्यधिक तेज़ी से लेग-स्टम्प को लक्ष्य करके गेंद फेंकना। टप्पा खाकर उठनेवाली गेंद बैट्समैन के सीने की तरफ उछले, इस ढंग से। सिर्फ़ दो को छोड़कर बाक़ी सब फील्डर साइड में ही फील्डिंग करेंगे। छोटी-सी भी दरार नहीं छोड़नी चाहिए। गेंद को विकेट की खूँटी नहीं चाहिए, उसे सिर्फ़ बैट्समैन चाहिए। बैट्समैन का सिर, छाती, कन्धे। डरकर पीछे हटनेवालों के बल्ले के अग्रभाग में हत्थे पर या दस्ताने पर से गेंद हल्के से फिसल जाएगी और ऊपर उठेगी। कैच। ब्रैडमैन को जकड़कर रखनेवाले उस बॉडीलाइन बॉलिंग ने ऑस्ट्रेलिया और इंग्लैंड की मित्रता तक को झकझोरकर रख दिया था।

ऑस्ट्रेलिया की हार हुई। जहाँ इंग्लैंड ने चार टेस्ट जीते, वहाँ ऑस्ट्रेलिया सिर्फ़ एक टेस्ट ही जीत सका। परन्तु क्रिकेट के अधिकारियों को यह फ़ैसला करना पड़ा कि बॉडीलाइन बॉलिंग क्रिकेट के खेल के गौरव के ख़िलाफ़ है। उस प्रकार की बॉलिंग और फील्डिंग पर रोक लगाई गयी।

लेकिन, आज के ज़माने में जबकि प्रोफेशनलिज़्म तथा किसी समय अकल्पनीय लगनेवाले कई पहलू क्रिकेट का अभिन्न अंग बन गये हैं, नियम और गौरव को अपने अनुकूल मोड़ देने में कोई भी कप्तान संकोच अनुभव नहीं करेगा।

यही निसार की समस्या थी। ड्रिंक्स के समय उसके दिमाग़ के स्क्रीन पर गणित के अंक कम्प्यूटर के अंकों की तरह झिलमिला रहे थे। बीस गेंदों में चालीस रन। इनक्रेडिबुल। सोलह ओवरों में बहत्तर रन। भारत का स्कोर कोई ज़्यादा तो नहीं। तीन प्रमुख बैट्समैन आउट। अब इन दोनों के बाद एक या दो। बस, इतना ही। कोई बात नहीं। पर, यह छोकरा सुरेश मेनन। बीस गेंदों में चालीस रन।

नहीं, इसे इस प्रकार रन लेने देना नहीं चाहिए। छोकरे का पहला प्रदर्शन है। अपना ही शहर। अपने ही देशवासी। ठीक है कि राहुल शून्य पर आउट हुआ, तो सोचा, अब सुरेश को कुछ आगे बढ़ने दिया जाय। मगर, अब इतनी जल्दी किसी को बीस गेंदों में चालीस रन लेकर पाकिस्तान की विश्वप्रसिद्ध फास्ट बॉलिंग बैटरी की कमर तोड़ने नहीं देना चाहिए। इसमें दो मुसीबतें हैं। पहली बात यह है कि अपने फास्ट बॉलरों का आत्मविश्वास टूट जाएगा। श्रीनिवास समझदार आदमी है। वह ताक में बैठा है। फास्ट बॉलरों की निशानेबाजी और तेज़ी में थोड़ा-सा भी परिवर्तन दिखने पर श्रीनिवास उसका पूरा-पूरा फ़ायदा उठाएगा। दूसरी मुसीबत यह है कि यदि इस रफ़्तार से स्कोर बढ़ने लगे तो, जल्दी-जल्दी अगर विकेट गिर जाएँ, तो भी

भारत शायद दो सौ चालीस के ऊपर तक स्कोर पहुँचा देगा। ऐसा कभी होने नहीं देना चाहिए। ज़्यादा से ज़्यादा दो सौ तीस रन। इससे ज़्यादा हो जाए, तो चेज़ करते समय घबराहट पैदा होगी। इसलिए स्कोरिंग की रफ़्तार पर ज़रूर लगाम कसनी चाहिए।

बैट्समैन जब बॉलरों पर हावी हो निडर होकर बैटिंग कर रहा हो, तब उसे आउट करना यद्यपि मुश्किल है, तो भी स्कोरिंग की रफ़्तार ज़रूर कम की जा सकती है। सबसे अच्छा तरीक़ा है विकेट को ठीक निशाना बनाकर गेंद फिंकवाना या लेग साइड या ऑफ साइड में ही गेंद फेंककर फील्डरों को सिर्फ़ उन्हीं स्थानों पर तैनात कर देना। सिर को निशाना बनाकर फेंकनेवाला बॉडीलाइन बम्पर एकदिवसीय क्रिकेट में बिल्कुल नहीं चलेगा। उस प्रकार की सभी गेंदें नो-बॉल क़रार दी जाएँगी। रन भी नष्ट होंगे। अगर बैट्समैन बल्ला चलाकर रन ले ले, तो वह भी नुक़सान।

इसलिए निसार अहमद ने मुहम्मद हुसैन को सत्रहवाँ ओवर फेंकने के लिए गेंद सौंपकर यह उपदेश दिया कि सिर्फ़ लेग-स्टम्प की तरफ ही फेंकना।

उसके बाद दो को छोड़कर बाक़ी सातों फील्डरों को लेग-साइड में भिन्न-भिन्न पोजीशनों पर तैनात किया। बल्ले के बिल्कुल पास के सिली मिड-ऑन पोजीशन से अस्मत राणा को पाँच-सात गज पीछे की ओर हटाया।

मुहम्मद हुसैन की दूसरी गेंद लेग-स्टम्प से थोड़ा हटकर, इस ढंग से कि अम्पायर वाइड नहीं दे सकेंगे, मीडियम पेस में आयी थी। सुरेश ने गेंद पर बल्ला चलाने की तनिक भी चेष्टा नहीं की।

विवेक ने शिल्पा से कहा, ''डिफेंसिव फील्ड है। सुरेश को बल्ला चलाने नहीं देगा।''

उसने सिर हिलाया, ''हूँ...!''

''अगर फील्ड ऑफ में होता, तो बैक फुट में लेग की ओर घुमाया जा सकता था। यह तो अपनी समझ में नहीं आता।''

मामाजी कहा करते थे, क्रिकेट में हर खिलाड़ी की अपनी अलग शैली होती है, अप्पे!

ज़्यादा लाड़-प्यार दिखाते वक़्त वे 'अप्पे' पुकारते थे। अकसर बिना सम्बोधन के ही वे बात करते थे। जो कहना हो, उसे गम्भीर स्वर में रुक-रुककर कहते थे।

वर्षों पहले, कोई दो सौ वर्ष पहले लेग बिफोर विकेट अथवा एल.बी.डब्ल्यू. का नियम बनाया गया था। उस समय तक पैड से गेंद रोकने में कोई हर्ज़ नहीं था। उसी प्रकार पहले अंडरहैंड बॉलिंग में ख़ूब स्पिन करनेवाले कितने ही बॉलर थे! गुगली। बॉलिंग का यह तरीक़ा ईजाद हुए अभी सौ वर्ष भी नहीं बीते हैं। सन्

1905 में दक्षिण अफ्रीका के दौरे में इंग्लैंड की क़रारी हार हुई। गुगली के कारण। लेकिन कुशल बल्लेबाज हर तरह के बॉलिंग पर क़ाबू पाकर बैटिंग की नयी शैली ढूँढ़ निकालेगा ही। मामाजी ने क्रिकेट की जो कथाएँ पढ़ने को दी थीं, उनके प्रसिद्ध जासूसी कथाकार आर्थर कॉनन डॉयल की लिखी क्रिकेट-कथा अब भी याद है। एक बॉलर, जो सीधे ऊपर आकाश की ओर गेंद फेंकता है। गेंद ज़मीन पर नहीं गिरेगी। ठीक सामने के विकेट के ऊपर ऊँचाई से सीधे नीचे की तरफ आकर गिरेगी। विकेट के सामने खड़ा बैट्समैन कुछ भी नहीं कर पाएगा। गेंद उसकी तरफ आयेगी ही नहीं, मगर निशाना रहेगा विकेट। एक टेस्ट में ऑस्ट्रेलिया के ख़िलाफ़ ऐसे ही एक बॉलर का प्रयोग करके इंग्लैंड के जीतने की कहानी इसमें है। लेकिन ऑस्ट्रेलिया के प्रमुख बैट्समैन ने एक-दो क्षणों में ही इस बॉलिंग का मुक़ाबला करने का उपाय ढूँढ़ निकाला। बॉलर के हाथ से ज्यों ही गेंद ऊपर की ओर उठेगी, त्यों ही वह विकेट के पीछे या बगल में खड़े होकर नीचे की ओर आनेवाली गेंद को ज़मीन पर बॉलर की ही तरफ घुमा देगा।

यह तो महज़ कहानी थी। साथ ही, बैट्समैन द्वारा बॉलर की किसी भी नयी चाल का कुशलतापूर्वक सामना करने का उत्तम उदाहरण भी था।

विवेक ने अनजाने में ही ताली बजायीं। पूरे स्टेडियम में तालियाँ।

मुहम्मद हुसैन की तीसरी गेंद पर बल्ला हल्के-से चलाकर गेंद को अपने कदमों पर डालकर सुरेश तेज़ी से लपका। श्रीनिवास, जिसे मानो इसकी प्रतीक्षा थी, दौड़कर पिच के मध्यभाग तक आ चुका था। सुरेश सामने की ओर दौड़ा। जब तक अस्मत राणा और विकेटकीपर शाहनवाज़ गेंद के पास नहीं आये, तब तक सुरेश क्रॉस कर चुका था।

विवेक ने ताली बजाना बन्द नहीं किया।

''वंडरफुल!''

शिल्पा ने भी ताली बजायी।

विवेक ने कहा, ''मैं इसी की प्रतीक्षा कर रहा था। सिंगल्स लेने के लिए महज़ प्लेसिंग और डिफेंसिव शॉट ही काफ़ी हैं। बॉलर का रिद्म तोड़ने के लिए ऐसा अचूक उपाय दूसरा नहीं।''

''सुरेश को शतक मारना चाहिए। मारेगा?''

''लेट अस सी। इट इज़ क्रिकेट।''

श्रीनिवास के लिए फील्ड में उतना परिवर्तन नहीं किया गया।

लेकिन श्रीनिवास ने पहली ही गेंद मिड विकेट की ओर पूरे ज़ोर से मार दी। क्षण-भर की देरी। गेंद फील्डर की बायीं ओर से गुज़री। पर, अफ़ज़ल मसूद ने, जो गैप कवर किये हुए था, गेंद रोकी और चार कदम आगे बढ़कर सुरेश के विकेट की

तरफ फेंकी। यद्यपि गेंद ठीक विकेट पर ही लगी, तो भी उससे पहले सुरेश क्रीज़ पर लौट चुका था। मुहम्मद हुसैन और निसार अहमद ने तालियाँ बजायीं।

"गुड थ्रो।"

शिल्पा ने कहा, "देखा?"

विवेक ने सिर हिलाया।

"गुड थ्रो। टाइट फील्डिंग।"

"वो बात नहीं जी।"

"फिर?"

शिल्पा ने उस ओर इशारा किया, जहाँ शैलजा बैठी थी।

"लो, उधर।"

आस्तीन का छोटा-सा हिस्सा ऊपर को मोड़कर सफ़ेद शर्ट और सफ़ेद धोती पहना एक नौजवान विजयन मेनन के पास खड़ा था। वह कुछ बोल भी रहा था। असन्तोष प्रकट करते हुए विजयन मेनन उठ खड़ा हुआ।

शिल्पा ने कहा, "विवेक, मुझे लगता है कि तुम्हें हस्तक्षेप करना होगा। ज़रा उस तरफ जाना। उस नौजवान को मैं ख़ूब जानती हूँ। बम्बई में आया करता था। राजनीतिक कार्यकर्ता है। आमदनी का मुख्य स्रोत है कमिशन एजेंसी। आई ऐम श्योर। जेमिनी के खन्ना साहब ने उसे नियुक्त किया है। सुरेश मेनन का कंट्रैक्ट पाने के लिए।"

विवेक ने कुछ भी नहीं सुना। उसका ध्यान मुहम्मद हुसैन की अगली गेंद पर था। इस समय विजयन मेनन शैलजा से कह रहा था, "शैलजा, ये महाशय कहते हैं कि जेमिनी ही ज़्यादा प्रोफेशनल कम्पनी है।"

शैलजा ने भी वह नहीं सुना। उसका ध्यान भी मुहम्मद हुसैन की अगली गेंद पर था।

27

इब्राहीम खान के ओवर की समाप्ति के बाद ही शैलजा ने इस बात पर ध्यान दिया था कि विजयन मेनन उठकर चला गया था। अन्तिम दोनों गेंदें श्रीनिवास ने सिर्फ़ बल्ले से रोक-भर ली थीं। क्विक सिंगल की सम्भावना दूर करने के लिए अफ़ज़ल मसूद सिली मिड-ऑन में मुश्किल से पाँच गज की दूरी पर हेल्मेट धारण किये, शिकार पर झपटने की ताक में रहनेवाले चीते की तरह तैयार खड़ा रहा। लेग साइड

पर ज़ोर देनेवाला बॉलिंग और फील्ड अरेंजमेंट था। श्रीनिवास ने निश्चय किया कि रिस्क नहीं लेना चाहिए। फिर भी छठी गेंद में विकेटकीपर शाहनवाज़ ने थोड़ी हलचल मचायी। जब इब्राहीम खान गेंद फेंकने के लिए पॉपिंग क्रीज़ में पहुँचा, तब शाहनवाज़ ने थोड़ी ऊँची आवाज़ में इस प्रकार कहा कि श्रीनिवास सुन सके।

''वाह!''

उसने इस ढंग से यह कहा था कि उसे शब्द भी माना जा सकता था और निरी साँस छोड़ने की आवाज़ भी। लेग अम्पायर सुन लें, तो भी कोई अस्पष्ट आवाज़ ही समझ बैठेंगे।

थोड़ी देर पहले बॉलर के रिद्म में गड़बड़ी लाने के लिए, अन्तिम क्षण में साइट स्क्रीन की तरफ देखकर श्रीनिवास ने जो हरकत की थी, उसका बदला लेने के लिए ही शाहनवाज़ ने यह आवाज़ निकाली थी।

उसका असर हुआ।

बल्ले के मध्य भाग से गेंद रोकने की बात सोची थी, वह सफल नहीं हुई। बल्ले को छूकर गेंद सीधे नीचे जा गिरे, इस उद्देश्य से बल्ला सामने किया था। परन्तु ऐंगल थोड़ा-सा चूक गया। आख़िरी पल में एकाग्रता नष्ट हो गयी। गेंद ऊपर उठकर दो गज आगे को हटकर ज़मीन पर गिरी थी। अफ़जल मसूद दाहिना हाथ आगे बढ़ाते हुए लपका। लेकिन उँगलियों से दो हाथ के फ़ासले पर गेंद ज़मीन पर गिरी। ज़मीन पर गिरकर लुढ़की गेंद अफ़जल मसूद के चंगुल में समा नहीं पायी।

यदि थोड़ी-सी और एकाग्रता बरतता, तो एक रन ले सकता था। लेकिन श्रीनिवास क्रीज़ में ही सकपकाया-सा खड़ा रहा।

ओवर की समाप्ति पर जब विकेटकीपर दूसरी ओर जा रहा था, तब श्रीनिवास ने खेल-खेल में शाहनवाज़ के कन्धे थपथपाते हुए कहा, ''वाह बेटे!''

शाहनवाज़ भी हँस दिया।

ओवरों के बीच के छोटे अन्तराल में घुस पाने के विज्ञापनों के अधिकार के कारण दर्शक यह मनोरंजक दृश्य टी.वी. पर देख नहीं सके।

ठीक इसी समय यह कहने के लिए कि अगले ओवर में बॉलिंग चेंज हो सकता है, शैलजा ने सिर घुमाया, तो देखा कि विजयन मेनन की सीट खाली है।

लगता था, पतिदेव से कोई कुछ कह रहा था। शायद मुझसे भी कुछ पूछा था। उस समय सचमुच कुछ भी नहीं सुना था। सिर्फ़ हाँ-हूँ में जवाब समेट दिया। शैलजा भारी तनाव में थी, क्योंकि सुरेश तब मुहम्मद हुसैन के लेग-साइड हमले का सामना कर रहा था। उन क्षणों में और कोई बात मन में नहीं आ सकती। आँखें और कुछ नहीं देख सकतीं। गेंद और बल्ले के टकराव के समय उठनेवाली 'तड़' की आवाज़ को छोड़ अन्य कोई आवाज़ सुनने को कान तैयार नहीं होंगे।

सुरेश ताना मारता था। सू भी साथ देती थी।

"ममी, आज मेरा इंटर-स्कूल ज़ोनल मैच है।"

फिर भाई-बहन दोनों एक-दूसरे की तरफ देखते। भेद-भरी हँसी हँसते।

जानती हूँ कि तनाव है। उसे नकारने की ज़रूरत क़तई नहीं। तुम्हारा तनाव मैं अपने अन्दर खींच लूँगी उण्णी! उधर मैदान में तनावमुक्त रहकर ही तुम अपनी आँख, कान, हाथ और पैरों का सफल प्रयोग कर पाओगे। खेल में तो मन की ही अहमियत होती है। ख़ासकर क्रिकेट जैसे खेलों में जहाँ अकेले ही विपक्ष की पूरी टीम का सामना करना होता है।

मगर, ऐसा कहकर सुरेश और सू को निराश न करती थी। जिस प्रतिक्रिया की उन्हें आशा थी, वही प्रकट करती।

पहले क्यों नहीं कहा? सुबह जब मन्दिर गयी थी, तब पुष्पांजलि चढ़ाती। कोई बात नहीं। अब रावुण्णी को भेज दूँगी। 'शीवेली' (एक पूजा-विधि) अभी बीती होगी।

बच्चे ख़ुश।

वे हँस देते।

माँ को तनाव है।

ब्लड प्रेशर बढ़ेगा।

अब तनाव सू को होगा।

कल रात को जब सुनन्दा ने हाउस्टन से टेलीफोन पर बताया था।

"आपको होशियार रहना चाहिए ममी। जब खेल देखने जाओगी, तब वह टिकिया भी साथ लेना। भूलना मत।"

फोन पर सुरेश नहीं मिला इसलिए 'बेस्ट ऑव लक' कहने का काम ममी को ही सौंप दिया।

फिर सुनन्दा हँस दी। अपू कुट्टन भी साथ था।

"क्या बात है सू?"

"कुछ नहीं। मैं तुम पर नाराज़ हूँ, ऐसा कहने के कारण ये मेरी हँसी उड़ाते थे।"

"नाराज़ क्यों?"

"आपको मालूम नहीं क्या, ममी?"

सुनन्दा बचपन से ही जो बात कहा करती थी, उसे अब अँग्रेजी में कह दिया।

"सचमुच इस समय भारतीय टीम में खेलने के लिए मुझे ही उतरना था। बैड लक! तुमने मुझे लड़की का जन्म दिया।"

शैलजा सिर्फ़ हँस दी थी।

"विमेंस क्रिकेट टीम में?"

"छिः, उसमें ग्लैमर कहाँ?"

फोन रखने से पहले उसने कहा, "मैंने सिर्फ़ मज़ाक के लिए कहा था ममी। लेकिन ममी का तनाव अब मुझमें भी आ गया है। सच पूछो, अब मेरे लिए नींद हराम है। उण्णी से कहना, मैं हमेशा उसके साथ हूँ।"

"उसे मालूम है सू।"

सुनन्दा क्रिकेट की दीवानी थी। ख़ूब बॉल करती। घर के पीछे खुली ज़मीन पर बाँधे नेट पर कोयर-मैट बिछे पिच में ख़ूबसूरती से स्विंग करके बॉल करने में सुनन्दा अपना सानी नहीं रखती थी। बैटिंग भी पक्का। पर्फेक्ट तकनीक। ख़ासकर डिफेंस में।

पिताजी प्रशंसा में कहा करते थे, "सू के दिये प्रैक्टिस के कारण ही उण्णी अपने खेल को बेहतर बना सकता है। कीप इट अप।"

परन्तु, जब कॉलेज में भर्ती होने का समय आया, बाबूजी ने दृढ़ स्वर में कहा, "महाराजाज़ में ही दाखिला ले लो।"

केरल में महिला-क्रिकेट के शुरुआती दिन थे वे। अठारहवीं सदी से ही इंग्लैंड में महिला-क्रिकेट की प्रतियोगिताएँ होने लगी थीं और सन् 1934 में पहला आधिकारिक महिला-क्रिकेट टेस्ट इंग्लैंड और ऑस्ट्रेलिया के बीच ब्रिसबन में खेला गया। फिर भी, न जाने क्यों, पुरुषों के क्रिकेट को प्रेक्षकों से जो शानदार स्वागत मिला, उसका छोटा-सा अंश भी महिला-क्रिकेट को प्राप्त नहीं हुआ। यद्यपि भारत में, और केरल में भी जहाँ-तहाँ महिला-क्रिकेट की टीम, असोसिएशन, टेस्ट मैच आदि हुए, तो भी किसी ने उन पर पर्याप्त ध्यान नहीं दिया। एरणाकुलम के कुछ कॉलेजों में महिला-क्रिकेट टीमें मौजूद थीं।

सुनन्दा चाहती थी कि इस प्रकार के किसी कॉलेज में भर्ती हो जाऊँ। बाबूजी ने दृढ़ स्वर में कहा, "क्रिकेट पुरुषों का खेल है, सू। सच पूछो, तो क्रिकेट कोई खेल नहीं। वह एक जीवन-शैली है। एक प्रोफेशन। लिविंग स्टाइल। वह तुम्हारे लायक़ नहीं है सू। क्रिकेट, टेबल टेनिस, टेनिस या चेस जैसा खेल नहीं। तुम्हें तो महाराजाज़ में ही भर्ती होना है, सू।"

उन दिनों महाराजाज़ कॉलेज में महिला-क्रिकेट टीम नहीं थी। उम्मीद थी कि उस दिन से सुनन्दा रूठकर क्रिकेट से दूर हट जाएगी। लेकिन, हुआ उलटा ही। उस दिन से सुनन्दा ने मन्दिर जाना बन्द कर दिया। पौ फटने से पहले उण्णी को जगाकर नेट-प्रैक्टिस के लिए ले जाती। एक स्थायी कोच की सारी ज़िम्मेदारियाँ सुनन्दा ने अपने ऊपर ले लीं। बीच-बीच में उण्णी को गुस्सा आता। ख़ासकर उस समय जब भोजन के विषय में भी दीदी हस्तक्षेप करने लग जाती।

कल रात को भी बातचीत के बीच कहा, ''माँ, उण्णी से कहना कि मुझे फोन करे।''

''क्यों?''

''मैंने उण्णी के लिए नया भोजन-क्रम तैयार किया है। उसके बारे में उसे समझा देना है। फिर...पार्टी में...नॉट मोर दैन टू पेग्स।''

ठीक तो है। बेचारी सू अब कितना तनाव सहती होगी! आधी रात को भी दोनों टी.वी. के सामने होंगे।

सुरेश को कोई तनाव नहीं था।

अठारहवाँ ओवर। इब्राहीम खान-जैसे पक्का व प्रोफेशनल बॉलर का चौथा ओवर। हालत ऐसी कि गेंद की चमक अभी फीकी नहीं हुई। पिछले ओवर में सुरेश ने एक भी गेंद का सामना नहीं किया। उसे यक़ीन था कि अगला ओवर फेंकने के लिए पाकिस्तान का कप्तान निसार अहमद गेंद इब्राहीम खान की तरफ फेंक देगा। यद्यपि सुरेश ने चौदहवें ओवर में मारे बड़े छक्के को मिलाकर तीन गेंदों में नौ रन लिये थे, तो भी उसके ख़िलाफ़ अपने तमाम हथियारों का प्रयोग करने के लिए तैयार खड़े इब्राहीम खान ने भी अगला ओवर फेंकने के लिए निसार अहमद की ओर देखते हुए बॉलर के स्थान की ओर चला।

परन्तु, निसार ने गेंद स्पिन बॉलर वज़ीर की तरफ फेंककर दाहिना हाथ ऊपर उठाकर इब्राहीम खान को बॉलर के पीछे के लांग ऑन में जाकर फील्ड करने का निर्देश दिया।

वज़ीर पाकिस्तानी टीम का, विश्व-स्तर का अकेला स्पिन बॉलर है। क्रिकेट के इतिहास में दिग्गज स्पिन बॉलरों को जन्म देनेवाले भारतीय उपमहाद्वीप में जब पाकिस्तान धीरे-धीरे फास्ट बॉलरों के दस्ते की ओर झुकने लगा था, तब भी किसी चमत्कार की तरह बायें हाथ की उँगलियों का एक जादूगर वहाँ प्रत्यक्ष हुआ था। वह महापुरुष था वज़ीर।

एकदिवसीय क्रिकेट में प्रारम्भिक दिनों में रफ़्तार को ही बॉलिंग में अहमियत मिलती थी। लेकिन, भारत और न्यूजीलैंड तथा कतिपय अवसरों पर इंग्लैंड और ऑस्ट्रेलिया स्पिन बॉलरों को मैदान में उतारकर खेल की शैली में परिवर्तन लाये। भले कुछ रन देने पड़ें तो भी, अगर विकेटों की ज़रूरत पड़े तो लेग स्पिन और गुगली बॉलरों के लिए फ़ायदेमन्द होंगे। थोड़ी तेज़ी से विकेट पर ठीक निशाना बाँधकार ऑफ स्पिन करनेवाले गेंदबाज एकदिवसीय क्रिकेट के अन्तिम ओवरों में रन बटोरने पर लगाम लगानेवाले साबित होंगे।

ऐसी बातों में वज़ीर अनुभवी विशेषज्ञ भी है।

वज़ीर बॉलर की जगह पर आकर निसार से कुछ फुसफुसाने के बाद फील्ड

तैयार करने लगा।

मगर सुरेश को ज़रा भी भय नहीं हुआ। बल्कि थोड़ी हिम्मत और बँध गयी।

तीन ओवर फेंकने के बाद इब्राहीम खान-जैसे एक बॉलर को बदलना, वह चाहे क्रिकेट की कैसी भी कूटनीति क्यों न हो, मेरी बैटिंग-क्षमता के बारे में निसार अहमद का दिया प्रमाण-पत्र है, इसमें कोई सन्देह नहीं।

पहली गेंद यद्यपि दायें स्टम्प को लक्ष्य करके आयी थी, तो भी ज़्यादा घूमकर स्टम्प से बहुत अधिक दायीं ओर हटकर, बल्ले की पहुँच के परे से चली गयी। पीछे स्लिप के स्थान पर एक ही फील्डर था, मुहम्मद हुसैन। फास्ट बॉलरों को गेंद फेंकने के लिए अधिक कष्ट सहना पड़ेगा, इसलिए साधारणतया उन्हें फील्डिंग में ऐसे स्थानों पर ही तैनात करते हैं, जहाँ उन्हें सबसे कम दौड़ना पड़े। मुहम्मद हुसैन को अगले ओवर का बॉलिंग देने की सम्भावना है, इसका यह संकेत भी था।

सुरेश ने अम्पायर की ओर देखा। जैसी कि उम्मीद थी, अम्पायर ने वाइड का इशारा किया।

स्पिन बॉलर के लिए सबसे ज़रूरी बात है, सही लेंथ मिलना। टप्पा खाने के बाद ऊपर उठनेवाली गेंद तभी निशाने के बिन्दु पर पहुँचेगी। लेंथ सही होने पर ही उँगलियों से की जानेवाली जादूगरी का यथोचित फल मिलेगा। ऐसी स्थिति में पहली गेंद जो सही लेंथ न पाने से वाइड हो जाए, बैट्समैन को संयोग से मिलनेवाला सौभाग्य ही है।

सुरेश ने उसका पूरा-पूरा फ़ायदा उठाया। अगली गेंद में स्पिन की मात्रा कम होगी। कोशिश होगी लेंथ ठीक करने के लिए सावधानी से फेंकने की।

गेंद टप्पा खाकर लेग स्टम्प को लक्ष्य करके ही उठी। लेकिन वह ज़मीन पर गिरे, इससे पहले ही सुरेश दो कदम आगे बढ़ आया। जिस क्षण गेंद ने ज़मीन को छुआ, उसी क्षण उसके उठने से पहले ही हाफ वॉली में उसे आहिस्ते से, मगर इतने ज़ोर से कि बॉलर रोक न सके, बॉलर की बायीं ओर से थोड़ा हटकर प्लेस किया। धीरे-धीरे लुढ़कती गेंद की ओर तीनों ओर से फील्डर दौड़े आये। जब तक गेंद रोककर विकेट की ओर फेंकी नहीं गयी, तब तक सुरेश दो रन ले चुका था।

स्टेडियम में आवेश की लहरें उठीं।

विजयन मेनन येस-येस कहते हुए, कुर्सी थोड़ा-सा सरकाकर अपनी पुरानी जगह पर आकर बैठे।

''शैलजा, वी हैव टु डिसाइड। कितना भी कहूँ, वह मानता नहीं।''

विजयन मेनन समझ न सके कि शैलजा का ध्यान कहीं और लगा हुआ था। वह एकदम चिन्तित हो उठे थे। आवाज़ धीमी करके उन्होंने कहा, ''उसने ठीक-ठीक रक़म नहीं बतायी। फिर भी अगर जेमिनी की शर्तें मंजूर करें, तो कई लाभ हैं।

कहते हैं, कुछ राजनीतिक नेताओं की उसमें दिलचस्पी है। यही नहीं, हमारे मुख्यमन्त्री द्वारा सुरेश को एक बड़ा कैश अवार्ड दिलाने का आयोजन भी...''

तमतमाई हुई-सी शैलजा ने मुँह मोड़ लिया। ''विल यू प्लीज़ शट अप?''

विजयन मेनन सकपका गये। उन्होंने सपने में भी नहीं सोचा था कि शैलजा के मुँह से ऐसे शब्द निकलेंगे।

28

यद्यपि तम्पी की नज़रें चेम्बर के बायें कोने में ऊँचाई पर स्थापित विशाल टी.वी. स्क्रीन पर झलकते सुरेश मेनन के क्लोज़-अप पर थीं, तो भी उन्होंने वह सब नहीं देखा। बैटिंग करने के पहले सुरेश दो बार पूरे फील्ड पर नज़र दौड़ाया करता। उसके बीच बल्ला ज़मीन पर टेककर घुमाता रहता। फिर क्रीज़ से दो-तीन फुट हटकर खड़ा होता और दोबारा लौटकर सफ़ेद लकीर के पास खड़ा हो जाता। ज़मीन पर पहले ही निर्धारित बिन्दु पर बल्ला टेककर सिर तिरछा करके उठाकर स्टैंज ले लेता। ये सारे ऐक्शन सिर्फ़ पाँच ही क्षणों में पूरे होंगे। चूँकि टी.वी. कैमरे ने क्लोज़-अप में अधिकांश गेंदों में पहले यही दृश्य दिखलाया, इसलिए सुरेश मेनन की भौंहों की हरकत के बारे में भी दर्शक ठीक-ठीक अन्दाज़ा लगा सकते थे। फ़िल्मों के सुपर स्टार के छोटे-छोटे हाव-भाव के समान ये भी किशोरों के लिए उत्तेजक बन रहे थे।

तीन फुट चौड़े और ढाई फुट ऊँचे वाइड स्क्रीन पर शुरू में तस्वीरें उतनी साफ़ नहीं थीं। तम्पी ने खुद ही इधर-उधर कुछ फेर-बदल करके तस्वीरों के रंग और रूप को सुन्दर बना दिया। करोड़ों रुपये का मुनाफ़ा दिलानेवाले कंट्रैक्टों की अपेक्षा ऐसी छोटी-छोटी बातों से स्वयं निपटकर उन्हें साध लेने से तम्पी को ख़ुशी होती थी। फ़ुर्सत के समय की हॉबी के रूप में नहीं, बल्कि सबसे अधिक व्यस्तता के अवसरों पर भी दिमाग़ को पूर्ण रूप से सक्रिय बनाने के लिए हाथ और उँगलियों को हिलाना अनिवार्य है, यह पाठ तम्पी ने अपने अनुभवों के आधार पर भली-भाँति पढ़ लिया था। तब हॉबी को व्यस्तता का ही अंश बना लिया गया। ख़ासकर इलेक्ट्रानिक औज़ारों में छोटा स्क्रू-ड्राइवर घुमाते समय बिजनेस की बातों में बुद्धि सजग होकर काम करने लग जाती है।

इसलिए वाइड स्क्रीन के चित्रों में साधारण टेलीविजन से बढ़कर स्पष्टता थी। सुरेश के होठों के ऊपर के नन्हे-से बालों की हल्की कालिमा तक साफ़ नज़र आती थी।

परन्तु, तम्पी का ध्यान इन सबों पर नहीं था। तम्पी के बिजनेस साम्राज्य का मुख्यालय कोच्चि मरीन ड्राइव के नये भीमाकार कमर्शल कम्प्लेक्स की सातवीं मंज़िल पर है। पश्चिम की दीवार को ढँकते हुए जो पर्दा टँगा है, वह मेज़ पर लगा बटन दबाने पर खुद ही दोनों दिशाओं में हट जाएगा। प्रभात में सूरज की किरणों के कारण झील की लहरों पर बनते रुपहलेपन के बीच से धीरे-धीरे हिलती काली छायाएँ दूर पर नज़र आएँगी। निश्चल खड़ी चिमनियाँ और मैच-बॉक्स की तरह दिखते इधर-उधर बिखरे मकान।

ज्यों ही तम्पी ने पर्दा हटाने का बटन दबाया, त्यों ही टेलीफोन की घंटी बजी। पर्सनल टेलीफोन की घंटी की आवाज़ विशेष प्रकार की है। अन्य सभी फोन सेक्रेटरी के ज़रिए ही अन्दर आ सकेंगे। पन्द्रह मिनट पहले सेक्रेटरी को निर्देश दिया था— नो कॉल्स। इंटरकॉम का सम्बन्ध भी अलग किया गया। बीच-बीच में ऐसा हुआ करता है। जब कोई गुप्त और महत्त्वपूर्ण बातचीत पर्सनल टेलीफोन से करनी हो, तभी इस प्रकार का निर्देश सेक्रेटरी को दिया जाता है। सेक्रेटरी समझ लेगी। उसने क़ायदे के अनुसार पूछा, "कॉफी, सर?"

"नो, थैंक यू।"

पन्द्रह मिनट से इन्तज़ार में बैठा हूँ। क़रीब चार ओवरों का खेल देखा। ड्रिंक्स के बाद खेल जारी हुआ। तभी टेलीफोन आया था।

रिसीवर कान से लगाने के साथ-साथ तम्पी ने कनेक्शन का बटन दबाया। आटोमैटिक रिकार्डर ने अपना काम शुरू किया।

ऐसा लगा मानो रिकार्ड की हुई आवाज़ हो।

"गुड मॉर्निंग। मीरा हूँ। कृपया रिकार्ड ऑफ कीजिए।"

तम्पी की उँगलियाँ खुद ही बटन पर दबीं। रिकार्डर बन्द हुआ।

"गुड मॉर्निंग मीरा।" रुस्तमजी की गम्भीर आवाज़।

"थैंक यू फॉर वेटिंग। हमें तुरन्त एक अरेंजमेंट करना होगा।"

"क्या है, सर?"

"आज का मैच कैसा चल रहा है?"

तम्पी को सन्देह था कि कहीं रुस्तमजी की उँगलियाँ क्रिकेट में भी पहुँचीं तो नहीं। जानता था कि रुस्तमजी के बारे में ऐसा सोचना नहीं चाहिए। किसी भी क्षेत्र में, कहीं भी, उनके लम्बे हाथ पहुँच सकेंगे। किसी भी समय।

उसने कहा, "अभी कुछ कहा नहीं जा सकता। खेल अभी शुरू ही तो हुआ है।"

"पाकिस्तान को यह मैच जीतना नहीं चाहिए। यू सी टु दैट।"

"कैसे और क्यों?"

"मेरा कहा मानो, वही काफ़ी है। ज़्यादा बातें जान लेना ठीक नहीं।"

"येस सर।"

"दो मिलियन तक..."

"क्या? बीस लाख डालर?"

"हाँ, तुम उतना ख़र्च कर सकते हो। लेकिन पाकिस्तान को हारना ही चाहिए।"

"सर...वह तो...मैं..."

"दोनों टीमों को कल रात में दी गयी पार्टी के स्थानीय बिजनेस स्टार तुम्हीं थे। थे न? सो, नो प्रोब्लम। सभी खिलाड़ियों तक तुम्हारी पहुँच है। इसीलिए मैं यह काम तुम्हें सौंपता हूँ।"

"सर...?"

"आई नो मिस्टर तम्पी, यू कैन डू दैट।"

"थैंक यू सर। आई विल ट्राइ।"

"एक तो तुम्हारा भी मुनाफ़ा होगा। अच्छा, तुम्हारा वो यूरोपियन कंसल्टेंट कैसा है? आजकल ई.ई.सी. बड़ा ही क्वालिटी कान्शियस है। बेस्ट ऑव लक।"

टक। फोन का कनेक्शन कट गया।

तम्पी अपने आप बड़बड़ाया, "बास्टर्ड।"

कल रात भारत और पाकिस्तान की टीमों के स्वागत-समारोह के बाद घर आने पर घर के फैक्स में सन्देश पड़ा था।

"कल सवेरे बातें करनी हैं। इन्तज़ार करो। मीरा।"

पत्नी ने पूछा था कि यह मीरा कौन है। इंजीनियरिंग पास कर नौकरी की तलाश में मारा-मारा फिरकर निराश हो, अन्त में 'कलूर' बस स्टैंड के पास एक छोटे-से होटल में किराये पर कमरा लेकर, पालारिवट्टम के एक शेड के आधे भाग में जिन दिनों कंसलटैंसी चला रहा था, तभी शादी की थी। उस अवसर पर दहेज़ के रूप में जो रक़म मिली थी, वह देकर पहले स्टॉक एक्सचेंज में अधिकृत असिस्टैंट बन गया। उन दिनों हर रोज़ जो बातें होतीं, उन्हें विस्तार से उसी दिन पत्नी को सुनाता। लाभ-हानि, हार-जीत, बम्बई से लाइन ऑपरेशन आदि। जब ख़ूब पैसा मिलने लगा, तब शुरू में यों ही मज़ाक के लिए एक फटेहाल एक्सपोर्ट कम्पनी बकाया राशि के बदले किसी जमाकर्ता से ख़रीद ली थी। वही शुरुआत थी। उसके बाद पीछे मुड़कर देखने की नौबत ही नहीं आयी। चार फिश क्योरिंग प्लैंट। चाय पैक करने के दो यूनिट। दवाइयाँ बनाने की एक कम्पनी। एक शिपिंग लाइन में साझेदारी। सिंगापुर और शारजाह में वाणिज्य शृंखलाएँ। व्यस्तता के बीच तम्पी एक बात भूल गया। हर रात पत्नी को सुनाई जानेवाली कहानियाँ।

पत्नी भी वह बात भूल गयी थी। वही स्टॉक एक्सचेंज के काम सँभालती थी। बच्चों की पढ़ाई के लिए सर्वथा उपयुक्त स्कूल ऊटी में थे, इसलिए तम्पी और पत्नी को जोड़ने की कड़ियों की संख्या भी बहुत कम हो गयी।

लेकिन, घर में एक ही फैक्स था। इसलिए पत्नी ने पूछा, ''यह मीरा कौन है?''

रुस्तमजी ऐसा ही एक राज़ था, जिसे पत्नी पर भी तम्पी ने नहीं खोला।

झूठ बोलने में थोड़ा संकोच और सच बोलने में डर महसूस हो रहा था। इसलिए कहा, ''हमारे एक बिजनेस पार्टनर का कोड-नेम है।''

''औरत है?''

''छिः, छिः! नहीं। जब मैंने पूछा था, तब उसने कहा था कि वह बड़ा धार्मिक व्यक्ति है। इसलिए मुझसे सम्पर्क स्थापित करने का कोड-नेम भगवान श्रीकृष्ण की भक्त का नाम ही हो जाए। बोलो, मीरा अच्छा नाम है न?''

तम्पी दो क्षणों तक आँखें मूँदकर बैठा रहा।

टी.वी. ऑफ किया।

बटन दबाकर इंटरकॉम में सेक्रेटरी से कहा, ''मैं ग्राउंड की ओर जा रहा हूँ। अगर बहुत ज़रूरी काम हो, तभी पेजर पर मुझे बुलाना।''

''लंच?''

''नो। मैं पूरा खेल देखने के बाद ही आऊँगा।''

''दो अप्वाइंटमेंट हैं, सर। दो बजे को और तीन बजे को।''

''किसी बहाने से कैंसल कर दो।'' तम्पी उठ खड़ा हुआ।

जब तम्पी लिफ्ट में नीचे आ रहा था, तब एक अजनबी व्यक्ति ने, जो बीच में लिफ्ट में घुसा था और जो मलयाली नहीं दिखता था, अँग्रेजी में पूछा, ''सर, आपकी क्या राय है? कौन जीतेगा?''

तम्पी ने कोई जवाब नहीं दिया। जब लिफ्ट ग्राउंड फ्लोर में आकर रुक गया और दोनों ओर को दरवाज़ा खुला, तब उसने कहा, ''मुझे लगता है कि पाकिस्तान हार जाएगा।''

तम्पी कार में बैठ गया। मरीन ड्राइव से होकर उत्तर की ओर धीरे-धीरे जाने के बीच उस अजनबी की बात याद आयी कि पाकिस्तान हार जाएगा। उसने ऐसा क्यों नहीं कहा कि भारत जीतेगा? अनजाने में रीयर-व्यू मिरर में देखा, कहीं वह आदमी पीछा तो नहीं कर रहा? क्या, वह रुस्तमजी का आदमी है?

छिः, छिः! कैसी बेवकूफ़ी है यह। यह कोई जासूसी कार्रवाई नहीं, जिसमें कार-चेज़ और भेद-भरी बातों की गुंजाइश हो।

अब क्या किया जाए!

क्रिकेट के जन्म से लेकर ही इंग्लैंड में एक आरोप चलता आया है कि वह मैदान में खेलने का खेल नहीं है। असली खेल तो मैदान के बाहर होता है। ग्राउंड के खिलाड़ी छद्मवेष वाले कथापात्र ही हैं, जैसा कि बॉक्सिंग और घुड़दौड़ में होता है। असली खिलाड़ी पवेलियन में भी नहीं होंगे। बाहर मार्केट में मोटे महोगनी के दरवाज़ों के अन्दर पड़ी मेज़ के चारों ओर बियर-पार्लरों के ऊँचे स्टूलों पर। असली खिलाड़ी तो वे हैं, जो क्रिकेट को विपणन का माल बना लेते हैं। बेटिंग, हेडजिंग, चीटिंग। भलेमानस और खिलाड़ी, सब नाममात्र के लिए ही। जिस रक़म पर बेटिंग होता है, उसके पीछे की ताक़त के अनुसार नाचनेवाले कथापात्र।

इस शताब्दी में बेटिंग ने धीरे-धीरे फुटबाल के क्षेत्र में पदार्पण किया और क्रिकेट को पीछे धकेल दिया। परन्तु, 1972 से एकदिवसीय मैचों के तत्काल ज्ञात होते फ़ैसले, हार या जीत, पंचदिवसीय टेस्टों के ड्रॉ नामक उबाऊ चीज़ का अन्त, इन सबने क्रिकेट को फिर पहले के समान बेटिंग के लिए सबसे उपयुक्त खेल बना दिया।

धीरे-धीरे प्रत्येक खेल में टेलीविजन के कारण उमड़ पड़े उत्साह ने बेटिंग क्षेत्र की रक़म का आकार बढ़ा दिया। बम्बई और कराची के हवाला और मटका ऑपरेटरों और माफिया गुटों का ध्यान क्रिकेट की ओर मुड़ गया, यह स्वाभाविक था।

मुझे इस पर पहले ही ध्यान देना चाहिए था। जब इतनी अधिक धनराशि आती-जाती हो, तब रुस्तमजी क्या हाथ पर हाथ धरे बैठे रहेंगे! हाँ, आज तक उसका नाम सिर्फ़ हथियारों, शिपिंग, हवाला, राकेट आदि में ही सुना जाता था। एकबारगी किसी बड़े ऑपरेशन का आयोजन करना ही रुस्तमजी की कार्यशैली थी।

कार पार्क करके, पहले से ही आरक्षित वी.आई.पी. पवेलियन के डॉनर्स सीट तक पहुँचते ही तम्पी को एक बात का यक़ीन-सा हो गया।

आज कोई बड़ा-सा गिरोह पाकिस्तान को विजय दिलाने की कोशिश में लगा है। करोड़ों की रक़म का बेटिंग सिर्फ़ भारत में ही नहीं, पूरी दुनिया में हो रहा है। रुस्तमजी की कोशिश उस गिरोह को तोड़ने की है। यहाँ नागरिकता, जाति, धर्म, भाषा, वफ़ादारी कुछ भी नहीं। बेटिंग, केवल बेटिंग।

रुस्तमजी का जन्मस्थान कहाँ है? उसका धर्म कौन-सा है? नाम से तो पारसी लगता है।

रुस्तमजी को सिर्फ़ तीन बार ही देखा है। पहली बार कोच्चि में मुझे कमिशन एजेंसी देते वक़्त, दूसरी बार रोम में एफ.ए.ओ. के एक सेमिनार के सिलसिले में पार्टी में और तीसरी बार आमस्टर्डम में। सवाल के जवाब में रुस्तमजी हँस दिये और बोले, ''भारत और पाकिस्तान दोनों की विरासत मुझे मिली है। पासपोर्ट तो स्विस है। भाषा अँग्रेजी, फ्रेंच, स्विस, उर्दू। फिर क्या कहना!''

उसने मेरे कन्धे पर थपकी दी।

''यंग मैन, हमारे लिए देश, धर्म, भाषा कुछ भी नहीं। हम अगुआई करनेवाले हैं। अपनी भाषा, देश, धर्म, इन सबका निर्णय हम खुद करेंगे। समाज या सरकार नहीं।''

गॉडफ़ादर की याद आयी। ब्रैंडो की गम्भीर-सी आवाज़।

हाउ टु?

जब तम्पी सीट पर बैठा, तब सुरेश मेनन वज़ीर के ओवर की दूसरी गेंद, थोड़ा आगे को लपककर हाफ वॉली में लेकर प्लेस कर रहा था।

दूसरा रन लेकर सुरेश जब क्रीज़ में आया, तब भीड़ के साथ तम्पी ने भी ताली बजायी।

रुस्तमजी की योजना पर अमल कैसे किया जाए? स्कोर-बोर्ड पर देखा। सुरेश सैंतालीस। अगर सुरेश इसी ढंग से रन बनाता रहे, तो...

हे भगवान, सुरेश को शक्ति दे दे!

तम्पी ने भी आँखें मूँदकर प्रार्थना की।

29

विकेटकीपर की भेजी गेंद जब हाथ में पहुँची, तो वज़ीर ने दो क्षण फील्डरों के पोजीशन की ओर नज़र दौड़ायी। सुरेश की ओर या सामने के विकेट की ओर देखा तक नहीं। बैट्समैन की ओर न देखना ही बुद्धिमानी है। ऐसे बैट्समैन होंगे जो बॉलर के देखने के ढंग का भी विश्लेषण कर सकें। कप्तान निसार साहब का यह कहना कि मैं कभी अपनी उमंग को दबा नहीं पाऊँगा, बिल्कुल सही है। हमें कभी भी अपना जोश ज़ाहिर नहीं करना चाहिए। मियाँ, बी केरफुल। कंट्रोल योर इमोशन्स।

पहली गेंद वाइड।

दूसरी को हाफ वॉली में प्लेस किया। दो रन। वाइड के बाद की गेंद निशाना ठीक करने के लिए स्पिन कम करके फेंकी जाएगी, यह मालूम था। कोई भी बैट्समैन यही सोचेगा। मगर यह छोकरा। वह भी अपने पहले मैच में दूसरी गेंद पर क्रीज़ से लपककर आगे आके उसे ऐसे मार गया जैसे वह किसी स्कूल ब्वॉय स्लो बॉलर द्वारा फेंकी गयी गेंद हो। ऐसा होने नहीं देना चाहिए।

जब जोश सवार होता है, तब कभी-कभी भाग्यदेवता भी साथ देगा। उस समय कोई किसी प्रकार का प्रतिबन्ध नहीं लगा पाएगा।

वज़ीर को अपना ही अनुभव याद आया। आज भी एक चमत्कार के रूप में क्रिकेट के रेकार्ड बुकों में सुरक्षित रहनेवाली जुड़वाँ हैट-ट्रिक की कहानी।

पाकिस्तानी खिलाड़ियों की हमेशा से यह महत्त्वाकांक्षा रही है कि पाकिस्तान इंटरनेशनल एयरवेज़ में नौकरी पाकर उसकी टीम का सदस्य बन जाएँ। अच्छा वेतन और शान-शौक़त। मकान और अन्य सुविधाएँ। यही नहीं, एकमात्र काम है क्रिकेट खेलना। दस वर्ष पहले की बात थी। पी.आई.ए. में इंटरव्यू हो गया। अधिकतर इंटरव्यू क्रिकेट प्रैक्टिस के नेट में था। अठारह साल की उम्र थी। हाईस्कूल की परीक्षा की तैयारी में था। इसी अवसर पर पाकिस्तान के भूतपूर्व कप्तान सलमान खान के निर्देश से इंटरव्यू के लिए बुलाया गया। उसमें सफलता मिली। परीक्षा ख़त्म होने के बाद नौकरी ज्वाइन करना काफ़ी था। सारी दुनिया जीत लेने की-सी ख़ुशी हुई।

कराची लौट आया। परीक्षा शुरू होने में अभी दस दिन और थे।

तभी लोकल लीग के चैम्पियन अपने कराची वांडर्स के लिए एक प्रदर्शिनी मैच खेलना पड़ा। उस मैच का मुख्य आकर्षण पी.आई.ए. में भर्ती होनेवाला अठारह साल का यह वज़ीर ही था। उसका गर्व सीने में भर जाने से घुटन महसूस होती थी।

पहले सात-आठ ओवर फास्ट बॉलरों से फिंकवाने के बाद कप्तान ने गेंद दे दी। कहा, ''वज़ीर, टेस्ट खेलते वक़्त की अपनी शैली पर कोई करिश्मा दिखाना ज़रा।''

पहले ओवर में, न जाने क्यों, एक भी गेंद टप्पा खाकर सही दिशा में ऊपर नहीं उठी। लेंथ भी नहीं मिला। ब्रेक भी। बैट्समैन था जॉनी मसीह, जिसमें किसी भी गेंद को जमकर मारने की क्षमता थी। पहले ओवर में तीन चौके। एक छक्का। एक दुक्का। कुल मिलाकर बीस रन। सिर थामकर बैठ गया। रोने का मन हुआ। आख़िरी गेंद फास्ट बॉलर की शैली में ज़ोर लगाकर जमकर मार दी। गेंद पिच के मध्यभाग से थोड़ा आगे को हटकर टप्पा खाके ऊपर उठी। 'लांग हॉप' कहलाने लायक़ गेंद। जॉनी मसीह के सिर की तरफ बम्पर आया था। उसने बल्ला उठाकर घुमाने की कोशिश की। शायद गेंद की तेज़ी देखकर उसने सिर झुका लिया। गेंद फिर पीछे की ओर उठी और विकेटकीपर के उठाये हाथों के ऊपर से बाउंड्री की ओर गयी। भाग्य की बात। बाउंड्री के पास पहुँचने पर ज़मीन पर गिरकर वह लुढ़कने लगी। चार बाई। बाद में किसी ने कहा कि यदि गेंद कहीं पाँच फ़ुट हटकर गिरती, तो बाउंड्री की रेखा के बाहर जाती। क्रिकेट के इतिहास में सिर्फ़ एक ही बार इस प्रकार एक ही गेंद पर बाई छक्का बना था। चार्ल्स कोर्ट राइट द्वारा वालिंग फोर्ड टीम के लिए खेलते समय फेंकी गेंद पर। यह दूसरी मिसाल बन जाता। एक ओवर में चौबीस रन। ओवर की समाप्ति पर सिर पर हाथ रखकर ज़मीन पर बैठ गया। अगला ओवर

किसने फेंका, इस पर भी ध्यान नहीं दिया। अजीब-सी ज़िद मन में भरी थी। इसका बदला ज़रूर लेना चाहिए। किससे, यह नहीं कहा जा सकता। पिच से, अपनी खेल-पटुता से? समस्या यह नहीं थी कि बैट्समैन कौन है? दुश्मन खुद मैं ही था। अपनी क्षमता और कौशल। अठारह साल की उम्र में पाकिस्तान इंटरनेशनल एयरलाइंस टीम में स्थान दिलानेवाली प्रतिभा। जब अपनी बारी आयी, तब और कुछ नहीं देखा। चार वर्ष की अवस्था में जब टेनिस की गेंद उँगलियों में कसकर ऊपर की ओर घुमाकर फेंकना सीखा, उन दिनों से उस विशेष दिन तक की साधना। फिर एक चमत्कार ही हुआ था। पहला लेग-ब्रेक। पल-भर में जॉनी मसीह के पीछे विकेटों के बेल उड़ गये। वह केवल शुरुआत थी। दूसरी गेंद, क्लीन बोल्ड। तीसरी गेंद, विकेटकीपर को कैच। हैट-ट्रिक। तालियाँ और कोलाहल। किसी बात पर ध्यान नहीं दिया। मन में विचित्र-सी ज़िद सवार हो रही थी। पिच के ख़िलाफ़ और गेंद के ख़िलाफ़। कोई बल्ला लेकर सामने खड़ा हो जाता है। दस क्षणों का कोलाहल। वह लौट जाता है। चौथा और पाँचवाँ। क्लीन बोल्ड। छठा और अन्तिम गेंद। बैट्समैन बहुत ही घबराया हुआ था। उसने आगे को लपककर बल्ला चलाना चाहा। गेंद ख़तरनाक ढंग से मुड़ी और पैड पर लगी। विकेटकीपर ने ज़ोर से पुकारा, "हाउजाट?" अम्पायर ने उँगली उठाई। एल.बी.डब्ल्यू.।

डबल हैट-ट्रिक।

जोश ठंडा पड़ा। बहुत थक गया।

विजयी हुआ।

किसी ने कहा कि गिनिज बुक में दर्ज़ कराने का रेकार्ड है। बाद में पता चला कि ऐसे दो पूर्व रेकार्ड हैं जिनमें लगातार फेंकी गेंदों पर नौ विकेट गिराये गये थे। सन् 1931 में दक्षिण अफ्रीका में और सन् 1967 में न्यूजीलैंड में। इनमें न्यूजीलैंड में जिसने यह कमाल दिखाया था— वह चौदह साल का स्टीफेन फ्लेमिंग नामक बालक था। फिर भी ग्लानि नहीं हुई।

मैं विजयी हुआ। मैं विजयी हुआ। उस दिन जो बड़बड़ाया, वह किसी ने नहीं सुना।

उस दिन से ओवर के शुरू के गेंद बैट्समैन चाहे कितने ज़ोर से मार ले, तनिक भी डर नहीं लगता था। यह आत्मविश्वास था कि उस पर क़ाबू पाने की जादूगरी अपनी उँगलियों में मौजूद है।

वज़ीर ने अगली गेंद थोड़ी और ऊँचाई पर उठायी। तर्जनी के छोर से हल्के से घुमाकर, धीमी गति से चलती दक्षिणी हवा के कारण गेंद की गति में आनेवाले परिवर्तन की सम्भावना को गुनकर, बीच के स्टम्प को ठीक निशाने पर रखकर गेंद फेंकी। सोचा था कि ज्यों ही गेंद सुरेश के बल्ले को छुएगी, फॉलो-थ्रू की रफ़्तार

कुछ और बढ़ाकर पिच के बीच तक पहुँच जाऊँ। पर, सुरेश ने ऊपर उठी गेंद की गति ठीक से पहचानकर आगे को लपके बिना, बैक फुट पर खड़े होकर गेंद को थोड़ा लिफ्ट करके उसे सामने की ओर दौड़े आये निसार के सर के ऊपर से मार दिया। उस स्ट्रोक में ज़ोर कम था। वह ऐसा था कि यदि दस गज की दूरी पर कोई फील्डर खड़ा होता, तो कैच ले सकता था। परन्तु, दस तो दूर, बीस गज की दूरी पर भी फील्डर नहीं था। पास जो वज़ीर खड़ा था, उसने सिर घुमाकर गेंद की गति देखी और सिर थाम लिया।

सुरेश ने दो रन लिये। श्रीनिवास ने क्रीज़ पर पहुँचने के बाद निराश खड़े वज़ीर को देखा। वज़ीर के चेहरे पर निराशा की अपेक्षा बदले की भावना झलक रही थी। श्रीनिवास ने सोचा, कि सुरेश से कहूँ कि तुम्हारे इस स्ट्रोक ने वज़ीर को दो रनों का नुक़सान ही नहीं दिया, बल्कि उसको अनायास ही अपमानित भी किया है। बी केयरफुल। वज़ीर तुम्हें यों नहीं छोड़ेगा।

परन्तु, श्रीनिवास ने कुछ भी नहीं कहा। अगली गेंद भी देखी जाए। सुरेश कैसे उसका सामना करता है!

निसार की ओर देखा। निसार पिच की ओर देखते हुए इस तरह खड़ा है मानो कुछ हुआ ही नहीं।

वज़ीर के रन-अप में सिर्फ़ दस कदम ही थे। विकेट के पीछे से पैंतालीस डिग्री में रन-अप शुरू होगा। सात कदम तक की दौड़ तिरछी होगी। अन्तिम तीन कदमों की ख़ासियत यह है कि बायाँ कदम टेढ़ा और दायाँ सीधा होगा। ऐसा लगेगा मानो शरीर के बोझ को एकाएक बायें पाँव पर टिका दिया गया हो। वज़ीर आमतौर पर 'राउंड दि विकेट' ही बॉल करेगा। दायें हाथ के बैट्समैनों के ख़िलाफ़ बॉल करते समय बॉलर के पास के विकेट से जितनी दूर हटकर बॉल करना सम्भव हो, उतना ही अच्छा होगा। गेंद उनकी तरफ एक ऐंगल में बढ़ेगी। सीधे आनेवाली गेंद की अपेक्षा तिरछे आनेवाली गेंद से ज़्यादा डरना चाहिए।

जब वज़ीर ने अगली गेंद का रन-अप शुरू किया, तब सुरेश को क्षण-भर के लिए शंका हुई कि इस गेंद का सामना कैसे करना चाहिए! प्रतिरोध करना है, या आगे बढ़कर बल्ला चलाना चाहिए।

''बैट्समैन को शंका नहीं, प्रतिरोध की क्षमता चाहिए। अगर वह मिल गयी, तो फिर तुम अपनी सहज बुद्धि से काम लेना, उण्णी। आगे को लपकना या पीछे हटना, जो चाहे कर लो।'' माँ कह रही थी। शब्द नानाजी के थे।

रावुण्णी के लेग-ब्रेक बॉलिंग का निशाना चूक जाए, इस उद्देश्य से उण्णी दो कदम आगे बढ़ आया करता था। विकेटकीपर नहीं था, इसलिए स्टम्पिंग का डर नहीं था। फिर भी दस में से पूरी नौ गेंदें बल्ले से मार सकता था। जब दीदी थी, तब

कहती थी कि रावुण्णी जान-बूझकर उण्णी को स्लो बॉल देता है। इसको देखते हुए तुम ओवर कानफिडेंट मत होना।

आधा क्षण।

उण्णी को दीदी याद आयी। क्या इस समय दीदी मुझे देख रही होगी? सोचा था, सुबह दीदी टेलीफोन करेंगी। शायद किया होगा। तृपूणितुरा को।

उम्मीद के ख़िलाफ़ गेंद बड़ी तेज़ी से सुरेश की ओर आयी थी। कलाई घुमाकर फेंकी गयी गेंद, बिना स्पिन किये, तिरछा कट कर लेग-स्टम्प को लक्ष्य करके बिजली की तेज़ी से टप्पा खाकर दायें ऑफ-स्टम्प की ओर मुड़ी। ऐसा लेग-कटर जिसकी, सुरेश को ज़रा भी उम्मीद नहीं थी। ख़ुशक़िस्मती से ही वह बल्ले के किनारे को छूकर सीधे ज़मीन पर गिरी थी। अगर आगे को लपकता, तो गेंद बल्ले के उद्दिष्ट भाग पर बिल्कुल ही नहीं लगती। सम्भव था, गेंद हवा में उछल जाती।

वज़ीर के ओवर की अगली तीनों गेंदें सुरेश ने प्रतिरोधात्मक ढंग से खेलने का निश्चय किया। वज़ीर पाकिस्तानी टीम का मैच-विनर है। यद्यपि दायें हाथ के लेग-ब्रेक बॉलर के रूप में उसका नाम था, तो भी मीडियम पेस से लेकर किसी भी तरह की बॉलिंग करने में वह माहिर है। सिर्फ़ दायें हाथ से ही नहीं, ज़रूरत पड़ने पर बायें हाथ से चाइनामैन फेंककर बैट्समैन को मात दे सकता है। दायें हाथ के बैट्समैन को बीच में कहीं बायें हाथवाले चाइनामैन नामक गुगली गेंद का सामना करना पड़ जाए, तो मुसीबत होगी। लेग-स्टम्प से दायीं तरफ मुड़नेवाली गेंद को ऑस्ट्रेलिया में और ऑफ-स्टम्प से बायीं तरफ मुड़नेवाली गेंद को इंग्लैंड में चाइनामैन कहते हैं। वज़ीर दोनों में उस्ताद है। बरसों पहले पाकिस्तान का मशहूर बैट्समैन हनीफ़ मुहम्मद एक ही आवेर में कभी दायें हाथ से और कभी बायें हाथ से गेंद फेंकता था। वज़ीर भी उसी शैली का अनुसरण करता है। इसलिए सुरेश ने मन-ही-मन फ़ैसला किया कि गेंद की गति का सूक्ष्म निरीक्षण करने के बाद ही वज़ीर की गेंद को आगे बढ़कर मारने की कोशिश करूँगा।

अगर कोई साधारण-सा बॉलर हो, तो जब पहली गेंद वाइड हुई और बैट्समैन नें अगली दो गेंदों का अनायास ही सामना कर लिया, तो आगे सही निशाना और घुमाव पाने के लिए थोड़ा वक़्त ले लेगा। लेकिन वज़ीर ने अगली गेंद पर ही सही लेंथ पा लिया। उसने बहुत ही ख़ूबसूरत लेग-कटर फेंका है।

सुरेश ने आँखें मूँदकर क्षण-भर के लिए प्रार्थना की।

अगली गेंद वैसा ही एक लेग-कटर थी। रफ़्तार थोड़ा कम। सुरेश ने एक पैर आगे बढ़ाकर बल्ले का ऐंगल नीचा करके गेंद रोक ली।

फिर जो गेंद आयी, वह धीमी गति से आयी लेग-ब्रेक थी। सुरेश की नज़रें वज़ीर की उँगलियों पर ही लगी थीं। वह अँगूठा, तर्जनी, मध्यमा— तीनों को

मिलाकर गेंद सँभालता था। आख़िरी पल में मध्यमा से गेंद दायीं से बायीं तरफ घुमाता और साथ ही कलाई घुमाकर गेंद को अजीब-सा घुमाव दे देता। ठीक लेग-स्टम्प की ओर आकर ज़मीन पर टप्पा खकार दायीं ओर अर्द्धचन्द्र की तरह उछली गेंद को सुरेश ने बल्ले के मध्यभाग से रोक लिया।

सुरेश ने मन-ही-मन निश्चय कर लिया कि अगली गेंद के साथ भी प्रतिरोध ही ठीक रहेगा। गैलरी से उठनेवाली आवाज़ में बेसब्री का अहसास था। मगर, हर तरह के बॉलिंग में माहिर वज़ीर-जैसे अतिमानवीय आभामंडित खिलाड़ी का सामना करते समय कुछ ज़्यादा ही होशियार रहना चाहिए।

श्रीनिवास सचमुच लड़ाई का मज़ा लूट रहा था।

विवेक ने शिल्पा से कहा, ''रियली ग्रेट! कितना पर्फेक्ट डिफेंस! कॉपी-बुक स्टाइल।''

शिल्पा ने कोई जवाब नहीं दिया। वह पूछना चाहती थी कि क्या सुरेश शतक मारेगा।

विवेक ने कहा, ''अपने मामाजी का ट्रेनिंग मिला था। वे कहा करते थे कि जो नैचुरल खेल तुम्हें आता है, वही खेलो। लेकिन डिफेंस पर भी ध्यान दो, अपने विकेट को सलामत रखो। आख़िरी पल में बल्ले की दिशा बदलकर गेंद मिडिल करने की क्षमता हासिल करनी चाहिए। और फुट-वर्क अगर पर्फेक्ट हो गया, तो इन्तज़ार करते रहो। कितना भी उम्दा बॉलर हो, दस में से तीन-चार गेंदें लूज बॉल होंगे। मौक़ा पाकर आक्रामक ढंग से बल्ला चलाना।''

शिल्पा ने कहा, ''ज्यों ही सुरेश पवेलियन में आएगा, तू जाकर कंग्रेचुलेट करना। भूलना मत।''

फिर शिल्पा ने विवेक की जाँघ पर हल्के से स्पर्श करके धीमी आवाज़ में कहा, ''मैं जानती हूँ, तुझे भी इसी तरह खेल के मैदान में खड़ा होना चाहिए था। था न?''

विवेक ने शिल्पा की उँगली थामकर कहा, ''उधर देखो, लास्ट बॉल। क्या, उण्णी एक रन लेकर इधर आएगा?''

सुरेश ने रन नहीं लिया। यही नहीं, ज़मीन पर टप्पा खाकर गेंद वैसा ऊपर नहीं उठी, जैसा कि सुरेश को उम्मीद थी। वज़ीर द्वारा अपनी उँगलियों में गेंद सँभालना, उसे घुमाना, कलाई मोड़ना, हाथ से गेंद छूटते समय की ऊँचाई, सब पिछली गेंद ही की तरह थे। ठीक उसी स्थान पर टप्पा खाकर गेंद उठी। हाँ, रफ़्तार में ज़रा-सी बढ़त हुई है, बस इतना ही। इस बात के मद्देनज़र सुरेश ज़रा और तेज़ी से बल्ला नीचे की ओर लाया। लेकिन उम्मीद के अनुसार गेंद उठी नहीं। बल्ले के निचले किनारे पर लगकर धीमी गति से पीछे की ओर गयी। सौभाग्य से विकेट पर नहीं लगी।

जहाँ गेंद गिरी, उस स्थान की ओर सुरेश ने इस ढंग से देखा मानो कुछ

अविश्वसनीय-सी घटना घटी हो।

ओवर ख़त्म हुआ।

पास से होकर चलने के बीच विकेटकीपर शाहनवाज़ ने कहा, "बैड लक, सुरेश।"

श्रीनिवास सुरेश के पास आकर मुस्कुराया, "गेंद की सिलाई का धागा नीचे आ सके, इस ढंग से वज़ीर ने अभी गेंद फेंकी थी। बी केरफुल। बट, वेल प्लेड। कीप इट अप!"

30

शिल्पा ने कहा, "तू ज़रा ट्राई करना, विवेक। देख लेना कि हमें उनके पास कहीं सीटें मिल सकती हैं।"

विवेक का सारा ध्यान ग्राउंड पर था। पाकिस्तान के कप्तान निसार अहमद ने मुहम्मद हुसैन की ओर गेंद फेंक दी। मतलब, दोनों ही छोरों पर गेंदबाजी में कोई परिवर्तन नहीं होगा। एक ओर से स्पीड और दूसरी ओर से स्पिन।

श्रीनिवास गार्ड ले रहा था।

चूँकि विवेक ने कोई जवाब नहीं दिया, इसलिए शिल्पा ने उसका कन्धा हिलाते हुए पूछा, "तूने मेरी बात नहीं सुनी, क्या?"

"क्या?"

"हम यहाँ से उठकर शैलजा के पीछे की सीटों पर जा बैठें। लगता है, वहाँ सीटें खाली हैं।"

"क्यों? यहाँ बैठकर भी तो ठीक से देख सकते हैं।"

"वह बात नहीं। सुरेश जब शतक लगायेगा, तब हम सब अगर एक साथ बैठें, तो..."

विवेक ने चारों तरफ नज़र दौड़ाई। कोई ध्यान नहीं दे रहा है। विवेक ने दबी आवाज़ में कहा, "चुपचाप उधर बैठकर खेल देख।"

"उधर, लो वह देख...मुझे...आई वांट टु एनश्योर।"

"क्या?"

"सुरेश का एग्रीमेंट।"

"शिल्पा, तू तो..."

शिल्पा ने थोड़ी ऊँची आवाज़ में कहा, "समझता क्यों नहीं! यह एग्रीमेंट हमारी कम्पनी के लिए कितना अहम है! अपने ये विपक्षी, जेमिनी के लोग अगर

मेरे ही क्लोज़ रिलेटिव को छीन ले जाएँ, तो फिर अपने ज़िन्दा रहने से क्या फ़ायदा?''

अन्तिम निर्णय शिल्पा का ही था। ऐसा होना भी चाहिए था।

विवेक चुपचाप श्रीनिवास की ओर ध्यान देता रहा, जो इस समय क्रीज़ से कुछ हटकर एक-एक करके फील्ड-प्लेसिंग का निरीक्षण कर रहा था।

इस समय अगर श्रीनिवास की जगह मैं होता, तो क्या करता? उसने स्कोर-बोर्ड की ओर देखा।

सिर्फ़ आठ रन।

अगर मैं होता, तो प्रतिरोध करने की कोशिश ही नहीं करता। हमला बोल देता। पिच तो ठीक है। मुहम्मद हुसैन की गेंद को जमकर मार देता। आउट-फील्ड तो पक्का टर्फ है। घास नाममात्र के लिए है। ठोस ज़मीन। गैप देखकर ठीक से प्लेस किया जाए तो फील्डरों के पहुँचने के पहले ही गेंद बाउंड्री पहुँच जाएगी।

मगर, श्रीनिवास विवेक की तरह जल्दी निर्णय नहीं ले पाया। सबसे अहम बात यह थी कि वह सिर्फ़ बैट्समैन ही नहीं, कप्तान भी था। वह भी अस्थाई कप्तान। कितनी सारी आँखें उसकी एक-एक चाल ध्यान से देख रही हैं, यह सोचने पर रूह काँपने लगती है। टेलीविजन पर भी करोड़ों दर्शक इसे देख रहे हैं। यह बात अवश्य है कि पूरा समय वे खेल पर ध्यान नहीं देंगे। कमेंटेटर से भी उतना डर नहीं। मगर, ये पत्रकार! खेल-कूद के पंक्ति-लेखक!

जहाँ तक क्रिकेट का सवाल है, दो प्रकार के पंक्ति-लेखक होते हैं। एक वे, जो पुराने ज़माने से ही ब्रिटेन की गौरवपूर्ण शैली में क्रिकेट-ग्राउंड के खेल का ही विश्लेषण कर गुण-दोषों की चर्चा करते हुए लिखनेवाले हैं। क्रिकेट के इतिहास में ऐसे लोगों को सम्मान का पद प्राप्त है। पुराने टेस्टों के कई पूर्व-खिलाड़ी भी इनमें शामिल हैं। यद्यपि उनके लेख पोस्टमार्टम-जैसे हैं, तो भी खिलाड़ियों को उनसे काफ़ी मदद मिल सकती है। दूसरे प्रकार के लेखक वास्तव में क्रिकेट की रिपोर्टिंग नहीं करते। क्रिकेटरों के बारे में अतिशयोक्तिपूर्ण बातें ही लिख डालते हैं। दैनिक पत्रों की अपेक्षा साप्ताहिक और मासिक पत्रिकाएँ ही ऐसे लोगों का मंच हुआ करती हैं। गपशप, नेपथ्य के रहस्य, ड्रेसिंग-रूम की छोटी-मोटी अनबनें। खेल के बाद के स्वागत-समारोह और पार्टियाँ। फ़िल्मी सितारों और फैशन मॉडलों से जुड़े प्रणय-प्रसंग। पाठक भी इसे ज़्यादा पसन्द करते हैं। फ़िल्मी दुनिया में तो ऐसी गपशप से कितनी ही पत्रिकाओं तथा लेखकों को व्यापक प्रचार प्राप्त हो गया है। खेलकूद की पत्रिकाएँ भी उस स्तर की ओर तीव्र गति से अग्रसर हो रही हैं।

कप्तान को ज़्यादा डरना चाहिए दूसरी क़िस्म के लेखकों से। यदि वे चाहें, तो 'टीम को एकजुट बनाये रखने में असफल कप्तान' की उपाधि उसे प्रदान कर

सकेंगे। ज़माना बदल गया है। एक समय था जब टीम के कनिष्ठ खिलाड़ी वरिष्ठ खिलाड़ियों और कप्तान की आज्ञा का चुपचाप पालन करते थे। 'सर' शब्द से ही उन्हें सम्बोधित करते थे। उनके सामने सिगरेट पीने की ढिठाई नहीं करते थे। खेल में अपनाने लायक दाँव-पेंचों की चर्चा के समय अपनी राय प्रकट नहीं करते थे। अब तो हालत बदल गयी। अपनी राय देने में किसी को कोई हिचक नहीं महसूस होती।

श्रीनिवास को याद आया कि आज सुबह आठ बजे ब्रेकफास्ट के समय होटल में एक स्ट्रैटेजी सेशन का आयोजन किया था। यह एक अलिखित नियम-सा है कि खेल के दिनों में रोज़ सभी खिलाड़ी एक साथ बैठकर रणनीति पर चर्चा करें। किसी को लगी चोट या बीमारी, विपक्षी खिलाड़ियों के खेल के बारे में कोई नयी सोच, अपना बैटिंग ऑर्डर आदि सभी बातें चर्चा का विषय बनेंगी। विस्तृत रूप से नहीं। किसी के दिमाग़ में कोई नया आइडिया कौंधा हो, तो सबके सामने उसे प्रस्तुत करने का मौक़ा। बस, इतना ही। हाँ, अन्तिम निर्णय कप्तान का ही रहेगा। परन्तु, सही निर्णय लेने के लिए कप्तान को अपने सहयोगियों के सुझावों की जाँच करने की सुविधा मिलनी चाहिए।

सवेरे कहा था, "आज अगर हम टॉस जीतेंगे, तो मैं समझता हूँ हमें बैटिंग चुन लेना चाहिए। ठीक है न?"

राहुल ने कुछ नहीं कहा। मैनेजर नवाब साहब ने कोच जगदाले साहब से पूछा, "आपकी क्या राय है, मियाँ?"

"यदि पाकिस्तान पहले बैटिंग करे और ढाई सौ रन बना ले, तो फिर उस स्कोर को चेज़ करना मुश्किल होगा। हालाँकि चेज़ करना ही अच्छी रणनीति है, पर मुझे लगता है कि आज श्रीनी का सुझाव ही बेहतर है।"

सब चुप बैठे रहे। एक-एक करके सबकी ओर देखा। लगा, सबको मंज़ूर है। लेकिन, अचानक सतीश ने कहा, "नहीं। मुझे लगता है कि उन्हें बैटिंग देना ही अच्छा होगा। जब हम फ्रेश रहेंगे, तब अपने मीडियम पेस में कुछ और ताक़त और विविधता ला सकेंगे। पिच में सुबह जो नमी होगी, उसका भी हमें फ़ायदा मिलेगा। दो सौ के पार वे नहीं जा पाएँगे। अपने लिए यही काफ़ी है कि फील्डिंग दुरुस्त रखें।"

सतीश के लिए यह सिर्फ़ चौथा मैच था। पिछले साल भारतीय टीम के लिए एक पंचदिवसीय टेस्ट खेला भी था। बस, इतना ही। फिर भी सुझाव पेश करने का साहस दिखाया। हालाँकि आज टीम के किसी अन्य खिलाड़ी ने यह मत प्रकट नहीं किया था, तो भी किसी निम्न श्रेणी की पत्रिका को अगर इसकी ख़बर मिल जाए, तो यही काफ़ी होगा। संयोग से टॉस जीत जाएँ और पाकिस्तान के बदले भारत

बैटिंग करे और पाकिस्तान की जीत हो जाए, तो निश्चय ही 'श्रीनिवास की मूर्खता' शीर्षक से दो सप्ताह के अन्दर मोटे-मोटे अक्षरों में रंगीन चित्र-समेत पत्रिका के गपशप-स्तम्भ भर जाएँगे।

स्पष्ट है कि सबसे अधिक सतर्क रहने की ज़िम्मेदारी कप्तान की ही है।

बी केयरफुल। सिर्फ़ अपना बैटिंग स्कोर ही तुम्हारा लक्ष्य नहीं, टीम की विजय भी लक्ष्य होना चाहिए।

यह सिर्फ़ आज की बात नहीं। पहले भी ऐसा ही था।

श्रीनिवास को याद आया कि उन दिनों, जबकि क्रिकेट को इतना प्रचार नहीं मिला था, विश्व-क्रिकेट के सबसे उम्दा खिलाड़ी ब्रैडमैन ने यों कहा था : "किसी कप्तान के लिए यह दुर्भाग्य की बात है कि उसकी छोटी-से-छौटी चाल भी विज्ञापन-माध्यमों के प्रकाश-बिन्दु पर आ जाए। उसे क्या करना है, क्या नहीं करना है आदि बातें अनेक विशेषज्ञों द्वारा पहले ही अभिव्यक्त की गयी होती हैं। ऐसे लोगों को खेल के मैदान में उतरने का न कष्ट सहना पड़ता है, न ज़िम्मेदारी ही निभानी पड़ती है। फिर भी कप्तान की हर बात की छानबीन करके वे पोस्टमार्टम रिपोर्ट लिख देंगे। वहीं भारी अन्तर पड़ जाता है। किसी निर्णय के परिणाम के बारे में जानने से पहले ही उसे चालें निर्धारित करनी होती हैं। उसकी पूरी ज़िम्मेदारी उसकी अपनी है। हार और जीत के बीच का अन्तर काफ़ी बारीक है। हमेशा ही अपराधी ठहराया जाना उसकी नियति है।" कई बार ऐसा लगा था कि दर्शक उसे अगर अपने ही समान कोर-कसरवाले मामूली इंसान के रूप में पहचान बैठें, तो इससे उसकी शक्ति बढ़ेगी।

लेकिन श्रीनिवास जानता था कि दर्शक अपने साथ नहीं हैं। राहुल भी। यहाँ तक कि सुरेश मेनन नामक नौसिखिया भी उनकी नज़रों में मुझसे आगे है।

यह सच है कि भारतीय क्रिकेट टीम के कप्तान का पद भारत के आकर्षक पदों में से एक है। लेकिन...

श्रीनिवास ने मुहम्मद हुसैन की गेंद बल्ले के मध्यभाग से रोकी।

विवेक ने कहा, "ऑफ-स्टम्प काफ़ी हटकर था। आसानी से कट कर सकता था। आई डोंट नो...।"

शिल्पा का पारा चढ़ रहा था।

विवेक से शिल्पा की पहली मुलाक़ात विवेक के बॉस के घर की पार्टी में हुई थी। बॉस शिल्पा के पिता के मित्र थे। पिताजी कहा करते थे कि आदमी भला है; हाँ, क्रिकेट की सनक कुछ ज़्यादा ही है। बॉस अँग्रेज थे, और उनकी इच्छा थी कि लौटकर इंग्लैंड में सेटल होने पर क्रिकेट अम्पायर के टेस्ट में विजयी हो जाएँ। टेस्ट मैच या काउंटी क्रिकेट में भले न हो, लीग मैचों और शनिवार के सप्ताहान्त मैचों में

अवसर ज़रूर मिलेगा। उन मैचों की अम्पायर-परीक्षा में बैठने के लिए आयु की पाबन्दी नहीं। बेचारा!

विवेक के बॉस साहब ने सुकोमल और लज्जाशील नौजवान से परिचय कराया, "रणजी ट्राफी की केरल टीम का सबसे कम उम्र खिलाड़ी। राजाओं के परिवार से आता है। ऑलराउंडर।"

उन दिनों राजेश खन्ना से भी अधिक ग्लैमर नवाब पटौदी को मिल चुका था। भारतीय क्रिकेट का रोमांच। ख़ूबसूरत युवा कप्तान। यही नहीं, शर्मिला टैगोर का आशिक़। फिल्म-स्टार और खेल-कूद के युवराज— दोनों का ग्लैमर।

पटौदी ही चर्चा का विषय था।

उसके बाद क्रिकेट के दिन थे। बीच-बीच में मिलते। धीरे-धीरे यहाँ तक नौबत आयी कि देखे बिना कल नहीं पड़ती थी। तब बातचीत का मुख्य विषय था पटौदी।

किन्तु, विवाह के बाद धीरे-धीरे उमंग कम होती गयी। ब्रेकफ़ास्ट टेबुल पर अन्य समाचारों का परिशिष्ट बनकर क्रिकेट सिमट गया।

शिल्पा को लगा, वर्षों बाद आज किसी अजनबी विवेक से बातचीत हो रही है।

जब श्रीनिवास ने आगे बढ़कर स्क्वायर लेग और मिड-विकेट के बीच से दूसरी गेंद पर जमकर बल्ला चलाया और दो रन ले लिये, तब विवेक ने ज़ोर-ज़ोर से ताली बजायी।

"वंडरफुल। नीड। मुझे इसी की उम्मीद थी। प्लेसिंग। वही सबसे महत्त्वपूर्ण है। बैटिंग में ताक़त का उतना महत्त्व नहीं जितना गेंद की दिशा का है। देखा नहीं?"

शिल्पा ने विवेक की तरफ नहीं देखा।

विजयन मेनन शैलजा के पास से उठकर दूर कहीं देखते हुए कोई इशारा कर रहा था।

श्योर। दैट फेलो। वह सफ़ेद शर्टवाला एजेंट होगा। जेमिनी का खन्ना यदि किसी बात पर तुल जाए, तो फिर उसे पूरा करके ही दम लेगा। क्या किया जाए, इस शंका में शिल्पा थोड़ी देर खड़ी रही।

अगली गेंद। विवेक समझ नहीं पाया कि क्या हुआ है। श्रीनिवास आगे को लपका। यॉर्कर के तौर पर आयी गेंद को फुल टॉस में लेकर पूरे ज़ोर से मारा। ज़मीन से लगभग एक हाथ की ऊँचाई पर से सीधे जाती गेंद मुहम्मद हुसैन के पंजे से टकराकर चंगुल में टिके बिना तेज़ी के साथ बाउंड्री की ओर गयी, परन्तु चौका नहीं हुआ। लांग-ऑन से फील्डर गेंद रोकने आ चुका था। दर्शकों ने भूल से उसे कैच

समझकर आहें भरीं।

अम्पायर ने एक हाथ क्षितिज के समान्तर फैलाकर इशारा किया कि गेंद नो-बॉल था। अम्पायर की यह घोषणा सिर्फ़ श्रीनिवास और मुहम्मद हुसैन ही सुन पाये थे। इसी कारण से मुहम्मद हुसैन ने कैच लेने की तत्परता नहीं दिखायी और श्रीनिवास ने साहस के साथ आगे बढ़कर बल्ला चलाया था। नो-बॉल में श्रीनिवास ने दो रन लिये।

"श्रीनिवास की इस हरकत से मुझे आश्चर्य हो रहा था, शिल्पा। नो-बॉल की घोषणा सुनने और गेंद के बल्ले के पास पहुँचने में ज़्यादा-से-ज़्यादा एक सेकेंड का दसवाँ भाग ही लगेगा। किसी बैट्समैन की फुर्ती की यह कसौटी है। श्रीनिवास। रियली ही इज़ ग्रेट। तुझे याद नहीं, क्या? ब्रैबून स्टेडियम में। सेंट्रल ज़ोन बनाम वेस्ट ज़ोन मैच में।"

"हाँ, याद है।"

इस समय श्रीनिवास को भी पटौदी की याद आयी। भारत के क्रिकेट कप्तानों के दो वर्ग हैं। भारत के ही नहीं, अधिकतर देशों का एक वर्ग, हर हालत में पराजय को टालने के उद्देश्य से प्रतिरोध पर ज़ोर देते हुए, विपक्षी टीमों की ग़लतियों से फ़ायदा उठाने की ताक में रहनेवालों का है। दूसरे वर्ग के लोग इस ज़िद पर अड़े हैं कि खेल का मक़सद है जीत। भारतीय क्रिकेट के इतिहास में पटौदी ने ही पहली बार दूसरे ढंग की नीति अपनायी थी। श्रीनिवास अभी तक अपनी निजी शैली रूपायित नहीं कर पाया था। हाँ, इस निर्णायक मैच में भारत अगर हार जाए, तो उसकी कप्तानी वापस लेने के लिए चयन-समिति पर दबाव पड़ेगा। इसलिए, किसी भी हालत में यह मैच हारना नहीं चाहिए।

उसके लिए ज़रूरी है कि एक भी विकेट खो न जाए।

सुरेश उस सिरे पर खड़ा होकर तेज़ी के साथ रन बना रहा है।

श्रीनिवास ने मन-ही-मन फ़ैसला कर लिया, जब तक सुरेश जल्दी-जल्दी स्कोरिंग रेट बढ़ाता रहेगा, तब तक इस ओर यही ध्यान में रखा जाए कि विकेट न गिरे। अगर सुरेश आउट हो जाए, तो आक्रमण की नीति अपनायी जाए। वही अच्छी रणनीति है।

मुहम्मद हुसैन की अगली तीन गेंदें श्रीनिवास ने बल्ले के मध्य भाग से रोक लीं।

विवेक ने शिल्पा से कहा, "बहुत ही सेनसिबुल प्ले है न?"

ज़बान पर आये हिन्दी शब्द को शिल्पा ने बड़ी मुश्किल से अन्दर-ही-अन्दर रोक लिया।

31

पहली गेंद।

जिस स्टेडियम में पूरी ख़ामोशी थी, उसमें आधे क्षण के लिए मानो भूचाल आ गया। तालियों की आवाज़ को भेदकर पटाखों की ध्वनि गूँज उठी। एरणाकुलम के शिव-मन्दिर के पकलपूरम नामक मेले की आतिशबाजी का-सा माहौल। पूर्वी गैलरी से लाल, हरे और पीले रंग के भीमाकार गुब्बारे आकाश में उड़ने लगे। पुलिस का घेरा तोड़कर गैलरी के नाना भागों से दर्शक ग्राउंड की ओर दौड़े। दस, पन्द्रह, बीस। उठ खड़ी होकर ताली बजाती हुई शैलजा से विजयन मेनन ने कहा, ''वह देखो।''

ग्राउंड में उतरे लड़कों को पुलिस लाठियाँ घुमाकर वापस भेज देने की कोशिश कर रही है। दो लड़के सुरेश के बिल्कुल नज़दीक पहुँचे। उनमें से एक सुरेश से हाथ मिलाने के बाद पीछे आये पुलिस के सिपाही के समाने कबड्डी के खिलाड़ी की तरह पैंतरे बदलकर पीछे की तरफ दौड़ा। लाठी का सिरा दूसरे के कन्धे पर लगा। जिस तरह वह आया था, उसी तरह पीछे मुड़कर भागा। तब देखा, जीन्स और शर्ट पहनी दो लड़कियाँ पश्चिमी गैलरी से कूदकर ग्राउंड के बीचोंबीच आ पहुँचीं। पीछा करता हुआ आया पुलिस का सिपाही दो पल के लिए सकपकाया-सा ठिठककर खड़ा रहा। उनमें से एक ने दौड़कर सुरेश का हाथ पकड़कर हिलाया। दूसरी ने हाथ मिलाने की बजाय सुरेश के कन्धे पर हाथ रखा। क्या हो रहा है, इसका अन्दाज़ सुरेश को मिलने के पहले ही उसने सुरेश के गालों का चुम्बन लिया।

भूगोल के उस पार के भाग पर हाउस्टन में सुनन्दा ने पति का आलिंगन करते हुए कहा, ''अप्पू, यह देख। उण्णी ने हाफ-सेंचुरी पूरी की। देखा न! वह भी शानदार फिफ्टी।''

अप्पू कुट्टन ने सुनन्दा को अपनी बाँहों में लिये हुए ही उसका चेहरा टी.वी. स्क्रीन की ओर मोड़कर कहा, ''यह देख, तेरा भाई कितना खिसिया गया। भीड़ के सामने प्रशंसक लड़की द्वारा सुरेश मेनन का चुम्बन लेने के दृश्य का क्लोज़-अप, जिसे कुशल कैमरामैन ने फिल्माया था, सारी दुनिया ने देख लिया। सुरेश के चेहरे का पीला पड़ना और अपराधी की-सी मुद्रा में उस स्थान की ओर देखना जहाँ माँ बैठी थी, क्लोज़-अप में साफ़ नज़र आया।

किन्तु, अकेली शैलजा ने वह दृश्य नहीं देखा।

विजयन मेनन ने पूछा, ''उफ़, यह क्या शैलजा! आँखों में आँसू? बच्चों के समान?''

शैलजा की आँखें सचमुच डबडबा आयीं और आँसू की बूँदें गाल पर ढुलक

पड़ीं। यद्यपि एक टी.वी. कैमरे ने यह दृश्य फिल्माया था, तो भी उसे प्रसारित नहीं किया। ग्राउंड में हुई घटना का ही प्रसारण हुआ।

दोनों लड़कियाँ पुलिस की आँख बचाकर दौड़ीं और गैलरी के पास पहुँच गयीं। गैलरी से उनकी बधाई में तालियाँ गूँज उठीं। और उन दानों ने भी हाथ हिला-हिलाकर बधाइयाँ स्वीकार कीं।

हरीश पटेल की आवाज़ में टी.वी. के दृश्यों से भी ज़्यादा जोशीलापन भरा हुआ था।

''यह तो भारत के ही नहीं, विश्व-क्रिकेट के अद्‌भुत बालक का जन्म काल है। वेस्टइंडीज को भी आतंकित करनेवाला वज़ीर, पाकिस्तान का सबसे विनाशकारी स्पिनर, पाकिस्तानी टीम का वह शक्ति-स्रोत, जिसे एक सौ दस अन्तरराष्ट्रीय मैचों का अनुभव प्राप्त है, आज एक मामूली-से क्लब बॉलर के स्तर पर उतार दिया गया है। एक पर्फेक्ट ऑफ-ब्रेक। सही लेंथ। अगर टाइमिंग ज़रा-सा चूकता, तो गेंद उछल पड़ती। निर्दिष्ट स्थान को नहीं जाती। ऐसी गेंद जिसे मिडिल करने के लिए कोई भी अपना बैट नीचे कर लेगा। लेकिन, यहाँ क्या हुआ?''

वज़ीर ने भी चुपचाप यही पूछा था।

ऑफ-ब्रेक था। ऐसी गेंद जो थोड़ी तेज़ रफ़्तार में उँगलियों से स्पिन करने के बदले हथेली के दौर से काटकर ब्रेक की गयी थी। इसे ऑफ-कटर नाम दिया जा सकता है। बैट्समैन की उम्मीद के ख़िलाफ़ कुछ तिरछा होकर दूर हट जानेवाली गेंद। या तो बैक फुट पर डिफेंस किया जाए या बैट दूर ले जाकर बिना छुये ही गेंद छोड़ दी जाए। स्टम्प से शायद डेढ़ फुट हटकर ही गेंद पीछे पहुँच जाएगी। बैट्समैन के रिफ्लेक्स की क्षमता जाँचने के लिए कभी-कभी इस प्रकार की गेंद फेंकी जाती है।

सुरेश की प्रतिक्रिया देखने पर सचमुच आश्चर्य हुआ। या तो बल्लेबाजी में कोरा अनाड़ी, या फिर बैटिंग व्याकरण के नये भाष्य की रचना में संलग्न कोई अद्‌भुत प्रतिभा।

वज़ीर से बात करने के लिए निसार अहमद ने उसकी तरफ दो-तीन कदम बढ़ाये थे। पर, सोचा अब क्या बात करूँ, निसार धीरे से सुरेश के पास पहुँचा और उसके कन्धे पर हाथ रखकर अभिनन्दन किया।

''वेल डन ब्वॉय। कीप इट अप।''

सुरेश ने सिर झुका लिया। ''थैंक यू, सर।''

''थैंक यू।''

निसार ने श्रीनिवास की ओर देखकर कहा, ''बधाई तुम्हें मिलनी चाहिए, श्रीनी!''

श्रीनिवास पास आया। उसने हँसते हुए सुरेश का हाथ पकड़कर हिलाया। फिर दबी आवाज़ में पूछा, "यह शॉट तुम्हें किसने सिखाया?"

"क्या बात है, सर?"

"ऊँ हूँ, कुछ नहीं।"

"जब गेंद पिच हुई, तब खेलने को यही अकेला शॉट था, सर। कोई सोचा-समझा शॉट नहीं था।"

टप्पा खाकर गेंद ऊपर उठी। यह निश्चित था कि गेंद की गति स्टम्प की ओर नहीं थी। एकाएक दायाँ टाँग आगे बढ़ा। शरीर थोड़ा झुक गया। बल्ले के बीच से थोड़ा नीचे गेंद के टकराने की आवाज़ सुनी। अकेले एक पैर के बल खड़ा था और बदन का सारा बोझ उसी पर। बल्ले के घूम चुकने पर ज़मीन पर गिरने से बचने के लिए कमर सीधी कर ली। पैर ज़मीन पर जमे रहे। तब तक गेंद बगल की गैलरी में पहुँच चुकी थी। आख़िर हुआ क्या था? क्या, जान-बूझकर स्ट्रोक लिया था? या गेंद के ब्रेक के कारण वह ऊपर उठी थी? यदि टाइमिंग थोड़ा चूक जाता, या गेंद बल्ले के ठीक बीच में लगती, तो इतनी आसानी से बाउंड्री के उस पार पहुँच जाती क्या? कुछ पता नहीं। गेंद आ धमकी। उसे मारने का बस यही तरीक़ा था, और मार दिया।

वज़ीर ने गेंद हाथ में लेकर घुमाते हुए श्रीनिवास की ओर देखा। दोनों के मन में एक ही प्रकार के विचार उठ रहे थे।

क्रिकेट के व्याकरण में बैट्समैन के खेलने के अनेक शॉट हैं। वे शॉट ऐसे हैं जिन्हें सभी कोच अपने प्रतिभाशाली बैट्समैनों को सिखाया करते हैं। फार्वर्ड डिफेंसिव, बैकवर्ड डिफेंसिव, ऑफ-साइड ड्राइव, ऑन-साइड ड्राइव, कट, बैकफुट कवर ड्राइव, हुक, ग्लैंस, स्वीप आदि। इन सबकी शैलियाँ विकेट को बचाए रखने के बुनियादी तथ्य पर आधारित दाँवों से विकसित हुई हैं। डॉन ब्रैडमैन कहा करते थे कि गोल्फ के खिलाड़ी का एक स्ट्राइक ग़लत हो सकता है, टेनिस-खिलाड़ी का एक स्मैश आउट हो सकता है, कोई बात नहीं। लेकिन क्रिकेट-खिलाड़ी अगर कोई ग़लती कर बैठा, तो समझो उसका अन्त ही हो गया। बल्ले को छूने में ज़रा-सा भी चूके बस, आउट होना निश्चित।

बैट्समैन को हमेशा चौकस रहना चाहिए। उसकी आँखों में खुर्दबीन की-सी शक्ति होनी चाहिए।

श्रीनिवास ने वज़ीर से कहा, "देख लेना, वह नया रणजी है।" वज़ीर पहले इसका मतलब समझ नहीं पाया। श्रीनिवास ने प्रथम भारतीय टेस्ट खिलाड़ी रणजीत सिंह की ओर ही इशारा किया था।

रणजीत सिंहजी के साथ इंग्लैंड की टीम में उनके जो मित्र खेले थे, वे कहा

करते थे, ''हम लोग बॉलर के हाथ से छूटनेवाली गेंद के दोनों गोलार्द्धों को जोड़नेवाला धागा तक देख सकते हैं। लेकिन रणजी उस धागे की सिलाई तक देख सकते हैं। यही फ़र्क है।''

श्रीनिवास ने कहा, ''कोई बात नहीं वज़ीर। इसे नौसिखुए का नसीब ही समझो।''

सुरेश ने जो शॉट खेला, उसे स्वीप की श्रेणी में डाला जा सकता है। बैट्समैनों को प्राय: सभी विशेषज्ञ यही सलाह दिया करते हैं कि स्वीप शॉट मत मारना। ज़रा-सा चूका और अम्पायर एल.बी.डब्ल्यू. देंगे। वैसे स्पिन बॉलर का आत्मविश्वास मिटानेवाला शॉट है यह। स्वीप का पहला नियम, यानी जहाँ तक सम्भव हो, गेंद ऐसा मारो कि ज़मीनी रास्ते से ही वह दूर चला जाए, यहाँ लागू हुआ था। स्वीप के ऐक्शन में सुरेश ने लेग की तरफ अनायास ही गेंद मारी थी और मार की शक्ति के कारण पल-भर में ही गेंद ऊपर उठकर बाउंड्री के उस पार जा गिरी थी।

इम्पोसीबल।

अगली गेंद किस ढंग से फेंकनी चाहिए, यह सोचते हुए वज़ीर पीछे की ओर चला। सुरेश क्रीज़ से थोड़ा हटकर खड़ा रहा। उसने गैलरी के उस भाग की ओर देखा, जहाँ कोलाहल ज़ारी था।

पीछे से विकेटकीपर शाहनवाज़ ने ज़ोर से कहा, ''लकी ब्वॉय।''

दिल्ली के मैच के पहले की रात को डिनर के बीच गम्भीर स्वर में इस भूमिका के साथ कि अगले दिन के मैच के बारे में कुछ कहना है, मराठे ने कहा था, ''कल हम सबको होशियार रहना चाहिए। कोई भी खिलाड़ी शतक नहीं मारे।''

इसे दिल्लगी की शुरुआत समझकर किसी ने पूछा, ''हूँ, मारा तो?''

''पिछले साल मैंने यहाँ शतक लगाया। याद है न? और क्या हुआ? लड़कियों की जमात ने ग्राउंड में उतरकर मुझे...''

सब लोग ठठाकर हँस पड़े।

''हँसो हँसो, ख़ूब हँसो। पर जानते हो, उस दिन बम्बई से मुझे गालियाँ खाने के लिए अपनी बीवी को एस.टी.डी. पर कितने रुपये ख़र्च करने पड़े? इसलिए बी केयरफुल!''

सुरेश का हाथ अनजाने ही गाल के उस भाग पर दब गया, जहाँ चुम्बन का अवशेष मौजूद था। ज़िन्दगी में पहला चुम्बन! माई गॉड! सत्तर हज़ार लोगों के सामने। करोड़ों लोगों ने टी.वी. पर भी देखा होगा। फिर बाबूजी और ममी...

क़िस्मत की बात। उस दिन मराठे ने कुछ क़िस्से सुनाये।

''लॉर्ड्स में भारत के किसी टेस्ट मैच के दौरान पूरी तरह नंगी होकर ग्राउंड की ओर दौड़ी आयी किसी मेम साहब को देख सकपकाये खड़े भारत के बल्लेबाज।

उनकी एकग्रता भंग हो गयी।'' कहते हुए मराठे हँस पड़ा। ''कहते हैं, उसके बाद खिलाड़ी एक गेंद के बदले दो-दो गेंदें देखने लगे थे।''

जब मूड आया तो श्रीनिवास ने भी एक पुरानी कहानी सुनाई। एडगबैस्टन ग्राउंड में टेस्ट हो रहा था। अपना विरोध प्रकट करने के लिए कुछ लोग ग्राउंड में उतरे। विरोध क्रिकेट-सम्बन्धी किसी विषय पर नहीं था। लोगों ने सोचा, पब्लिसिटी के लिए यही अच्छा था कि क्रिकेट मैच के दौरान पिच में जाकर प्रदर्शन किया जाए। खेल-कूद का ट्रैक सूट पहनी एक महिला ने दौड़कर विकेट के ऊपर से दोनों बेल उठा लिये और अपने भारी उरोजों के बीच की दरार में डाल दिये और हाथ उठाकर ज़ोर से नारे लगाये। बेचारा अम्पायर! बेल बरामद करने में अम्पायर की मदद करने को कई खिलाड़ी तैयार हो गये। लेकिन, महिला ने कहा कि अगर कोई माई का लाल मेरा बदन छू ले, तो दिन-दहाड़े मेरा बलात्कार करने के ज़ुर्म में उसे जेल भिजवा दूँगी। महिला के उस प्रदर्शन को काफ़ी प्रचार मिला।

उसी प्रकार...

अनजाने में ही सुरेश के पाँव क्रीज़ के पास पहुँचे थे। स्टैंस ले लिया। सबकुछ यन्त्रवत्-सा हो गया था।

वज़ीर ने अगली गेंद फेंकी।

पिछली गेंद-जैसी ही, लेकिन, थोड़ा और तेज़ ऑफ कटर। मगर, गेंद ने मुश्किल से एक फुट पीछे पिच किया। सुरेश ने बैकफुट में बल्ले के मध्यभाग से गेंद रोक ली।

न जाने क्यों, पिछली गेंद जब आयी, तब मानो बल्ला स्वयं ही स्वीप करने को तैयार हुआ था। अब प्रतिरोध करने को भी!

सुरेश ने उस ओर देखा, जहाँ माँ बैठी थी। मानो ख़ामोश होकर पूछ रहा हो कि अब मुझे क्या करना है, माँ।

32

हंड्रेड अप।

तीन विकेट पर सौ रन। वह भी सिर्फ़ बीस ओवर और एक गेंद के बाद।

लगभग पाँच रन प्रति ओवर का औसत।

''अच्छी शुरुआत। ज़रा भी उम्मीद नहीं थी कि बलबीर सिंह, मराठे, राहुल जैसे पहले नम्बर के बल्लेबाज नाममात्र का स्कोर लेकर आउट हो गये, तो उसके बाद भारत अनायास ही अपनी स्थिति इतनी मज़बूत बना लेगा। इसमें कोई शक नहीं

कि उच्च कोटि की बल्लेबाजी का प्रदर्शन करनेवाला सुरेश मेनन, जो इस ख़ूबसूरत शहर की सन्तान है, इसके लिए ज़िम्मेदार है। लेकिन हमें यह नहीं भूलना चाहिए कि पहला अन्तरराष्ट्रीय मैच खेलनेवाले इस नौजवान को आवश्यक साहस और सलाह देते हुए भारत का अनुभवी कप्तान श्रीनिवास पिच में अचंचल खड़ा है। यह निश्चित है कि खेल अगर इस तरह आगे बढ़ा, तो पाकिस्तान के निसार अहमद के लिए सिरदर्द पैदा करनेवाले घंटे अभी आनेवाले हैं। आपकी क्या राय है खान साहब? पाकिस्तान के पूर्व-कप्तान, विश्व-क्रिकेट की प्रमुख हस्ती सलमान खान साहब की राय क्या है, ज़रा सुन लें।" कमेंटेटर हरीश पटेल ने सलमान खान को माइक दे दिया। कैमरा सलमान खान के क्लोज़-अप में केन्द्रित हुआ।

सलमान खान मुस्कुराये। "थैंक यू, हरीश। सही बात कही आपने। उम्मीद बिल्कुल नहीं थी कि बलबीर और राहुल के आउट होने के बाद भारत इतनी जल्दी, बिना किसी और नुक़सान के, सौ रन पूरा करेगा। लेकिन, यह है क्रिकेट। कितना ही कुशल बैट्समैन, कितने ही अच्छे फार्म में हो, एक गेंद काफ़ी है। पल-भर की असावधानी से वह आउट हो सकता है। लगता है, अब क़िस्मत भारत के साथ है। निसार और श्रीनिवास की लड़ाई में चाहे कोई जीते या हारे, क्रिकेट के लिए वह अच्छा ही है। मैं दोनों के लिए खुदा से दुआएँ माँगता हूँ।"

पाकिस्तानी कप्तान निसार को, ओवर के आँकड़े और एकदिवसीय क्रिकेट की शैली को देखते हुए मुहम्मद हुसैन को हटाकर किसी दूसरे बॉलर को गेंदबाजी के लिए गेंद देनी थी। मुहम्मद हुसैन के लिए कुल जो दस ओवर थे, उनमें से पाँच उसने पूरे किये। ऐसे ओवर, जिन पर कोई बॉलर गर्व नहीं कर सकता था। पाँच ओवर में इक्कीस रन दिये। कोई विकेट नहीं मिला। स्वाभाविक रूप से किसी और बॉलर को गेंद देनी चाहिए थी।

लेकिन निसार अहमद ने मुहम्मद हुसैन को ही गेंद दी।

कारण स्पष्ट था। सलमान खान ने जिस क़िस्मत की बात कही, वह अब भारत के पक्ष में है, यह स्थिति बदलनी चाहिए। दोनों बैट्समैन अपनी स्थिति मज़बूत करने की लगभग नींव डाल चुके थे। अब वे धीरे-धीरे स्कोरिंग रेट बढ़ाने की कोशिश करेंगे। स्कोरिंग रेट कम करने के लिए या तो मात्र स्टम्प को लक्ष्य करके गेंद फेंकनेवाले या लेग साइड फील्ड को केन्द्रित कर डिफेंसिव बॉलिंग करनेवाले किसी बॉलर को गेंद देनी चाहिए। नहीं, अब उसकी ज़रूरत नहीं। अब पाकिस्तान का लक्ष्य दो रन रोकना नहीं, एक-दो विकेट गिराना है। उसके लिए सबसे अच्छा उपाय है, उसी बॉलर को गेंद देना, जिसके बारे में बैट्समैन ने यह धारणा बना ली है कि हम उस पर क़ाबू पा चुके हैं।

मुहम्मद हुसैन ने गेंद फेंकी।

भारतीय कप्तान श्रीनिवास को भी पहले थोड़ी शंका हुई। उन्होंने सोचा था कि बॉलिंग चेंज होगी और इब्राहीम खान को दोबारा आक्रमण के लिए लाया जाएगा। नहीं तो, बीच-बीच में स्टॉक बॉलर के रूप में प्रत्यक्ष होनेवाला वह अद्‌भुत फील्डर शमीउल्ला दो-तीन ओवर बॉल करेगा। परन्तु, गेंद मिली मुहम्मद हुसैन को।

तुरन्त ही याद आया, अब यह बैट्समैनों तथा फील्डरों का खेल नहीं रहा। कप्तानों की लड़ाई है। निसार ने पूरी ज़िम्मेदारी अपने कन्धों पर ले ली है। आगे की हर गेंद निसार के इशारे पर ही चलेगी।

श्रीनिवास को निसार से भय और ईर्ष्या हुई।

क्रिकेट के कप्तान में कौन-कौन से गुण होने चाहिए? ख़ासकर आज की स्थिति में, जहाँ टेलीविजन एंटरटेनर के रूप में क्रिकेट की छवि और क्रिकेट की ही रूढ़ियों के बीच संघर्ष का माहौल विद्यमान है। जब भारत और पाकिस्तान के बीच का टेस्ट या एकदिवसीय मैच दो राष्ट्रों के बीच के अनौपचारिक युद्ध का दर्ज़ा प्राप्त कर लेता है, तब यह सवाल और भी प्रासंगिक हो उठता है।

कप्तान को कूटनीतिज्ञ होना चाहिए। विपक्षी की चाल को पहले से पहचानकर उसे नाकाम करने के उपाय सोच निकालने में समर्थ भी होना चाहिए। सेनानायक की तरह अनुशासन लागू करनेवाला होना चाहिए। प्रौढ़ विचारोंवाला सलाहकार। अपने पास उपलब्ध मानव संसाधनों का पूरा-पूरा उपयोग करने में समर्थ व्यक्ति। इतना ही नहीं, स्वयं एक कुशल खिलाड़ी भी होना चाहिए, जिसे बैटिंग और बॉलिंग में ऊँचा स्थान प्राप्त हो। जुआरी, जिसे प्रेरणा मिलती रहती हो। ऐसा व्यक्ति जो टीम के सदस्यों को लक्ष्यबोध प्रदान करने की क्षमता और धैर्य रखता हो। इतना ही नहीं, उसे समाचार-माध्यमों और दृश्य-माध्यमों के व्यक्तियों से मुस्कान और मैत्री के साथ पेश आना चाहिए। इन सबसे बढ़कर एक और चीज़ कप्तान के लिए परम आवश्यक है— क़िस्मत।

सच तो यह है कि आज तक ऐसा कोई कप्तान नहीं हुआ है, जिसमें ये सभी गुण मौजूद हों। परन्तु, ऐसे कप्तान से मेल खानेवाले कई व्यक्ति समय-समय पर प्रकट हुए हैं। निस्सन्देह, निसार अहमद उनमें से एक है।

अब तो, पिछले एक घंटे से ज़्यादा समय के लिए निसार को क़िस्मत ने मानो छोड़ ही दिया है। इस समय उसने शतरंज की एक चाल चली है।

मुहम्मद हुसैन को छठे ओवर में भी गेंदबाजी के लिए गेंद दी।

मुहम्मद हुसैन ने थोड़ा-सा शॉर्ट पिच करके मिडिल-स्टम्प और लेग-स्टम्प को निशाने पर रखकर तेज़ रफ़्तारवाली गेंद फेंकी।

श्रीनिवास ने टाइमिंग में कोई ग़लती नहीं की। ठीक तौर पर दायाँ पैर, बदन और सिर पीछे की ओर ज़रा हटाकर, बल्ला घुमाने में सुविधा मिले, इस ढंग से दायाँ

पैर गेंद की गति की तरफ तिरछा रखकर, आगे को बढ़ाया पैर गेंद को कवर करते हुए, श्रीनिवास ने मिड-ऑन और मिड विकेट के बीच से पूरे ज़ोर से गेंद मारी। गेंद तीर की तरह बाउंड्री की ओर गयी।

चार रन। भारत का शतक!

पल-भर के बाद ही दर्शकों के बीच से हर्षध्वनि फूट पड़ी थी। किसी को याद नहीं था कि सुरेश मेनन के पचास रन पूरे करने के कोलाहल के बीच भारत का स्कोर छियानबे रन हो गया था और एक चौके के साथ अब सौ रन पूरे होंगे। इसलिए तालियाँ बजने में थोड़ी-सी देर हुई।

दूसरी गेंद भी लेग-स्टम्प को लक्ष्य करके आयी थी। लेकिन श्रीनिवास ने उसे सिर्फ़ धीरे से पुश किया था। सिली मिड-ऑन पोजीशन में बल्ले से पन्द्रह फुट पास खड़ा फील्डर अस्मत राणा इस गेंद के टप्पा खाकर उठने के थोड़ी देर बाद थोड़ा पीछे हट गया था। उसी प्रकार मिड-विकेट का फील्डर अफ़जल मसूद भी चार-पाँच कदम पीछे को हट गया है। श्रीनिवास के ज़बरदस्त स्ट्रोक का लक्ष्य समझ पाने के पहले ही गेंद बाउंड्री पहुँच जाएगी, इसलिए गेंद की गति रोकने के लिए यथासम्भव पीछे को हटना ही बुद्धिमानी है, यह बात फील्डरों ने समझ ली थी।

श्रीनिवास के द्वारा पुश की गयी गेंद अस्मत राणा ने जब तक दौड़कर उठा नहीं ली, तब तक बैट्समैन चाहे तो एक रन ले सकता था। सुरेश तो क्रीज़ के एक तिहाई भाग तक आ भी चुका था। श्रीनिवास ने रन के लिए नहीं पुकारा। सुरेश वापस क्रीज़ पर पहुँच गया।

ओवर की तीसरी गेंद भी ठीक लेग-स्टम्प को लक्ष्य करके ही आयी थी। श्रीनिवास को उम्मीद थी कि पिच में टप्पा खाकर ऊपर उठने पर गेंद की गति में फ़र्क़ पड़ेगा। परन्तु, गेंद कुछ ज़्यादा ही तेज़ थी, इस बात को छोड़कर बाउंस में कोई फ़र्क़ नज़र नहीं आया। श्रीनिवास ने विकेट को पूरा कवर करके बल्ले के बीच से गेंद रोककर पुश किया। अस्मत राणा ने धीरे-से आकर गेंद उठा ली।

इस बार रन लेने के लिए सुरेश सिर्फ़ दो कदम ही आगे आया था। श्रीनी साहब क्विक सिंगल के मूड में नहीं थे। आख़िर रिस्क क्यों लिया जाए!

अगली गेंद जब तीन फुट से अधिक ऊँचा होकर आयी, तब नर्तक की-सी अदा में श्रीनिवास ने उसे लेग साइड की दिशा में पुल किया। इस समय कमेंटेटर हरीश पटेल ने कहा, ''क्रिकेट का बहुत ही आकर्षक और अद्भुत शॉट। श्रीनिवास अपनी नैसर्गिक शैली में आ चुके हैं। डॉन ब्रैडमैन का यह सबसे प्रिय शॉट भारत में विरले ही देखने को मिलता है। लो, आज हमारी आँखों के सामने...''

ब्रैडमैन नाटे कद के थे। कंक्रीट की ज़मीन पर कोयर मैट वाले पिच पर उन्होंने क्रिकेट खेलना सीखा था। वहाँ गेंद अगर ज़मीन पर गिरती, तो टप्पा खाकर उठने में

फ़र्क़ नहीं पड़ेगा। मिट्टी, घास या पत्थर के चूर्ण से बने पिचों में प्रत्येक भाग की मजबूती में अन्तर होगा। अतः इसका अनुमान लगाना मुश्किल है कि गेंद टप्पा खाकर कैसे उठती है। कंक्रीट मैटिंग वाले पिच में ऐसी समस्या नहीं है। यदि नाटा बैट्समैन हो, तो ऐसे पिचों में गेंद प्रायः ख़तरनाक तरीक़े से छाती की ओर आएगी। यदि वह सिर के ऊपर से या सिर के बराबर की ऊँचाई से आती, तो बल्ला ऊपर की ओर घुमाकर हुक कर सकते हैं। अर्द्धचन्द्र की-सी शक्ल में बैट घुमाया जा सकता है। मगर, गेंद पर सही तरीक़े से कनेक्ट करने लायक ढंग से शरीर और बल्ले को पल-भर में तैयार रखना होगा। जिस क्षण गेंद बल्ले को छुए, उसी क्षण में हाथ की कलाई को स्वयं घूमना होगा। सम्पूर्ण नियन्त्रण। ऐसी हालत में गेंद को किसी भी दिशा में उड़ा सकते हैं। परन्तु, कहीं ज़रा-सी चूक हुई, तो ख़तरा होकर ही रहेगा।

श्रीनिवास को ख़तरा नहीं हआ। शमीउल्ला ने कहीं से वायुवेग से आकर स्केट करके लेग साइड की बाउंड्री लाइन के पास गेंद रोकी। दो रन मिले। शमीउल्ला की जगह कोई और फील्डर होता, तो गेंद निस्सन्देह बाउंड्री लाइन पार करती। पूरे स्टेडियम ने ताली बजाकर शमीउल्ला और श्रीनिवास दोनों का अभिनन्दन किया।

"हाँ, यही क्रिकेट है। बुद्धिपूर्वक की गयी वैविध्यपूर्ण बॉलिंग। उज्ज्वल फॉर्म में उस बॉलिंग का सामना करनेवाली बैटिंग। रोमांचक फील्डिंग। विश्व-क्रिकेट का ऊँचे स्तर का प्रदर्शन ही आज हम देख रहे हैं। मुझे बस, यही कहना है। बेस्ट ऑव लक टु ऑल ऑव यू।"

हरीश पटेल की आवाज़ टी.वी. पर लोगों ने सुनी।

पाँचवीं गेंद ने भी लेग-स्टम्प और मिडिल-स्टम्प के बीच को लक्ष्य बनाया था। आशा के अनुसार गेंद ऊपर नहीं उठी। आगे को लपकता तो हाफ वॉली में मार सकता था। लेकिन श्रीनिवास ने बायाँ पाँव क्रीज़ के अन्दर ही रखते हुए, बैक फुट पर डिफेंसिव शॉट लेकर गेंद का सामना किया था। छोटा-सा पुश। गेंद अस्मत राणा और अफ़ज़ल मसूद के बीच से होकर गयी। पल-भर के लिए दुविधा में पड़ा कि क्या एक रन ले लूँ! सुरेश क्रीज़ से ज़्यादा आगे नहीं बढ़ा। नहीं। श्रीनिवास ने हाथ उठाकर निषेधार्थक इशारा किया।

नो रन।

छठी गेंद। ओवर की आख़िरी गेंद।

निसार अहमद विकेटकीपर शाहनवाज़ की दायीं ओर पाँच-छह फुट हटकर स्लिप पोज़ीशन पर खड़ा था। निसार के हाथ या पैर बिल्कुल नहीं हिले। फिर भी, मानो किसी अदृश्य शक्ति की आज्ञा के स्वरूप, फील्डिंग में छोटे-छोटे परिवर्तन लक्षित हुए। शाहनवाज़ थोड़ा और आगे बढ़ा। अस्मत राणा और अफ़ज़ल मसूद अपनी-अपनी जगहों से तीन-चार फुट पीछे हटे। उनके बीच का गैप बढ़ा। बहुत

ध्यान से देखने पर ही बैट्समैन को इन परिवर्तनों का पता चल सकता था। श्रीनिवास को इसका पता चला था।

छठी गेंद।

जैसा कि निसार अहमद को उम्मीद थी, मुहम्मद हुसैन ने एकदम दुरुस्त मशीन की तरह करीने से गेंद फेंकी। मिडिल स्टम्प को निशाना बनाते हुए। टप्पा खाकर गेंद ऊपर को लपकी।

श्रीनिवास ने डिफेंसिव पोजीशन में खड़े होकर ही गेंद को पुश किया। गेंद सिली मिड-ऑन पोजीशन से थोड़ा हटकर मिड विकेट लक्ष्य करके लुढ़कने लगी। रफ़्तार धीमी थी। अफ़जल मसूद मिड-विकेट से ज़रा पीछे हटकर खड़ा था। उसके दौड़ने से पूर्व ही श्रीनिवास चार-पाँच फुट आगे आ चुका था।

सुरेश को पहले से ही शक था कि श्रीनिवास इस गेंद पर एक रन लेकर इस तरफ आने की कोशिश करेगा। ओवर की आख़िरी गेंद थी। इस ओर आ जाएँ, तो श्रीनिवास अगले ओवर में वज़ीर का सामना कर पाएँगे। वह तो स्पिन बॉलिंग का सामना करने में माहिर हैं। ज़रूर इसकी कोशिश करेंगे।

लेकिन, जब देखा कि सही लेंथ में ठीक निशाने पर आयी गेंद को उन्होंने प्रतिरोध की शैली में सिर्फ़ पुश किया, तब लगा कि अब रन लेने के लिए दौड़ेंगे नहीं। इसलिए दोनों पैर आगे रखकर बल्ले का छोर पीछे की लकीर पर रखते हुए सुरेश खड़ा था।

एकाएक उसने देखा कि श्रीनिवास चार-पाँच फुट आगे आ चुके हैं। सुरेश ने गेंद की गति पर ध्यान दिया। अस्मत राणा काफ़ी दूर थे। अफ़जल मसूद के पास से ज़रा हटकर गेंद जा रही थी। गेंद रोकने के लिए उसे कम-से-कम बीस-पच्चीस फुट दौड़कर आना चाहिए था।

सुरेश रन लेने के लिए दौड़ा। एक क्षण के शतांश में ही सबकुछ हो गया।

अफ़जल मसूद एकदम बाघ-सा बन गया। एक छलाँग, एक लपक। साथ ही दाहिना हाथ आगे बढ़ा और बदन आगे को झुका। पल-भर के लिए ही गेंद हाथ के अन्दर रही। फेंकने के लिए उठे हाथ के अन्तिम घुमाव के अन्तिम ऐक्शन में ही गेंद ने हाथ का स्पर्श किया था। अफ़जल मसूद ने गेंद हाथ से उठाकर नहीं फेंकी थी। जिस ढंग से गेंद आयी थी, उसी ढंग से ज़मीन पर से थोड़ा-सा ऊपर उठकर, ठीक विकेट को लक्ष्य करके, धीरे-धीरे लुढ़कती हुई वह श्रीनिवास के बैटिंग क्रीज़ की ओर गयी। अफ़जल मसूद के बारे में प्रसिद्ध है कि वह दुनिया में सबसे अधिक रफ़्तार में अंडर-आर्म थ्रो करनेवाला खिलाड़ी है। प्रत्यक्ष अनुभव से सुरेश को इसकी जानकारी मिल गयी।

श्रीनिवास क्रॉस कर चुके थे।

अफ़जल मसूद की पहली छलाँग देखकर ही सुरेश को ख़तरे का अहसास हो गया। पूरा ज़ोर लगाकर दौड़ा। दौड़ने के बीच जब उसने बल्ला आगे को बढ़ाया, तब वह क्रीज़ से सिर्फ़ चार कदम की दूरी पर था। आख़िरी पल में सुरेश ने सामने की सफ़ेद लकीर को लक्ष्य करके कूद लगायी। ऐसा लगा कि उसने बल्ले का छोर लकीर पर लगाया था।

एक आवाज़ सुनाई दी। तीर की रफ़्तार से आयी गेंद की आवाज़। साथ ही स्टम्प तिरछे हो गये। बेल उछलकर दूर जा गिरे। फील्ड में सभी दिशाओं से सभी फील्डरों के कंठों से आवाज़ उठी— "हाउज़ाट?"

सुरेश के दिल की धड़कन बन्द हो गयी। साथ ही स्टेडियम के दर्शकों के दिल की धड़कन भी मानो बन्द हुई। सुरेश ने आँखें बन्द कर लीं। अम्पायर तिलकरत्ने ने लेग-अम्पायर की तरफ देखा।

लेग-अम्पायर ने अन्तरिक्ष में चतुर्भुज खींचने का संकेत किया। इलेक्ट्रॉनिक आँखें ही निर्णय ले लें। पूरा स्टेडियम दम साधे बैठा रहा।

33

स्टेडयिम की सभी आँखें उन पीली, हरी और लाल बत्तियों पर लगी थीं, जो रेलवे सिग्नल की याद दिलाती थीं। ये बत्तियाँ स्कोर-बोर्ड के पास लगायी गयी थीं। एक टी.वी. कैमरे की निगाह भी उस पर केन्द्रित थी।

तीसरे अम्पायर मालकोम ने बियर कैन खाली कर नीचे फेंककर सामने के टी.वी. स्क्रीन पर विभिन्न कैमरों द्वारा खींचे गये पिछले दस क्षणों के दृश्यों का रीप्ले ध्यान से देखा। दो ही कैमरे थे, जो सिर्फ़ उसी भाग पर ध्यान देते थे जहाँ गेंद ठीक विकेट पर लगी थी। अम्पायर ने बड़ी सूक्ष्मता से उन फ्रेमों का निरीक्षण किया, जिनमें पोपिंग क्रीज़ की रेखाएँ और विकेट एक साथ दिखाई पड़ते थे। दोनों को दुबारा स्लो-मोशन में रीप्ले करने को कहा।

सुरेश की नज़रें अभी चमकने जा रही उन बत्तियों की तरफ नहीं थीं। वह अपने को कोस रहा था। यह क्या! क्षण-भर के लिए मैं क्यों अपनी एकाग्रता खो बैठा? इस ओवर की पहली गेंद से ही श्रीनी साहब बॉलर पर हावी होने के लिए बैट घुमाने लगे थे। यद्यपि दूसरी और चौथी गेंदों को प्रतिरोधात्मक शैली में खेला था, तो भी दोनों एक-एक रन लेने लायक ढंग से प्लेस किये गये थे। चूँकि उन्होंने मना

किया था, इसलिए नहीं दौड़ा। फिर भी अपने लिए वे गेंदें रन लेने की सम्भावनाओं से भरपूर थीं। शंका हुई कि अगली गेंद पर भी रन लेने का इरादा नहीं होगा। सोचा था कि ज्यों ही मुहम्मद हुसैन दौड़कर विकेट के पास पहुँचेगा, त्यों ही आगे बढ़ना चाहिए। एक स्ट्राइड ज़्यादा मिल जाता। और पाकिस्तान के फैलाये जाल में नहीं फँसता।

सुरेश ने क्रीज़ की सफ़ेद लकीरों पर तीन बार बल्ला हल्के-से ठोंका।

सीधे प्रसारण में सुरेश के दौड़े आने का दृश्य साधारण-सी रफ़्तार में दिखाकर जल्दी ही फ्रीज़ किया गया। फिर अन्तिम क्षण में बल्ला आगे बढ़ाते हुए सुरेश जो लपका था, उसे स्लो मोशन में दिखाने लगे।

शिल्पा ने विवेक का कन्धा पकड़कर हिलाते हुए पूछा, ''आउट हो गया क्या? मुझे लगता है...''

विवेक को गुस्सा आया। अपने पर ही। क्या बात है? मन को एकाएक शीतलता-सी क्यों महसूस होती है?

विवेक ने ज़रा ऊँची आवाज़ में कहा, ''नो नो। आउट नहीं होगा। यह तो साफ़ है। पोपिंग क्रीज़ के अन्दर बल्ला पहुँचा, इसके बाद ही गेंद विकेट पर लगी थी।''

क्रिकेट के नियमों में रन आउट का मामला ही सबसे अधिक विवादास्पद रहा है। नियम यह है कि एक रन पूरा करने के लिए जब दोनों बल्लेबाज आपस में क्रॉस कर चुके होते हैं, तब पोपिंग क्रीज़ की रेखा के पीछे अपने शरीर के या हाथ में थामे बल्ले के किसी भाग से ज़मीन को छूना चाहिए। क्रिकेट के इतिहास की कुछ रोचक रीतियों से ही यह नियम अपनी वर्तमान अवस्था तक विकसित हुआ है। सत्रहवीं सदी तक तो बल्लेबाज द्वारा रन लेने की प्रक्रिया भिन्न प्रकार से ही पूरी होती थी। स्टम्प से थोड़ा आगे बल्लेबाजों के खड़े होने के पीछे एक-एक गड्ढा होगा। क्रिकेट की गेंद उसमें डाली जाए तो गड्ढा भर जाएगा। उतना ही उसका आकार था। बल्लेबाज को दौड़ते हुए आकर बल्ले के मोटे और वजनदार हिस्से से इस गड्ढे के अन्दर छूना चाहिए। इसके बीच अगर विकेटकीपर फील्डर द्वारा फेंकी गयी गेंद पकड़कर ज़मीन पर से लुढ़काकर, या अन्य प्रकार से गड्ढे में डाल दे, तो बैट्समैन को रन नहीं मिलेगा। उन दिनों रन लेते समय विकेटकीपर और बैट्समैन का इस गड्ढे के पास टकराना मामूली बात थी। इसी प्रकार यह भी साधारण-सी बात हुई कि हर मैच के अन्त में विकेटकीपर की उँगलियों पर चोट लग जाया करती थी। गड्ढे में बल्ला और गेंद डालने की प्रक्रिया को पोपिंग नाम दिया गया था। कालान्तर में नियम बदल गया। पोपिंग गड्ढे की जगह से थोड़ी दूर पर दोनों अम्पायर एक वॉकिंग स्टिक पकड़े झुककर खड़े रहेंगे। बैट्समैन जब दौड़कर इस वॉकिंग स्टिक को छुएगा, तभी एक रन पूरा होगा। वॉकिंग स्टिक पर अपने बदन का

बोझ टिकाकर खड़े रहने से बैट का स्पर्श होते ही अम्पायर को निस्सन्देह मालूम होगा कि रन पूरा हुआ या नहीं। लेकिन, यहाँ भी समस्या पैदा हो गयी। अगर कोई खिलाड़ी अम्पायर के ख़िलाफ़ मनमुटाव पालता हो, तो अनजान-सा बनकर उसे नीचे धकेल डालने में यह नियम सहायक हो गया। चूँकि क्रिकेट और बियर में गाढ़ी दोस्ती है, इसलिए बियर के नशे में लाठी टेककर खड़े अम्पायर के गिरने के लिए किसी ठोस कारण की ज़रूरत नहीं है। बैट्समैन का हौले से उलझ जाना ही काफ़ी है। इसलिए नियम फिर से बदल दिया गया। अब विकेट से चार फुट आगे की सफ़ेद लकीर को अहमियत मिल गयी। पुराने गड्ढे की स्मृति में उस लकीर को नाम भी मिला 'पोपिंग क्रीज़'। पर, एक नयी समस्या पैदा हुई। चाहे गड्ढे में हो, चाहे लाठी पर, अम्पायर ठीक से कह सकता था कि रन पूरा हुआ या नहीं। अब यह सम्भव नहीं था। बल्ला चलाने वालों के पोपिंग क्रीज़ में या विकेट में घटनेवाली बातें बैट्समैन की बायीं तरफ लगभग पन्द्रह गज की दूरी पर खड़ा स्क्वायर लेग अम्पायर ठीक से देख नहीं पाएँगे। विशेषकर, विकेटकीपर का स्टम्पिंग। फील्डर के थ्रो में जब गेंद विकेट से टकराती है तभी पोपिंग क्रीज़ में बैट्समैन का पहुँचना भी।

जब तक इलेक्ट्रोनिक सुविधाएँ उपलब्ध नहीं थीं, रन आउट, रन लेना आदि से सम्बद्ध कई विवादास्पद निर्णय राष्ट्रों के बीच की दुश्मनी तक के कारण बने थे।

शैलजा ने पाकिस्तानी खिलाड़ियों की 'हाउज़ाट' की आवाज़ नहीं सुनी थी। लेकिन उनका हर्षोल्लास, उण्णी का एकाएक लपक आना, बेलों का उड़ जाना और स्टम्पों का तिरछा होना देखकर वह अचेत-सी खड़ी रही। अम्पायर का हाथ नहीं उठा। परन्तु, खेल जारी किया जाए, इसके बदले पवेलियन की ओर देखकर अम्पायर ने जब चतुष्कोण का इशारा किया, तब मानो दिल की धड़कन बन्द-सी हो गयी।

शैलजा ने आँखें मूँदकर ईश्वर से दुआ माँगने की चेष्टा की। इसमें वह असफल रही।

पतिदेव के हाथ की उँगलियों का अपने हाथ में दबना भी उसने महसूस नहीं किया। भगवान पूर्णत्रयीश की मूर्ति आँखों के सामने दिखाई नहीं पड़ती। उसके बदले पिताजी के शब्द ही कानों में गूँजते हैं। पिताजी का चेहरा उतना साफ़-साफ़ नज़र नहीं आता। उण्णी सिर झुकाकर अँधेरे में कहीं बैठा है। कहीं नहीं, सीढ़ी के नीचे हॉल में जहाँ फानूस पर से लटकती मणियों की आवाज़ आ रही थी।

छायाओं के बीच खड़ा है विवेक भैया।

बाबूजी की आवाज़— "जोश चाहिए, उण्णी। क्विक सिंगल तो ले सकते हो। मौक़े को देखते हुए। हमेशा याद रखो कि विपक्षी टीम के नौ फील्डरों में दो या तीन तो बहुत ही चुस्त होंगे। ठीक निशाने पर फेंकेंगे। कभी-कभी अन्धे के हाथ बटेर

लगने वाली कहावत को सही साबित करते हुए घटिया फील्डर भी स्ट्रेट हिट कर बैठेगा। यह रहा ग्लोरियस अनसरटेंटी ऑव क्रिकेट, यानी क्रिकेट की शानदार अनिश्चतता।''

इंटर स्कूल ज़ोनल मैच तलाशेरी में हुआ था। उसमें रनों की संख्या जब सत्तानबे पर थी, तब तेज़ी से क्रॉस करके शतक मारने की ललक में उण्णी नॉन स्ट्राइकर ऐंड से दौड़कर रन आउट हो गया।

बाबूजी की आवाज़। इस समय विवेक भैया से। ''चीकी सिंगल का अन्दाज़ा लगाते रहना चाहिए, विवेक। पार्टनर गेंद रिसीव करे तब तक प्रतीक्षा में मत खड़े रहना। जब तक बॉलर विकेट के पास न पहुँच पाये, तब तक तुम्हारा पहला कदम क्रीज़ के बाहर होना चाहिए। बल्ले का सिरा पोपिंग क्रीज़ की लकीर पर रहे, यही काफ़ी है। बॉलर लपका, तुम भी लपके। समझे?''

शैलजा ने कसकर आँखें मूँद लीं। प्रार्थना करने की कोशिश की।

प्रोफेसर सोमदासन ने अपनी सीट पर से उठने के पहले चारों ओर देखा।

खेल के बीच उठने की कोशिश करने के कारण पीछे से किसी ने दो बार 'बैठ साले' कहकर डाँटा था। सोचा, चूँकि इस समय ग्राउंड में कुछ नहीं हो रहा है, आहिस्ते से उठूँगा। एक घंटे से ज़्यादा समय के लिए एक ही जगह पर खड़े रहना या बैठे रहना दूभर हो गया है। कॉलेज के दिनों से यह आदत पड़ गयी है। पहले छात्र-जीवन में और उसके बाद अध्यापक बन जाने के बाद भी।

लेकिन प्रोफेसर साहब को उठ खड़े रहने की फुर्सत नहीं मिली। पास बैठे सज्जन ने प्रोफेसर के कन्धे पर हाथ रखते हुए कहा, ''मैंने कहा था न सर! अफ़जल मसूद ने बलबीर को जिस तरीके से आउट किया था, उससे उसकी होशियारी पहचान लेनी चाहिए थी। चौकस रहना चाहिए। पिछले इंग्लैंड दौरे में इसी अफ़जल मसूद ने एक टेस्ट के एक इनिंग्स में चार खिलाड़ियों को रन-आउट कराया था। वह सचमुच, संसार का सर्वोत्तम थ्रोवर है। गेंद उसकी तरफ गयी, तब रन के लिए दौड़ना श्रीनी की मूर्खता नहीं, तो और क्या है! उसे टीम से हटाने का समय कब का बीत चुका। छिः!''

प्रोफेसर को सन्देह हुआ। ''क्या सुरेश आउट हो गया?''

''ऊँ हूँ। वह तो टेढ़ी खीर है। देखूँ, कौन उसे आउट देता है...फिर भी, कुछ कह नहीं सकते। हम लोगों के रीढ़ की हड्डी नहीं है!''

प्रोफेसर कुछ नहीं समझे। फिर भी चुप बैठे रहे।

लेकिन प्रोफेसर के घर में खेल देखने में तल्लीन बैठी नानी वैसी नहीं थी। उसने पोते विनू से पूछा, ''उधर क्या हो रहा है रे? आगे-पीछे की यह कूद ये लोग बार-बार क्यों दिखा रहे हैं?''

‘‘उफ़! आप कुछ नहीं समझतीं नानीजी! यह तो रीप्ले है। थर्ड अम्पायर जाँच कर रहा है कि बैट्समैन आउट हुआ या नहीं। लो, मैं बताता हूँ। वह जो एक-एक करके दिखा रहे हैं न, वह है रन लेने के लिए उण्णी भैया की दौड़। गेंद विकेट पर लगे, इससे पहले बल्ले का सिरा लकीर को छू ले, यह ज़रूरी है। अगर छू नहीं पाया, तो आउट।’’

विनू की बहन दीपा ने कहा, ‘‘उफ़! यह तुम कैसे कहोगे कि उण्णी भैया आउट होंगे?’’

‘‘हाँ, आउट हुआ, तो बस, आउट ही समझो। चाहे जो भी हो। देखा न, राहुल भी आउट हो गया। फिर क्या कहना!’’

माँ भवानी अम्मा ने कहा, ‘‘लो, आ गया। देख लो।’’

बल्ले का छोर सचमुच लकीर के उस पार पहुँच गया था।

विकेट पर गेंद लगने का क्लोज़-अप दृश्य था। लांग शॉट के किसी छोटे-से दृश्य को बड़ा बनाकर दिखाने की नवीनतम तकनीक से यह क्लोज़-अप दृश्य दिखाया गया था। परन्तु चित्र में प्रकाश कम था। चित्र अव्यक्त भी था। यही नहीं, उसमें बल्ला और पोपिंग क्रीज़ दिखाई भी नहीं देता था।

दोबारा बल्ले का क्लोज़-अप।

दीपा ने कहा, ‘‘आउट नहीं हुआ। देख लो।’’

विनू के दिल की धड़कन बढ़ गयी। आँखों से आँसू छलके। यद्यपि बल्ले का अग्रभाग रेखा के ऊपर था, तो भी वह ज़मीन पर टिका नहीं था। हवा में था। दो क्षण बाद ही टिक पाया था। जो अपनी आँखों से देखा था, उसे कहते हुए विनू को डर लग रहा था। उसने मन-ही-मन प्रार्थना की कि अम्पायर उसे देख न पाये।

विपक्षी नेता गोविन्दन कुट्टी ने इस समय सिगरेट का पैकेट खोलकर एक सिगरेट निकालकर ओठों पर रखा। दो बार लाइटर जलाने पर भी सुलगा न सके। हाथ काँपने लगे थे।

पास बैठे मुख्यमन्त्री गौतमन ने स्वयं ही कहा, ‘‘बेशक सुरेश पहुँच चुका था। फिर यह शक क्यों?’’

क्रिकेट कंट्रोल बोर्ड के अध्यक्ष राजा साहब ने कहा, ‘‘सर, बात यह है कि...जितनी बारीकी से इलेक्ट्रोनिक आँखें देख सकती हैं, उतनी बारीकी से हमारी आँखें नहीं देख सकतीं। अब सभी अन्तरराष्ट्रीय मैचों में थर्ड अम्पायर और इलेक्ट्रोनिक जाँच अनिवार्य हो गयी है।’’

‘‘नो, मेरा मतलब था...लो, अभी-अभी हमने देखा न? हम कितनी ही तकनीकी प्रगति हासिल करें, अपना मत यह है कि ह्यूमन एलिमेंट को ही निर्णायक स्थान मिलना चाहिए।’’

तकनीकी सुविधाओं के अप्रतिरोध्य आक्रमण के सम्बन्ध में गौतमन के सुनिश्चित विचार थे। शुरू-शुरू में अनायास ही ख़बरें और आँकड़े जमा कर रखने तथा पल-भर ही में उन्हें उपलब्ध कराने के लिए कम्प्यूटर तथा अन्य वैज्ञानिक और तकनीकी सुविधाओं का प्रयोग करने के विषय में गौतमन को अदम्य उत्साह था। परन्तु, धीरे-धीरे जब इस आक्रमण के बुरे प्रभाव सभी क्षेत्रों के कार्यक्रमों पर पड़ने लगे, तब उनका जोश ठंडा पड़ने लगा। इधर कितने ही मंचों से वे यह घोषणा किया करते हैं कि आम जनता में अगर तकनीकी ज्ञान का प्रचुर प्रचार हो जाए और अमेरिका जैसी हालत यहाँ पैदा हो जाए, तो जनतन्त्र की प्रक्रिया ही नहीं, दैनिक शासन की कार्यवाही तक जनमत-निर्माण सम्बन्धी विशेषज्ञता प्राप्त विज्ञापन-कम्पनियों के हाथ में चली जाएगी, और अगर खेलों में भी यह बात हुई तो...।''

राजा साहब ने कहा, ''सर, ह्यूमन एरर या मानव-सहज भूलों से यथासम्भव नहीं, पूरे तौर पर ही बचा जा सकता है। अब तो स्टम्प कैमरे के साथ साउंड ट्रैक भी है। आवाज़ और दृश्य को मिलाकर उस क्षण का पता लगाया जा सकता है, जब गेंद विकेट पर लगी थी। रियली ग्रेट थिंग।''

''लेकिन राजा साहब, मानव-सहज भूलें अगर न हों, तो जीवन का भला क्या मज़ा! मानव और मशीन का अन्तर जाता रहेगा न?''

अम्पायर फिल मालकोम ने तीसरी बार भी वीडियो रीप्ले चलाया। एक के बाद एक के क्रम से प्रत्येक फ्रेम देख लिया।

जब गेंद आकर विकेट पर लगी, तब सुरेश के कदम पोपिंग क्रीज़ की सफ़ेद लकीर के साढ़े चार फुट पीछे थे। परन्तु हाथ में आगे बढ़ाये बल्ले का सिरा लकीर के ऊपर था। ऊपर ही नहीं, थोड़ा-सा, यही कोई चार इंच अन्दर की ओर था। मगर क्रिकेट के नियमों में साफ़ कहा गया है कि पोपिंग क्रीज़ की लकीर के पीछे, क्रॉस करने के बाद दौड़कर आनेवाले बैट्समैन के शरीर के किसी भाग या बल्ले को धरती का स्पर्श करना चाहिए।

फिर मालकोम क्षण-भर को शंकित खड़े रहे। इस कुशल नौजवान बैट्समैन को सन्देह का लाभ दिलाने का कोई लूप-होल है क्या? अगर कोई चारा है, तो उसे मिलना चाहिए।

चौथी बार भी उन्होंने सारे फ्रेमों का रीप्ले कराया। फिर बटन दबाया।

लाल रोशनी जगमगाई।

सुरेश मेनन आउट। रन-आउट!

यद्यपि निर्णय अप्रत्याशित नहीं था, तो भी भीड़ में एकाएक सन्नाटा छा गया। ग्राउंड में जो अकेली हरकत लक्षित हुई, वह थी, आवेश में आकर उन पाकिस्तानी खिलाड़ियों द्वारा अफ़ज़ल मसूद को गले लगाकर बधाई देना।

सुरेश ने कुछ भी न देखा, न सुना। उसकी नज़रों में टिका आख़िरी दृश्य था, एक लाल गोला। अनजाने ही कदम पवेलियन की ओर बढ़े। पाकिस्तानी खिलाड़ियों की आह्लादसूचक चेष्टाओं के बीच किसी ने शायद सुरेश को लक्ष्य करके कहा, "बैड लक, ब्वॉय!"

श्रीनिवास कुछ अपराध-बोध के साथ ही इलेक्ट्रॉनिक निर्णय की प्रतीक्षा में खड़ा था। क्रीज़ में पहुँचते ही पीछे मुड़कर देखा, तो आगे बढ़ाये बल्ले के साथ सुरेश का छलाँग मारना और गेंद का ठीक स्टम्प पर जा लगना ही दृष्टि में आया था। अम्पायर जब थर्ड अम्पायर के निर्णय की प्रतीक्षा में खड़ा था, तब लगा, सुरेश बेशक आउट हो जाएगा। यह भी लगा कि तिलकरत्ने को भी ऐसा सन्देह नहीं हुआ होगा कि लेग अम्पायर की दिशा में बल्ले का सिरा सफ़ेद लकीर के उस पार पहुँचा या नहीं। लेग अम्पायर स्पष्ट देख सकता है कि बल्ला क्रॉस कर गया। परन्तु बल्ले के सिरे ने उस आख़िरी पल में ग्राउंड को छुआ या नहीं, यही सन्देह था। लेग अम्पायर को ज़रा भी सन्देह नहीं, उन्हें निश्चित रूप से लगा होगा कि बल्ले के सिरे ने ग्राउंड को छुआ नहीं। फिर भी आउट का निर्णय घोषित करने में थोड़ा डर तो होगा ही। उन्होंने सोचा होगा कि ज़िम्मेदारी अगर इलेक्ट्रोनिक आँखों को सौंपी जाए, तो लोगों के आरोप से बच सकेंगे।

श्रीनिवास को अपने ही ऊपर झुँझलाहट महसूस हुई। बड़ी आसानी से रन लिया जा सकेगा, ऐसा भ्रम पैदा करके पाकिस्तानी खिलाड़ी मुझे धोखा दे रहे थे। ज़रूर यह निसार की योजना होगी। सुरेश को वे ठीक से तौल नहीं सके। श्रीनिवास को ही तौला था। श्रीनिवास के जरिए सुरेश को गिरा दिया।

मगर, दौड़ शुरू करने में उसने देर क्यों लगाई?

चार विकेट खोकर एक सौ दो।

अब?

पूर्वी गैलरी से धीरे-धीरे तालबद्ध तालियों की आवाज़ सुनाई पड़ी। एक-एक क्षण बीतने के साथ-साथ तालियों की आवाज़ भी बढ़ती गयी। दक्षिण और उत्तर की गैलरियों से होकर आवाज़ पश्चिमी गैलरी और पवेलियन में पहुँची। सुरेश सिर झुकाकर आहिस्ता-आहिस्ता चल रहा था। तेज़ी से चले आ रहे अगले बैट्समैन आलोकनाथ पर भी सुरेश का ध्यान नहीं गया।

तालियों के बीच एक आवाज़ सुनाई पड़ी।

उण्णी...उण्णी...

अनजाने में ही सिर उठाया। ग्राउंड में गैलरी और पवेलियन के बीच की सीढ़ियों तक जाने के रास्ते की दोनों तरफ दर्शक उठ खड़े हैं। सुरेश ने मुड़कर देखा। पूर्वी, दक्षिणी और उत्तर की गैलरियों के सभी लोग उठ खड़े होने लगे। सब लोग तालियाँ बजा रहे थे।

सुरेश की आँखें डबडबा आयीं। सीढ़ियाँ चढ़ने पर न जाने किस-किस ने उसके कन्धे थपथपाये।

इस समय हार और जीत पहचान में नहीं आ रही।

नानाजी कहा करते थे : ''खेल में हार की चिन्ता कभी मत करना। ख़ासकर क्रिकेट में। क्रिकेट में कोई कितना ही अच्छा प्रदर्शन प्रस्तुत करे, यह ज़रूरी नहीं कि वह जीते। टीम के अन्य खिलाड़ी भी कुशल हों, यह ज़रूरी है। खेल के दिन खिलाड़ी को अच्छे फॉर्म में होना चाहिए। इन सबके बावजूद हार हो सकती है। अगर विपक्षी टीम एकदम बढ़िया हो, तो एक शतक मारने मात्र से अच्छा बैट्समैन नहीं बनोगे। किसके ख़िलाफ़ शतक लगाया, पिच कैसा था, विपक्षी टीम के बॉलर तथा फील्डर फॉर्म में थे या नहीं, ये सब महत्त्वपूर्ण हैं। नमी से भरे पिच में अच्छी तरह गेंदबाजी करनेवाले बॉलर के ख़िलाफ़ तीस रन लेकर अपनी टीम को बचा लेना, कभी-कभी, शतक लगाने से भी बेहतर साबित होगा। इसलिए रन, विकेट या कैच के आँकड़ों का उतना महत्त्व नहीं। हाँ, महत्त्व ज़रूर है। क्रिकेट के इतिहास में कुशलता की कसौटी के रूप में आँकड़ों का ही महत्त्व है। लेकिन, किसी खेल में या किसी गेंद में होनेवाली सम्भावित हार में हमेशा ही क़िस्मत का अंश जुड़ा हुआ होगा। उसमें दुःखी होने की बात नहीं है। इट इज़ क्रिकेट। इट इज़ इन दि गेम।''

नो नो। इट कैंट बी इन दि गेम।

कैमरे के फ्लैश बल्ब झिलमिलाये। टेलीविजन की आँखें सुरेश के चलने के दृश्य पर ज़ूम करा दी गयीं।

पचास नहीं, सौ रन लिये जा सकते थे। सौ ही क्यों, खेल ख़त्म होने तक, पचास ओवरों की पूर्ति तक खेल सकता था। वज़ीर के आगामी ओवरों का सामना करने के लिए पर्याप्त साहस भी था। साहस नहीं, इच्छा थी। यह गर्व मन में उठा कि आज वज़ीर की उँगलियों के जादू की शक्ति माप सका। यह अनावश्यक था। घमंड ख़तरनाक हो सकता है।

उण्णी खिलाड़ियों के बैठने के प्लेयर्स एनक्लोज़र में पहुँचा। किसी की आवाज़ सुनाई पड़ी, ''बैठो।''

एक ख़ाली कुर्सी पर बैठ गया। किसी ने कन्धे पर हाथ रखा। परन्तु, मुड़कर

नहीं देखा।

पिच में वज़ीर की पहली गेंद का सामना करने की तैयारी में हैं श्रीनिवास। अब उनके स्थान पर मुझे खड़े रहना चाहिए था।

पास की सीट पर कोई आ बैठा। उसकी ओर देखा नहीं। उँगलियाँ पैड के स्ट्रैप खोल रही थीं। कान के पास से आवाज़ सुनाई पड़ी, ''वेल डन, सुरेश।''

पास जो आ बैठा, वह राहुल था।

''वेल डन। तुमने तो इब्राहीम खान, मुहम्मद हुसैन और वज़ीर को एकदम डरा दिया। उनके आत्मविश्वास को चूर-चूर कर दिया।

''थैंक यू, सर।''

''कोई बात नहीं। कोई भी पाकिस्तानी बॉलर तुम्हें आउट नहीं कर सका। यह बात गाँठ में बाँध रखो। यू आर स्टिल नॉट आउट।''

मराठे ने एक पैकेट आम का रस सुरेश की ओर बढ़ाया। बलबीर कोने में बैठा था। उठकर पास आया और हाथ पकड़कर हिलाया।

''छि: ! श्रीनी को ऐसी जल्दबाजी नहीं करनी चाहिए थी। उसे शायद मालूम नहीं था कि तुम वज़ीर को तौल चुके थे।''

एकाएक याद आया, जो रोष अभी तक अमूर्त रूप से मन में फैला था, वह श्रीनिवास के प्रति था। उसने अगले ओवर का स्ट्राइक पाने के लिए अन्तिम गेंद पर क्विक सिंगल लेने की चेष्टा क्यों की? वह भी तब, जब उन्हें भी पता था कि अगला ओवर फेंकने जा रहे वज़ीर को मैंने ख़ूब परख लिया है।

बलबीर ने कन्धा थपथपाते हुए कहा, ''उठो रे! अन्दर जाकर हाथ-मुँह धो आना। पैड आदि किट-बैग में रख दो। अरे हाँ, तुम नहीं जानते। इन सबको हिफ़ाजत से न रखा, तो सोविनीर की प्यासी छोकरियाँ इन पर झपट पड़ेंगी। हाँ, तुम भाग्यशाली हो। बोलो, वह चुम्मा कैसा था? इधर मैं तो कम-से-कम तीन सौ या चार सौ दिन बल्ला थामे, टेस्टों और अन्तरराष्ट्रीय मैचों में दुनिया के प्राय: सभी प्रमुख ग्राउंडों में खड़ा हो चुका हूँ। प्यारे राहुल, इस सुरेश को पहले ही दिन मिले इस तोहफ़े के समान एक...आज तक...''

राहुल मुस्कुराया, ''बलबीर, तुम्हारी दाढ़ी देखकर छोकरियाँ शायद डर गयी होंगी!''

सुरेश भी हँस दिया। उसके गालों पर लाली दौड़ गयी। वातावरण हल्का पड़ गया। आँखों के गिर्द फैली नमी को दस्तानों के सिरे से पोंछते हुए सुरेश उठा। बलबीर साथ-साथ चला।

सुरेश ने कहा, ''सॉरी, सर।''

''किसलिए? अरे, जाने भी दो।''

"वह बात नहीं, जी। आपके आउट होने का कारण बनकर मैं..."

"छिः, यह कैसी बात करते हो तुम? खेलने के लिए अगर पिच में जाकर खड़ा हुआ तो किसी भी पल आउट होने को मैं तैयार हूँ। उसके लिए किसी कारण की ज़रूरत नहीं। कारण खुद मैं ही हूँ। यही मेरी फिलॉसफी है।"

"लेकिन, सर..."

"तुम जाकर हाथ-मुँह धोकर जल्दी आ जाओ। जो हो गया, उसकी चिन्ता मत करना। हम दोनों के बारे में यह बात सही है कि जो बीत गया, सो बीत गया।"

सुरेश ने चेंजिंग-रूम के वॉश बेसिन में मुँह धोकर आईने में देखा। चेहरे पर हल्की-सी लाली फैली है क्या? उफ़! आउट नहीं होना चाहिए था। आध क्षण पहले ही दौड़ शुरू करना काफ़ी था। न जाने क्यों, एकाग्रता खो बैठा। वजह होंगी, शायद वे छोकरियाँ। क्रिकेट फील्ड की सभी सम्भावित समस्याओं से जूझने की एकाग्रता हासिल की थी। मगर, यह तो बीच ग्राउंड में...राहुल ने क्या कहा था?...नहीं, राहुल नहीं, बलबीर ने कहा था। राहुल को भी ऐसा कोई अनुभव नहीं हुआ था।

सुरेश अनजाने ही हँस दिया।

दरवाज़े पर आवाज़ सुनाई पड़ी, "कंग्रेचुलेशन्ज़, सुरेश! ऐंड बैड लक। फिर भी तुम जमकर खेले।"

जॉन थामस था। केरल क्रिकेट संघ का प्रमुख सदस्य। इस समय शायद अध्यक्ष या सचिव हैं।

सुरेश हँस दिया, "थैंक यू।"

"तुमने केरल का सिर ऊँचा कर दिया। कमाल का खेल खेला।"

जॉन थामस के पीछे और दो-तीन व्यक्ति।

पतलून का ज़िप खोलकर कमर पर बँधा गार्ड खोला और कंघी से बाल सँवारे।

भीड़ बढ़ रही थी। सबके सब परिचित चेहरे। बधाइयाँ और संवेदना।

माँ कहाँ है?

भीड़ के बीच से होकर पुलिस का एक युवा अफ़सर अन्दर आया। उसने सुरेश से कहा, "चलो उण्णी! मुख्यमन्त्रीजी मिलना चाहते हैं।"

पुलिस अफ़सर शर्मा को देखकर सुरेश को कसमसाहट-सी महसूस हुई। ऐसा हुआ करता है। कल शाम को होटल में हुए स्वागत-समारोह के अवसर पर भी शर्मा ने चिरपरिचित की तरह कन्धा थपथपाकर स्नेह जताया था। उस समय चार-पाँच कैमरे झिलमिलाये भी। परन्तु न जाने क्यों, शर्मा से सौहार्द्र-प्रदर्शन करने का साहस नहीं हुआ।

इस समय भी पहले कुछ झेंप महसूस हुई।

तीन साल पहले की बात है। कॉलेज में भर्ती होने का साल। अभी चार दिन पहले नयी मारुति कार घर में आयी थी। ड्राइवर को साथ लेकर मार्केट में आया। बाज़ार से कुछ चीज़ें ख़रीदने के लिए माँ ने लिस्ट सौंपी थी। ब्राडवे के बड़े शॉपिंग कॉम्प्लैक्स के सामने कार छोड़कर ड्राइवर सामान ख़रीदने गया। उन दिनों पहले पहल, सिगरेट का चस्का लग गया था। दोस्तों में कोई वहाँ नहीं मिला। सिगरेट सुलगाकर चार-पाँच कश लिये होंगे। तब लगा, कार लेकर क्यों न थोड़ा-सा घूम आऊँ! गाड़ी चलाना आता था। लेकिन, घर के आँगन को छोड़कर सड़क पर गाड़ी ले जाने के लिए माँ-बाप अनुमति नहीं देंगे। चाबी गाड़ी में ही थी। धीरे-धीरे स्टार्ट किया। कोई गड़बड़ी नहीं। थोड़ा चक्कर लगाया। हाइकोर्ट जंक्शन की परिक्रमा कर लेने पर पूरब की ओर जाने की इच्छा हुई। कोई समस्या नहीं। कच्चेरीपडी से यू-टर्न लिया। महात्मा गाँधी रोड पर आकर रफ़्तार कुछ बढ़ायी। शेनाइज थिएटर के बाद महाराजाज़ कॉलेज ग्राउंड के नज़दीक आने पर वह घटना हुई। पूरब से एक ऑटोरिक्शा धड़ल्ले से सामने आ धमका और एकाएक ब्रेक लगाया। कार थोड़ा दायें लेनी पड़ी, तो पीछे से ओवरटेक करने आयी मोटर साइकिल तिरछी हो गयी। कार ऑटोरिक्शा से हल्के से टकरायी भी। देखते-देखते भीड़ बढ़ गयी। ऑटो स्टैंड पास ही था। ऑटोरिक्शावाले, स्कूटरवाले, पैदल सवार, सब कारवाले के ख़िलाफ़ हो गये। पुलिस आयी। ट्रैफिक कांस्टेबल मौक़े पर आकर स्थिति सँभाले, इससे पहले ही जनता ने निर्णय ले लिया था। ठीक इसी समय युवा पुलिस अफ़सर शर्मा वहाँ आया। शर्मा ने चारों ओर सरसरी निगाह डाली। सबको पीछे हटाकर कार सड़क के किनारे कर दी। ट्रैफिक ठीक करने के बाद पास बुलाया और पूछा, ''ज़रा लाइसेंस दिखाना।''

''लाइसेंस नहीं है।''

''अच्छा। तो घर जाकर लाइसेंस लेकर पुलिस स्टेशन आ जाओ।''

''लाइसेंस नहीं है।''

''तब?''

''सॉरी। लाइसेंस खो गया।''

''तुम्हारी उम्र?''

झूठ बोला, ''अठारह साल। लाइसेंस लिया था। कहीं खो गया।''

शर्मा को मालूम हो गया होगा कि लड़का झूठ बोल रहा है।

उन्होंने कहा, ''चलो, जीप में बैठ जाओ।''

जीप में बैठ गया। थोड़ा आगे बढ़कर धीमी आवाज़ में कहा, ''सर, अगर कोई पेनल्टी भरनी हो, तो...'' जेब में सौ रुपये के दो नोट थे। उन्हें धीरे से निकालने की कोशिश की।

एकदम तमाचा पड़ा। सिर्फ़ एक।

दो घंटों के बाद बाबूजी जब पुलिस स्टेशन से छुड़ाने आये, तो शर्मा ने उनसे कहा, ''सॉरी मिस्टर मेनन। सुरेश को मैंने एक तमाचा दिया। माफ़ करना। मैंने उसे पहचान लिया था। अंडर नाइंटीन मैच खेलते समय और रणजी ट्राफी सेलेक्शन मैच में मैंने उसे देखा है। फिर भी मुझसे झूठ बोला। लेकिन जो तमाचा दिया, वह झूठ बोलने या बिना लाइसेंस गाड़ी चलाने की सज़ा के तौर पर नहीं। सुरेश-जैसा युवक रिश्वत देने की कोशिश करे, मैं उसे बर्दाश्त नहीं करूँगा। सॉरी।''

घर पहुँचा, तो माँ रो पड़ी। तमाचे की बात बाबूजी ने उनको नहीं बतायी। परन्तु जब माँ ने सुना कि मैंने रिश्वत देने की कोशिश की, तब उनका चेहरा तमतमा उठा। तभी पहली बार माँ ने बेटे को फटकारा था।

उस दिन रात को जब सोने चला, तो पलंग पर आ बैठकर चेहरा सहलाते हुए माँ ने कहा, ''तुमने यह क्या किया, उण्णी? रिश्वत देने की कोशिश! ऐसे में तू क्रिकेट का बड़ा खिलाड़ी कैसे बनेगा? क्रिकेट तो जेंटलमैन्स गेम है। पहले जेंटलमैन बनो। फिर क्रिकेटर।''

उस दिन से शर्मा का चेहरा देखने पर डर लगता था।

शर्मा ने कहा, ''इस तरफ चलिए।''

मुख्यमन्त्री और विपक्षी नेता दोनों सुरेश की तरफ मुड़कर बैठे थे।

गौतमन ने सुरेश का कन्धा थपथपाकर सुरेश के बालों पर उँगलियाँ चलाते हुए कहा, ''शाबाश सुरेश। तुमने हमारी लाज रखी। अब उनके बैटिंग के समय इससे भी बढ़िया प्रदर्शन करो। बॉलिंग और फील्डिंग दोनों में।''

यद्यपि किसी आलराउंडर का नाम लेना चाहते थे, तो भी नाम ठीक से याद न होने के कारण गौतमन उसमें असफल रहे। सिर्फ़ हँस दिये।

सुरेश ने कोई जवाब नहीं दिया।

गोविन्दन कुट्टी ने कहा, ''उस इलेक्ट्रॉनिक डिसीजन के बारे में अब भी मुझे शक है। मैं समझता हूँ कि उण्णी क्रॉस कर चुका था।''

यद्यपि एक कैमरे ने इस दृश्य को शूट किया था, तो भी प्रसारण हुआ पिच में श्रीनिवास के बैटिंग का।

परन्तु, काफ़ी संख्या में फ्लैश बल्ब झिलमिलाये। शर्मा सुरेश के साथ पीछे खड़े थे।

सुरेश को बधाई देनेवाले गौतमन का चित्र सत्ता-पक्ष के अख़बारों में, और गोविन्दन कुट्टी का वैसा ही चित्र जब विपक्षी अख़बारों में छपेगा, तब उन दोनों में अपना चित्र भी होगा, यह शर्मा को मालूम था।

35

"अब क्या होगा? क्या किया जाए? अगला मैच खेलने का अवसर सुरेश को मिलेगा क्या? पंचदिवसीय टेस्ट टीम में स्थान मिलेगा क्या?"

विवेक को गुस्सा आ रहा था। धीरे-धीरे उमड़ते झाग की तरह बौखलाहट मन में भर गयी। इसी बीच शिल्पा के ये सवाल। उनके जवाब देने ही पड़ेंगे। बचने का कोई चारा नहीं। यद्यपि जवाब दिया जाए, तो भी इस अन्दाज़ में कि बात अपनी समझ में नहीं आयी, वह फिर से शंकाएँ प्रकट करती रहेगी। जो भी हो, अन्तिम निर्णय तो शिल्पा का ही होगा।

बहुत पहले, विवाह के बाद के प्रारम्भिक दिनों में जब अविवाहितों के लिए बना कम्पनी गेस्टहाउस छोड़कर कम्पनी की ओर से ही दिये गये फ्लैट में घर बसाया था, तब शिल्पा को सात बीस की लोकल ट्रेन पकड़नी थी, और विवेक को आठ दस की ट्रेन। शिल्पा जब लौट आती, तब साढ़े सात या आठ बजे होते। तब तक विवेक फ्लैट पहुँचकर, चाय पीकर टी.वी. ऑन कर चुका होता। साधारणतया दोनों थके-माँदे ही घर लौटते। शुरू के दिनों में प्यार और जिस्म ने सभी असुविधाओं और थकान को छुट्टी दी। लेकिन, धीरे-धीरे एक-दूसरे में नये आकर्षणों की तलाश होने लगी। जब वे नहीं मिले, तब छोटी-छोटी बातों तथा पहले अलक्षित पड़ी ख़ामियों का महत्त्व बढ़ने लगा। बातचीत में नये शब्द घुस आये। ऐसे शब्द, जो किसी भी समय विस्फोट पैदा कर सकते थे।

कई अवसरों पर नोक-झोंक के सुलझने में घंटों लग जाते।

परन्तु, कहने के लिए कभी शब्दों की कमी नहीं रही।

यू डोंट लव मी।

यह कहने की हिम्मत कैसे मिली तुम्हें?

मैं तुझे जानती हूँ, विवेक। यू लव ओनली योर दैट गर्ल शैलजा।

शुरू-शुरू में जवाब दिया करता था, "नहीं, नहीं। तू पागल है। व्हाइ शुड आई लव हर? व्हाट नॉनसेंस!"

लेकिन शिल्पा रुकने का नाम नहीं लेती। "मुझे मालूम है। तू निरा गँवार है विवेक! रस्टिक। सभ्यता तेरी चमड़ी तक ही सीमित है। दिल से तू उजड्ड और गँवार है। बिल्कुल दकियानूस। कोच्चि के तेरे घर में मैंने खुद देखा है। तेरे यहाँ अपने मामा की बेटी को भावी पत्नी मानने की रूढ़ि है न? मामा की बेटी! कैसे जंगली रीति-रिवाज़! जब तूने पहले इसका ज़िक्र किया, तो मुझे अपने कानों पर विश्वास नहीं हुआ। फर्स्ट कज़िन से शादी करना! लेकिन, आई कुड अंडरस्टैंड। पुरानी सामाजिक कुरीति। ओके। तुम्हारा मन भी उसी के अनुसार कंडिशंड हो चुका

है। तू अपने मामा की बेटी को छोड़ किसी और से प्रेम कर ही नहीं सकता। इसके लिए मैं तुझे दोष नहीं देती। दोष सिर्फ़ मेरा है। मैंने कैसे तुझसे प्रेम किया? तेरी मुस्कान और आकर्षक सलीक़ा देखकर उसके पीछे की दोस्ती की भावना को भूल से प्रेम समझ बैठी।''

''शिल्पा, तू पागल हो गयी क्या? कूल डाउन।''

थोड़ी देर बाद शिल्पा थक जाती। फिर, कही हुई सारी बातें वापस ले लेती। प्रायश्चित के रूप में तीव्र प्रेम-प्रदर्शन करने लगती।

शिल्पा के अनर्गल वाक्प्रवाह में बह जाने पर कभी-कभी लगता कि उसकी बातों में भी थोड़ी सच्चाई है। वह आँखें मूँदकर बैठ जाता।

शैलजा कम ही बोला करती थी। वह भी धीमी आवाज़ में।

''मुझे तो यही डर था विवेक भैया, कि तुम्हें बुरा तो नहीं लगेगा।'' याद नहीं कि कब और क्यों शैलजा ऐसा बोलती थी। लेकिन, उसके ये ही शब्द बार-बार मन में उमड़ आते थे।

शिल्पा से कहता, ''शिल्पा, आई लव यू।''

शिल्पा फिर उससे ये शब्द कहलाएगी। एक या दो बार नहीं, सैकड़ों बार।

तब शैलजा से वैसा कहने का दृश्य मन में झूमने लग जाता— ''शैलजा, आई लव यू।''

शैलजा की आँखों में आश्चर्य झलकने लगता। वह शंकित होकर देखती और थोड़ी दूर हटकर कहती, ''क्या हो गया तुम्हें, विवेक भैया!''

''कुछ नहीं, शैलजा। आई लव यू। मैं तुम्हें...''

''नहीं, नहीं। मैं इन अँग्रेजी शब्दों का मतलब ख़ूब समझती हूँ। और यह भी जानती हूँ कि तुम मुझे बहुत चाहते हो। लेकिन, उसे इस तरह मुँह से कहने की क्या ज़रूरत है!''

''कहने में क्या हर्ज़ है? कहने पर ही तो जान सकोगी।''

''क्या प्रेम ऐसी चीज़ है, जिसे कहकर समझाना पड़े? हाँ, यह तो अच्छा मज़ाक हुआ! तुम्हें तो, विवेक भैया...''

जब शिल्पा ने झटका देकर जगाया, तब विवेक चौंक पड़ा। भीड़ में से तालियों की आवाज़ सुनाई पड़ी। सब उठकर खड़े हो गये हैं। जब सुरेश ग्राउंड से गैलरी तक ले जानेवाली सीढ़ियों के पास तक पहुँचा, तब दोनों तरफ के दर्शक तथा पुलिस के सिपाही उसे घेरकर खड़े हो गये। विवेक अनजाने ही ताली बजाने लगा।

शिल्पा ने पूछा, ''क्या, तूने मेरी बात नहीं सुनी?''

''क्या कहा था तूने?''

''अब क्या करूँ? सुरेश अगर शतक मारता, तो श्योर हो जाता। टेस्ट टीम में,

पंचदिवसीय सीरीज़ के लिए...''

''तू ज़रा चैन से बैठ, शिल्पा।''

''तू नहीं जानता, विवेक। जेमिनी के खन्ना बड़े तेज़ तर्रार आदमी हैं। सुरेश अगर शतक लगाता, तो मुझे ख़ुशी होती। चलते वक़्त की उसकी वह अदा कितनी शानदार है! विज्ञापनों के लिए पाँच वर्ष तक प्रशिक्षण प्राप्त मॉडलों से भी बेहतर। तू अभी इसका महत्त्व समझ नहीं पाया है।''

अच्छा हुआ कि शिल्पा ने दबी ज़बान से यह बात कही थी।

विवेक चाहता था कि सुरेश के पास जाकर उसे आश्वासन दे। इतना बड़ा एक्सपोजर मिला। लेकिन विडम्बना देखो कि विपक्षियों को निष्प्रभ करके विश्वविजेता के रूप में खड़े रहने के अवसर पर अचानक क़िस्मत कैसे पलट गयी!

विवेक खड़े-खड़े सोच रहा था। सब लोग बैठ चुके थे। आलोकनाथ और श्रीनिवास पिच के बीच खड़े होकर दो क्षण तक कुछ बातें करने के बाद अपने-अपने पोजीशन की तरफ बढ़े।

शिल्पा ने कहा, ''बैठ जा विवेक। अब मुझे शैलजा के पास जाना नहीं चाहिए। लेट्स वाच। चेक दे दिया न? इसलिए अब अगर खन्ना साहब कोई चाल चलें, तो भी हमसे बातें किये बिना वे कुछ भी नहीं करेंगे। चूँकि सुरेश आउट हो गया, इसलिए खन्ना साहब ने इरादा बदल दिया होगा। आदमी है बड़ा चालबाज!''

क्षण-भर विवेक शंकित-सा खड़ा रहा। क्या, बैठकर खेल देखूँ? नहीं। सुरेश से मिलकर अभिनन्दन और संवेदना एक साथ प्रकट करूँ? साथ ही आशीर्वाद भी दे दूँ? अपनी क्षमता दिखाने के लिए अभी एक अपराह्न बाक़ी पड़ा है। बैटिंग अव्वल दर्ज़े का था। अब बॉलिंग और फील्डिंग में भी कुछ कर दिखाओ।

विवेक ने कहा, ''मैं अभी आऊँगा। उण्णी से ज़रा मिलकर जल्दी आऊँगा।''

लेकिन, सुरेश से बातचीत करने के लिए विवेक को देर तक प्रतीक्षा करनी पड़ी। वह जब तक भीड़ के बीच से धक्का-मुक्की करके खिलाड़ियों के चेंजिंग रूम के सामने पहुँचा, तब तक पुलिस अफ़सर सुरेश को लेकर वहाँ से जा चुका था। उनके पीछे-पीछे हो लिया। वी.आई.पी. एनक्लोज़र के पास सुरक्षाकर्मियों ने विवेक को रोक लिया।

पाँच मिनट। दस मिनट।

मुख्यमन्त्री और विपक्षी नेता का अभिनन्दन ग्रहण करके सुरेश जब पीछे कुर्सियों के बीच के चौड़े गलियारे तक पहुँचा, तब भीड़ ने उसे घेर लिया। स्त्री-पुरुष, बच्चे-बूढ़े सभी उसमें शामिल थे। प्रायः सभी बालक-बालिकाओं के हाथ में ऑटोग्राफ़ की कापियाँ थीं। कुछ प्रशंसकों ने सुरेश का एक फोटो आगे बढ़ाया और हस्ताक्षर के लिए प्रार्थना की। कैमरे की आँखें लगातार झिलमिला रही थीं।

एक युवती ने हाथ का माइक आगे बढ़ाकर पूछा, ''मिस्टर सुरेश मेनन, आपकी क्या राय है? क्या, आप सचमुच आउट हुए थे? रीप्ले देखकर ऐसा लगा कि आपके बल्ले का सिरा लकीर को छू गया था। चित्र में एक ऐसा सफ़ेद भाग लक्षित भी हुआ, जैसे वहाँ से थोड़ा चूना हट गया हो। आप क्या कहते हैं?''

सुरेश ने एक क्षण की भी देर नहीं की।

''क्रिकेट में कोई आउट हुआ या नहीं, इसका निर्णय अम्पायर करेंगे, बैट्समैन नहीं। अम्पायर भी स्वयं आउट का निर्णय नहीं देंगे। टीम के खिलाड़ियों को अम्पायर से पूछना चाहिए कि बैट्समैन आउट हुआ या नहीं। तभी निर्णय सुनाना काफ़ी है। थैंक यू, मैडम। यहाँ फील्डिंग टीम ने पूछा। अम्पायर ने चेक करके निर्णय सुनाया। आई ऐम आउट।'' सुरेश ने मुस्कुराते हुए पास खड़ी लड़की के हाथ से ऑटोग्राफ की कापी ले ली।

''एक्सक्यूज मी। मगर आपको कोई गलत फीलिंग कि अम्पायर से ग़लती हो सकती है?''

''नहीं, मुझे ऐसा नहीं लगता।''

''हंड्रेड परसेंट?''

''बिल्कुल।''

सुरेश चलने को हुआ। लेकिन भीड़ ने रास्ता नहीं दिया। माइक फिर से सुरेश की ओर बढ़ा।

''नो। नो मोर क्वेस्चंस प्लीज।''

''बस, एक सवाल और।''

''ओके।''

''क्या आप उस लड़की को, जिसने आपका चुम्बन लिया था, पहले से ही जानते हैं?''

सुरेश क्षण-भर को सकपकाया। आँख मारते हुए कहा, ''दीदी, क्या आप नहीं जानतीं कि जान-पहचानवाली लड़कियाँ खुली जगह में ऐसा नहीं करतीं?''

भीड़ ने ठहाका लगाया।

सुरेश पिछवाड़े से उस एनक्लोजर की तरफ बढ़ा, जहाँ शैलजा बैठी थी।

विवेक लौट चला। अजीब-सी बेचैनी मन में भरी थी। कितनी आसानी से सुरेश ने पत्रकार महिला के सवालों के जवाब दिये थे!

छि: ! मुझमें डाह पैदा होती है क्या? न न। मुझे ख़ुश होना चाहिए। उण्णी के प्रदर्शन से। ग्राउंड के अन्दर और बाहर।

वापस सीट के पास आया, तो शिल्पा ने पूछा, ''क्या, सुरेश से मिल न सका? इस समय सुरेश तेरा भानजा ही नहीं, एक सेलिब्रिटी भी है। जानते हो? अभी कोई

कह रहा था कि वन-डे इंटरनेशनल में फास्टेस्ट फिफ्टी शायद सुरेश की होगी। जो भी हो, अपने प्रथम अन्तरराष्ट्रीय मैच में पचास रन लेनेवालों में पहला स्थान सुरेश का है। बत्तीस गेंदों में पचास रन रेकार्ड ही है।''

''बत्तीस गेंदों में? हाँ, शायद ऐसा ही होगा।''

शिल्पा देर तक विवेक की ओर ही देखती रही। घूरकर देखती रही। शिल्पा की यह नज़र दिल की गहराइयों को कहीं छू लेती है। प्रायः दिल में अमूर्त पड़े विचार तक इस नज़र के द्वारा प्रकट हो जाएँगे। सचमुच डर लगेगा ऐसे क्षणों में। प्रार्थना की कि शिल्पा ज़बान न खोले।

शिल्पा ने कहा, ''मैं समझ नहीं सकती हूँ विवेक। कोई बात नहीं। मन को समझा लेना कि हर आदमी की क़िस्मत अलग-अलग होती है।''

''ऐसा क्यों कहती हो? यहाँ ऐसी कौन-सी बात हुई?''

शिल्पा सिर्फ़ हँस दी, ''तुझे मैं अच्छी तरह पहचानती हूँ विवेक। जितना तू खुद पहचानता है, उससे कहीं ज़्यादा। तेरे मन में अपने भानजे के प्रति जलन होती होगी।''

''व्हाट?''

''नो नो। जलन नहीं। उस जगह पर तुझे ही खड़ा होना था। यही न?''

कहने को मन हुआ कि हाँ शिल्पा, इस बीच बॉलर और मेरे बल्ले के बीच तुम आकर ख़ड़ी हो गयी और मेरा ध्यान बँट गया। मगर सौभाग्य से आख़िरी पल में विवेक ने अपने लफ़्ज़ों को रोक लिया।

बड़ी देर के बाद विवेक ने मौन तोड़ा।

''तेरा कहना पूरा सच नहीं है। और पूरा झूठ भी नहीं। सभी खिलाड़ियों का, खिलाड़ियों का ही क्यों, किसी भी काम में लगे व्यक्ति का एक ऑप्टिमम पॉइंट है। सभी खिलाड़ी क्रिकेट खेल सकते हैं। तन्दुरुस्ती और स्वस्थ दृष्टि ही काफ़ी है। मौलिक रूप से प्रशिक्षण और तकनीक। ख़ूब परिश्रम करे तो कोई भी व्यक्ति अच्छा बैट्समैन बन सकता है। यह ज़रूरी नहीं कि सब प्रकार के स्ट्रोक खेलने का कौशल उसे प्राप्त हो। फिर भी थोड़ा-बहुत अच्छा खेल वह खेल सकता है। आगे बढ़ भी सकेगा। मगर उसका एक ऑप्टिमम प्वाइंट है। उससे भी आगे का खिलाड़ी अगर उसे बनना हो, तो उसके लिए ईश्वरीय सिद्धि अनिवार्य है। नैचुरल खिलाड़ी। ज़रा देखें। कितने ही बैट्समैन हैं, जो रणजी ट्राफी मेचों में रनों के ढेर लगाते हैं। इंग्लैंड के काउंटी क्रिकेट में भी यही हाल है। लेकिन, अगर वे टेस्ट टीम में स्थान पा लें, तो ज़्यादा से ज़्यादा दो या तीन मैच। उनकी क्षमताओं की सीमा प्रकट होगी। वे परफेक्ट बैट्समैन हैं। लेकिन प्रतिभा! क्रिकेट के साधारण नियमों के पार पहुँचनेवाली प्रतिभा। सोबर्स, रिचर्ड्स, बॉथम, हमारा अपना राहुल। देख लेना।''

ग्राउंड में खेल चल रहा था। एकाएक वह निर्जीव-सा हो गया। अब तक दर्शक और खिलाड़ी साथ-साथ थे। अब सुरेश को आउट हुए कितने ओवर बीत गये। कितने रन हुए। कोई ध्यान नहीं दे रहा।''

विवेक ने अपनी बात जारी रखी।

''उण्णी उस श्रेणी का खिलाड़ी है। और मैं उसमें नहीं। यह मैं अच्छी तरह जानता हूँ। ईर्ष्या! ठीक है, ईर्ष्या होगी। लेकिन मुझमें और भी एक भावना है। अभिमान। अपने उस उण्णी पर, जिसने यह कार्य करके दिखाया, जो मेरे लिए असम्भव था।''

शिल्पा विवेक के चेहरे पर ही दृष्टि गड़ाये बैठी थी। कहा, ''सॉरी विवेक।''

''इट्ज़ आलराइट। तूने ठीक कहा था।''

विवेक ने शिल्पा का हाथ थाम लिया।

36

उस एनक्लोजर में, जहाँ शैलजा और विजयन मेनन बैठे थे, सुरेश कदम रख भी नहीं सका। उससे पहले ही लोगों ने चारों ओर से उसको घेर लिया था। हाथ मिलाना, गले लगना, कन्धा थपथपाकर अभिनन्दन जताना। सभी को कुछ न कुछ कहना है। पिच में जो युद्ध चल रहा है, उस पर किसी का ध्यान नहीं था। आटोग्राफ़ की कॉपियों की संख्या बढ़ती गयी। जिनके पास कॉपी नहीं थी, वे खेल के ब्रोशर ही बढ़ाकर हस्ताक्षर माँगने लगे।

शुरू-शुरू में यह मज़ेदार अनुभव था। अपने ही शहर में, रोज़ मिलनेवाले चिरपरिचित लोगों के बीच इतनी जल्दी प्रशंसा-पात्र बन जाने से सचमुच ख़ुशी हुई थी। लेकिन समय बीतते-बीतते बेचैनी, भय और अनिष्ट की आशंका सुरेश के मन में भर गयी। किसी तरह भीड़ से अपने को बचाकर वह प्लेयर्स एनक्लोजर में पहुँचा, जहाँ अन्य खिलाड़ी बैठे थे।

सुरेश के मन की बात ताड़ गया हो, इस अन्दाज़ में राहुल ने कहा, ''रिलैक्स। खेल अभी ख़त्म नहीं हुआ।''

''क्या बात है, सर?''

''ग्राउंड पर ध्यान दो। श्रीनी ने अब समझदारी से खेलना शुरू किया है।''

सुरेश को जल्दी ही मालूम हो गया कि अपने भय का कारण वही था, जो टीम के और कप्तान श्रीनिवास के भी भय का कारण था।

कप्तान श्रीनिवास का भय अपनी टीम की पराजय की सम्भावना से भी अधिक

इस बात का था कि अभी बम्बई और दिल्ली के पत्रकार क्या-क्या लिख डालेंगे। एक बात सुनिश्चित थी। यद्यपि अपने रन-आउट होने की पूरी ज़िम्मेदारी सुरेश की ही है, तो भी अगर भारत यह खेल हार जाए, तो सारे अख़बार निस्सन्देह श्रीनिवास को ही इसके लिए दोषी ठहराएँगे।

वे श्रीनिवास को ऐसे खलनायक के रूप में चित्रित करेंगे, जिसने उस नौसिखुए युवा खिलाड़ी को, जो अपने पहले अन्तरराष्ट्रीय मैच में ही धुआँधार बल्लेबाजी से पाकिस्तानी गेंदबाजों पर बुरी तरह हावी होकर कम-से-कम गेंदों में अर्द्धशतक पाने का रिकार्ड क़ायम कर चुका था, एक जोख़िम भरा रन लेने के लिए उकसाया।

आज शाम को उनकी स्टोरीज़ डेस्पैच होने से पहले अगर भारत जीत न जाए, तो पंचदिवसीय टेस्टों के कप्तान की घोषणा की जाएगी। वह नाम श्रीनिवास का होगा या नहीं, इसका फ़ैसला करने का काम अब अपनी बुद्धि का है, यही श्रीनिवास की चिन्ता का कारण था।

अब जो खिलाड़ी आनेवाले हैं, उन सबको टेस्ट क्रिकेट में खेलने का पक्का अनुभव था। क्विक सिंगल। बीच में एक दुक्का। चौका और छक्का नहीं चाहिए।

श्रीनिवास ने निसार, फील्डरों और गेंदबाजों के छक्के छुड़ाने के सभी उपाय किये।

फील्डिंग टीम को चकरा देने का सबसे कारगर उपाय है क्विक सिंगल। इसे अपना भाग्य ही समझो कि आलोकनाथ बायें हाथ का बैट्समैन हुआ। यही नहीं, प्रतिरोध और टेकनीक में भी वह ज़्यादा कुशल है। ऑफ स्टॅम से बाहर जानेवाली गेंद को बिना छुए ही छोड़ देना। अन्य गेंदों को सुविधा के अनुसार किसी भी दिशा में मोड़ देना। जिस पल गेंद श्रीनिवास के बल्ले को छू ले, तभी आलोकनाथ चिल्ला उठेगा, ''गुड शॉट! वंडरफुल! वाह वाह!'' अगर श्रीनिवास रन लेता हो, तो उसके बाद ही चिल्लाएगा। इसके विपरीत, बिना बल्ले को छुए ही गेंद अगर विकेटकीपर के हाथों में पहुँच जाए, तो आलोकनाथ के सिर्फ़ शब्द ही बदलेंगे, आवाज़ धीमी नहीं पड़ेगी। ''वेल लेफ्ट। जजमेंट।'' और उसके बाद इस अन्दाज़ में कि अपने कप्तान का खेल कितने ग़ज़ब का है, फॉलो-थ्रू से लौटनेवाले बॉलर की ओर देखकर हँस देगा।

निसार को अपने गुस्से पर क़ाबू पाने में तकलीफ़ हो रही थी। निसार को भड़काना श्रीनिवास का भी लक्ष्य था। शतक या व्यक्तिगत स्कोर अब उनका लक्ष्य नहीं। बिना कोई विकेट खोये, चालीस ओवर। तब तक जितना हो सके, रन बनाएँ। फिर आख़िरी दस स्लॉग ओवरों में सुरेश की-सी आतिशबाजी। पहले ही कहा था कि हम दोनों चालीस ओवर तक खेलने जा रहे हैं, तुम अपना नैचुरल खेल खेलना। लेकिन जब भी मौक़ा मिले, दौड़कर सिंगल रन लेना चाहिए। अच्छी योजना थी। एक ही ओवर में तीन या चार बार बैट्समैन एक-एक रन लेगा। नये खिलाड़ी के

लिए लेग अम्पायर और फील्डरों को दूसरी तरफ जाकर खड़ा होना पड़ेगा। पूरा-का-पूरा फील्ड प्लेसिंग बदल देना पड़ेगा। निसार चाहे जितना जागरूक होकर काम करे, जब फील्डरों को एक-एक गेंद के लिए अलग-अलग स्थानों पर खड़ा होना पड़े, तब उनकी एकाग्रता नष्ट होगी। बॉलर को नये बैट्समैन की शैली के मुताबिक लेंथ भी बदलना पड़ेगा। यह ज़रूरी नहीं कि उसे सही लेंथ मिले। अधिकतर गेंदों में एक-एक रन ज़रूर मिल सकता है।

एक और उपाय है। ओवर की समाप्ति पर विकेटकीपर और अगला बॉलर नया फील्ड सेट करके जब खेल शुरू करने की तैयारी करेंगे, तब मानो अचानक कुछ याद आया हो, श्रीनिवास पिच के बीच में आ जाएगा। आलोकनाथ, तब बल्ला घुमाते हुए पास आएगा, मानो इसी बात की उसे प्रतीक्षा थी। असल में, दोनों के पास एक-दूसरे से कहने के लिए कुछ भी नहीं होगा। फिर भी 'कीप इट अप' जैसे कुछ शब्द धीमी आवाज़ में रटकर वे अपनी-अपनी जगहों पर लौट जाएँगे। यह देखकर बॉलर और विकेटकीपर झुँझलाएँगे। इस हालत में उनकी एकाग्रता भंग हो सकती है। बॉलर की फेंकी गेंद ठीक तरह से टप्पा खाकर नहीं उठेगी। एक छोटा-सा नॉक। एक रन काफ़ी है।

बिना श्रीनिवास के निर्देश के ही, आलोकनाथ और भी ज़ोर से अपना निर्धारित दायित्व निभाने लगा। यदि पाकिस्तान का विकेटकीपर शाहनवाज़ भारत के आपेनिंग बैट्समैन और मित्र बलबीर सिंह को चिढ़ाने के लिए उसके हर स्ट्रोक के बाद धीमी आवाज़ में पंजाबी गालियाँ सुनाता था, तो आलोकनाथ उससे भी एक कदम आगे था। आलोकनाथ की टिप्पणी अँग्रेजी में होती थी। अश्लील शब्द नहीं, बधाइयाँ। वह भी विपक्षी टीम के ख़िलाफ़ नहीं, अपनी टीम के अभिनन्दन में। श्रीनिवास की तरफ देखकर, उनकी तारीफ़ में ग्रैंड, वंडरफुल आदि शब्द कहना। खेल के चार-पाँच ओवर पूरे होने पर पाकिस्तानी खिलाड़ियों का पारा इतना चढ़ जाता कि आलोकनाथ को काट खाने का उनका मन होता।

श्रीनिवास को सन्तोष हुआ। आजकल क्रिकेट के खेल में कप्तान को कुशल लीडर होने के साथ-साथ अपने क्षेत्र में, वह चाहे बैटिंग हो या फील्डिंग, अपनी कुशलता का प्रदर्शन करना भी चाहिए। कप्तान को केवल चार बैट्समैन, चार बॉलर, एक ऑल राउंडर, एक विकेटकीपर— इन दस खिलाड़ियों का नेतृत्व करनेवाला बुद्धिमान ग्यारहवाँ खिलाड़ी मात्र नहीं होना चाहिए। अगर वह बैट्समैन है तो अन्य बैट्समैनों के साथ बैटिंग की कला में अच्छा प्रदर्शन करना चाहिए। अगर बॉलर हो तो अन्य बॉलरों से भी बढ़िया ढंग से ठीक निशाने पर गेंद फेंकने की क्षमता दिखानी चाहिए।

यद्यपि श्रीनिवास मीडियम पेस में, और कभी-कभी फास्ट ऑफ-स्पिन में

बॉल करता था, तो भी मुख्यतः वह बैट्समैन है। शुरू के दिनों में रणजी ट्राफी में ओपनिंग बैट्समैन की हैसियत से खेला। टेस्टों में भी खेला। कोई समस्या नहीं थी। दो साल पहले तमिलनाडु रणजी ट्राफी के कप्तान के रूप में पदोन्नति मिलने पर ही एकाएक समस्या खड़ी हुई थी। तब तक तो रणजी ट्राफी में बैटिंग एवरेज पचास रन से ऊपर था। ज़ोनल मैचों और टेस्टों में चालीस के आसपास। लेकिन, जब से खेल में कप्तान का पद सँभाला, तब से हालत एकदम बदल गयी। ओपनर के स्थान पर खेलने लगा। कभी दस रन, कभी पाँच रन। एक बार हैदराबाद के ख़िलाफ़ दोनों पारियों में केवल शून्य। जब सीजन आगे बढ़ा, तब डर लगा— सभी बैट्समैनों को और बॉलरों को भी। जीवन में कभी एक-दो बार फॉर्म खो जाने की अवस्था पैदा हो सकती है। कितनी ही कोशिश करे, तो भी फ़ायदा नहीं। बल्ला गेंद पर ठीक से नहीं लगेगा। गेंद उद्दिष्ट स्थान पर टप्पा खाकर नहीं उठेगी। ऐसे अवसरों पर सबसे अधिक आवश्यकता है आत्मविश्लेषण की।

श्रीनिवास ने आत्मविश्लेषण किया। कारण भी ढूँढ़ लिया।

अपूर्व सिद्धियों वाला नैचुरल खिलाड़ी नहीं है श्रीनिवास। अच्छी तकनीक, विस्तृत जानकारी, तन्दुरुस्ती और क़िस्मत सबकुछ है। आकर्षक और उज्ज्वल स्ट्रोक खेलकर श्रीनिवास कभी दर्शकों को मुग्ध नहीं कर सकेगा। दर्शकों को रिझाने के लिए वह नहीं खेलेगा। यह बात नहीं कि वह चाहता नहीं। असल में, इसकी क्षमता उसमें नहीं है। इसी कमजोरी को ही श्रीनिवास ने अपना सबसे कारगर हथियार बनाया है। तमिलनाडु रणजी ट्राफी टीम के उन दिनों के मैनेजर कृष्णमूर्ति की आदत थी कि अपनी टीम की सम्भावित प्रतियोगी टीमों के सभी खिलाड़ियों के खेलने के ढंग और उनके स्वभाव की विशेषताएँ आदि का ब्योरा अपने पर्सनल कम्प्यूटर में इकट्ठा करके जो रखा था, उसके बारे में खेल के पिछले दिन, नेट प्रैक्टिस के बाद रात को होटल में अपने खिलाड़ियों को विस्तार से समझा देना। जब श्रीनिवास ने कप्तान का पद सँभाला, तभी से नेट प्रैक्टिस के समय से ही वह तनाव में रहता। हमेशा कोई-न-कोई समस्या होती। किसी बॉलर की उँगली में चोट। किसी बैट्समैन का पेट ख़राब। किसी को फ्लू। कोई अन्य खिलाड़ी गर्लफ्रेंड की वजह से अपनी एकाग्रता खो बैठा है। किसी के घुटने में सूजन। कोई ऐसा कि बल्लेबाजी करेगा, लेकिन फील्डिंग में ठीक नहीं रहेगा। सरदर्द ही सरदर्द। इनमें से किसको टीम से अलग रखूँ? घायल खिलाड़ी को ग्राउंड में उतारने का जोख़िम उठाना चाहिए क्या? असमंजस में पड़ जाना स्वाभाविक है। इसी बीच पत्रकारों को कोई मसाला मिल जाएगा। प्रश्न और उत्तर। इसके बाद कृष्णमूर्ति के कम्प्यूटर के आँकड़ों द्वारा उठायी गयी धमकी अलग से। आत्मविश्वास के साथ विपक्षी टीम का सामना करने की सारी तैयारियाँ कर लीं, इस सन्तोष के साथ सोने चला जाता। सवेरे

टॉस करने के लिए पिच में आने तक पिछले दिन के तनाव का कुछ अंश साथ रहेगा। टॉस के बाद अगर बैटिंग मिला, तो पवेलियन जाकर पैड बाँधने का ही समय मिलेगा। बैटिंग के लिए तुरन्त ग्राउंड में लौट जाना होगा। ओपनिंग बैट्समैन को और कोई काम करने का समय नहीं मिलेगा। पैड बाँधने के बाद कम-से-कम दस मिनट तक शान्त होकर बैठे रहना चाहिए। तभी एकाग्रता मिल सकती है। कप्तान बनने से पहले यह कोई समस्या नहीं थी। परन्तु, कप्तान बनने के बाद अब कोई चारा नहीं। चमचमाती नयी गेंद, नया पिच, और एकदम ताज़ा होकर गेंद फेंकनेवाला फास्ट बॉलर। अगर एकाग्रता नहीं मिली, तो भला कितनी देर खड़ा रह पाऊँगा?

श्रीनिवास ने निश्चय किया कि आगे थ्री-डाउन या फोर डाउन के स्थान पर ही ग्राउंड में उतरूँगा। फुरसत मिलेगी। खेल के रुख़ को सामान्य रूप से पहचान पाऊँगा। एकाग्रता के साथ गेंद का सामना भी कर पाऊँगा!

बैटिंग आर्डर में नीचे आने पर श्रीनिवास का एवरेज बढ़ा। इस समय रणजी ट्राफी में वह सत्तर से ऊपर है और टेस्ट में चालीस। एकदिवसीय में पैंतीस। नॉट बैड। लेकिन पंचदिवसीय टेस्टों में भारत का कप्तान बनने के लिए यह काफ़ी नहीं। आज के खेल में जीतना ज़रूरी है। सोचकर श्रीनिवास को ख़ुशी हुई।

परफेक्ट।

अब लगता है, सुरेश आउट हुआ, यह अच्छा ही हुआ। उसकी बिजली-जैसी धमाकेदार बल्लेबाजी के बीच कब क्या होगा, कुछ पता नहीं चलेगा। हर एक गेंद में ख़तरा। कोई निश्चित योजना बनाना मुश्किल होता। अब वह समस्या नहीं। आलोकनाथ बड़ी बुद्धिमानी से पाकिस्तानी टीम के आत्मविश्वास को तोड़नेवाला खेल ही खेल रहा है।

''क्रिकेट का भिन्न चेहरा है यह। थोड़ी देर पहले जो आकर्षक चेहरा हमने देखा, वह नहीं। बिल्कुल व्यावहारिक और ठोस नज़रिया।'' हरीश पटेल की इन बातों पर दुनिया-भर के प्रेक्षकों ने ध्यान दिया।

''इस समय दोनों बैट्समैन, श्रीनिवास और आलोकनाथ, स्ट्रोक खेलने में दिलचस्पी नहीं ले रहे हैं। गेंद पर ज़ोर से बल्ला चलाते भी नहीं। धीरे-से सहला-भर लेते हैं। एक डिफ्लेक्शन। फील्डरों के पोजीशनों के बीच के छोटे गैप काफ़ी हैं। एक रन। कभी दो रन। लगता है, दोनों इस दृढ़ निश्चय के साथ खड़े हैं कि किसी भी कीमत पर हम विकेट बचाये रखेंगे। इसमें कोई सन्देह नहीं कि खेल अगर इस ढंग से आगे बढ़ा तो भारत दो सौ पचास रन से ऊपर ले लेगा। तीन सौ की भी सम्भावना है। निसार अहमद शायद हैरान होंगे कि अभी जो रमेश कापड़िया और सतीश आनेवाले हैं, स्लॉग ओवर में अगर थोड़ा-सा भी मौक़ा मिला, तो वे क्या-

क्या नहीं कर बैठेंगे! वे अब सोचते होंगे कि दोनों की बैटिंग के इस सहज प्रवाह को किसी भी क़ीमत पर रोकना होगा।''

पाकिस्तानी कप्तान निसार अहमद यद्यपि हरीश पटेल के ये शब्द सुन नहीं सके, तो भी इस समय उनके मन में लगभग वे ही विचार उठ रहे थे, जिनका कि हरीश ने अनुमान लगाया था।

अब भारत को इतनी आसानी से रन लेने देना नहीं चाहिए। फील्डिंग के समय किसी अच्छे कप्तान के खेल के कई आयाम होंगे। निसार अहमद हर ओवर में पिच के सम्भावित परिवर्तनों पर ध्यान देगा। उसके मुताबिक बॉलरों को बदल देगा। साथ ही, स्ट्राइक लेनेवाले बैट्समैन के खेलने के ढंग के अनुसार बॉलिंग की रफ़्तार, स्विंग और स्पिन में परिवर्तन करने के निर्देश देगा। उसके अनुसार एक-एक गेंद के लिए ठीक स्थान पर फील्डर तैनात करेगा। यह निर्देश भी देगा कि बीच-बीच में तीन-चार गेंदें ऐसा भी फेंको, जिससे बैट्समैन अपने पसन्दीदा स्ट्रोक खेलकर बॉलिंग के ख़िलाफ़ आत्मविश्वास प्राप्त कर ले। इस प्रकार बैट्समैन में अजेयता का भ्रम पक्का कर लेने के बाद फील्डिंग में थोड़ा परिवर्तन लाकर बॉलर से ऐसी गेंद फिंकवाएगा जिसका स्ट्रोक लेने के लिए बैट्समैन क्रीज़ से आगे निकल आएगा। इसी बीच अगर कोई उसकी उम्मीद के अनुसार नहीं खेले, तो क्रोध भरी दृष्टि से देखकर उसे सावधान करायेगा। अपनी टीम जब फील्डिंग करती है, तब निसार दूसरों के लिए खुद मिसाल पेश करेगा।

लेकिन, यहाँ तो समस्या प्रतिपल गम्भीर होती जा रही है। श्रीनिवास और आलोकनाथ अच्छे-अच्छे स्ट्रोक जो खेला करते थे, वे अब देखने को भी नहीं मिल रहे। बॉलरों को बदलकर देखा। एक ओवर की छह में से पाँचों गेंदें ठीक मिडिल और ऑफ स्टम्पों को लक्ष्य करके फिंकवाए। यदि राहुल-जैसा कोई खिलाड़ी होता, तो एक ही तरह, एक ही रफ़्तार और लक्ष्य से एक के पीछे एक आनेवाली गेंदों को, एक लेग-साइड बाउंड्री में और दूसरा ऑफ-साइड बाउंड्री में अनायास ही पहुँचा देता। परन्तु, श्रीनिवास और आलोकनाथ उस स्तर के खिलाड़ी नहीं। इसलिए उनसे ऐसे किसी चमत्कार की उम्मीद करना व्यर्थ है। फिर भी उम्मीद थी कि चार-पाँच ओवर के बाद सेटल हो जाने पर वे जमकर बल्ला चलाएँगे।

नहीं। श्रीनिवास सिर्फ़ बुद्धि के सहारे खेल रहा है। इस ग्राउंड में पहली बार खेल हो रहा है। नया स्टेडियम। कल शाम को जब स्टेडिमय देखने आया, तभी ध्यान से देखा था। ग्राउंड का लेवल बिल्कुल ठीक है। जनवरी का महीना। केरल के मौसम विभाग की रिपोर्ट ध्यान से पढ़ी। वर्षा की कोई सम्भावना नहीं। स्थनीय क्रिकेट संघ के सचिव ने कहा कि एक महीने के पहले उत्तर-पूर्वी हवा से आख़िरी बार वर्षा मिली थी। यहाँ तो जाड़े का मौसम है ही नहीं। बस, हल्की-सी ठंड।

घास पर थोड़ी-सी नमी शेष रहेगी। साथ आये इब्राहीम खान ने वापस चलते हुए कहा, ''हाँ, सर, दोनों सिरे बराबर हैं। ग्राउंड में ढलान बिल्कुल नहीं। एकदम सपाट। दोनों भागों में ज़मीन एकदम पक्की। पैर जमाने में कोई तकलीफ़ नहीं। अगर हवा भी नहीं चलती तो...।''

कहते हैं, हवा विरले ही चला करती है।

क्रिकेट में कुतूहल बनाये रखने में खेल के मैदान और वातावरण का भी प्रमुख स्थान है। लॉर्ड्स क्रिकेट ग्राउंड दुनिया का सबसे प्रसिद्ध ग्राउंड है। लॉर्ड्स में दोनों विकेटों के दोनों ओर के जिन भागों में दर्शक बैठते हैं, उन्हें फादर टाइम स्टैंड और टैवर्न स्टैंड कहते हैं। ये दोनों समतल नहीं हैं। यही नहीं, ध्यान से अगर नापा जाए, तो ग्राउंड में नौ फुट की ढलान मिलेगी। पवेलियन की ओर से फेंकी जानेवाली गेंदों का सामना करते वक़्त बैट्समैन पर इस ढलान का प्रभाव पड़ेगा और उसके मन में बेचैनी पैदा होगी। बॉलर की भी यही हालत है। दायें हाथ के बैट्समैन की तरफ लेग-साइड में गेंद फेंकने की उसकी इच्छा होगी। अत्यन्त कुशल गेंदबाज तो अपनी गेंद को नया स्विंग देने के लिए इस ढलान का यथोचित उपयोग कर पाएँगे।

इस ग्राउंड में कोई ढलान नहीं। निसार ने अपने पास के सभी हथियारों का प्रयोग किया। क्रिकेट के विषय में अपने समग्र ज्ञान और अनुभव की गठरी खोल दी। एक पल के लिए भी शिथिल न होकर अपने खिलाड़ियों की क्षमता का पूरा-पूरा फ़ायदा उठाने का प्रयत्न किया।

केवल बयालीसवें ओवर में ही निसार भारत पर लगाम कसने में सफल हो गया। जब भारत के रन दो सौ चालीस हुए, तब आलोकनाथ का विकेट गिरा। इसके बाद बारी-बारी से विकेट गिरते गये।

श्रीनिवास ने सैंतालीसवें ओवर में जमकर बल्लेबाजी करने की कोशिश की, लेकिन पाकिस्तान तब तक अपनी फील्डिंग दुरुस्त कर चुका था।

आख़िर उनचासवें ओवर में भारत दो सौ अड़तालीस रन पर आउट हो गया। श्रीनिवास ने आउट हुए बिना नब्बे रन लिये थे।

37

भारत ऑल-आउट। दो सौ अड़तालीस। बड़ा ही चैलेंजिंग स्कोर।

''इसमें कोई सन्देह नहीं कि श्रीनिवास के बिल्कुल अप्रत्याशित और शानदार प्रदर्शन के कारण ही स्कोर यहाँ तक पहुँचा था। दर्शकों को केवल इस बात का दुःख था कि अन्तरराष्ट्रीय एकदिवसीय मैचों में अपना दूसरा शतक लेने का सौभाग्य उन्हें

नहीं मिला। श्रीनिवास के लिए निश्चय ही यह गर्व की बात थी कि पाकिस्तानी टीम के रोमांचक प्रदर्शन की पृष्ठभूमि तैयार करके ही वे पवेलियन लौटे। लंच के आधे घंटे के अन्तराल में आपको पिछले चार एकदिवसीय मैचों के, भारत और पाकिस्तान में हुई प्रतियोगिताओं के मुख्य अंश दिखाए जाएँगे। इससे पहले हमारे मित्र, भारत और पाकिस्तान के पूर्व कप्तान और आज हमारे मेहमान और विशेषज्ञ के रूप में प्रसारण-कक्ष में उपस्थित सोमेश गांगुली साहब और सलमान खान साहब से पिछली पारी और दोनों टीमों की जीत की सम्भावना आदि के बारे में हम बात करेंगे। पहले सलमान खान साहब।''

लेकिन सलमान खान का ख़ूबसूरत चेहरा फ्रेम में नहीं आया। उससे पहले ही कमेंटेटर हरीश पटेल को, हँसते हुए कहना पड़ा, ''सलमान खान और सोमेश गांगुली की राय सुनने के लिए कृपया थोड़ा और इन्तज़ार करें। अभी हम ब्रेक लेते हैं।''

एकाएक आकाश से गुब्बारे में नीचे उतरनेवाले अन्तरिक्ष-यात्री का वेष पहने पॉप स्टार का रूप टी.वी. स्क्रीन पर दिखाई दिया।

विज्ञापन ही विज्ञापन।

श्रीनिवास और गोडबोले बल्ला ऊपर उठाते हुए, फील्डिंग के खिलाड़ियों के पीछे-पीछे पवेलियन की ओर धीरे-से चले आये। श्रीनिवास को इस बात का अफ़सोस नहीं था कि वह शतक नहीं बना पाये। उसे इस बात की चिन्ता थी कि पाकिस्तान जब बैटिंग शुरू करेगा, तब अस्मत राणा और शमीउल्ला को कैसे नियन्त्रण में रखूँगा। लंच का अन्तराल केवल चालीस मिनट का है। लेकिन पवेलियन में सिर्फ़ आधा घंटा ही मिलेगा। उसके बीच...श्रीनिवास को बहुत पास से ही निसार की आवाज़ सुनाई पड़ी।

''हार्ड लक, श्रीनी!''

''किसके लिए?''

''शतक मिस किया न?''

जवाब देने के लिए श्रीनिवास को तुरन्त शब्द नहीं मिले। पर, एक बात निश्चित हो गयी। पाकिस्तान अपनी पारी शुरू कर चुका है। निसार की इस टिप्पणी का लक्ष्य है, अभी से मानसिक तनाव पैदा करना। इसका मतलब है, निसार के दिल में थोड़ा डर है। दो सौ अड़तालीस। दस-पन्द्रह रन और लेते, तो थोड़ा साहस और मिल जाता। वैसे, यह स्कोर उतना छोटा नहीं है। स्पष्ट था कि निसार ने भी मन में यही गुन लिया है।

श्रीनिवास ने मुस्कुराते हुए कहा, ''थैंक्स।''

ग्राउंड के चारों ओर की गैलरियों में हरकत शुरू हुई। दर्शक खड़े होकर

तालियाँ बजा रहे थे। श्रीनिवास और गोडबोले ने बल्ले उठाकर बधाइयों के लिए धन्यवाद जताया। बहुत-से प्लेकार्ड दिखाई दिये।

बक अप श्रीनी! कीप इट अप!

जब वे प्रशंसकों की भीड़ के बीच से पुलिस द्वारा तैयार किये गये घेरे में से होकर पवेलियन में प्रवेश कर रहे थे, तब वी.आई.पी. एनक्लोजर में बेचैन बैठे तम्पी की कमर में लटके पेजर से 'किर-किर' की आवाज़ सुनाई पड़ी।

तम्पी ने चारों ओर देखा। कोई ध्यान नहीं दे रहा है। पेजर ले लिया।

चौकोर आकार वाले काले कम्प्यूटर अक्षर।

सॉरी। फिर एक नम्बर। छह अंकोंवाला नम्बर। लगता है टेलीफोन का नम्बर है।

तम्पी ने दबी ज़बान से कहा, "शिट!" अब सॉरी बोलता है साला! अगर ऐसी बात थी, तो एक घंटा पहले क्यों नहीं बताया? लेकिन जल्दी ही आश्वासन मिला। एक प्रकार से अच्छा ही हुआ। तैश में आकर यदि कोई बखेड़ा खड़ा कर लेता, तो...

सवेरे रुस्तमजी का टेलीफोन सन्देश स्पष्ट था। जब यह माँग जताते हुए कि इस खेल में पाकिस्तानी टीम को हारना चाहिए, उसके लिए आवश्यक दान और दंड का हिसाब समझाया गया, तब दिमाग़ में एक ही बात थी—चुपचाप मान लो।

सभी देशों में अधोलोक के गिरोह होते हैं। सरकार और कानून के सामने सिर झुकाये बिना अपनी ही सल्तनत पर शासन करनेवाले। यद्यपि दूसरे विश्वयुद्ध के बाद शीतयुद्ध के वर्षों में राष्ट्रों के बीच का फ़ासला थोड़ा बढ़ गया, तो भी बाद में सोवियत संघ के विघटन, एशियाई राज्यों के आधुनिकीकरण और अफ्रीकी राज्यों में तेज़ी से बढ़ती लोकतान्त्रिक प्रणाली के कारण यह फ़ासला धीरे-धीरे कम होता गया। इसके साथ ही विज्ञान और तकनीकी के क्षेत्र में हुए अभूतपूर्व आविष्कारों ने विश्वग्राम के सपने को साकार बनाया। तब अधोलोक के गुटों को भी अन्य देशों के माफ़ियाओं से मिलकर काम करना अनिवार्य हो गया। बहुत-से देशों में जहाँ लोकतान्त्रिक व्यवस्था शैशवावस्था में थी, माफ़िया और सरकार में घनिष्ठ सम्बन्ध स्थापित हो गया। इन परिस्थितियों में ही अधोलोक के गुटों की ताक़त बढ़ गयी थी। पुराने ज़माने में माफ़िया के कार्यकलाप सोना, चाँदी, हीरा, काला बाज़ार, छोटे पैमाने पर कर-वसूली, फिरौती के लिए शारीरिक दंड, व्यभिचार आदि तक ही सीमित थे। निजीकरण, खुला बाज़ार और सरकारी नियन्त्रणों के अभाव ने माफ़िया गुटों को नये-नये कार्यक्षेत्रों पर कब्ज़ा जमाने की शक्ति प्रदान की। हालाँकि 'माफ़िया' शब्द का उद्भव पुराने सिसिली देश में हुआ था, तो भी क़त्ल और सेंधमारी के लिए तैयार रहने के बावजूद कई बातों में निष्ठा रखनेवाले सिसिली के उन अपराधियों से बिल्कुल भिन्न था बीसवीं सदी के अन्तिम दशक का यह अधोलोक। नशीली चीज़ें

कोलम्बिया, अफगानिस्तान, बर्मा जैसे देशों के खेतों में उगाई जाने के बाद संसाधिक होकर अनेक गुप्त पड़ावों से गुज़रते हुए अमेरिका और यूरोप के महानगरों की गलियों की युवा पीढ़ियों की उँगलियों में पहुँच जाती हैं। यह शृंखला काफ़ी लम्बी फैली है। छोटे-छोटे राज्यों के बीच अगर लड़ाई छिड़ जाए तो लड़नेवाले दोनों पक्षों को हथियार बेचने का काम भी इनके कार्यक्रम में शामिल था। दूसरा काम था बेटिंग। पुराने ज़माने में बेटिंग के लिए सबसे उपयुक्त क्षेत्र था घुड़दौड़ की प्रतियोगिता। परन्तु, टेलीविजन के आक्रमण ने अन्य खेलों में भी बेटिंग को प्रमुखता दिलायी। जैसे फुटबाल और बॉक्सिंग। और अब क्रिकेट भी।

रुस्तमजी के लिए हथियार और खेल-कूद प्रमुख थे।

मुश्किल से ढाई घंटे पहले खामोशी को भंग करते हुए आये रुस्तमजी के शब्द तम्पी को याद आये।

इस खेल में पाकिस्तान को जीतना नहीं चाहिए। यू सी टु दैट।

बीस लाख तक।

हाँ, चाहे तो इतना तुम खर्च कर सकते हो। लेकिन, पाकिस्तान को ज़रूर हारना चाहिए।

लोकल बिज़नेस स्टार हो। दोनों टीमों के खिलाड़ियों में तुम्हारी पहुँच भी है।

यू कैन डू इट, मिस्टर तम्पी।

उसके बाद दान निश्चित है।

तुम्हें भी मुनाफ़ा होगा।

तुरन्त दंड भी।

तुम्हारा यूरोपीय कनसाइनमेंट कैसा है? यहाँ तो ई.ई.सी. बहुत क्वालिटी-कॉन्शस है।

मतलब...तम्पी के दिमाग के अन्दर ही आँकड़े मौजूद थे। यूरोप को भेजा गया निर्यात का कनसाइनमेंट। कुल मिलाकर बारह कंटेनर। लगभग साढ़े तेरह करोड़ रुपये का माल। या खुदा! अगर उसे घटिया क़िस्म का माल कहकर इनकार किया जाए, तो?

पाकिस्तान को हारना चाहिए। हारे बिना कोई चारा ही नहीं।

सुरेश को पचास रन लेते देखकर ख़ुशी हुई। हाथ-पर-हाथ धरे चुपचाप बैठना काफ़ी है। उस समय का हाल देखकर सोचा था कि अगर सुरेश इसी प्रकार रन लेता रहे, और दूसरी तरफ श्रीनिवास विकेट बचाये रख सका, तो रनों की संख्या ज़रूर तीन सौ से ऊपर हो जाएगी। इसके लिए ख़ास कुछ करना नहीं था और पाकिस्तान की हार सुनिश्चित हो जाती। बीस लाख में से रुस्तमजी कम-से-कम दस फीसदी दे देंगे। दो लाख डालर। साठ लाख रुपये। यों ही बैठे-बैठे एक दिन में साठ लाख

रुपये। इस ख़्याल से सन्तुष्ट बैठा था कि अचानक सुरेश आउट हो गया।

इसकी सम्भावना को पहले से ही पहचानना चाहिए था।

लगता है वह अम्पायर श्रीलंका के हैं। नॉट आउट करार देते, तो क्या हर्ज़ होता! बड़ी मुश्किल से लिया गया निर्णय। उस पर कभी किसी को शंका नहीं होती। बहुत हुआ, तो खेल का रीप्ले देखकर एकाध पत्रकार ही शायद कुछ टिप्पणी करते। कोई नहीं कहेगा कि श्रीलंकावाले ने भारत के पक्ष में जान-बूझकर निर्णय लिया। भूल हुई। पैनी से पैनी नज़र भी कभी भूल कर बैठती है। बस, इतना ही काफ़ी होता।

कल रात को ही रुस्तमजी अगर बुलाते, तो कुछ कोशिश कर सकता था, यह निराशा जब मन में भरने लगी, तभी अचानक उपाय सूझा था। बाद में लगा कि वह बेवकूफ़ी है। लेकिन उन क्षणों में और कुछ नहीं सूझा था।

अगला बल्लेबाज आलोकनाथ क्रीज़ पर पहुँच जाए इससे पहले ही तम्पी डोनर्स एनक्लोजर के पिछवाड़े के गुसलखाने में पहुँचा। एक क्लोजेट खुला पड़ा था। अन्दर घुसकर दरवाज़ा बन्द करके सिटकनी चढ़ाई। आवाज़ बाहर सुनाई देगी। कोई बात नहीं। जेब से सेल-फोन निकाला। नम्बर के बटनों पर उँगली दबाई। कहा, ''टीमों के लंच अलग-अलग ही आते हैं क्या? अगर आते हैं, तो हम पाकिस्तानी टीम के लंच में कुछ गड़बड़ी करके वह मून्नारवाली बात क्यों न दुहराएँ?''

जवाब सुनाई पड़ा, ''तब तो...''

दो पल के बाद फिर सुनाई पड़ा, ''हाँ, कर लो। सिर्फ़ एक के लंच में। किसी को शक नहीं होना चाहिए। अस्मत राणा या शमीउल्ला। कोई एक।''

लौटकर सीट पर आया, तो देखा, स्कोर बढ़ता जा रहा है। श्रीनिवास और आलोकनाथ बीच-बीच में इक्के-दुक्के रन ले रहे थे।

पेट में दर्द पैदा करनेवाला ड्रग भोजन में मिला देना काफी है। सबसे बढ़िया बैट्समैन के भोजन में। आज जो बैट्समैन अच्छे फॉर्म में हैं, वे हैं अस्मत राणा और शमीउल्ला। उनमें से कोई एक असफल रहा, तो पूरी टीम का हौसला पस्त हो जाएगा।

परन्तु, सीट पर बैठकर खेल देखने के बीच भी तम्पी ने अनजाने ही प्रार्थना की। हे भगवान! कोई अनर्थ न हो जाए।

ठीक से दौड़ें, तो जिस गेंद पर तीन रन मिल सकते थे, उस पर आराम से केवल दो रन लेकर सन्तुष्ट खड़े श्रीनिवास और आलोकनाथ को जब धीरे-से तालियाँ बजाकर प्रोत्साहन दे रहा था, तभी प्रेस बॉक्स के दरवाज़े पर हाथ हिलाते हुए अभिवादन करनेवाले युवक को देखा था। तम्पी मुस्कुराया। लगा कि इसे कहीं

देखा है। मलयाली नहीं। हल्का काला, तेल के चिकनेपन से रहित चेहरा। क्लीन शेव। उसकी उदास, धीमी चाल देखकर अचानक याद आया। कल पार्टी में मिला था। स्वयं को पत्रकार बताकर उसने अपना परिचय कराया था।

उसने पास आकर अपना हाथ बढ़ाया।

हाथ मिलाने के बीच कहा, "आप मुझे भूल गये मिस्टर तम्पी?"

आधुनिक शिष्टाचार का यही तकाज़ा है कि किसी तीसरे व्यक्ति द्वारा परिचय कराये जाने पर ही अपरिचित व्यक्ति से बातचीत करनी चाहिए। अगर तीसरा व्यक्ति न हो, तो विज़िटिंग कार्ड से काम चला सकते हैं। बिल्कुल औपचारिक शब्द। इन दोनों तरीक़ों को छोड़कर कोई अगर स्वयं ही बात शुरू करने लग जाता है, तो ऐसा व्यक्ति परिचय सम्बन्धी पुरानी बातें अपनी स्मृति से ज़रूर ढूँढ़ निकालेगा।

उसने कहा, "मुझे लगता है कि अब ख़तरा टल गया है।"

"क्यों?"

"ये दोनों डटे रहेंगे।"

तम्पी चुप बैठा रहा। कौन है यह आदमी? निश्चित है कि यह मुझसे यों ही मिलने नहीं आया है।

तम्पी ने घड़ी देखी।

साढ़े ग्यारह बजने को हैं। टीम के लिए लंच कहाँ से लाते होंगे? वहाँ अब...। शमीउल्ला का लंच। कैसे उसमें कुछ गोलमाल कर पाऊँगा? उफ़! यह तो बेवकूफ़ी हुई। यही नहीं, इनमें से कौन-कौन लंच खाएँगे? सुना है कि कई खिलाड़ी खेल के बीच ज़्यादा-से-ज़्यादा एक सैंडविच, दो सेब या चाय से काम चला लेंगे। पेट-भर भोजन करनेवालों की संख्या कम है। स्पोर्ट्स मेडिसिन का असर मेनू पर भी होने लगा है। उफ़! लंच में मिलावट का निर्देश देकर पहले सिरे की बेवकूफ़ी की।

पत्रकार ने कहा, "यहाँ कोच्चि में हिन्दुस्तानी भजन के कैसेट मिलेंगे क्या?"

तम्पी ने सिर उठाकर नहीं देखा। लेकिन, साफ़ मालूम हो गया कि वह व्यक्ति कौन है।

दिमाग़ के अन्दर के कम्प्यूटर पर संचित सूचनाओं की कोई गिनती नहीं है। पन्द्रह हज़ार से भी ज़्यादा न्यूरॉन। सबके सब एक-दूसरे से जुड़े हुए। सहस्रकोटि दर सहस्रकोटि। सबकुछ हिफ़ाज़त से रखने और ज़रूरत पड़ने पर बाहर निकालने की क्षमता रखनेवाले सुपर सुपर मेगा कम्प्यूटर, जो हमारी कल्पना से भी परे हैं।

एकाएक चित्र स्पष्ट हो गया। यह व्यक्ति रुस्तमजी का आदमी है। मेरी मदद के लिए भेजा गया है। मीरा-भजन के कैसेट। वह हँस दिया।

"आप मुझे भूल गये क्या?"

"नहीं तो।"

''योजना क्या है, बताइए?''

तुरन्त ही दिमाग़ का कोई न्यूरॉन तेज़ी से ख़बरदारी का सिग्नल दे गया। सुनो, कोई आनेवाला है।

पॉप कॉर्न से भरी पेटी गले में लटकाते हुए एक छोकरा पास से गुज़रा। तम्पी ने उसे पास बुलाया।

''दो पैकेट देना।''

पॉप कॉर्न के पैकेट आगे बढ़ाते हुए छोकरे ने कहा, ''श्रीलंकावाले उस अम्पायर ने ही चकमा दिया है, बाबूजी। उसने जान-बूझकर अपने सुरेश को आउट दिया था।''

तम्पी ने पैसे दिये और मुस्कुराया।

''कोई बात नहीं। अब ये लोग बढ़िया खेलकर जीत हासिल करेंगे।''

छोकरा चला गया। पॉप कॉर्न का पैकेट खोलकर एक पॉप कॉर्न मुँह में डालकर चबाने के बीच उसने कहा, ''कैसेट ख़रीदने को अपने पास रोकड़ पैसे नहीं।''

तम्पी हँस दिया।

''उसका इन्तज़ाम मैं कर लूँगा।''

''दाम क्या है? कुछ पता है?''

''नहीं।''

''कोलम्बो में चालीस का मिलेगा। यहाँ शायद ज़्यादा लगेगा।''

न्यूरॉन सक्रिय हो गया।

कहा, ''ओ.के.।''

''मैं लंच के समय आ जाऊँगा।''

''ओ.के.।''

पॉप कॉर्न के पैकेट के साथ वह चला गया।

चालीस लाख। कम-से-कम उसका आधा भाग यह हड़प लेगा क्या? पता नहीं। यह आदमी कहीं रुस्तमजी का वफ़ादार तो नहीं क्या? शायद, होगा। कल पार्टी में इसने क्या कहा था? हाँ, यह आदमी शुरू से ही टीम के साथ सभी मैच कवर कर रहा है। किस अख़बार के लिए? कौन जाने?

तब? तिलकरत्ने को चालीस लाख। एल.बी.डब्ल्यू. के दो निर्णय। दो रन-आउट। बस, यही काफ़ी है। बराबर वाली टीमों के ऐसे मैच में खेल का रुख बदलने के लिए सिर्फ़ एक रन आउट या एक एल.बी.डब्ल्यू. काफ़ी है।

तुरन्त दिमाग़ का कोई न्यूरोन सक्रिय हो गया।

हे भगवान! पहले के चारों मैच इसी तरह बाहरी प्रेरणाओं के कारण बराबरी पर छूटे थे क्या? भारत और पाकिस्तान ने दो-दो मैच जीते, तो क्या, बेटिंग में जोश

बढ़ाने के लिए खिलाड़ियों की पीठ पीछे यह सब किया गया था?

तम्पी मैच पर ध्यान नहीं दे पाया।

पेजर के अक्षरों पर एक बार फिर नज़र दौड़ाई।

अच्छा ही हुआ। लंच में कोई गड़बड़ी नहीं हुई।

तम्पी उठकर खिलाड़ियों के एनक्लोजर की ओर चला। दरवाज़े पर बहुत-से सिपाही तैनात थे।

उनके बीच से धक्का-मुक्की करते हुए सुरेश बाहर आया। पुलिसवालों के चेहरों पर ख़ुशी और मुस्कान फैली थी। अपना भाई। अपने ही परिवार का व्यक्ति।

"ए, उण्णी!"

"जी।"

"कुछ चाहिए क्या?"

सुरेश उस ओर झाँका।

"माँ कहाँ है?"

"चलिए, मैं ले जाऊँगा।"

सुरेश हँस दिया।

"आप...?"

इन्स्पेक्टर ने कहा, "उस दिन जब आप थाने में आये थे, तब परिचय हुआ था। चलिए...।"

एक फोटोग्राफर ने उन दोनों का फोटो लिया।

तम्पी को अजीब-सी ग्लानि हुई। ऐसे क्लीन स्पोर्ट्स में मुझ जैसे व्यक्तियों को आना ही नहीं चाहिए।

38

"मुझे अफ़सोस है, माँ!"

"कोई बात नहीं, उण्णी!"

शैलजा की आँखें डबडबा आयीं। गला भर आया। फिर भी सुरेश माँ की आवाज़ में आया छोटा-सा परिवर्तन ताड़ गया था। माँ को निराशा है। यह बात पक्की थी कि बेटा अगर शतक मारता, तो इससे भी कितनी अधिक ऊँचाई पर पहुँच जाता। पंचदिवसीय टेस्ट के लिए चुन लिया जाता। काश, वह टेस्ट खेल सकता! इस एकदिवसीय में अगर शतक मार लेता, तो अगले पंचदिवसीय में खेलने का अवसर मिल जाता। दो पारियाँ। अगर एक में चमक उठे, तो फिर डरने की कोई बात

नहीं। भारतीय टीम में स्थायी रूप से स्थान मिल जाएगा। कौन जाने, दो-तीन वर्ष बाद भारतीय टीम का कप्तान बनकर...। लेकिन सब चौपट हो गया।

"सचमुच मुझे अफ़सोस है, माँ!"

शैलजा की कुर्सी के नीचे सीमेंट के फ़र्श के बीच घास के टर्फ पर उकड़ूँ बैठते हुए सुरेश ने कहा, "अपना कनसेंट्रेशन खो गया था।"

शैलजा ने उण्णी के कन्धे पर उँगली दबायी। विजयन मेनन ने कहा, "यू नो उण्णी, डोंट गिव एनी इंटर्व्यूज। बम्बई की तुम्हारी शिल्पा आंटी के..."

शैलजा ने कहा, "चुप बैठो न! वह देखो, माइक के साथ लोग आ चुके हैं।"

शैलजा और सुरेश की तरफ कैमरे की आँखें लगातार झिलमिला उठीं।

शैलजा ने सुरेश के कानों में फुसफुसाया, "अभी उनकी पारी बाक़ी है न? नानाजी की याद कर लो।"

"वह तो, बॉलिंग..."

"चिन्ता न करो। श्रीनी कम से कम चार-पाँच ओवर बॉलिंग के लिए तुम्हें ज़रूर दे देगा।"

"ठीक है माँ, अब मैं चला।"

जब उण्णी उठकर, पीछे मुड़कर चलने लगा, तब कई लोग उठे और उससे हाथ मिलाने और कन्धे पर थपकी देकर अभिनन्दन जताने को उसके साथ चलने लगे। उण्णी ने चाल की रफ़्तार तेज़ कर दी।

एकाएक सामने परिचित चेहरा। अंकल। विवेक अंकल। उण्णी मुस्कुराया।

विवेक ने कहा, "लगता है, विश्व रेकार्ड है। कंग्रैचुलेशन्स!"

"थैंक यू अंकल।"

विवेक कन्धे पर हाथ डाले साथ-साथ चला। चलने के बीच कहा, "पचास पर आया, तो न जाने क्या हो गया। तेरा कॉनसेंट्रेशन..."

उण्णी ने भीतर उमड़ आये रोष को ज़बरदस्ती दबा लिया।

सही बात कही। पचास पहुँचने के बाद वज़ीर के ओवर की चारों गेंदें फार्वर्ड डिफेंसिव ढंग पर सिर्फ़ रोक ली थीं। अब भी समझ में नहीं आता कि इसका कारण क्या था। पहली गेंद आसानी से लेग साइड की ओर ब्रैडमैन स्टाइल में मार ली थी। स्वीप। आश्चर्य हुआ। क्लीन सिक्सर। लेकिन, अगली गेंद से, न जाने क्यों, अचानक रुख़ बदल गया।

दर्शकों की कसमसाहट भी याद आयी।

तीसरी और चौथी गेंदों के लिए केवल तालियाँ। पाँचवीं गेंद में एक पैर आगे बढ़ाकर, गेंद के स्पिन के बहकावे में न आने के लिए बल्ले को सामने की दिशा में तिरछा करने पर पूरब की गैलरी से आवाज़ सुनाई दी—मार दो उण्णी!

विवेक ने कहा, ''उण्णी, पैंतालीस के बाद कॉपी बुक स्टाइल के विपरीत रिस्की शॉट मारकर तुम पचास पर पहुँचे थे न? अगर तुम वही टेम्पो बनाये रखते तो यही काफ़ी था।''

उण्णी ने तेज़ी से कदम रखे। बात सही है। उस समय मुझे पता नहीं था कि सभी गेंदें प्रतिरोधात्मक ढंग से ही क्यों खेल रहा हूँ।

क्रिकेट के बारे में एक कहावत है। अगर तुम इस कदर सावधान रहो कि पीछे के स्टम्प पर गेंद न लगे, तो रन अपने आप तुम्हारी तलाश में आ जाएँगे।

मगर, वह तो पुराने क्रिकेट की बात है। यह एकदिवसीय क्रिकेट का ज़माना है। निश्चित ओवर। आज का क्रिकेट टेलीविजन के ज़रिए संगीत, नृत्य, सिनेमा, राजनीतिक ख़बरें— सबको हराकर उनसे भी आकर्षक ढंग से प्रदर्शित होती दृश्यकला के रूप में विकसित हो गया है। यहाँ बॉलर की उँगलियों और बैट्समैन के फुटवर्क के बीच होनेवाली प्रतियोगिता केवल प्रासंगिक है। दर्शक उसके बारे में जानना नहीं चाहते। वे क्रिकेट के विशेषज्ञ नहीं। उनको चाहिए प्रतिस्पर्द्धा और उद्वेग से भरा मनोरंजक प्रदर्शन।

सबकुछ मालूम था। फिर भी, प्रत्येक गेंद का सामना करने के उन क्षणों में, अनजाने ही, चेहरा, बल्ला और बायें पैर के पैड ने ठीक गेंद की गति में उसे कवर करके, पीछे की ओर जाने का उसका मार्ग पूर्णतया बन्द किया था। फिर गेंद और बल्ले के स्पर्श के उस न्यूनतम क्षण में बल्ला स्वयं ही थोड़ा-सा घूम गया। नीचे को या तिरछे। इसके साथ ही गेंद में सवार सभी प्रकार के स्पिन, जलन और विद्वेष बल्ले के बीच की नरमी का स्पर्श पाकर विलुप्त हो गये।

वही टर्निंग प्वाइंट था। एकाग्रता में हल्का-सा भंग पड़ गया। खेल को अचानक क्यों प्रतिरोधात्मक बनाया?

नानाजी कहा करते थे, ''खेल के शुरू के ओवरों में धैर्य चाहिए। पिच का स्वभाव, अन्तरिक्ष, बॉलर का स्टाइल— सब समझ लेना चाहिए। इसके बाद ही उपरोध करना है।''

लेकिन, नानाजी की यह सलाह कभी अमल में नहीं ला पाया। बॉलर के हाथ से गेंद छूटी कि अगले ही पल में पैर खुद हिलेंगे और बल्ले का कोण निर्धारित होगा।

वर्षों पहले तिरुवनन्तपुरम में अंडर-नाइंटीन कैम्प की समाप्ति के बाद का समय था। उन्हीं दिनों नानाजी को पहली बार दिल का दौरा पड़ा था। इसकी सूचना सुरेश को नहीं मिली थी। दर्द के बीच भी उन्होंने कहा था कि उण्णी को ख़बर मत देना। कैम्प ख़त्म होने पर कृष्णमूर्ति नामक प्रशिक्षक भी साथ आये थे। ट्रेन में ही उन्होंने कहा था कि स्टेशन पर गाड़ी से उतरते ही सीधे अस्पताल चलेंगे। उन्नीस

साल से कम उम्र के लड़कों के कैम्प में अधिकतर सत्रह और अठारह साल के लड़के थे। उनमें चौदह साल के एक लड़के को शामिल कराने पर किसी पत्रकार ने जो रोष प्रकट किया था, उसके बारे में क्या किसी ने नानाजी को बताया होगा, यह आशंका मन में थी। यात्रा के बीच कृष्णमूर्तिजी ने नानाजी के दिल के दौरे के बारे में इतना ही कहा था कि उनकी तबीयत ठीक नहीं है। इसलिए अस्पताल के स्पेशल रूम में ग्लूकोस की बोतल, ट्यूब और ऑक्सीजन का सिलिंडर एवं इनके बीच तकिये के सहारे बैठे नानाजी को देखकर सचमुच रोने का मन हुआ। ख़तरे की हालत टल गयी थी। माँ ने कहा कि चार दिन पहले ही नानाजी को इंटेनसिव केयर यूनिट से बाहर लाया गया था। नानाजी ने पास बिठाकर सिर पर हाथ फेरा।

कृष्णमूर्ति से उन्होंने पूछा, ''कैसा है यह?''

''बॉलिंग में मीडियम पेस ठीक रहेगा। स्विंग के कंट्रोल के लिए प्रैक्टिस करना काफ़ी है। मगर, ताक़त। पैरों में ताक़त। हाँ, ऊँचाई तो बढ़ सकती है, मगर...''

नानाजी ने हाँ कहा और पूछा, ''बल्लेबाजी कैसी है?''

''डिफेंसिव टेकनीक तो है। पर ज़बरदस्त शॉट मारने का शौक़ कुछ ज़्यादा ही है। उस पर नियन्त्रण रखना चाहिए। उम्र बीतने पर शायद खुद ही समझ लेगा। मैं अक्सर सलाह दिया करता हूँ।''

नानाजी का हाथ पकड़े सुरेश चुपचाप बैठा रहा, मानो ये बातें अपने बारे में नहीं हैं।

नानाजी ने पूछा, ''फील्डिंग?''

''स्टैमिना कम है। लेकिन रिफ्लेक्स अच्छा है।''

कुछ क्षणों तक कृष्णमूर्ति की ओर देखते हुए नानाजी चुप बैठे रहे। फिर कहा, ''उण्णी को सिर्फ़ गेंदबाजी में सीरियस कोचिंग देना काफ़ी है, मूर्तिजी। बल्लेबाजी में फ़िलहाल उसकी स्वाभाविक शैली बनी रहे। दैट इज़ बेस्ट। है न?''

कृष्णमूर्ति ने कुछ नहीं कहा।

नानाजी ने सात-आठ दिनों में अस्पताल छोड़ा। उससे पहले ही घर में बवाल उठ खड़ा हुआ। पूजा और रसोई दोनों की निगरानी करनेवाले नम्पूदिरी और रसोई पकानेवाली ब्राह्मणी ने नोटिस दे दी। नोटिस नहीं। बल्कि कहा, कि लो, इसी क्षण हम यह घर छोड़ रहे हैं। आगे इस घर में कदम भी न रखेंगे, यह प्रतिज्ञा भी की।

माँ ने कहा, ''अगर वे जाने पर अड़े हैं, तो ख़ुशी से जाएँ और क्या?''

पिताजी ने दोनों को सान्त्वना दी, ''राजा साहब को अस्पताल से आने दो। उनसे कहकर निर्णय लेंगे कि क्या करना है।''

नम्पूदिरी ने खुद नानाजी के सामने शिकायत पेश की, ''क्रिकेट का खेल अँग्रेज

साहबों का खेल है। फिर भी हम में से किसी ने उसको भ्रष्ट नहीं माना। यहाँ हवेली के बीच के आँगन में जब बच्चे खेलते हैं, तब कभी-कभी मैं भी अम्पायर बनकर पश्चिमी खिड़की के चौखट पर बैठता था। अपने को खेल से कोई परहेज़ नहीं है, यह समझाने के लिए ही मैंने यह बात कही। लेकिन, अँग्रेजों के दूसरे कुछ आचार। वह भी हवेली के रसोईघर में...पूजाकक्ष में कपूर की सुगन्ध के बदले इन म्लेच्छों के...''

''बोलो, क्या हुआ?'' माँ ने ही पूछा था।

''बाबूजी, जिस अस्पताल में आज पड़े थे, वहाँ के एक डाक्टर का एक मित्र हैं। बम्बई के डॉ. दाते। स्पोर्ट्स मेडिसिन में ऑस्ट्रेलिया से डिग्री और प्रशिक्षण लेकर आये व्यक्ति हैं। हम दोनों पति-पत्नी ने उनसे मिलकर सलाह-मशविरा किया। उन्होंने स्टैमिना और ताक़त के लिए उण्णी को विशेष भोजन-क्रम और शारीरिक प्रशिक्षण आदि की सलाह दी। गेंदबाजी के लिए घुटनों, पैरों और कन्धों की हड्डियों में ताक़त चाहिए न? उसके लिए कुछ कसरतें भी सुझाईं।''

नानाजी ने नम्पूदिरी की ओर देखा।

नम्पूदिरी ने उँगलियों पर गिनती करते हुए कहा, ''बकरे का सूप, अंडा, मछली। इस चहारदीवारी के अन्दर अभी तक ऐसी बातें नहीं हुई हैं। होना भी नहीं चाहिए।''

गम्भीरता खोये बिना ही नानाजी ने पूछा, ''बोलो उण्णी, ये चीज़ें खाना तुम्हें अच्छा लगता है क्या?''

जवाब दिया था माँ ने। ''उण्णी को कोई एतराज़ नहीं है।''

नानाजी ने पास बुलाकर सिर पर हाथ फेरा। जब सब लोग कमरे से बाहर चले गये, तब पूछा, ''बड़ा होने पर तुम क्या बनना चाहते हो, उण्णी? माँ, बाबूजी, नानाजी, इन सबके कहने पर ध्यान न दो। डॉक्टर, इंजीनियर, प्रोफेसर, चार्टर्ड अकाउंटेंट, कुछ भी। तुम्हारी अपनी कोई राय है न?''

''जी हाँ।''

''क्या है?''

चेहरे पर हल्की-सी लज्जा झलक गयी। अनजाने ही सिर झुक गया। गालों पर लाली दौड़ गयी।

''कह दो। बेफ़िक्र होकर कह दो।''

''सोबर्स।''

नानाजी हँस पड़े। ''दुनिया का नम्बर वन ऑलराउंडर बनना है। है न? क्या ब्रैडमैन बनना काफ़ी नहीं?''

उण्णी ने सिर झुका लिया।

''काफ़ी नहीं। बॉलिंग और फील्डिंग में...''

नानाजी ने माँ को बुलाया।

''शैलजा, उस डॉक्टर का दिया नुस्खा ज़रा दिखाना। और हमारे आउट हाउज़ के रसोईघर की मरम्मत कराके तैयार रखना। और एरणाकुलम के अपने क्लब के सेक्रेटरी को बुलाकर मुझे फोन करने को कहना। किसी अच्छे नॉनवेजीटेरियन कुक को वह ढूँढ़ लाएगा।''

इसके बाद काग़ज़ के अक्षर ध्यान से पढ़कर बताया, ''धीरे-धीरे ही सबकुछ करना। शुरू में सुबह एक मील की दौड़ काफ़ी है। धीरे-धीरे दूरी बढ़ाते जाना। डॉक्टर लोग सिर्फ़ एक ही स्टैंडर्ड जानते हैं। उनके लिए तो मनुष्य का शरीर भी केवल एक मशीन है। अपनी परिस्थिति, आयु, शरीर की अवस्था, इन सबका ध्यान रखकर ही व्यायाम की विधियाँ निर्धारित करनी हैं। कोई बात नहीं। दो साल के अन्दर इस नुस्खे के स्तर तक तुम्हें पहुँचना होगा।''

दो महीने बाद नानाजी चल बसे। दूसरी बार दिल का दौरा पड़ा था। जब तक एम्बुलेंस में लिटाए गये, तब तक साँस रुक गयी थी। लेकिन, नानाजी हमेशा मेरे साथ थे। एक अदृश्य शक्ति के रूप में नहीं, डायरी में नोट की गयी व्यवस्थित जीवन-चर्या के रूप में।

केवल व्यायाम और भोजन तक ही यह चर्या सीमित नहीं थी।

बल्ला।

गेंद रिसीव करने के लिए खड़े होने का स्टैंस।

गेंदबाजी करने पर फॉलो-थ्रू को फील्डिंग पोजीसन में बदल लेने का ढंग।

जो कुछ डायरी में लिखा था, सब माँ को कंठस्थ था।

बल्ला।

उण्णी! लड़ाई लड़नेवाले व्यक्ति को हथियार ही आत्मविश्वास देता है। निर्णायक अवसरों पर किसी बैट्समैन की साख उसके बल्ले के ज़रिए ही प्रदर्शित होनी चाहिए। चौदह साल की उम्र में अंडर-नाइन्टीन टीम के कोचिंग कैम्प के लिए रवाना होते समय ही पहले पहल एक असली बल्ला इनाम के रूप में मिला था। नानाजी ने सबकुछ लिख रखा था। ज्यों-ज्यों उण्णी की उम्र बढ़ती है, उस बढ़त के अनुसार खेल के ढंग को देखते हुए हर साल दो या तीन बल्ले अभ्यास के लिए लेने चाहिए। बल्ले का वजन ऐसा हो कि उसे अनायास ही घुमाया जा सके। सप्ताह में कम से कम दो बार तेल से उसकी मालिश करनी चाहिए। यह काम उण्णी को खुद करना चाहिए। यह मान लो कि अपना हथियार अपने ही शरीर का अंग है। बड़े-बड़े मैच खेलने निकलते समय नया बल्ला इस्तेमाल नहीं करना चाहिए। अपने हाथ के लिए सुपरिचित पुराना बल्ला ही ठीक रहेगा। उण्णी अगर बड़ा स्ट्राइकर बन

गया, तो ढाई से तीन पाउंड तक वजनदार बल्लों में से ज़्यादा वजनदार बल्ला इस्तेमाल करना सीख लेना चाहिए।

छोटे-छोटे उपदेश।

स्टैंस, यानी, बैटिंग करते समय गेंद का सामना करने के लिए खड़े होने का ढंग। कदम का घुमाव ऐसा हो कि सबसे आसान तरीक़े से शरीर को गेंद की लाइन में लाया जा सके। रोज़ के अभ्यास से ही वह कला समझ में आएगी।

बॉल करने के बाद का फॉलो-थ्रू। गेंद फेंकने की रीति के अनुसार भरसक आगे को झुककर बीच में बैलेंस करे तो बैट्समैन को परेशान कर सकोगे। दो-तीन फील्डर पीछे जो काम कर सकते हैं, वही काम उस स्थान की ओर जानेवाली गेंद को कवर करते हुए बॉलर कर पाएगा। रन देना भी नहीं पड़ेगा।

अन्त में सबसे महत्त्वपूर्ण उपदेश। प्रतिद्वन्द्वी को कभी छोटा मत आँकना। और, किसी भी हालत में एकाग्रता नहीं खोनी चाहिए।

वही बात आज हुई थी। प्रतिद्वन्द्वी ने जाल बिछाया। एक प्रतिशत एकाग्रता नष्ट हो गयी।

भीड़ के बीच से विवेक की आवाज़।

''बेस्ट ऑव लक, उण्णी! खेल के बाद मिलेंगे।''

''थैंक यू अंकल।''

मराठे ने हाथ के इशारे से पास बुलाया।

''चलो, ग्राउंड में उतरने का वक़्त हो गया।''

सफ़ेद कोट और टोपी के साथ अम्पायर ग्राउंड की तरफ चलने लगे थे।

तम्पी ने खड़े होकर अम्पायर तिलकरत्ने का चेहरा देखने की कोशिश की। पर, देख नहीं सका।

वे पिच के क़रीब पहुँच चुके थे।

39

इब्राहीम खान और अफ़जल मसूद ने पाकिस्तानी पारी के पहले ओवर में ही अपना इरादा साफ़ कर दिया। भारत के लिए बॉलिंग शुरू किया था गोडबोले ने। वह ज़फ़रुल्ला या मुहम्मद हुसैन की तरह उतना तेज़ बॉलिंग नहीं कर सकता था। लेकिन अपनी गेंद से ही लेकर ठीक निशाने पर मिडिल स्टम्प और लेग स्टम्प को लक्ष्य कर ठीक ऊँचाई पर गेंद फेंकने की क्षमता उसमें है। भारतीय क्रिकेट को अपने इतिहास में कभी फास्ट बॉलरों की लम्बी परम्परा उपलब्ध नहीं थी। क्रिकेट के

मनीषियों को अपनी यह सर्वसम्मत राय कि फास्ट बॉलरों के अभाव में एकदिवसीय क्रिकेट में ऊँचा स्थान प्राप्त करना असम्भव है, भारत ने शायद मज़बूरी के कारण, अपने अद्वितीय स्पिन बॉलरों के द्वारा, बदलने को मज़बूर किया। इसलिए, भारत के विपक्षी हमेशा ही, भारतीय बॉलिंग को तभी सम्मान देते थे, जब स्पिन बॉलर मैदान में उतरते थे।

इब्राहीम खान और अफ़जल मसूद ने गोडबोले के पहले ओवर में अनायास ही आठ रन लिये। तीसरी गेंद पर इब्राहीम खान ने एक चौका, चौथे में एक सिंगल और पाँचवें में अफ़जल मसूद ने दो रन लिये। फिर आख़िरी गेंद पर एक रन।

आख़िरी गेंद पर दो रन लेने की सम्भावना थी। लेकिन डीप मिड-विकेट में फील्डिंग करनेवाला सुरेश मेनन, मानो बैट्समैन का लक्ष्य पहले ही ताड़ गया हो, बल्ले पर गेंद के पहुँचते ही आगे को लपका। बिजली के वेग से गेंद उछल पड़ी और सुरेश ने ज़रा बायीं ओर घूमकर, शरीर झुकाकर बायें पैर से गेंद को कवर किया। जिस रफ़्तार से गेंद बल्लेबाज की ओर आयी थी, उसी रफ़्तार से लौटकर क्षण-भर में ही विकेटकीपर आलोकनाथ के दस्तानों में पहुँची। इब्राहीम खान ने, जो दूसरे रन के लिए चार कदम आगे बढ़ चुका था, लपककर बल्ले का छोर क्रीज़ की सफ़ेद लकीर पर छुआ लिया।

आलोकनाथ ने जोर से कहा, ''वाह सुरेश!'' उसकी प्रतिध्वनि की तरह स्टेडियम में तालियों की गड़गड़ाहट गूँज उठी।

राहुल ने भी ताली बजायी। परन्तु, राहुल का मन ताली पर नहीं लगा था।

पिछले तीन घंटों से भारत की पारी में पहली गेंद पर ही शून्य पर आउट होने के बाद से जो समस्या मन को मथ रही थी, उसका कोई हल अभी तक ढूँढ़ नहीं पाया। एक बात निश्चित है, इस मैच में पाकिस्तान को हराने की कोई भी कोशिश बेमन से नहीं होनी चाहिए।

वह व्यक्ति चाहे कोई भी हो, मैं अपनी ज़िद पर अड़ा हूँ।

स्विस बैंक में दो लाख डालर। साठ लाख रुपये। नागपुर की पार्टी में मिले अनेकों में एक वह व्यक्ति, शायद कोई एजेंट होगा। मगर मुझे ऐसा निर्देश देने की उसकी हिम्मत कैसे हुई? उसकी उस पर्ची के शब्द अब भी याद हैं। नो बैटिंग। फुल बॉलिंग।

शिट!

लेकिन पहली गेंद पर आउट होकर वापस आया, तो सेक्रेटरी-कम-बॉडीगार्ड कप्तान राणा के शब्दों ने मन को बिल्कुल बेचैन कर दिया था।

ब्लडी फेलो!

राणा को टेलीफोन पर बताये शब्द।

साहब से थैंक्स कहना। बस, इतना ही।

वह कोई भी हो, निरा बुद्धू है। समझता है कि मैं जान-बूझकर आउट हो गया था, और उसकी शर्तें मैंने मान ली हैं। अजीब ज़िद सवार हो गयी। पाकिस्तान के ख़िलाफ़ नहीं। उस व्यक्ति के ख़िलाफ़। अपने आपके ख़िलाफ़। इस खेल में, जैसा भी हो, पाकिस्तान को मात देनी ही चाहिए। तभी अपनी ज़िद पूरी होगी। दिल को चैन मिलेगा। मगर, श्रीनिवास को यह बात कैसे बताऊँ? श्रीनी के लिए भी यह निर्णायक खेल है। इस खेल में पाकिस्तान अगर जीत जाए, तो श्रीनी की कप्तानी के लिए शायद ख़तरा पैदा हो जाए। उस हालत में, स्वाभाविक रूप से वह पद मुझे ही मिलेगा। यह जानते हुए क्या, श्रीनी मुझे बॉलिंग दे देगा?

अगर श्रीनी को यह ग़लतफ़हमी हो जाए कि बल्लेबाजी के समय राहुल जान-बूझकर पहली ही गेंद पर आउट हो गया था, तो मौजूदा हालात को देखते हुए उसे दोषी नहीं ठहराया जा सकता। तब, मैं अगर दसों ओवर बॉल करने के अवसर की प्रार्थना कर बैठूँ, तो श्रीनी को ज़रूर शक़ होगा। ख़ासकर तब, जबकि पाँचों स्थायी बॉलर एकदम तन्दुरुस्त होकर फील्ड में मौजूद हैं।

लंच के बाद खेलने को निकलने से पहले एक-दो मिनट तक श्रीनी, अक्सर उप-कप्तान की हैसियत से मुझसे बातचीत किया करता है। आज भी बातचीत हुई। ज़्यादा बातें नहीं। श्रीनी ने कहा, ''शुरू के दस-बारह ओवरों में तीन विकेट गिराने चाहिए, राहुल। तभी हम उन्हें क़ाबू में रख पाएँगे। मैं सोच रहा हूँ कि मित्तल को थोड़ा पहले ही लाऊँ।''

मित्तल, पुराना उप-कप्तान। तीस साल से ऊपर की आयु। टीम का सबसे अनुभवी खिलाड़ी। दुनिया के सभी प्रमुख बल्लेबाजों को जिस गुगली ने परेशान किया है, उसका उस्ताद। भारत का स्ट्राइक बॉलर। अगर वह फॉर्म में आता, और लेंथ मिलता, तो...

कहना चाहा कि उसमें रिस्क है, अब मैं ही कुछ ओवर बॉल करूँगा। लेकिन कहा नहीं।

तनिक डर भी था। दुर्भाग्य से श्रीनी सहमत हो जाए, और मैं दस ओवर बॉल करूँ, और तब भी अगर पाकिस्तान जीत जाए, तो! स्विस बैंक में दो लाख डालर के साथ वह मायावी निश्चय ही प्रत्यक्ष होगा।

गोडबोले जब पाकिस्तान की पारी का पहला ओवर बॉल करने लगा, तब से राहुल हिसाब लगा रहा था। दिमाग़ के कम्प्यूटर पर बहुत-से आँकड़े कौंध गये।

पाँच गेंदबाज। उनका फॉर्म कैसा रहेगा? गोडबोले। एवरेज। उससे ज़्यादा की उससे उम्मीद नहीं करनी चाहिए। ज़्यादा रन न दे दिया, तो ग़नीमत समझो। रफ़्तार बढ़ाने की कोशिश नहीं करेगा। यह आशंका है कि लेंथ खो बैठेगा और रफ़्तार

बढ़ाने की क्षमता भी नदारद।

रोबर्ट मनासा। शुरू में पाँच ओवर। अन्त में पाँच ओवर। सब क़िस्मत पर निर्भर है। अगर सफलता मिली, तो मिली। पूरा भरोसा करना बेकार हैं।

मित्तल। दस ओवर, निश्चय ही, पूरे कंट्रोल के साथ बॉलिंग करेगा। मगर, शुरू के दस-पन्द्रह ओवरों के बाद गेंद कुछ सध जाए, तभी मित्तल की उँगलियाँ उस पर जादू चला सकेंगी। तब तक यदि पाकिस्तानी बल्लेबाज सेटल होकर बॉलरों पर हावी हो जाएँ, तो मित्तल ही सबसे बड़ा रिस्क होगा। मित्तल के स्पिन की वे खिल्ली उड़ा देंगे। शुरू में दो-तीन विकेटों के गिरने से बैट्समैन थोड़ा नर्वस हो गया, तो मित्तल उन्हें एक-एक करके पवेलियन वापस भेज देगा। पर, इसके लिए शुरू में इब्राहीम खान, अफ़ज़ल मसूद या अस्मत राणा को आउट होना चाहिए। पिछले चारों एकदिवसीय मैचों में इब्राहीम खान और अफ़जल मसूद की ओपनिंग जोड़ी सिर्फ़ एक बार ही बीस के नीचे का स्कोर लेकर आउट हो गयी है। दो मैचों में पन्द्रह ओवरों के बाद ही पहला विकेट गिरा। एक मैच में एक सौ बीस रनों की ओपनिंग पार्टनरशिप। इसलिए यहाँ मित्तल की उँगलियाँ कहाँ तक सफल हो सकेंगी, कहना मुश्किल है।

इसके अलावा रमेश का मीडियम पेस, मराठे का ऑफ़-स्पिन और श्रीनिवास का चेंज बॉलिंग। ये तीनों मिलकर बाक़ी तीस ओवर बॉलिंग कर सकेंगे। मराठे का ऑफ़-स्पिन कभी-कभी क्लिक कर जाए, मगर उसके बारे में निश्चित रूप से कुछ कहा नहीं जा सकता। रमेश और श्रीनिवास वेस्टइंडीज या इंग्लैंड के, वर्षा से भीगे विकेटों में शायद कमाल दिखा पाएँगे। लेकिन यहाँ, इस ख़ूबसूरत विकेट में उन्हें किसी तरह की मदद नहीं मिलेगी।

श्रीनी अगर यह कहकर कि राहुल, अब तुम ज़रा ट्राइ कर लो, गेंद मुझे दे दें, तो? पहले ही ओवर में बैट्समैन को आगे की तरफ आकृष्ट कर पीछे का विकेट गिरा सकूँ, तो?

राहुल को इस बात का ज़रा भी सन्देह नहीं था कि अगर गेंद मिल जाए, तो ज़रूर विजयी हो जाऊँगा। लेकिन हल्का-सा भय भी था। दुर्भाग्यवश उनमें से कोई आज की शाम अपने क्रिकेट-जीवन का सर्वोच्च प्रदर्शन दे बैठे, तो?

पाकिस्तान जीतेगा। इस शाम की याद ज़िन्दगी-भर मुझे सालती रहेगी।

डीप फाइन-लेग पोजीशन से फेंकी गयी पाँचवीं गेंद को, जिसमें अफ़जल मसूद ने दो रन लिये थे, विकेटकीपर के हाथों में न आकर पीछे खड़े रोबर्ट मनासा के, ऊपर उठाये हाथों में पहुँचते देखकर राहुल को लगा कि नहीं, आज बॉल करना चाहिए। दसों ओवर। रोबर्ट आज फॉर्म में है। आज वह कम-से-कम दो विकेट गिरा देगा। तब मैं भी एक खेल खेलूँगा। शुरू के उसके पाँच ओवर ख़त्म होते ही

श्रीनी से कहूँगा, "श्रीनी, एक पल...वह देखो...।" गोडबोले जब ओवर की आख़िरी गेंद फेंकने के लिए बॉलरवाले छोर की ओर धीरे-धीरे चल रहा था, तब रोबर्ट मनासा हाथ हिलाकर और पैर उठाकर व्यायाम कर रहा था।

रोबर्ट पर ही नज़र गड़ाये राहुल खड़ा रहा। बहुत कम लोगों को मालूम था कि भारतीय उपमहाद्वीप में रोबर्ट की शक्ल-सूरतवाला कोई व्यक्ति ज़िन्दा भी रहता है। इंग्लैंड की टीम में काले वंशज व्यक्ति हैं। न्यूजीलैंड में मावोरी वंशज और वेस्टइंडीज में गोरे अँग्रेज बड़ी मुश्किल से टीम में स्थान पा सकेंगे। परन्तु, भारतीय टीम में रोबर्ट से पहले ऐसा एक भी खिलाड़ी नहीं हुआ है, जो नाक-नक्शे से भारतीय नहीं लगता हो। काले व्यक्ति हैं, गोरे व्यक्ति हैं, पीले रंगवाले भी हैं। गिरिजन के अन्तर्गत आने वाले नीग्रिटो, पोटो आस्ट्रलायड वंशज, उत्तर-पूर्वी भारत के पीले रंग और दबी नाकवाले मंगलोयड, मेडीटेरैनियन ग्रुप के द्रविड़, मध्य एशिया से हज़ारों वर्ष पूर्व उत्तर भारत में आये ब्रेकीसेफल, और अन्त में महाभारत की कथा के साथ भारत का ही अंग बना नोरसिक। सभी वर्णों के मिश्रण से विकसित भारतीय जनता का सही प्रतिनिधित्व भारतीय टीम में देखने को मिलता है। लेकिन, इसके अपवाद के रूप में पहले-पहल एक नौजवान पिछले तीन साल से भारतीय टीम में खेल रहा है।

रोबर्ट मनासा।

सीधे खड़े आधा सेंटीमीटर लम्बे घने बाल। लम्बोतरा चेहरा। गालों की उभरी हड्डियाँ। साढ़े आठ फुट से अधिक ऊँचाई। तेल की चिकनाई से रहित काला रंग।

वर्षों पहले भारतीय खेल-जगत में नयी ऊर्जा और स्फूर्ति लाने और अन्तरराष्ट्रीय स्तर पर अग्रणी बनने के उद्देश्य से भारत सरकार ने जो नयी योजनाएँ शुरू कीं, उनमें से एक की सफल परिणति थी, रोबर्ट मनासा नामक क्रिकेटर। भारतीय खेल-जगत सदा ही शहरों को केन्द्र बनाकर विकसित होता रहा है। फुटबाल के लिए कलकत्ता, हॉकी के लिए जालन्धर और क्रिकेट के लिए बम्बई। अधिकतर ये ही शहर खिलाड़ियों के भर्ती-केन्द्र भी रहे हैं। भारत के पंचानबे प्रतिशत लड़के, जो खेल-कूद के क्षेत्र में कुशलता की सम्भावनाओं से युक्त थे, खेल-कूद के क्षेत्र की सीमा से बाहर थे। उन दिनों में भी अतिशय वेग से दौड़ने और सधे हुए ढंग से जंगली लकड़ियों के स्टिक से हॉकी खेलनेवाले कुछेक ग्रामीण बालक और बालिकाएँ सामान्य नियम के अपवाद के रूप में उभर आये थे। बिहार के छोटानागपुर और मध्य प्रदेश के राजनादगाँव के आदिवासी बालकों की टीमें। असम के पहाड़ी इलाकों से आये पहाड़ी जाति के फुटबॉल-खिलाड़ी। इनकी संख्या बहुत कम थी। इसलिए भारत सरकार ने विस्तृत चर्चाओं के बाद एक नयी योजना को रूप दिया। विभिन्न वर्गों और संकर-जातियों से युक्त भारत में प्रत्येक खेल के लिए जिन वर्ग-विभागों

को पारम्परिक रूप से शारीरिक और मानसिक क्षमता प्राप्त है, उन विभागों को खोज लेना। वहाँ से बालक-बालिकाओं को प्राइमरी स्कूल के स्तर से ही अपने विशेष खेलों के लिए प्रशिक्षण देना। योजना को आशातीत सफलता मिली। तीरन्दाजी और नौका-दौड़ में एकलव्य की वर्तमान पीढ़ी ने, पाल के सहारे चलनेवाली नौकाओं में दो हज़ार वर्ष पहले अरब राज्यों के साथ व्यापारिक सम्बन्ध कायम करनेवालों के उत्तराधिकारियों ने भारत को जल्दी ही विश्व-स्तर के खिलाड़ी प्रदान किये।

तीन सौ साल पहले अफ्रीका से अमेरिका के लिए जहाज़ में ले जाये जानेवाले नीग्रो गुलाम, जहाज़ के डूब जाने पर एक द्वीप में फँस गये और वहाँ से भारत आनेवाले एक माल-वाहक जहाज़ में शरण पाकर बच गये इन गुलामों ने गुजरात के एक सामन्ती राजा के सौजन्य से गुलामी से मुक्त होकर अपने लोगों का एक गाँव बसा लिया। धीरे-धीरे उनकी संख्या बढ़ी। उनमें वर्गगत संघर्ष विरले ही होता था। भारतीय खेल-जगत के लिए युवकों की खोज में निकले अधिकारी, सूचना मिलने पर इस गाँव में पहुँचे। आम तौर पर सबसे ऊँचे कद का भारतीय वर्ग पठानों का है। इनसे भी अधिक ऊँचाई, उछलने-कूदने और शरीर लचकाने की क्षमता मंगलोयड वर्ग को मिली है। इनको भी मात देनेवाली शारीरिक लचक, पंजाब के नोरसिखों से भी अधिक स्टैमिना। यही नहीं, भारत में अन्यत्र दुर्लभ किलर इनस्टिंक्ट। इस प्रकार, शीघ्र ही यह गाँव विभिन्न खेलों के लिए युवकों की आपूर्ति करने लगा। बॉक्सिंग, सौ मीटर, दो सौ मीटर आदि की दौड़, लम्बी कूद, ऊँची कूद, बास्केट बॉल आदि में जल्दी ही युवा विभाग अपने सीनियरों की अपेक्षा कुशल बन गया। ऐसे युवा-विभाग से क्रिकेट में आया बालक था रोबर्ट मनासा।

रोबर्ट के आकार की तरह उसकी गेंदबाजी की शैली भी टीम के अन्य खिलाड़ियों की शैली से मेल नहीं खाती थी। उसका रन-अप बड़ी तेज़ी से हहराते हुए आनेवाले तूफ़ान के समान है। कभी-कभी गेंद अपनी अतिशय रफ़्तार के कारण ही दिग्गज बैट्समैन को भी मात देती। कभी-कभी बैट्समैन अगर बल्ला ज़रा-सा घुमा ले, तो रफ़्तार के कारण ही गेंद बाउंड्री पहुँच जाएगी। रोबर्ट के वैविध्यपूर्ण बॉलिंग के वीडियो दृश्य दिखाते हुए निसार अहमद ने पाकिस्तानी टीम के अन्य खिलाड़ियों से कहा था कि यह कभी काबू में न आनेवाला बाघ है।

सभी भारतीय गेंदबाज बुद्धिपूर्वक गेंद फेंकनेवाले हैं। बुद्धि का सामना बुद्धि से किया जा सकता है। परन्तु, रोबर्ट! वह तो स्वयं ही, बिना किसी नियन्त्रण के, गेंद फेंकनेवाला है। इसलिए उसका मुक़ाबला करने का एक ही उपाय है। फार्वर्ड डिफेंस। गेंद पर बल्ला चलाने के बदले यदि गेंद को रोकता रहे, तो उसकी एकाग्रता टूट जाएगी। उसका रिद्म टूटेगा। फिर गेंद को बल्ले से थाप देना ही काफ़ी है। स्कोर अपने आप बढ़ने लगेगा। पर, एक बात ध्यान में रखना। भारतीय टीम के

प्रमुख बॉलरों में सिर्फ़ रोबर्ट से ही डरना और चौकन्ना रहना चाहिए। क्यों? इसलिए कि वह हमारे जैसे विशाल भूभाग का आदमी नहीं है।

रोबर्ट मनासा हाथ ऊपर को हिलाते हुए अगला ओवर फेंकने की तैयारी में विकेट की ओर चला आया। कप्तान की ओर देखा। श्रीनिवास गेंद लेकर धीरे-धीरे राहुल को लक्ष्य करके चला।

निसार अहमद ने पवेलियन में बैठकर ध्यान से देखा। श्रीनी का मन्तव्य क्या है? ख़तरा सूँघ लेने की उसकी शक्ति सक्रिय हो उठी।

श्रीनी राहुल के पास पहुँचा।

मुस्कुराया और कहा, ''राहुल, मैं एक चाल चलने जा रहा हूँ। गैम्बल।''

''क्या?''

''हमारे पास एक ही बॉलर है जिसे पाकिस्तानी टीम ने ऐनालाइज़ नहीं किया है। उसकी बॉलिंग के बारे में किसी को कुछ भी पता नहीं। सरप्राइज।''

राहुल समझ गया। उसने मुस्कुराने की कोशिश की।

श्रीनी ने गेंद उठाकर, बॉलिंग करने के लिए सुरेश मेनन को बुलाया।

40

स्टेडियम में एकाएक ख़ामोशी फैल गयी।

हालाँकि यह ख़ामोशी सिर्फ़ दो सेकेंड तक ही रही। लेकिन, कइयों के लिए उन सेकेंडों का मूल्य एक पूरी पीढ़ी का था।

कमेंटेटर बॉक्स में हरीश पटेल की आश्चर्य-भरी दृष्टियों पर कैमरे की निगाह क्षण-भर के लिए केन्द्रित हो गयी। फिरकर दृश्य को पिच के पास लाने में थोड़ा विलम्ब हुआ। स्टेडियम में सुसज्जित रखे आठ टी.वी. कैमरों में से एक भी फौरन सुरेश की तरफ ज़ूम करने के लायक ऐंगल में नहीं था। कैमरे के दृश्यों को मॉनिटर करके, कौन-सा दृश्य प्रसारण के योग्य है इसका निर्णय करने के कनसोल के चित्र जल्दी-जल्दी देखते हुए टेकनीशियन बड़बड़ाया। तीन कैमरों की आँखें मनासा पर आकर ठहर गयीं। दो श्रीनी पर भी। जब टेकनीशियन ने देखा, तो उसे लगा कि हरीश पटेल का चेहरा ज्यादा अच्छा है। अच्छा क्लोज़-अप। जब वे बोलने लगे, तब दो कैमरों में सुरेश का रूप दिखाई दिया। कोई अनहोनी घटना घटी हो, इस अन्दाज़ में चौंककर खड़े सुरेश के तेवर का क्लोज़-अप मिलने पर टेकनीशियन ने हरीश पटेल का दृश्य हटा दिया। दर्शकों ने सुरेश के ओठों के ऊपर की छोटी काली मसों पर चमकती पसीने की बूँदें देखीं।

माइक्रोफोन पर हरीश पटेल की गम्भीर आवाज़ गूँज उठी। सुरेश के दृश्य की पृष्ठभूमि में वह आवाज़ और तेज़ हो गयी।

''यह क्या कर डाला! भारतीय कप्तान श्रीनिवास का लक्ष्य क्या हो सकता है? पाकिस्तान के ओपनिंग बैट्समैनों को झकझोरकर रख देने की क्षमता वाला मनासा-जैसा फास्ट बॉलर जब बॉल करने के लिए मुस्तैदी से तैयार खड़ा है, तब यह बालक—सुरेश मेनन—जिसने बॉलिंग में अपनी प्रतिभा का कहीं भी परिचय नहीं दिया है, शुरू के ओवरों में बॉल करने को चुना गया! यह अपनी समझ में नहीं आता। आपकी क्या राय है, सलमान साहब?''

पाकिस्तान के पूर्व-कप्तान ने कमेंटेटर बॉक्स के अपने विशेषज्ञ पद की पूरी ज़िम्मेदारी के साथ कहा, ''यह श्रीनिवास की सोची-समझी चाल है। शतरंज में अन्तरराष्ट्रीय स्तर पर खेल की दो ही प्रारम्भिक चालें हैं। पी.के. चार और पी.क्यू. चार। राजा के सामने खड़ा पैदल सिपाही चौथे खाने की ओर। या, रानी के सामने का पैदल सिपाही चौथे खाने की ओर। सफ़ेद मोहरों की चालों के ख़िलाफ़ सिर्फ़ यही दो ही खेल हैं, काले मोहरों के लिए। इसी प्रकार क्रिकेट में भी बॉलिंग शुरू करनेवाली फील्डिंग टीम के लिए कुछ नियम निर्धारित हैं। पारी के शुरू के ओवर टीम के सबसे तेज़ बॉलरों को दे देना। कई वर्ष पहले, जब फास्ट बॉलरों का बिल्कुल अभाव था, तब भारत साधारण मीडियम पेसवाले बॉलरों से बॉलिंग शुरू करवाता था। बीच में कभी स्पिन बॉलरों का भी उपयोग किया था, लेकिन बहुत कम। परन्तु, जब मनासा-जैसे बॉलरों के रहते, उम्मीद के ख़िलाफ़, श्रीनिवास ने इस छोटे-से युवक को नयी गेंद से बॉल करने का काम सौंपा, तो यह ऐसा है जैसे सफ़ेद मोहरों के पी.के. चार और पी.क्यू. चार के ख़िलाफ़ विश्व चेस चैम्पियनशिप के फाइनल में भारत का विश्वनाथन आनन्द काले मोहरों की तरफ से पी.आर. तीन की जवाबी चाल चले। यानी, रथ के सामने के पैदल सिपाही को एक खाना आगे को रख देना। आई डोंट नो, श्रीनिवास के मन में क्या है।''

श्रीनिवास की इस चाल से पाकिस्तानी कप्तान निसार ही सबसे अधिक घबराया। पवेलियन से अपनी ही टीम के खिलाड़ियों के साथ यह अविश्वसनीय दृश्य देखकर एक गाली उसकी ज़बान पर आयी थी। अपने को ही कोसनेवाली गाली।

भारतीय टीम के सभी बॉलरों के बॉलिंग के तरीके के, चाहे फास्ट, मीडियम पेस या स्लो, जो भी हो, विभिन्न पिचों पर भिन्न-भिन्न अवसरों पर लिये गये वीडियो क्लिपिंग पाकिस्तानी टीम के पास हैं। स्थायी बॉलरों के ही नहीं, इक्के-दुक्के अवसरों पर बॉल करने की सम्भावनावाले खिलाड़ियों के, यहाँ तक कि दस्ताने हटाकर एक बार जिस विकेटकीपर ने सिर्फ़ दो ओवर बॉल किया, उसके

दृश्य तक क्लिपिंग्स में मिलेंगे। इनको बार-बार देखकर, प्रत्येक बॉलर के ऐक्शन, विशेषताएँ, बैट्समैनों को असमंजस में डालने की टेढ़ी विधियाँ आदि का सूक्ष्म रूप से विश्लेषण किया गया है। प्रत्येक खेल के पिछले दिन नेट प्रैक्टिस के बाद के स्ट्रैटेजी सेशन में विशेष रूप से एक-एक खिलाड़ी को जिन बॉलरों पर ध्यान देना है, उनके बॉलिंग ऐक्शन के दृश्य दिखाकर उनका सामना करने के बारे में चर्चा करेंगे। कोच्चि में भी यह कार्यक्रम चला था। निसार इस निष्कर्ष पर पहुँच चुका था कि इस सीज़न में भारतीय टीम का सबसे ख़तरनाक बॉलर मनासा ही है।

मनासा के कदम, हाथ की हरकत, उँगलियों के जोड़ आदि गेंद में जो परिवर्तन ला सकते हैं, उनके बारे में किसी निपुण सर्जन की तरह निसार ने सीख रखा था। टीम के सभी खिलाड़ियों को उसके बारे में समझाया भी था। जब सबकुछ ख़त्म होने को था, तब टीम में से किसी ने पूछा, ''सर, वह नया खिलाड़ी, सुरेश?'' निसार ने उसका जवाब यों दिया था, ''इसमें शक है कि छोकरा खेलने के लिए स्टेडियम में उतरेगा। अगर उतरेगा, तो भी वह बॉलिंग नहीं करेगा। उसका हुनर सिर्फ़ बल्लेबाजी में है।'' तिस पर प्रश्नकर्ता ने फिर पूछा था, ''फिर भी सर, श्रीनिवास उसे अगर बॉलिंग दे दे, तो?''

असल में सिर्फ़ दो ही क्लिपिंग थे, जिनमें सुरेश मेनन की बॉलिंग वीडियो में ली गयी थी। दोनों ही क्लिपिंग प्रैक्टिस सेशनों में बॉल करने के थे। वे तो ज़रा भी असरदार नहीं दिखे। अतएव टीम को दिखाने का टेप जब एडिट किया गया, तब सुरेश के बॉलिंगवाले दृश्यों को छोड़ दिया। निसार ने कहा, ''डोंट वरी। श्रीनिवास कोई बेवक़ूफ़ नहीं कि सुरेश मेनन को बॉलिंग दे दे। और अगर दे ही दिया, तो बैटिंग प्रैक्टिस की तरह हम उसका सामना कर लेंगे।''

लेकिन, निसार अहमद ने अब दुबारा अपने को गाली दी। इधर मैं ही बेवक़ूफ़ निकला। मुझे सुरेश के क्लिपिंग दिखाने चाहिए थे। कहाँ ग़लती हो गयी? मैंने श्रीनी को अपने बराबर का, अपने ही स्तर का मुख़ालिफ़ नहीं माना। पार्ट टाइम कप्तान। छि: !

गेंद को मुट्ठी में समाये, आश्चर्य के कारण विस्फारित नेत्रों के साथ खड़े सुरेश की तरफ राहुल को साथ लेकर श्रीनिवास धीरे-धीरे चला।

नयी गेंद, न्यू बॉल, एक ऐसा हथियार है, जिसने क्रिकेट में सबसे अधिक समस्याएँ खड़ी की हैं, और जो आज भी खड़ी कर रही है। क्रिकेट में शुरू से ही यह धारणा ज़ोर पकड़ गयी कि नयी गेंद, फील्डिंग करनेवाले पक्ष के लिए फ़ायदेमन्द है। ज़्यादा स्विंग लेकर गेंद किसी बाजू की ओर तिरछा हो सकती है। ज़मीन पर सीधे टकरायी, तो रफ़्तार और ऊँचाई पाकर उछल सकती है। बैट्समैन नयी गेंद से हमेशा ही बहुत डरते हैं। बॉलर और पिच पर क़ाबू पा लेने के बाद भी

नयी गेंद की गति और रफ़्तार के बारे में कोई अन्दाज़ लगा पाना मुश्किल काम है। अठारहवीं सदी तक, क्रिकेट के खेल की प्रारम्भिक दशाओं में नियम यह था कि पूरा-का-पूरा मैच एक ही बॉल से खेलना चाहिए। खेल शुरू होने से पूर्व, टॉस करके बल्लेबाजी या फील्डिंग, यह निर्णय लेना उन दिनों ज़्यादा आसान था। तेज़ी से बॉलिंग करनेवाली टीम अगर टॉस हार गयी तो उसी टीम से पहली पारी में बल्लेबाजी करने को कहा जाता था, क्योंकि टॉस जीतनेवाली टीम को न्यू बॉल से किये जानेवाली बॉलिंग का सामना करने की नौबत ही न आये। उन दिनों क्रिकेट के नियमों में एक शर्त रखी गयी कि खेल शुरू होने से पहले अम्पायरों को चाहिए कि वे गेंद पर एक निशान लगा लें। खेल के बीच में कोई गेंद ने बदले, यही इसका उद्देश्य था। अठारहवीं सदी में पहले पहल यह नियम बनाया गया कि प्रत्येक पारी के शुरू में एक-एक नयी गेंद ली जा सकती है। बीसवीं सदी के आरम्भ में बॉलिंग के वैविध्य और श्रेष्ठता पर कब्ज़ा पाकर बैट्समैन खेल में अजेय बनने लगे। बड़े-बड़े स्कोर। ड्रा होनेवाले मैच। जिन त्रिदिवसीय मैचों में दो-दो पारियाँ पूरी करनी हैं, वे बिना एक-एक पारी भी पूरी किये ड्रा हो जाते थे। इससे खेल का आकर्षण नष्ट हो गया। इंग्लैंड के शनिवारों में लोग मनोरंजन के नये मार्ग ढूँढ़ने लगे। ऐसी हालत में नियम फिर बदले। दो सौ रन पूरे होने पर, अगर ज़रूरी हुआ तो फील्डिंग का कप्तान नयी गेंद ले सकेगा। इस प्रकार बड़े-बड़े स्कोरों पर लगाम लगी। दूसरे विश्वयुद्ध के बाद रनों और ओवरों के हिसाब से नयी गेंद से सम्बद्ध कई नये नियम बनाये गये। छह-छह गेंदों के पचहत्तर ओवरों अथवा आठ-आठ गेंदों के पचपन ओवरों के बाद नयी गेंद ली जा सकती है। बाद में ओवरों का गणित बदलकर वेस्टइंडीज में पचहत्तर, इंग्लैंड में टेस्ट मैचों में पचासी और काउंटी लीग में सौ हो गया। जब एकदिवसीय मैचों का बाज़ार गरम हुआ, तब ओवर का गणित असंगत हो गया। एक मैच में बॉल करने के अधिकतम ओवरों की संख्या साठ हो गयी। इसलिए ऐसा नियम बन गया कि पारी शुरू करते समय दोनों टीमों को एक-एक गेंद दी जाएगी।

चूँकि नयी गेंद सिर्फ़ स्पीड बॉलरों के लिए ही सहायक है, इसलिए कोई भी कप्तान यथासम्भव अन्य किसी बॉलर को बॉल करने के लिए नयी गेंद नहीं देगा।

जब लंच ख़त्म हुआ, तभी श्रीनिवास ने निश्चय कर लिया था कि रोबर्ट मनासा के बदले सुरेश मेनन से दूसरा ओवर बॉल कराना चाहिए। कारण और कुछ नहीं। ताल भंग कर देना। ख़ासकर मन का ताल। भारत और पाकिस्तान में होनेवाले सभी मैचों को खिलाड़ियों से ज़्यादा दर्शकगण युद्ध ही मानते हैं। उत्तर भारत के जिन शहरों को भारत-पाकिस्तान युद्धों का आँखों देखा परिचय प्राप्त है, उनमें और हिन्दू-मुसलिम दंगों के पके बीजों के उगने लायक मिट्टी से भरे भारत और

पाकिस्तान के नगर-प्रान्तों में दर्शकों की हिंसावृत्ति को खेल के दृश्यों के ज़रिए दबाकर रखने का काम क्रिकेट की ये शृंखलाएँ करती आयी हैं। भारत और पाकिस्तान की टीमों के खिलाड़ियों के रंग-रूप या जीवन-शैली में बड़ा अन्तर नहीं है। अगर विदेशी के रूप में परिचय कराये नहीं जाते, तो पाकिस्तानी टीम के सभी खिलाड़ियों को कोई भी भारतीय शहर अपने ही देश के आदमी मान लेगा। इसी प्रकार भारतीय टीम के खिलाड़ियों को पाकिस्तान में भी। इस सत्य का एक ही अपवाद है, रोबर्ट मनासा। नीग्रोइड का रूप, कद, चाल, दृष्टि, कुल मिलाकर मनासा को ही लोग इन टीमों का एकमात्र विदेशी मान बैठेंगे। इसी वजह से साधारण भारतीय खिलाड़ी पर जितना ध्यान दिया जाता है, उससे ज़्यादा ध्यान पाकिस्तानी खिलाड़ी और दर्शक मनासा पर देते रहते हैं। मनासा के बॉलिंग का छोटे से छोटा पहलू भी पाकिस्तानी टीम को कंठस्थ है। फिर भी उससे डरने का कारण है, वह अमानुषिक तेज़ी, जो कुछ अपूर्व गेंदों में वह ला सकता है। उसको मिलनेवाले दस ओवरों में ऐसी कितनी गेंदें होंगी, इसका पता किसी को—स्वयं मनासा को भी नहीं होगा। शायद पाँच या छह। उनमें भी कितनों का निशाना ठीक विकेट पर होगा, इसकी भविष्यवाणी करना असम्भव है। यदि अन्य प्रकार की गेंदों की बात हो, तो उनका सामना करने के सभी टेकनीक पाकिस्तान के बैट्समैन प्राप्त कर चुके हैं।

इसलिए श्रीनिवास निश्चय कर चुका था। पाकिस्तान पर ऐसे हथियार से धावा बोल देना, जिसकी किसी को उम्मीद न हो।

सुरेश मेनन।

थोड़ी शंका ज़रूर हुई कि सुरेश को पहले से ही इसकी ख़बर देनी है या नहीं। तुरन्त निर्णय लिया कि पहले से ही सूचना नहीं देनी है। अगर पहले ही कह दूँ, तो सुरेश घबरायेगा। उसका तनाव बढ़ेगा। यह सिर्फ़ मन पर ही नहीं, स्नायुओं पर भी असर डालेगा। सोचने का वक़्त नहीं देना चाहिए। अपने ही शहर में शहरवालों की शुभकामना की शक्ति के सहारे सुरेश ने बल्लेबाजी में चमत्कार दिखाया। इक्यावन रन पर आउट हुआ। लेकिन, वे इक्यावन रन। उसके पीछे किसी दैवी शक्ति का हाथ था। वह शक्ति अब भी साथ देती होगी। साथ देना ही चाहिए।

श्रीनिवास और राहुल जब पास आ गये, तब सुरेश के मुँह से निकले शब्द सुनकर दोनों हँस पड़े।

"सर, क्या मुझे बॉल करना है?"

श्रीनिवास ने राहुल की ओर देखा।

राहुल ने कहा, "वह देखो, अम्पायर हमारी तरफ देख रहे हैं। पहला ओवर है, इसलिए तैयार होने को शायद दो मिनट दें।"

सुरेश का हाथ अनजाने ही पतलून की ओर गया। गेंद पतलून पर रगड़ खाने लगी। लेकिन शंका का शेष भाग मुँह से बाहर आया।

''सर, मैं...?''

श्रीनिवास ने कहा, ''उण्णी! तुम अच्छी तरह काम निभा लोगे, मुझे मालूम है। नहीं तो, क्या मैं तुम्हें गेंद दे देता?''

सुरेश ने मुँह उठाकर देखा। श्रीनिवास पहली बार उसे उण्णी नाम से सम्बोधित कर रहे हैं।

सुरेश की आँखों में आँसू आये। फौरन वह विकेट की ओर लौट चला।

न जाने कहाँ से यह साहस मिल रहा है। लगा कि पश्चिमी हवा में ठंड कुछ ज़्यादा ही बढ़ गयी है। अभी तक इस ठंड पर ध्यान नहीं गया था। विकेट के पास खड़े होकर ग्राउंड में चारों ओर नज़र दौड़ाई।

बिल्कुल पास ही अम्पायर तिलकरत्ने खड़े थे, जो श्रीनिवास की इस आकस्मिक चाल और उसके फलस्वरूप अभी-अभी गेंद का सामना करने को तैयार खड़े अफ़जल मसूद की आश्चर्यपूर्ण दृष्टि पर ध्यान दिये हुए थे। पिछले ओवर के समय जब लेग में खड़ा था, तब एकाग्रता के साथ ध्यान नहीं दे पाया था। लंच के बाद मुँह धोने के लिए गुसलख़ाने में गया, तो वहाँ वह पत्रकार...। पत्रकार है या नहीं, इसमें सन्देह है; हाँ, दौरे के शुरू से ही वह साथ लगा हुआ है। धीमी आवाज़ में उसने कहा था, ''सर, शक की हालत में देशवासियों के पक्ष में निर्णय देना अच्छा होगा।''

तिलकरत्ने को सचमुच गुस्सा आया।

क्रिकेट में ही नहीं, सभी खेलों में सबसे ज़्यादा बदनामी झेलनी पड़ती है अम्पायर को। युवावस्था में कोलम्बो के एक पुराने खानदान के बौद्ध धर्मावलम्बियों की लम्बी परम्परा में धर्मपुरोहित का काम छोड़कर बौद्धभिक्षु बनने के बदले क्रिकेट के क्षेत्र में आये थे। राष्ट्रीय टीम में स्थान नहीं मिला, तो भी क्रिकेट की सनक कम नहीं हुई। पैंतीस साल की उम्र में अम्पायरिंग की तरफ ध्यान गया। कितने ही टेस्टों में अम्पायर का काम सँभाला है। पाकिस्तान और भारत की टीमें जब श्रीलंका में खेलने आती हैं, तब खिलाड़ियों और पत्रकारों की ओर से हमेशा यह शिकायत उठा करती है कि श्रीलंकाई अम्पायर निष्पक्ष नहीं हैं। लेकिन, अपना नाम उनमें शामिल नहीं है। इसका उदाहरण है, इस शृंखला के लिए न्यूट्रल अम्पायर का चुनाव करते समय भारत और पाकिस्तान के क्रिकेट कंट्रोल बोर्डों द्वारा मेरे नाम पर सहमत हो जाना। आज तक किसी ने मुझसे ऐसी बातें नहीं की हैं। शक का फ़ायदा,

पूछा था, ''व्हाट डू यू मीन?''

''एक विकेट के लिए दो लाख रुपये।''

"व्हाट?"

"तीन।"

तभी गुसलखाने की ओर किसी के आने की आहट सुनाई पड़ी। वह पत्रकार हँसते हुए बाहर चला गया।

मैच के पहले ही ओवर के समय उस पत्रकार का नाम याद करने की कोशिश कर रहा था। शिकायत दर्ज़ करनी चाहिए। ऐसे ही लोग बिचौलिये बनकर क्रिकेट को बदनाम करते हैं। इनको कैसे समझाऊँ कि क्रिकेट मनोरंजन है, बिजनेस नहीं।

ओवर के बाद अपने स्थान पर जाकर विकेट के पास खड़े होने पर ही श्रीनिवास ने गेंद मनासा की ओर न फेंककर सुरेश मेनन के हाथों में पहुँचायी थी।

गार्ड लेने के लिए तैयार खड़े रहे अफ़ज़ल मसूद की ओर तिलकरत्ने ने ध्यान नहीं दिया।

सुरेश द्वारा बढ़ाया गया कैप लेकर गाउन की जेब में डाला।

इस बात की ओर ध्यान गया कि सुरेश फील्डरों की ओर दुबारा देख रहा था।

दस सेकेंड। सुरेश ने फील्डिंग पोजीशन में कोई बदलाव नहीं किया। टीम के सभी खिलाड़ियों को किसी शॉक-ट्रीटमेंट के बाद की-सी जड़ता महसूस हुई। श्रीनिवास और राहुल ने आपस में कुछ कहने के बाद मिड-ऑन, कवर और डीप फाइन लेग में खड़े खिलाड़ियों के स्थान में थोड़ा-सा परिवर्तन किया।

अफ़ज़ल मसूद ने गार्ड लिया। यद्यपि तिलकरत्ने ने बल्ले का पोजीशन ठीक करने का इशारा किया, तो भी अफ़ज़ल मसूद उसे ठीक स्थान पर छुआ नहीं सका।

श्रीनिवास ने अफ़ज़ल मसूद की घबराहट पर ध्यान दिया। ख़ुशी हुई। सोचा, अपना गैम्बल सफल हो रहा है।

सुरेश पीछे मुड़कर धीरे-धीरे चला।

स्लो, ऑफ-स्पिन करते समय छह कदम ही रखे जाते हैं। मीडियम पेस में बारह।

सुरेश कदम रखते हुए गिन रहा था। बारह कदमों के बाद भी गिनना जारी रहा। पन्द्रह, अठारह, बीस।

बाईसवाँ कदम रखने के बाद वह ठिठक गया। उसने पीछे मुड़कर देखा। पूरे स्टेडियम को कँपा देने लायक तालियों की गड़गड़ाहट।

सुरेश ज़िन्दगी में पहली बार ओपनिंग फास्ट बॉलर की भूमिका में दौड़ लगाकर पास आने लगा। खुद सुरेश को मालूम नहीं था कि अपनी गेंद किस ढंग से उड़ जाएगी।

41

पाकिस्तान की पारी के छठे ओवर में, सुरेश के तीसरे ओवर में, ख़तरा शुरू हुआ था। परन्तु, सलमान खान ने, जिन्होंने तीसरे ओवर का विश्लेषण किया, दुनिया को यह सूचना दी कि ख़तरे की शुरुआत पहले ओवर की पहली गेंद में ही हुई थी।

जब सुरेश दूसरा ओवर फेंक चुका, तब श्रीनिवास को अपने दिल में हल्का-सा भारीपन महसूस हुआ। पेट के अन्दर खलबली-सी मची। यह क्या हो रहा है? अपना ट्रम्प कार्ड बेकार साबित हुआ क्या? सबकुछ तक़दीर पर छोड़कर, आख़िरी ओवर की मानिन्द पारी का छठा और सुरेश का तीसरा ओवर फेंकने के लिए एक बार फिर उसे गेंद दे दी थी। श्रीनिवास ने इस अन्दाज़ में राहुल की ओर देखा कि मैं अपना दाँव हार गया। फिर मनासा की ओर देखकर ऐसा इशारा, जिसे सिर्फ़ वही समझ सका था, करते हुए कि अगला ओवर बॉल करने के लिए तैयार हो जाओ, श्रीनिवास मायूसी की मुद्रा में खड़ा रहा।

ठीक इसी वक़्त, गर्मी के मौसम में अचानक आये मेघगर्जन और वर्षा के समान हादसा हुआ।

पूरा स्टेडियम हर्षोन्माद से उछल पड़ा।

शैलजा ने विजयन मेनन का हाथ अपने हाथ में लेते हुए कहा, "मेरा..."

फिर उसके मुँह से बोल नहीं फूटे।

सामने बैठे लोग खड़े होकर तालियाँ बजा रहे थे, इसी बीच शिल्पा ने विवेक से कहा, "डोंट वेस्ट अॅ मोमेंट। मैंने पहले ही कहा था न?"

वी.आई.पी. एनक्लोजर में मुख्यमन्त्री गौतमन ने पान की डिबिया खोलकर हड़बड़ी में पान लिया और मसलकर मुँह में डाल दिया। पास बैठे विपक्षी नेता गोविन्दन कुट्टी से कहा, "जी हाँ, मुझे मालूम था कि ऐसा कुछ ज़रूर होगा। इसीलिए मैं दोपहर की झपकी छोड़कर प्रतीक्षा में बैठा रहा।"

क्रिकेट कंट्रोल बोर्ड के चेयरमैन राजा साहब ने पाइप सुलगाकर दो-तीन बार धुआँ अन्दर खींच लेने के बाद चारों ओर देखा। सभी की नज़रें स्टेडियम के बीच की ओर लगी हैं। कहा, "रियली गुड क्रिकेट।"

गोविन्दन कुट्टी सहमत हुए, "जी हाँ।"

प्रो. सोमदासन जब गैलरी के हर्षोन्दमाद-भरे माहौल से बच निकलने के लिए मौक़ा देख रहे थे, तभी खेल में कुछ हुआ, और पीछे, लंच के समय लोगों ने जो पटाखे ख़रीद रखे थे, उन पर आग लगायी गयी।

"देयर शुड बी...सबकी हद होती है। एक लिमिट होनी चाहिए।"

क्या हुआ, इसके बारे में सोमदासन कुछ समझ नहीं पाये थे। लेकिन, इस

समय उन्होंने एक निर्णय लिया कि आज से अगर ऐसे किसी कार्यक्रम में भाग लेना हो, तो उसके बारे में अध्ययन करके विस्तृत जानकारी प्राप्त करने के बाद ही जाऊँगा। अपने पैसे ख़र्च करके इन पागलों के बीच अनजान बनकर पूरा दिन व्यर्थ गँवाकर खिसियाया हुआ-सा लौट जाना। सोमदासन ने चारों ओर देखा। दूसरों के साथ उन्होंने भी तालियाँ बजायीं।

यद्यपि ख़तरा शुरू हुआ अपने तीसरे ओवर में, फिर भी, पहले ओवर की पहली गेंद फेंकने के लिए दौड़ शुरू करते ही सुरेश को लगा था कि कोई अदृश्य शक्ति उसके पैरों और हाथों का नियन्त्रित कर रही है। हर गेंद की समाप्ति के साथ यह सन्देह भी प्रबल होता गया। दो ओवर के बाद सुरेश को लगा कि यह बॉलिंग वह खुद नहीं करता, कोई दूसरा ही कर रहा है।

जब मुझे बिल्कुल उम्मीद नहीं थी, और बिना किसी पूर्व-सूचना के, कप्तान श्रीनिवास ने गेंद सौंपी, तब मालूम नहीं था कि क्या करना चाहिए। फील्ड सेट करने की बात तक मैं भूल गया। बॉलिंग शुरू करने के लिए जब पीछे की ओर चला, तब अपने कदमों का नियन्त्रण खो बैठा। बाईस स्ट्राइड्स। बचपन में जब रबड़ की गेंद से बॉलिंग करता था, तब हँसी-मज़ाक के लिए इतनी दूर दौड़कर गेंद फेंकी थी। लेकिन, क्रिकेट की गेंद से ज़्यादा-से-ज़्यादा पन्द्रह कदमों से अधिक दूरी की कोशिश नहीं की थी। फिर भी अपने ऊपर काबू नहीं रख पाया।

शायद इसी कारण से गेंद मुट्ठी की जकड़ से पूरी तरह छूट गयी थी।

पहली गेंद।

दौड़ने के लिए मुड़कर पहला कदम रखते ही पूर्वी गैलरी से आवाज़ उठी, ''उण्णी...उण्णी!''

एक पल। या दो पल। लहरों जैसी नहीं। बिजली की कड़क के ठीक पीछे एकबारगी उठनेवाली अनेक ध्वनियों का ताल-लयहीन संगम। कानों में और कुछ नहीं था। आँखों के सामने दूर से दिखाई पड़ता काला कोट और हैट। तिलकरत्ने का मोटा-सा शरीर भी। वही लक्ष्य-स्थान था। दौड़ शुरू की। जाने कब कहाँ पहुँच गया और आगे को कूद पड़ा। यह पता चला कि गेंद हाथ से छूट गयी है। फिसलते, झूमते हुए, पिच की ओर काँपते कदमों से चल दिया। जब सन्तुलन पाया, तब एकाएक लगा कि इस ख़ामोशी का कारण क्या है। स्टेडियम में बिजली की कड़क बिल्कुल थम गयी है।

ऐसा लगा कि दृष्टि मन्द पड़ गयी है। सिर के अन्दर और कदमों में एकाएक हल्कापन महसूस हुआ।

उसी समय देखा, सामने के विकेट की ओर खिलाड़ी दौड़े आ रहे हैं। मुड़कर देखा। अम्पायर तिलकरत्ने ने गेंद को वाइड क़रार दिया। सन्देह के साथ विकेट की

तरफ देखा। तभी साफ़ दिखाई दिया था। अफ़जल मसूद ज़मीन पर से उठने की कोशिश कर रहा है। क्या, यह आदमी नीचे गिर पड़ा? कब? कैसे?

पास पहुँचा। इब्राहीम खान, लेग अम्पायर, विकेटकीपर आलोकनाथ और गोडबोले अफ़जल मसूद को घेरकर खड़े हैं। अफ़जल को कोई सख़्त चोट नहीं लगी है। उसने हेड गार्ड उतारा। उसके सामनेवाले लोहे के जाले पर ध्यान से देखा। फिर हँस दिया। डर था कि शायद यह टूट गया होगा।

सुरेश को एकाएक ग्लानि हुई। मेरी गेंद से वह नीचे गिर पड़ा। गेंद वाइड भी थी। यह अच्छा नहीं हुआ।

सुरेश ने अफ़जल के पास जाकर उसके कन्धे थपथपाए।

''सॉरी, सर।''

अफ़जल मसूद ने उर्दू में कहा, ''जाने दो। अपनी ग़लती थी। बिल्कुल उम्मीद नहीं थी कि तुम इतना तेज़ बॉलिंग करोगे।''

वापस चलने के बीच गैलरी से किसी की ज़ोर की आवाज़ सुनाई पड़ी, ''कीप इट अप, उण्णी!''

लेकिन दूसरी और तीसरी गेंदों में वह तेज़ी नहीं मिली। कदमों की संख्या कम नहीं हुई। और दौड़ने का ढंग भी ठीक था। लेकिन, गेंद जब हाथ से छूटी, तब जाने क्यों, रफ़्तार कम थी।

चौथी गेंद में रफ़्तार थी लेकिन विकेट से हटकर ऑफ-साइड में आयी गेंद अफ़जल मसूद ने लेट कट करके तेज़ी के साथ बाउंड्री की ओर मार दी।

जब दूसरा ओवर बॉल करना शुरू किया, तब सुरेश स्ट्राइड और गेंद फेंकने की रीति पर नियन्त्रण पा सका। कोच कृष्णमूर्ति के उपदेश अनजाने ही बॉलिंग में छोटे-से परिवर्तन का कारण बने। यदि ऑफ स्टम्प के बाहर को लक्ष्य करके रफ़्तार बदलकर गेंद फेंकी जाए तो बैट्समैन के कट करते समय या प्रतिरोधात्मक ढंग से सामना करते समय बल्ले के छोर पर या किनारे से रगड़कर विकेटकीपर के द्वारा पकड़े जाने की गुंजाइश पर ध्यान गया। लेकिन इब्राहीम खान और अफ़जल मसूद को दुनिया के सर्वोत्तम बॉलरों का सामना करने का अनुभव प्राप्त था। गेंद का सामना करने में उन्हें कोई दिक्कत नहीं हुई, मानो सुरेश की हर चाल से वे पूर्वपरिचित थे।

यद्यपि पहले ओवर में पाँच रन ही लिये थे, तो भी जिस वाइड बॉल ने अफ़जल मसूद के हेलमेट से टकराकर उसे नीचे गिरा दिया था, उसको छोड़ अन्य सभी गेंदें ऐसी नहीं थीं, जो बैट्समैनों को पसोपेश में डालें। इसलिए दूसरे ओवर में दोनों बल्लेबाज अनायास ही सुरेश के बॉलिंग पर हावी हो गये।

नौ रन।

असल में तेरह रन हो सकते थे। दो शॉट, जो बाउंड्री हो सकते थे, उन्हें राहुल

ने बुद्धिमत्ता से रोककर दो-दो रनों तक सीमित कर दिया था।

अतः श्रीनिवास ने निश्चय किया था कि तीसरे ओवर के बाद मनासा को बुलाऊँ। इसमें कुछ भी बुरा नहीं है। सुरेश को भी सन्तोष होगा कि उसे भी बॉलिंग का अवसर मिला। मेरा गैम्बल असफल निकला। हाँ, जुए में हमेशा पासा सही ढंग से नहीं पड़ेगा।

तीसरे ओवर के पहले श्रीनिवास ने सोचा था कि कहूँ, केवल स्टम्प को निशाना बनाकर बॉलिंग करो। लेकिन फिर निश्चय किया, नहीं, उसे अपना खेल खेलने दो। एक और ओवर। जो भी हो, उसके बाद बॉलिंग चेंज।

सुरेश भी तीसरे ओवर के शुरू में बेचैन था। केवल इस बात की तसल्ली थी कि अपनी गेंद की जो पिटाई हो रही थी, वैसी ही पिटाई दूसरी ओर से बॉल करनेवाले गोडबोले की गेंद की भी हो रही है। हालाँकि यह अपने आपमें कोई तसल्ली की बात नहीं, फिर भी मन को एक तरह की शान्ति ज़रूर मिली।

लेकिन, यहाँ क्या हो रहा है?

ख़ूब सोच-समझकर ही गेंद फेंकता हूँ। लेंथ, स्विंग, स्पीड, सब कंट्रोल में हैं। उद्दिष्ट स्थान पर ही गेंद टप्पा खाती है। सबकुछ कॉपी बुक स्टाइल। किसके शब्द हैं ये? हाँ, तृपूणितुरा ओवल की शाम। वकील अंकल।

कॉपी बुक क्रिकेट। उसे कोई भी पढ़ सकता है। हाँ, खेल सकता है। मगर भई, खेल अगर जीतना हो, तो निरे नियमों से बात नहीं बनेगी। उसके लिए साधारण से ऊँची शैली ढूँढ़नी पड़ेगी। इन्नॉवेटिव अप्रोच। जीवन में जीनियस को आम आदमी से अलग रखनेवाली बात यही है। समझे? कई वर्ष पहले...

तुरन्त ही वकील अंकल कोई कहानी गढ़कर सुना लेते। एक बार बैंगलूर में...एक बार कोच्चि में...उन दिनों जब लेन हटन ओपन करने आया...

कभी-कभी चने या मूँगफलियों के चार-पाँच बड़े-बड़े पैकेट ख़रीद लाएँगे। मित्र लोग कहते थे कि यह ध्यान से कहानी सुनने की प्रेरणा के लिए है। एक बार वकील अंकल ने कहा था—प्रेरणा की आवश्यकता है खेल के मैदान में। प्रतिद्वन्द्वी का मनोविज्ञान समझकर नयी चालें चलना। प्रतिभावान के लिए यह टेढ़ी खीर नहीं।

जब गोडबोले पाकिस्तानी टीम का पाँचवाँ ओवर बॉल कर रहा था, तब सुरेश सेकेंड स्लिप में फील्डर था। मराठे ने, जो थर्ड स्लिप में खड़ा था, जैसे उसके विचार ताड़ गया हो, एक गेंद के बाद के अन्तराल में कहा, "तुम सिर्फ़ तुम बनो। अपनी खुद की शैली ही अपना लो।"

इस अन्दाज़ में कि बात समझ में नहीं आयी, सुरेश ने जब चेहरा उठाया, तब मराठे ने कहा, "जानते हो, ये दोनों आसामी तुमसे बहुत डरे हुए हैं। इनको तुम

आसानी से परेशान कर सकोगे।''

सुरेश धन्यवाद कहना तक भूल गया।

एकदम से तय किया। मैं क्यों इनसे डरूँ? मुझे अपना खेल खेलना चाहिए। मेरा बॉलिंग। अगला ओवर...देख लेना...

दिल की धड़कन बढ़ने लगी। कहीं, श्रीनी जी बॉलिंग चेंज करें, तो? दो ओवर में चौदह रन दे चुका हूँ। नहीं, अब अगर मुझे एक ओवर मिल जाए, तो मैं अपने ही तर्ज़ पर बॉल करने की कोशिश करूँगा।

उस तरफ देखा, जहाँ माँ बैठी थी। कुछ भी दिखाई नहीं पड़ता। ऐसा लगा कि भीड़ बढ़ गयी है। आँखें मूँदकर प्रार्थना की।

तीसरे ओवर के लिए जब गेंद हाथ में आयी, इतना सन्तोष हुआ मानो कोई बहुत बड़ा कार्य कर लिया हो।

विकेट के पीछे की ओर चलते समय स्टेडियम में फिर से ऊँची आवाज़ें गूँज उठीं, उण्णी...उण्णी...

ये लोग मेरे लिए अपनी ऊर्जा दे रहे हैं। मुझमें जोश पैदा करने के लिए। इन्हीं के लिए मैं खेलता हूँ न? ये नहीं, तो मैं भी नहीं।

पन्द्रह कदम रखने के बाद सुरेश एकाएक मुड़ा।

आँखें बन्द कीं।

जब आँखें खुलीं, सामने दूर पर, अम्पायर अपना बढ़ाया हाथ नीचे को झुकाकर बॉलिंग की अनुमति दे रहे हैं।

गेंद का सामना किया इब्राहीम खान ने।

बैटिंग क्रीज़ के दो फुट आगे, एक पैर आगे को रखकर बड़े ज़ोर से ड्राइव करने को लपके इब्राहीम खान के बल्ले के नीचे यॉर्कर और हाफ वॉली से भिन्न, प्रतीक्षित समय से पल-भर की देरी से गेंद आयी। पूरे ज़ोर से इब्राहीम खान ने गेंद को मारा। उछलकर आयी गेंद फॉलो-थ्रू करते सुरेश की बायीं तरफ से अतिशय तेज़ी के साथ जा रही थी। सुरेश को पता नहीं था कि वह क्या कर रहा है। अनजाने में ही बायीं तरफ को स्लाइड करके छलाँग लगायी।

बायीं हथेली में कड़ा दर्द महसूस हुआ, मानो कोई पत्थर आकर गिरा हो। सुरेश ज़मीन पर गिर पड़ा था, मगर मुट्ठी ऊपर को उठी ही रही। बन्द मुट्ठी के अन्दर चिपकी-सी गेंद भी।

हाउज़ाट?

पूछने की ज़रूरत नहीं थी।

तिलकरत्ने की उँगली उठी।

कहीं से दौड़े आकर श्रीनिवास ने सुरेश को उठा लिया। ग्राउंड के विभिन्न

भागों से मराठे, आलोकनाथ, बलबीर सिंह, राहुल और रमेश दौड़े आये। रोबर्ट मनासा ने श्रीनिवास द्वारा सुरेश को ज़मीन पर खड़ा करने से पहले ही उसे कन्धे पर उठा लिया।

स्टेडियम की पूर्वी और उत्तरी गैलरियों से पटाखे छोड़ने की होड़-सी लग गयी। पुलिस के सिपाहियों ने हाथ जोड़ते हुए प्रार्थना की कि पटाखे बन्द कीजिए। परन्तु, किसी ने ध्यान नहीं दिया। दक्षिण पूर्वी कोण से पुलिस के ही एक सिपाही ने जेब से एक पैकेट पटाखा निकालकर उसे ऊपर उठाते हुए उसमें आग सुलगाई।

भीमाकार स्कोर बोर्ड पर 'इब्राहीम खान कॉट एंड बॉल्ड सुरेश'— ये अक्षर उभर आये।

42

पाकिस्तान का वन-डाउन बैट्समैन अस्मत राणा था। संसार का सबसे निडर खिलाड़ी, जिसमें बिना हेल्मेट पहने ही वेस्टइंडीज स्पीड बैटरी तक का सामना करने का साहस है। ऐसा पाकिस्तानी सितारा, जो एकदिवसीय क्रिकेट और पंचदिवसीय टेस्ट क्रिकेट दोनों में समान रूप से चमकता है। ऐसा खिलाड़ी, जिसे अपने बैटिंग कौशल के कारण पिछले आठ सालों से अपने सत्रहवें साल की उम्र से लेकर इंग्लैंड के लंकाशायर लीग और काउंटी क्रिकेट में बारी-बारी से खेलने का भाग्य मिला है। वह खिलाड़ी, जो निसार अहमद के रिटायर होने के बाद, क्रिकेट के खेल की कुशलता को अगर कसौटी माना जाए, तो अगला कप्तान बनने की योग्यता रखता है। लेकिन सब लोग जानते थे कि अस्मत राणा कभी कप्तान नहीं बनेगा।

पिच में आकर सुरेश मेनन की दूसरी गेंद पर बल्ला चलाते समय उसके मुख्य कारण का उसने परिचय दिया।

तब सुरेश बाल-बाल बच गया था।

दूसरी गेंद सुरेश ने जान-बूझकर नहीं फेंकी थी। पहली गेंद को इब्राहीम खान ने ज़ोर से मारा। भाग्य का खेल। गेंद की गति में हाथ आ गया। उँगलियाँ आपसे आप अन्दर की ओर मुड़ीं। इसीलिए, बस, कैच हो गया। क़िस्मत का खेल। ईश्वर की कृपा। अतएव अगली गेंद किसी विशेष योजना के बिना ही सामने के विकेट के मिडिल स्टम्प को लक्ष्य करके फेंकी। रफ़्तार बढ़ाने या कम करने की कोई विशेष कोशिश नहीं की। जब अस्मत राणा क्रीज़ में आया था, तब श्रीनिवास ने सभी फील्डरों को हाथ के इशारे से सूचित किया था कि वे सब अपने-अपने स्थानों से फ़ौरन आगे बढ़कर खड़े हो जाएँ। बॉलर जब दौड़ शुरू करता है, उसके बाद ही

आगे आना चाहिए। उस समय बैट्समैन का ध्यान सिर्फ़ बॉलर पर ही लगा होगा। बॉलर के दौड़े आने के चार या पाँच सेकेंड के बीच सारे के सारे फील्डिंग पोजीशन उलट-पुलट जाएँगे। सभी निर्धारित गैप बन्द हो जाएँगे। यह रणनीति सभी गेंदों के लिए लागू नहीं होती। अचानक मानसिक तनाव पैदा करने, सामान्य ताल में श्रुतिभंग लाने और कशुल बैट्समैनों को निर्णायक अवसरों पर सेटल होने से रोकने के लिए कई कप्तान यह तरीका अपनाते हैं। नियम की दृष्टि से इसकी मनाही है। परन्तु, श्रीनिवास ने विशेषज्ञ निर्देश दिया था कि सभी गेंदों में जब बॉलर गेंद फेंकने की तैयारी के बाद दौड़ना शुरू करता है, तब पल-भर को सभी फील्डर कप्तान की तरफ देख लें। एक फ्लैश। कप्तान के हाथ की उँगलियों द्वारा इशारा मिलेगा। या तो आगे को, या पीछे को। फौरन सारे फील्डिंग पोजीशन बदल जाएँगे।

श्रीनिवास की यह तकनीक अस्मत राणा को मालूम थी। इसलिए पहली गेंद का सामना करने के लिए तैयार खड़े अस्मत ने, जब सुरेश दौड़ने के लिए मुड़ा उसी क्षण मिड-ऑन पोजीशन में खड़े श्रीनिवास की ओर देखा। श्रीनी के हाथ की उँगलियाँ उठ रही थीं।

अस्मत राणा ने मन में ठानी। इस समय सिर्फ़ एक काम करना है।

अच्छे लेंथ में आयी गेंद थी। घुटनों तक ऊँची। आगे बढ़कर पूरी ताक़त समेटकर एक शानदार स्ट्रेट ड्राइव। मुश्किल से एक सौ बीस किलोमीटर की रफ़्तार से आयी गेंद को जवाबी मार में दो सौ पचास किलोमीटर की रफ़्तार मिल गयी। गेंद सीधे सुरेश मेनन के चेहरे की तरफ गयी। सुरेश को डराना ही उसका लक्ष्य नहीं था, उसे आतंकित करना ही चाहिए। एकदम नया खिलाड़ी। बल्लेबाजी में ज़रा-सा कमाल दिखाया, तो क्या? अब बॉलिंग में भी जादू चलाने दिया जाए? वह भी ओपनिंग बॉलर के तौर पर? छोकरा, जो निरा अनाड़ी है। उसको डराना चाहिए। इसके अलावा, श्रीनिवास ने थोड़ी देर पहले इशारा देकर फील्डिंग पोजीशन के सभी गैप बन्द करवा दिये हैं। अगर ढूँढ़े, तो अब भी ख़ाली जगहें मिलेंगी। लेकिन उन्हें खोजते रहने की फुरसत कहाँ? लो, सुरेश ने दौड़ना शुरू किया है। हाँ, ज़रूर एक गैप है। साफ़ दिखाई दे रहा है। बॉलर के पीछे लांग-ऑन और लांग-ऑफ के बीच की जगह। पूरा ज़ोर लगाकर अगर स्ट्राइक किया जाए, और बॉलर को पार कर गेंद आगे को जाए, तो ज़रूर मिलेंगे चार रन।

अस्मत राणा ने ज़ोर से बल्ला चलाया। सुरेश के चेहरे को ही जान-बूझकर निशाना बनाया। बगल से जाए, तो हाथ फैलाने की सम्भावना है। पिछली गेंद की तरह ग़लती से कैच होने नहीं देना चाहिए। चेहरे की तरफ दो सौ पचास किलोमीटर की रफ़्तार से आनेवाली गेंद के ख़िलाफ़ कुछ करने का मौक़ा ही नहीं मिलेगा। अगर चेहरे पर लगे, तो अच्छा। अस्मत राणा ने तय किया।

ख़तरे का अन्दाज़ा पाकर या, शायद, क्रिकेट इंस्टिक्ट के कारण सुरेश का सिर स्वयं ही नीचे की ओर झुक गया। गेंद कान के पास से रगड़कर पूरी तेज़ी के साथ बाउंड्री की तरफ गयी।

शैलजा के मुँह से अनजाने ही चीख निकली, "उफ़!"

पूरे स्टेडियम ने ही नहीं, देश-भर में टी.वी. स्क्रीन पर आँखें गड़ाये बैठे करोड़ों दर्शकों ने लम्बी साँस ली।

अगर गेंद ज़रा और नज़दीक से जाती! सिर झुकाने में थोड़ी-सी देर लग जाती! बॉलर के लिए हेल्मेट नहीं है। यदि सिर पर गेंद लगती, तो निश्चय ही ज़मीन पर गिर पड़ता। अगर बैट्समैन के बदन को लक्ष्य करके गेंद फेंकी जाए, तो उसे वाइड क़रार देने की छूट अम्पायर को है। लेकिन, बैट्समैन अगर जान-बूझकर बॉलर को चोट पहुँचाने के इरादे से गेंद मारे, तो? उसे रोकने के लिए क्रिकेट में कोई नियम नहीं है।

अम्पायर तिलकरत्ने ने अस्मत राणा का ध्यान आकृष्ट करने की कोशिश की। सोचा, निगाह के इशारे से उसे चेतावनी दूँ। पर, अस्मत राणा ने अम्पायर की ओर देखा ही नहीं।

चौके पर गैलरी से मिली-जुली प्रतिक्रिया हुई। तालियाँ और हूटिंग।

हरीश पटेल की कमेंटरी में अनाजने ही हिन्दी शब्द घुस आये।

"बाल-बाल बच गया!"

हरीश पटेल के पीछे जो युवा स्टैटिस्टिशियन कम्प्यूटर के की दबा रहा था, उसने एक चिट उनकी ओर बढ़ाई।

"अस्मत राणा ने यह दसवीं बार एकदिवसीय अन्तरराष्ट्रीय खेलों में पहली ही गेंद पर चौका लगाया है। पिछली नौवों बार ऐसी शुरुआत के बाद शतक लगाये हैं। जिन मैचों में पहली गेंद पर चौका नहीं लगाया, उनमें से किसी में उन्होंने शतक नहीं मारा है।"

हरीश पटेल की आवाज़ में अचानक परिवर्तन हुआ। सुरेश के प्रति जो सहानुभूति पहले थी, वह अब ग़ायब हो गयी। एक नया गणित। नयी आकस्मिकता।

हरीश पटेल ने अभी-अभी प्राप्त जानकारी श्रोताओं को प्रदान की, "क्रिकेट की अनिश्चितता की तरह उसकी आकस्मिकता भी आकर्षक है। अभी-अभी हमने देखा न? अस्मत राणा ने पहली गेंद मारकर बाउंड्री पहुँचायी। उनके उम्दा क्रिकेट स्कोर अभी-अभी मैंने देख लिये। एक सौ सत्ताईस एकदिवसीय अन्तरराष्ट्रीय खेलों में नौ शतक, चौंतीस अर्द्धशतक और ग्यारह शून्य। आपको एक मज़ेदार बात बताते हुए मुझे ख़ुशी हो रही है। जिन मैचों में उन्होंने शतक मारे थे, उनमें से हर एक में, सामने आयी पहली ही गेंद को बाउंड्री पहुँचाया था। ऐसी स्थिति में आज हम यहाँ

बैटिंग मेले की उम्मीद कर सकते हैं। मुझे पूरा विश्वास है कि आज के दिन कोच्चि में अस्मत राणा का बल्ला स्टेडियम के हर कोने की तरफ गेंद को बेरहमी से उड़ा देगा। बल्ला और गेंद की लड़ाई, दिमाग़ और शारीरिक बल की लड़ाई हम यहाँ देख पाएँगे। कोई जीते या हारे, सचमुच की जीत यहाँ क्रिकेट की होगी। हाँ, क्रिकेट के शानदार खेल की।''

जब सतीश ने बाउंड्री से पूरे ज़ोर से गेंद फेंक दी, तब सुरेश उलझन में पड़ गया कि अब क्या करूँ! अस्मत राणा का इरादा बहुत ही साफ़ था। आतंक पैदा करना। आतंकित करके सुरेश का ताल भंग कर देना।

गेंद को हाथ में आहिस्ता-आहिस्ता घुमाते हुए बॉलिंग के लिए चलते समय स्वयं सुरेश को भी आश्चर्य हुआ। इस समय मुझे ज़रा भी डर नहीं लग रहा है। अगर ज़रा चूक जाता, तो सिर टूट जाता। लेकिन, यह निश्चित है कि आगे कभी इसी प्रकार की गेंद आये, तो साहस के साथ उसका सामना कर सकूँगा।

साहस नहीं, एक प्रकार की ज़िद अपने ऊपर सवार थी। अस्मत राणा को अब ईंट का जवाब पत्थर से दूँगा। चेहरे को लक्ष्य करके बम्पर फेंकने से कोई फ़ायदा नहीं। जिस पहली गेंद ने अफ़ज़ल मसूद का हेल्मेट बिगाड़ डाला, उसे अम्पायर ने वाइड क़रार दिया। उसी ढंग से आगे भी बॉल करूँ, तो अम्पायर शायद चेतावनी नहीं देंगे, लेकिन पत्रकार ज़रूर लिख देंगे। ख़ासकर, पाकिस्तानी पत्रकार। साथ देने को कुछ विदेशी पत्रकार भी होंगे। नहीं, अब बम्पर नहीं फेंकूँगा।

सुरेश ने अगली दोनों गेंदें सही लेंथ और ऊँचाई से फेंकीं, जिससे बैट्समैन प्रतिरोधात्मक ढंग से उनका सामना कर पाये।

अस्मत राणा को सन्तोष हुआ। बच्चू भयभीत हो चुका है। रफ़्तार कम हो रही है। आगे को लेंथ भी खो बैठेगा। अस्मत राणा ने दोनों गेंदें बल्ले के मध्यभाग से रोक लीं।

जब सुरेश अगली गेंद फेंकने के लिए मुड़कर चलने लगा, तब कोलाहल शुरू हुआ। पूर्वी गैलरी से किसी ने पटाखे में आग लगाकर उसे ग्राउंड की तरफ फेंका। और पटाखा फूटा, डीप स्कॉयर-लेग पोजीशन पर फील्डिंग के लिए खड़े मराठे के बिल्कुल नज़दीक। मराठे चौंक पड़ा। पटाखा छोड़ने के सन्देह में पुलिस ने किसी व्यक्ति को पकड़ने की कोशिश की। तब तक गैलरी में दो अन्य जगहों पर भी पटाखे छोड़े गये।

तीन-चार मिनट के बाद थोड़ी देर के लिए खेल बन्द करना पड़ा।

क्रिकेट टेस्टों और अन्तरराष्ट्रीय मैचों में ऐसे अन्तराल अक्सर हुआ करते हैं। खिलाड़ी और अम्पायर ही नहीं, कमेंटेटर भी थोड़े विश्राम के लिए इस समय का फ़ायदा उठाएँगे। विज्ञापन कम्पनियों को मिलनेवाला अप्रत्याशित पुरस्कार। तीन-

चार मिनट का प्राइम टाइम। परन्तु, इस समय किसी तकनीकी समस्या के कारण विज्ञापन चित्रों का कैसेट कम्प्यूटर कंट्रोल के द्वारा कंसोल में ठीक समय पर नहीं आया।

हरीश पटेल को कमेंटरी जारी रखनी पड़ी।

इब्राहीम खान को पवेलियन वापस भेजनेवाले कैच का दृश्य कंसोल से निकाल करके स्लो-मोशन में दिखाने के बीच कहा, ''इसमें सन्देह नहीं कि सुरेश मेनन ने अपने ही बॉलिंग में जो रिटर्न कैच लिया था, उसे निश्चय ही एकदिवसीय क्रिकेट की महत्त्वपूर्ण घटना के रूप में भावी इतिहासकार रेखांकित करेंगे। छलाँग लगाने के बीच भी ठीक गेंद की गति में अपना हाथ पहुँचाना और निर्णायक स्प्लिट सेकेंड में उँगलियाँ दबा देना सचमुच ताज्जुब की बात है। इस समय दो-तीन मज़ेदार कैचों की कहानी मुझे याद आती है। बहुत पहले की बात है। नॉरफॉक नामक स्थान पर एक मैच हो रहा था। इसी तरह असाधारण तेज़ी से आयी गेंद से बचने के लिए फील्डर ने सिर घुमा लिया। गेंद उसके गले के पीछे आकर लगी। उस समय ढीली पड़ी शर्ट के पीछे कॉलर पर रगड़कर नीचे ज़मीन पर गिरने के बदले गेंद शर्ट के अन्दर गिरी। फील्डर ज़मीन पर पेट के बल गिर पड़ा था। लेकिन, गेंद के निश्चल होने के बाद ही उसका शरीर ज़मीन पर गिरा था, इसलिए अम्पायर ने उसे कैच मानकर बैट्समैन को आउट घोषित किया। इसी तरह एक और घटना। हमारे ही देश में घटना हुई थी। पिछली सदी के आख़िरी दिनों में। उन दिनों यहाँ की गर्मी से डरकर गोरे खिलाड़ी फील्डिंग करते समय भी हेल्मेट पहना करते थे। एक गेंद, जिसे बैट्समैन ने मारकर ऊँचे उठाया था, सूरज की किरणों से आँखें चौंधिया जाने के कारण फील्डर ठीक से देख नहीं सका। उसने हाथ ऊपर उठाया। लेकिन गेंद सीधे उसके हेल्मेट पर आ गिरी। गेंद का पता लगाने के लिए उसने चारों ओर खोज की। पर, गेंद दिखाई नहीं पड़ी। तभी उसने अन्य फील्डरों की आवाज़ सुनी—''हाउज़ाट?'' दुविधा में पड़े फील्डर ने जब अपनी खोज जारी रखी, तब अम्पायर ने हाथ ऊपर उठाया। आउट। सब लोग हँस पड़े। तभी फील्डर ने सिर पर टटोला। गेंद के दोनों गोलार्द्धों का मिलन-स्थान हेल्मेट के ऊपर उभरी खड़ी एक कील में धँसकर खड़ा है। बैट्समैन ने कहा, यह कैच नहीं हो सकता। मगर अम्पायर ने नहीं माना। उनके अनुसार हेल्मेट से खेल में जो सहायता मिली, वह खिलाड़ी के जान-बूझकर किये काम से नहीं, इसलिए यह फ़ैसला दिया था। क्या, यहाँ भी ऐसा हुआ है? ऐसा कोई कैच...''

दृश्य में परिवर्तन हुआ।

खेल जारी हुआ।

ओवर की पाँचवीं गेंद, जो सुरेश ने फेंकी थी, एक सुन्दर इनस्विंगर थी। रफ़्तार

कम, लेकिन गति में भारी परिवर्तन आ सकता है। इस प्रकार के इनस्विंगर का लक्ष्य बैट्समैन को फाइन-लेग पोजीशन की ओर गेंद हिट करने के लिए प्रेरित करना है। फोर्ट कोच्चि के मार्कर योहन्नान ने ही इनस्विंगर और आउटस्विंगर के बारीक अन्तर समझा दिये थे।

योहन्नान उँगलियों के बीच गेंद पकड़कर दिखा देता।

गेंद के दोनों हिस्सों को आपस में मिला रखनेवाली सिलाई का बड़ा महत्त्व है। वह सिलाई जिस कोण में टेढ़ी करके पकड़ी जाती है, उसके अनुसार गेंद जब वायु में आगे बढ़ती है, तब दोनों गोलार्द्धों का बोझ वायु पर पड़ने से होनेवाली दाब में परिवर्तन आएगा। वह परिवर्तन गेंद के लक्ष्य में भी परिवर्तन लाएगा। योहन्नान कहा करता था कि इस सिलाई के कोण को सबसे ज़्यादा ख़तरनाक बनाकर, हवा और नमी का स्तर देखकर बॉलिंग किया जाए, तो अपने खिलाड़ियों की बात क्या, सोबर्स और रिचड्र्स तक के छक्के छूट जाएँगे। किन्तु, मार्कर योहन्नान स्विंगर का पूरा-पूरा फ़ायदा उठा नहीं पाया। जब पिछली छुट्टी के दिनों में अपू भैया और दीदी आये थे, तब संयोग से रात के भोजन के समय दीदी से कहा कि इनस्विंगर पर क़ाबू पाना मुश्किल काम है। तब अपू भैया ने कहा था, ''भई, वह तो बेस बॉल है। बेस बॉल का आधार वह स्विंग है। हवा का रुख पहचानकर काम निकालने की बात हुई। बेस बॉल में गेंद के तिरछेपन के अनुसार कोण बनाकर फेंकने की बात है। यदि इसे क्रिकेट में लाया जाय, तो गेंद की गोल शक्ल के कारण क्रिकेट में बेस बॉल जितना स्विंग नहीं मिलेगा। उस रोज़ घर से जाने के बाद अपू भैया ने अमेरिका से कम्प्यूटर पर हिसाब लगाया। क्रिकेट की गेंद का वजन, सिलाई का ढंग, दोनों गोलार्द्धों का मोटापन, इन सबका गणित तैयार करने के बाद बेस बॉल से तुलना करके फॉर्मूला बनकार भेज दिया।

एक सौ बीस किलोमीटर की रफ़्तार से ज़्यादा हो जाए, तो स्विंग पर क़ाबू पाना असम्भव होगा। तीन बातों का पर्सेंटेज रेशियो मुख्य है। सिलाई का कोण, गेंद फेंकने की रफ़्तार और उँगलियों से गेंद घुमाने की परिधि।

जब एक सौ बीस किलोमीटर की रफ़्तार में गेंद फेंकी जाती है, तब सिलाई को बीस डिग्री तिरछी करके गेंद पकड़ लेना। उँगलियों द्वारा गेंद घुमाने की रफ़्तार मत बढ़ाना। हिसाब अगर दस बटा एक सौ बीस हो, तो रफ़्तार घटाते समय गेंद का घुमाव बढ़ाएँ। इसी प्रकार गेंद की सिलाई का कोण घटा दें, तो गेंद पहले ही स्विंग करेगी। उस पर ध्यान देना चाहिए। गणित और आँकड़े।

सबकुछ याद रखना नामुमकिन है। फिर भी कोशिश की थी। मगर चोटी का बॉलर बनने की इच्छा कभी नहीं थी। बैट्समैन और उसके प्रमुख मैचों में एक चेंज बॉलर। इससे ज़्यादा की इच्छा नहीं थी।

लेकिन इस निर्णायक मैच में आपेनिंग बॉलर बन गया। दुनिया के सबसे बढ़िया बल्लेबाजों के ख़िलाफ़ स्विंग करने का प्रयास कर रहा हूँ।

सुरेश ने जो इनस्विंगर फेंका था, वह बेशक आम बैट्समैनों को परेशान करनेवाला था। ज़मीन पर टप्पा खाकर उछलने पर रफ़्तार बढ़ गयी और लेग साइड की तरफ फिसलकर, तिरछा होकर उठा।

अस्मत राणा ने अन्तिम क्षण में ही गेंद का सामना किया था। बैक फुट पर। पूरा ज़ोर लगाकर एक ग्लैंस।

गेंद लेग-साइड की बाउंड्री रेखा की तरफ तेज़ी से उड़ी। लेकिन फील्डर वहाँ तैयार खड़ा था। सिर्फ़ एक रन लिया।

ओवर की आख़िरी गेंद पर एक अद्‌भुत घटना हुई, जिसकी उम्मीद किसी को, यहाँ तक कि सुरेश को भी नहीं थी।

अफ़जल मसूद आउट हो गया। क्लीन बोल्ड। पाँचवीं गेंद-जैसी ही अन्तिम गेंद भी इनस्विंगर थी। परन्तु, गेंद का सामना करनेवाले बैट्समैनों का नज़रिया अलग था।

अफ़जल मसूद ने बैक फुट पर न खेलकर, आगे बढ़कर ज़ोर से गेंद को मारा। कुछ इस अन्दाज़ से कि छोकरे को अभी से सबक नहीं सिखाया, तो मुसीबत होगी।

किन्तु, प्रतीक्षित समय से थोड़ी देर बाद ही गेंद बल्ले के पास आयी थी। स्विंग में कुछ बढ़त हुई। खुद सुरेश को भी अपनी आँखों पर विश्वास नहीं हुआ। विकेट के स्टम्प उखड़ गये।

सबसे पहले दौड़े आये श्रीनिवास। स्टेडियम में कोलाहल मच गया। चारों ओर टीम के खिलाड़ी। टी.वी. में हरीश पटेल का चिल्लाता स्वर— ''दो विकेट एक ही ओवर में। भारतीय क्रिकेट का उज्ज्वल सितारा उदित हुआ है।''

गैलरी में पटाखे, आह्लाद-भरा कोलाहल और बाजों की ध्वनि। पूरे केरल राज्य ने, सारे देश ने सुरेश की बॉलिंग प्रतिभा की दाद दी। गलियों में, गाँवों में, घर के बन्द ड्राइंग-रूमों में लोगों ने सुरेश की जय-जयकार की। अफ़जल मसूद पवेलियन लौट चला।

केवल दो व्यक्ति इस समय भी बेचैन थे। श्रीनिवास और निसार अहमद। भारत और पाकिस्तान के कप्तान। दोनों की समस्या भी एक थी। सुरेश मेनन का क्या किया जाए!

43

निसार अहमद अपने को ही कोस रहा था।

इसका कारण खुद मैं ही हूँ।

छोटी-सी ग़लती। हिसाब लगाने में भूल हुई। उसका फल भोग रहा हूँ। अपनी टीम के दो प्रमुख बैट्समैन एक ही ओवर में आउट। दोनों ख़ूब सेटल होने लगे थे। श्रीनी ने सोचा होगा कि विपक्षी ने ग़लती की। और उसने उसका फ़ायदा उठाया।

सुरेश मेनन के बॉलिंग से सम्बन्धित सभी वीडियो क्लिपिंगों की, सूक्ष्मता के साथ जाँच करनी चाहिए थी। ऐसा नहीं हुआ। अपने मन को सान्त्वना देने के लिए इस प्रकार के लँगड़े तर्क प्रस्तुत किये जा सकते हैं। पत्रकारों से कह सकता हूँ। चयन-समिति के लोगों को यक़ीन दिलाया जा सकता है। तब भी अन्तःकरण से एक सवाल रह-रहकर दिल को कचोटता रहेगा।

क्या, तू हार गया?

नहीं, हारना नहीं चाहिए। वह भी श्रीनिवास-जैसे खिलाड़ी से। निसार के मन में दुविधा पैदा हुई कि कुछ बड़बड़ाते हुए, खिलाड़ियों के ड्रेसिंग-रूम की तरफ चलनेवाले इब्राहीम खान के पास तक जाऊँ या नहीं। इब्राहीम खान ने अब तक इसका कारण समझ लिया होगा कि अपने प्रसिद्ध फार्वर्ड डिफेंस को जिस गेंद ने हराया था, उसमें स्विंग कैसे आया! उसके बारे में पूछ लेना चाहिए। अगला बैट्समैन शमीउल्ला निकल चुका है। दूसरा है शफ़क़त अली। उसे भी कहना चाहिए।

ज़रा ठहरना। इब्राहीम खान को पैड उतारकर आने दो।

हरीश पटेल क्रिकेट के उस मनोविज्ञान से भली-भाँति परिचित था, जिसके अनुसार, खेल के मैदान से रूम के चौकोर स्क्रीन पर पहुँचकर वह मनोरंजक खेल-कूद की हैसियत खो बैठा और ज़ोरदार सस्पेंस थ्रिलर और प्राइम-टाइम एंटरटेनर बिजनेस बन गया। इस पूरी प्रक्रिया में राष्ट्रों के आपसी वैर-विरोध, क्रिकेट के सुपर स्टारों के चुस्त पोशाक-पहनावों, पौरुषपूर्ण अदाओं तथा चेष्टाओं द्वारा प्रस्तुत सेक्सी छवि आदि का भी महत्त्वपूर्ण योगदान था।

खिलाड़ियों के ब्यौरे देते समय प्लेब्वॉय की थोड़ी छवि भी उनमें शामिल हो, तो दर्शकों को अच्छा लगेगा। जब सुरेश मेनन के बारे में कुछ कहा जाता है, तब अपने पास के चेक-लिस्ट के अधिकांश विवरण केवल सुरेश की माँ के बारे में होंगे। इस सुपर स्टार की उन्नति के पीछे उसकी माँ का अथक परिश्रम प्रेरणा-स्वरूप रहा है। यह सूचना तो तीन बार दे चुका हूँ। हरीश पटेल ने क्षण-भर सोचा।

एक प्रेमिका। गर्लफ्रेंड। अगर कहूँ कि सुरेश की एक प्रेमिका है, जिसकी संगति ने क्रिकेट की चमत्कारी प्रतिभा बनने में उसे मदद दी है, तो कैसा होगा? निश्चय ही यह शानदार बात हो सकती है। ख़बर फैला दूँ कि लंच टाइम में प्रेमिका ने उससे यों बात की थी—

'अगर बॉल करने का मौक़ा मिले, तो सुरेश, तू एक नहीं, दस विकेट गिरा देगा।'

हरीश पटेल ने निर्णय लिया।

एक प्रेमिका की सृष्टि ही की जाए। कौन जाने, सचमुच कोई प्रेमिका हो। हाँ, प्रेमिका है। उसकी ज़रूरत है। माँ और बेटे के निकटतम सम्बन्ध की जितनी भी प्रशंसा की जाए, दर्शकों को उसमें ज़्यादा रुचि नहीं होगी। उसमें थ्रिल कहाँ! थ्रिल के लिए किसी लड़की का आना ज़रूरी है। क्यों? सुरेश को अपना बना लेने के लिए। उसकी सफलता की सारी ज़िम्मेदारी अपने ऊपर लेने के लिए। दो महिलाएँ। माँ और प्रेमिका।

हरीश पटेल ने कोई नाम ढूँढ़ा।

टी.वी. पर कमर्शल विज्ञापन ख़त्म हुए। अस्मत राणा का, गार्ड लेने का दृश्य। गोडबोले अपना चौथा ओवर फेंकने को तैयार हो गया।

क्रिकेट कंट्रोल बोर्ड ऑव इंडिया के अध्यक्ष राजा साहब को आदत पड़ गयी है कि लंच के बाद थोड़ा आराम करें। बहुत पहले, अपने यौवन काल से ही जब वे क्रिकेट खेला करते थे, यह आदत शुरू हुई थी। राजस्थान की किसी पुरानी रियासत के वे महाराजा हैं। ऐसा पुराना राजपरिवार, जिसे कभी अपराधियों को मृत्युदंड तक सुनाने का अधिकार था। जब भारत स्वतन्त्र हुआ, तब महाराजा क्रिकेट की ओर मुड़े। क्रिकेट के अच्छे खिलाड़ी बने। राजमहल के किले के बाहर, थार रेगिस्तान से चलती लू को भी परास्त करके उन्होंने सुन्दर टर्फ विकेट और पचहत्तर मीटर व्यासार्द्ध में घास-भरी ज़मीन से युक्त क्रिकेट ग्राउंड बनवा लिया। कोई भी विदेशी टीमें भारत आएँ, तो वे उन्हें एक दिन अपने राजमहल में ले जाएँगे। चार्टर्ड मैच से अलग एक प्रैक्टिस मैच। ऐसी शाम जिसे टीम के खिलाड़ी हमेशा याद रखेंगे। राजा साहब इंटरनेशनल क्रिकेट कॉन्फ्रेंस में भी सबके प्रिय व्यक्ति थे। भारत की गुटनिरपेक्षता-नीति के जीवन्त प्रतीक के रूप में वे विश्व क्रिकेट कंट्रोल बोर्ड के झगड़ों में, जैसा कि इंग्लैंड और ऑस्ट्रेलिया के बीच, काले और गोरों के बीच, साउथ अफ्रीका और वेस्टइंडीज के बीच हुआ करते थे, मध्यस्थ का काम निभाते थे। इस प्रकार क्रिकेट की दुनिया में, सभी राज्यों में खिलाड़ियों और क्रिकेट अधिकारियों के बीच सम्मान्य स्थान प्राप्त करने पर भी उन्हें एक बात की निराशा थी। अपने जीवन की जिन दो महत्त्वाकांक्षाओं को वे पूरा करना चाहते थे, वे पूरी नहीं हुईं। अब

कभी पूरी कर भी नहीं पाएँगे। पहली, ऑक्सफोर्ड में पढ़ाई के दिनों में ऑक्सफोर्ड यूनिवर्सिटी क्रिकेट टीम में यद्यपि स्थान पा सका, तो भी कप्तान नहीं बन सके। दूसरी, भारतीय टीम में स्थान पाने पर भी कप्तानी से वंचित रह गये। राजा साहब स्वयं को कोसते हुए यह कहकर तसल्ली पाएँगे कि दोपहर की यह झपकी ही इन दोनों पराजयों का कारण रहा है। ऑक्सफोर्ड में केम्ब्रिज के साथ वार्षिक प्रतियोगिता चल रही थी। उस वर्ष के प्रदर्शन के आधार पर ही अगले वर्ष के कप्तान को चुन लिया जाएगा। दूसरे दिन दोपहर को ऑक्सफोर्ड की पहली पारी का खेल जारी था। कैम्ब्रिज पहले दिन पूरा समय बैटिंग करके तीन सौ सड़सठ रन ले चुका था। ऑक्सफोर्ड लंच के समय चार विकेट खोकर अड़सठ रन पर था। राजा साहब पैड बाँधकर तैयार बैठे। लंच के बाद फिर खेल शुरू हुआ। राजा साहब को हल्की-सी झपकी आयी। विकेट गिरा। अगले खिलाड़ी की खोज में अम्पायरों ने पवेलियन की ओर दो बार देखा। राजा साहब को जगाकर ग्राउंड की ओर भेजने के साथ ही मैनेजर ने मन में निश्चय कर लिया कि अब इसे कप्तान नहीं बनाऊँगा। ठीक इसी प्रकार भारतीय टीम के साथ भी हुआ। परन्तु, इतने बड़े ख़तरों के बावजूद राजा साहब दोपहर की नींद छोड़ने को राज़ी नहीं हुए।

फिर भी, आज पिछले ओवर के बाद धीरे-से विश्राम-कक्ष की ओर गया। सोचा था, अपने निजी सचिव द्वारा मँगवाये सैंडविच और बिना शक्कर व दूध की चाय का सेवन करके हल्की-सी झपकी लूँ। सब चौपट हो गया।

वह ओवर जिसमें सुरेश मेनन ने दो विकेट गिराये थे।

इस बात पर सन्देह था कि श्रीनिवास का गैम्बल सफल होगा या नहीं। मगर, सफलता मिली।

''राजा साहब!'' पुकार सुनकर राजा साहब ने सिर उठाकर देखा। नायडू हैं। चयन समिति के अध्यक्ष नायडू। आज पंचदिवसीय टेस्ट के कप्तान के बारे में फ़ैसला करना चाहिए। टीम की घोषणा भी करनी है। नये कप्तान को चुन लेने के बाद उसे भी मिलाकर (मताधिकार प्राप्त सदस्य के रूप में नहीं) टीम के खिलाड़ियों को नामांकित करने का ही दस्तूर है। नायडू ने लंच के समय संकेत दिया था कि वह दस्तूर बदला जा सकता है। कप्तान और टीम दोनों को एक साथ घोषित किया जाएगा। तब कोई जवाब नहीं दिया। यह आश्वासन दिया कि आधे घंटे के बाद इस सम्बन्ध में कुछ कहूँगा।

श्रीनिवास ने आज दूरदर्शिता दिखाई है। अगर उसे ही कप्तान चुन लिया जाए तो टीम के चुनाव के समय उसका भी उपस्थित रहना उचित ही है।

राजा साहब ने कहा, ''पहले हम कप्तान को चुनेंगे। उसके बाद उससे भी चर्चा करके पूरी टीम चुन लेंगे। यही अच्छा है।''

"सर, ये पत्रकार... ?"

"कप्तान और अन्य खिलाड़ियों के नाम इकट्ठे ही पत्रकार-सम्मेलन में हम अनाउंस करेंगे। ठीक है न?"

"कप्तान... ?"

"उसका फ़ैसला हो गया, यही न? फ़ैसला लेने का समय हमें नहीं दिया। ठीक है न?"

नायडू हँस दिया।

"जी।"

"दैट इज़ क्रिकेट। दि ग्लोरियस क्रिकेट।"

नायडू ने आवाज़ धीमी कर ली, "सर, आपका आफ्टरनून नैप?"

"नहीं। यह बच्चू मुझे झपकी लेने ही नहीं देता।"

जब नायडू पीछे हट गये, तब राजा साहब ने पास बैठे मुख्यमन्त्री से कहा, "दोपहर की झपकी छोड़ने की बात मैंने कभी सोची भी नहीं। पर आज आपका यह लड़का..."

"उण्णी... ?"

"नो नो? सुरेश...सुरेश मेनन।"

"घर के लोग उसे उण्णी पुकारते हैं।"

"अच्छा...मुझे पता नहीं था।"

"वह रिश्ते में मेरा भानजा है।"

"रियली?"

"जी हाँ।"

जो सुरेश क्रिकेट कंट्रोल बोर्ड के अध्यक्ष राजा साहब की झपकी में बाधक बना, उसी के बारे में श्रीनिवास भी सोच रहा था।

गोडबोले का ओवर ख़त्म होने को था। असमत राणा और शमीउल्ला बड़ी सावधानी से ही खेल रहे हैं। इस ओवर में अभी तक एक लेग-बाई ही मिला है। प्रतिरोध। अगले ओवर में सुरेश की पिटाई करने पर ही इन्हें साहस मिलेगा। अस्मत राणा और शमीउल्ला दोनों में उसकी क्षमता भी है।

सुरेश तो अब जादूगर का-सा जादू चलाने लगा है। श्रीनिवास असमंजस में पड़ गया।

अस्मत राणा ने हिम्मत के साथ सुरेश का सामना किया। गोडबोले भी पूरे आत्मविश्वास के साथ उसका मुक़ाबला कर रहा है। सुरेश की गेंद का स्विंग और छोटे-से व्यतिक्रम दो-तीन गेंदों में ही अस्मत राणा पहचान लेगा। शमीउल्ला एक या दो ओवर इसी प्रकार सँभलकर, बॉलर को परखकर सावधानी के साथ खेलेगा।

उसके बाद दोनों ताबड़-तोड़ बैटिंग शुरू करेंगे। फिर उन पर लगाम कसना मुश्किल होगा। इन दोनों में से किसी एक का विकेट गिरे, तो बैट्समैन फिर प्रतिरोधात्मक ढंग से ही खेलेंगे। एकदिवसीय क्रिकेट है। रन-रेट बहुत ही निर्णायक है। औसत रन-रेट अगर तीन या साढ़े तीन हो जाए, तो बीस ओवर बीतते-बीतते समस्या पैदा होगी। रन-रेट बढ़ाने के लिए ज़ोर से बल्ला चलाएँगे। ऐसी हालत में विकेट गिरने की गुंजाइश भी बढ़ेगी।

परन्तु, इसके बाद के दो-तीन ओवरों में एक-दो विकेट गिरने चाहिए।

क्या, सुरेश उन्हें गिरा देगा? अगर सुरेश से बॉलिंग का ढंग थोड़ा बदल देने को कहूँ, तो?

अभी सुरेश ने पिछले तीन ओवर 'ओवर द विकेट' तर्ज़ पर बॉल किये थे। ओवर द विकेट तर्ज़ में गेंद की गति पर नियन्त्रण रखना बॉलर के लिए आसान है। बैट्समैन के प्रतिरोधात्मक खेल के लिए यह रीति अच्छी है। ख़ासकर अस्मत राणा, शमीउल्ला जैसे दायें हाथवाले बैट्समैनों के ख़िलाफ़ यही रीति अच्छी है। अगले ओवर में दो गेंदों के बाद राउंड द विकेट रीति में फेंकने के लिए सुरेश से कहूँगा। इस प्रकार दायें हाथ का बॉलर सुरेश विकेट और बॉलिंग प्वाइंट के बीच की दूरी के कारण दाहिने हाथ के बैट्समैनों के ख़िलाफ़ बड़े ऐंगल में गेंद उछाल सकेगा। लेकिन यहाँ भी ख़तरा है। सही लेंथ नहीं मिला, तो बैट्समैन आसानी से मार देगा।

श्रीनिवास बेचैन हो गया। अभी दो गेंदें बाक़ी हैं। गोडबोले ने एक नो-बॉल और दिया। पैरों ने क्रीज़ की लक्ष्मण-रेखा पार की। गोडबोले इस अन्दाज़ में कि क़सूर अपना नहीं, पैरों के सामने आ धमकी सफ़ेद लकीर का है, तमतमाया हुआ-सा उसकी ओर देखकर खड़ा रहा।

उकताहट का संकेत देते हुए लोग तालियाँ बजाने लगे। दर्शकगण हर गेंद पर ऐक्शन चाहते थे। दर्शकों का विचार है कि यह क्रिकेट नहीं, सिनारियो के मुताबिक़ तैयार किया गया एंटरटेनर है।

श्रीनिवास ने वे दृश्य याद करने की कोशिश की, जिनमें सुरेश ने ओवर द विकेट बॉल किये थे।

पिछले ओवर के खेल की गतिविधियों से तम्पी सन्तुष्ट था। अपनी कोशिश से न सही, पाकिस्तान के बैट्समैन एक-एक करके पवेलियन लौट रहे हैं। यदि सुरेश मेनन की बॉलिंग ऐसे ही जारी रही, तो पाकिस्तान की हार निश्चित है। एकाएक शक हुआ कि खेल का हर ऐक्शन देखकर रिपोर्ट करने के लिए रुस्तमजी ने ज़रूर अपने आदमी तैनात किये होंगे। अगर पूछा जाए कि पाकिस्तान के हारने के लिए तम्पी ने क्या किया है, तो कोई जवाब नहीं मिलेगा। तब कमिशन की रक़म में कटौती होगी। हो सकता है, शायद कुछ भी नहीं मिले।

कुछ न कुछ करना चाहिए। अपने भी प्रयत्न से पाकिस्तान हारा है, यह बात रुस्तमजी को समझाने के लिए कुछ तो...

तम्पी ने प्रार्थना की।

तिलकरत्ने अगर एक एल.बी.डब्ल्यू. भी दे दें, तो काफ़ी होगा। नहीं तो, एक रन-आउट। पहले छह बैट्समैनों में से कोई सन्देहास्पद तरीक़े से आउट हो जाए। आउट का इशारा देते हुए उँगली उठानेवाला अम्पायर तिलकरत्ने ही हो, यही काफ़ी है।

तम्पी को झुँझलाहट महसूस हुई।

गोडबोले के चौथे ओवर की पाँचवीं गेंद नो-बॉल दिया गया है।

क्या, इस श्रीलंकाई ने बात नहीं समझी? नो-बॉल देकर अपनी निष्पक्षता दिखा देने के बाद यदि एल.बी.डब्ल्यू. दे देगा, तो कोई हानि नहीं। चाहे जितने नो-बॉल और वाइड दे दे।

तम्पी ने केवल खेल पर ही ध्यान दिया।

शिल्पा ने सुरेश का पिछला ओवर ख़त्म होने तक की प्रतीक्षा नहीं की। विवेक से कहा, "अब एक पल की भी प्रतीक्षा नहीं करना। छिः! मैंने भूल की। पाँच लाख का नहीं, दस लाख का चेक देना था। ऑल राउंडर! ज़रा सोचो विवेक! सुरेश के दौड़े आने का वह दृश्य। घोड़े की सरपट चाल के साथ कट करना चाहिए। सफ़ेद घोड़ा। टाइट पैंट्स। आँखों में चमक। ऊँचा हिलते हाथ। इसमें शक नहीं कि कोई भी माल इस विज्ञापन के बल पर बिक जाएगा। बैटिंग की बनिस्बत बॉलिंग का क्लोज़-अप विजुअल ही ज़्यादा असरदार है। तू जाकर अभी डील पक्का कर, विवेक। कह दे कि बाक़ी पाँच लाख और एग्रीमेंट शाम को ही बम्बई से पहुँचा देंगे।"

विवेक का मन रोष से भर गया, पर जल्दी ही वह शान्त हुआ। अब शिल्पा के प्रति सहानुभूति पैदा हुई।

विवेक ने कहा, "तेरा प्रतिद्वन्द्वी खन्ना साहब अगर पन्द्रह देने को तैयार हो जाए, तो..."

"अगर वह पन्द्रह दें, तो हम सोलह देंगे। ज़रूरत पड़े, तो अपना कमिशन तक अडजस्ट कर लेंगे।"

विवेक ने कहा, "विजय भैया अकाउटेंट हैं। याद रखना।"

"लेकिन आख़िरी फ़ैसला वहाँ शैलजा का ही होगा। आफ़्टर ऑल ही इज ए हेन-पेक्ड..."

शिल्पा ठिठक गयी। उसे लगा कि ऐसा कहना नहीं चाहिए था। सोचा, मेरी

ज़िद के कारण विवेक अगर सुरेश के कंट्रैक्ट के लिए कोशिश करे...विवेक तो कहेगा ही।

''हेन-पेक्ड यानी...?''

एकाएक विवेक ने आश्चर्य के साथ कहा, ''वह देखो, श्रीनी क्या कर रहा है...''

''क्या?''

ओवर के बाद गोडबोले फील्डिंग पोजीशन की ओर चला। बॉलिंग पोजीशन की ओर जानेवाले सुरेश की ओर उसने ध्यान नहीं दिया। श्रीनी ने गेंद रोबर्ट मनासा की ओर फेंकी।

बॉलिंग चेंज। मनासा के फील्डिंग पोजीशन की ओर जाने के लिए सुरेश को उँगली से इशारा किया।

44

यह कहना मुश्किल है कि सुरेश को ख़ुशी हुई या ग़म। दोनों थे। परन्तु, दोनों का सम्मिश्रण नहीं था। पहले, आश्चर्य और अविश्वास। झटका-सा लगा। स्टेडियम के और टी.वी. के दर्शकों को लगे झटके का एक अंश। रोबर्ट मनासा को भी झटका महसूस हुआ था। जब यह सोचकर परेशान था कि अपना कप्तान यह क्या कर रहा है, तभी एक ही ओवर में दो विकेट गिरे थे। मनासा ने निश्चय ही समझ लिया। कप्तान की सोची-समझी चाल है। वह चाल सफल हुई। अब न जाने मेरी बारी कब आएगी। जो भी हो, सुरेश के पाँच या छह ओवर के बाद ही वह आएगी। इसलिए ऐसे ओवर के पहले के अन्तराल में, जिसमें गेंदबाजी के लिए गेंद मिल सके, दर्शकों को मनोरंजक लगनेवाली कलाबाजियाँ दिखा नहीं सका। रोबर्ट ने फील्ड-प्लेसिंग करने के लिए पास आनेवाले श्रीनिवास को देखा। उसके ओठों पर दबी मुस्कान थी। टी.वी. कैमरों में आयी वह मुस्कान दर्शकों ने भी देख ली।

कैमरे की निगाह सुरेश से हटकर रोबर्ट मनासा और श्रीनिवास पर केन्द्रित हो गयी। गेंद सीधे श्रीनिवास द्वारा रोबर्ट मनासा की ओर फेंक दिये जाने पर सुरेश को लगा झटका सिर्फ़ दो सेकेंड तक ही रहा। अचानक उसे शान्ति मिल गयी। सारा तनाव मिट गया। पिछले ओवर में गोडबोले की गेंदों पर अपना तनाव बराबर बढ़ता चला था। अगले ओवर में क्या-क्या करना चाहिए? यदि अस्मत राणा गेंद का सामना करेगा, तो वह मुझे यों ही नहीं छोड़ेगा। अन्तरराष्ट्रीय क्रिकेट से प्राप्त सारी

क्षमताओं का प्रयोग राणा मेरे ख़िलाफ़ करेगा। एक ओवर में दो विकेट गिराने से जो ख्याति मुझे मिली, उसे केवल दो ओवर में ही वह निस्तेज कर देगा। उसके लिए ज़रूरी कौशल और ज़िद अस्मत राणा में है। और शमीउल्ला है कि पंचदिवसीय क्रिकेट में प्रतिरोधात्मक ढंग से और एकदिवसीय क्रिकेट में उपरोधात्मक ढंग से खेलने में समर्थ। गेंद स्विंग करेगी। भाग्य से सही लाइन भी मिलेगी। लेकिन सीधे विकेट को लक्ष्य करके जानेवाली गेंद भी अनायास ही बाउंड्री में पहुँचाने की क्षमता अस्मत राणा और शमीउल्ला— दोनों बल्लेबाज़ों में है। इनके साथ किसी नयी तकनीक का प्रयोग करना चाहिए।

वह क्या हो सकता है?

गोडबोले के ओवर की अन्तिम गेंद तक आते-आते सुरेश का तनाव बढ़ गया। पहले दो ओवरों में विकेट नहीं गिरा था। इसलिए तीसरा ओवर फेंकते समय भय नाम मात्र के लिए भी नहीं था। अभी एक ओवर में, एक नहीं, दो विकेट गिराये हैं। दर्शकगण प्रतीक्षा में बैठे हैं कि अगले ओवर में भी सुरेश कमाल दिखाएगा। पाकिस्तानी बैटिंग पंक्ति को तोड़कर रख देगा।

अनजाने ही सुरेश की आँखें बन्द हो गयीं। माँ की कही बातें याद आयीं— "तनाव के समय नानाजी की कही बात याद रखना कि समझ लो, अपने तृपूणितुरा ओवल में कोई प्रैक्टिस मैच खेल रहा हूँ। विपक्षीगण और अपनी टीम के खिलाड़ी सब अपने ही आदमी हैं। उनके सामने अपना प्रदर्शन अच्छा नहीं रहा तो भी कोई बात नहीं।"

माँ तो ऐसा कह सकती है। अस्मत राणा और शमीउल्ला को सगे आदमी, जो प्रेमपूर्वक अपनी बॉलिंग का सामना कर रहे हैं, कैसे मानूँ?

जब तनाव चरम सीमा पर पहुँचा, ठीक उसी वक़्त ओवर ख़त्म हुआ और गेंद रोबर्ट के हाथों में आ गयी।

जब पहला झटका बीत गया, तब तसल्ली हुई। लेकिन, सिर्फ़ दो क्षण के लिए ही। उसके बाद निराशा हुई। यदि अगला ओवर भी मिल जाता, तो निश्चित रूप से अस्मत और शमीउल्ला के छक्के छुड़ा देता। फास्ट बॉलिंग से किसी एक को, शायद दोनों को गिरा देता। ऐसी रफ़्तार से गेंद फेंकता, जैसी कि क्रिकेट में आज तक किसी को प्राप्त नहीं हुई है। हर तरह के प्रतिरोध को स्पीड के ज़रिए तोड़कर रख देता।

मगर अफ़सोस! श्रीनी ने इसी बीच बॉलिंग चेंज कर दिया।

झुँझलाहट महज़ दिखावा है, यह सुरेश खुद जानता था। जब ज़िम्मेदारी नहीं है, तब समस्याओं का समाधान आसान लगने लगेगा।

पवेलियन।

इब्राहीम खान पैड उतारकर निसार अहमद के पास आकर कुर्सी पर बैठ गया। फिर पिच की ओर ग़ौर से देखा। यह क्या? बॉलिंग चेंज!

निसार ने इसका जवाब नहीं दिया। पूछा, ''छोकरा कैसा है?''

''मैंने सोचा, वह ज़रा तेज़ी से बॉल करनेवाला ऑफ-स्पिनर मात्र होगा। लेकिन...''

''लेकिन...?''

''इससे पहले कि उसे परख लूँ, मैं आउट हो गया।''

निसार ने कहा, ''वही उसका ट्रम्प कार्ड है। उसका, श्रीनिवास का और भारतीय टीम का। सुरेश को परखा नहीं जा सकता। ऐसा बॉलर, जो बैट्समैनों की समझ से परे है। यही काफ़ी नहीं क्या? श्रीनिवास ने बॉलिंग चेंज इसलिए किया कि उसे परखने का मौक़ा किसी को न मिले।''

''नहीं मियाँ, अगर मुझे एक मौक़ा और मिल जाए!''

अचानक इब्राहीम खान को याद आयी।

''इस छोकरे के दो-तीन वीडियो क्लिपिंग्स हमारे पास थे न?''

निसार ने अपने गुस्से पर क़ाबू पा लिया। कोई अपनी भूल के लिए स्वयं को दोषी ठहरा सकता है, मगर दूसरे लोग इसी भूल के लिए उसे दोषी ठहरा दें, तो यह बर्दाश्त नहीं किया जा सकता। कहा, ''हाँ, थे। लेकिन सब नेट-प्रैक्टिस के ही थे। ऑफ-स्पिन। मैंने देखा था। मुझे उसमें कोई ख़ासियत दिखाई नहीं दी। पर, उसने यहाँ जो प्रदर्शन किया...''

निसार चुप हो गया।

इब्राहीम खान उम्दा खिलाड़ी है। बैट्समैन। प्रोफेशनल। अपना खेल स्तरीय बनाने के लिए कोई भी कष्ट सहने को तैयार। प्रोफेशनल खिलाड़ियों की विशेषता है कि पैसे के लिए वे खेलते हैं। पर, पैसा टीम की सदस्यता के लिए मोलभाव करने तक ही सीमित रहे। इसके बाद खेल के मैदान में पैसे का कोई महत्त्व नहीं। वहाँ अपने खेल की स्तरीयता बढ़ाना ही लक्ष्य होगा।

इब्राहीम खान ने कहा, ''सच बताऊँ मियाँ! विकेट खोने का, मुझे ज़रूर रंज है। लेकिन, क्रिकेट के क्षेत्र में एक बढ़िया बॉलर नया-नया आया है न? मुझ पर ज़िद सवार हो गयी है कि अगले टेस्ट में इस बच्चू को सबक सिखा दूँगा।''

निसार ने इब्राहीम खान का कन्धा थपथपाया। ''ज़रा सब्र करो। अगला टेस्ट ही क्यों? कई टेस्ट आनेवाले हैं।''

इब्राहीम खान के मन में आया कि कहूँ, आपके लिए तो यह टेस्ट ख़त्म हो

चुका है, अब अगले टेस्ट के बारे में सोचिए। पर, अपने लिए टेस्ट शुरू ही हुआ है। लेकिन खान ने बात कही नहीं।

रोबर्ट मनासा बॉल करने लगा था।

यद्यपि निसार अहमद की नज़रें पिच पर थीं, तो भी वहाँ जो कुछ हो रहा था, वह उसने नहीं देखा। रोबर्ट मनासा के दूसरे ओवर के लिए श्रीनिवास ने फील्डिंग में थोड़ा-सा परिवर्तन किया। सुरेश को गल्ली पोजीशन में लाया गया। इस पर भी उसका ध्यान नहीं गया। बैट्समैन के विकेट के पीछे स्लिप और प्वाइंट के बीच का पोजीशन है गल्ली। गल्ली शब्द का मतलब होता है खड्ड। क्रिकेट के शुरुआती दिनों में इस फील्डिंग पोजीशन का ज़्यादा महत्त्व नहीं था। उन्नीसवीं सदी के अन्तिम भाग में जब ऑफ थियरी आक्रमणों से बैटिंग पर लगाम कसने की प्रथा प्रचलित हो गयी, शॉर्ट थर्डमैन या बैकवर्ड प्वाइंट माने गये इस स्थान को प्रमुखता मिलने लगी। अत्यधिक तेज़ी और चौकसी की अपेक्षा रखनेवाले इस फील्डिंग पोजीशन पर खड़े फील्डर की उँगलियाँ निर्णायक हैं। जब फास्ट बॉलरों के द्वारा मिडिल-स्टम्प या ऑफ-स्टम्प को लक्ष्य बनाकर फेंकी जानेवाली गेंद आउट-स्विंग लेकर ऑफ-स्टम्प के बिल्कुल पास से तेज़ी के साथ आती है, तब किसी भी बैट्समैन का मन ऑफ-कट करने को ललचा जाएगा। कभी-कभी आख़िरी पल का लेट-कट होगा। बल्ले से फील्डर के पास तक पहुँचने में गेंद को सेकेंड का दसवाँ भाग भी नहीं लगेगा। यदि बैट्समैन की टाइमिंग ज़रा चूक जाए, तो गेंद उछलकर ऊपर उठेगी। वह कई अवसरों पर अन्तिम क्षण में गेंद मारने के लिए बल्ला ऊपर करके फिर पीछे की ओर खींच लेने की कोशिश करेगा, मानो गेंद को छू लेना ख़तरनाक हो सकता है, इसलिए उसे छोड़ दिया जाए। लेकिन उस समय कभी-कभी, बल्ला खींच लेने के पहले, गति में फ़र्क पड़ने के कारण बल्ले के किनारे गेंद के रगड़ने की सम्भावना है। पल-भर में ही गेंद ऊपर उठेगी। तिरछा पकड़े बल्ले के ऐंगल के कारण गेंद गल्ली की तरफ उठेगी। बिजली की तेज़ी से लपककर उसे पकड़ने के लिए वहाँ सबसे कुशल फील्डर आवश्यक है।

सुरेश गल्ली में फील्ड करने को खड़ा रहा। रोबर्ट मनासा ऑफ-स्टम्प को लक्ष्य करके गेंद फेंकने लगा। लेकिन, निसार अहमद ने इस परिवर्तन पर ध्यान नहीं दिया। रोबर्ट मनासा और गोडबोले का सामना करने में अस्मत राणा और शमीउल्ला को कोई कठिनाई नहीं होगी।

लेकिन सुरेश...?

इसी पारी में ही उस पर कैसे लगाम कसी जाए? अगर उसमें सफल न हुआ, तो बस, समझो कि यह मैच हार गया। क्या किया जाए?

यदि श्रीनिवास की जगह मैं हूँ, तो आगे सुरेश के बॉलिंग का किस प्रकार फ़ायदा उठाऊँगा?

सुरेश के तीन ओवर पूरे हो चुके। पहले दो ओवर ऐसे कि जिन पर किसी का ध्यान नहीं गया। विकेटों के गिरने की गड़बड़ी में तीसरे ओवर पर भी ध्यान नहीं दे पाया। सुना था कि ऑफ-स्पिन करने में वह माहिर है। पर, यहाँ उसने स्विंग करनेवाली तेज़ गेंद पर नियन्त्रण का परिचय दिया है।

श्रीनिवास के स्थान पर अगर मैं हूँ, तो...

देखूँगा कि अस्मत राणा, शमीउल्ला और शफ़क़त अली— इनमें से कोई साधारण बॉलिंग में विकेट खोता है कि नहीं। नहीं तो, रन रेट कम करने के लिए प्रतिरोधात्मक बॉलिंग करवाऊँगा। मराठे और राहुल को बॉलिंग के लिए भेजूँगा। तीस ओवर तक विकेट गिरे, तो ठीक है। पर, नहीं गिरा। अब अगर रन-रेट कम रहा, तो उसे बढ़ाने के लिए बैट्समैन ज़ोर से गेंद मारने लगेंगे। उस समय सुरेश को अखाड़े में उतारूँगा। तीस ओवर तक आते-आते गेंद की चमक खो देगी। इस हालत में स्विंग से भी बेहतर होगा ऑफ-स्पिन या फास्ट गुगली। उसका प्रयोग करूँगा। नहीं तो, मीडियम पेस में कटर। जो भी हो, सुरेश को मंच पर लाऊँगा। उपरोधात्मक फील्ड। आक्रामक बॉलिंग। तीन या चार ओवर। बाकी गेंद चालीसवें ओवर के बाद ही सुरेश को दूँगा।

निसार को यक़ीन हो गया। तीसवें ओवर तक यदि अस्मत राणा और शमीउल्ला खेलते रहें, तो सुरेश ज़रूर मंच पर आएगा। तब, यदि अगला विकेट गिरे, तो थ्री-डाउन पर उतरने को तैयार बैठे शफ़क़त अली के बदले मैं खुद मैदान में उतरूँगा।

भारत के ट्रम्प कार्ड का मुक़ाबला करने की ज़िम्मेदारी औरों की अपेक्षा अपनी है। पहले से ही इस बॉलर का विश्लेषण न करने का अपराधबोध मन में था ही। अब इसकी चालें कौन-कौन सी हैं, इसकी आँखों देखी जानकारी भी मिल जाएगी।

निर्णय लेने से मन को शान्ति मिली। निसार ने खेल पर ध्यान दिया।

खेल धीरे-धीरे उबाऊ और नीरस होता गया। अस्मत राणा और शमीउल्ला ने सावधानी के साथ रोबर्ट मनासा और गोडबोले की गेंदों का सामना किया। पटाखों का छूटना, सी-सी कर जानेवाले रॉकेट आदि नहीं थे। धमाकेदार पटाखों से रहित मामूली-सी आतिशबाजी। लेकिन लोग भूल गये कि अप्रत्याशित रूप से इसमें कभी धमाके भी हो सकते हैं।

स्कोर धीरे-धीरे बढ़ता गया।

रोबर्ट मनासा का दूसरा ओवर मेडन था। गेंद का सामना करनेवाले शमीउल्ला ने अपनी पंचदिवसीय शैली में प्रतिरोध किया। सिर्फ़ एक ही गेंद पर कठोर प्रहार

किया। वह कवर प्वाइंट की ओर कट किया हुआ एक स्ट्रोक था। यद्यपि गेंद में ज़्यादा रफ़्तार नहीं थी, तो भी सुरेश और कवर प्वाइंट पर खड़े मित्तल के बीच के गैप से वह निकल गयी थी। खुद सुरेश भी समझ नहीं सका कि दाहिनी ओर को लपकने के लिए पहले ही से तैयार होने का विचार कब मन में उठा। ज्यों ही गेंद शमीउल्ला के बल्ले पर लगी, त्यों ही सुरेश दायीं ओर को बढ़ चुका था। गेंद सुरेश और मित्तल को जोड़नेवाली काल्पनिक रेखा पर पहुँचे, इससे पहले ही सुरेश चालीस डिग्री ऐंगल में पन्द्रह कदम रख चुका था। अस्मत राणा रन लेने के लिए पिच के एक तिहाई भाग तक आ चुका था। सुरेश की छलाँग और गेंद को लक्ष्य करके झुकना देखकर शमीउल्ला ने 'नो' पुकारा। सुरेश ने गेंद हाथ में लेने के बाद ही सिर उठाकर देखा था। एक चौथाई सेकेंड। गेंद बॉलर वाले छोर की तरफ फेंकना था। लेकिन फॉलो-थ्रू में मनासा पिच के बीच तक आ चुका था। ठीक विकेट को लक्ष्य करके गेंद फेंकनी चाहिए। स्टम्प पर न लगे, तो कवर करके पकड़ने के लिए कोई नहीं। थोड़ी शंका के साथ बैट्समैनवाले छोर की ओर देखा। शमीउल्ला ने क्रीज़ नहीं छोड़ा है। इस मुआयने में जो क्षण-भर का समय लगा, वह पाकिस्तान के लिए सहायक सिद्ध हुआ। सुरेश ने गेंद बॉलर वाले छोर के विकेट को लक्ष्य करके फेंकी। अचूक निशाना था। विकेट के स्टम्प उखड़ गये। लेकिन, उसके पहले ही अस्मत राणा क्रीज़ के अन्दर पहुँच चुका था।

तालियों के रूप में बधाइयाँ मिलीं। दर्शकों को ही नहीं, टीम के खिलाड़ियों की भी। अगले तीन-चार ओवरों में सुरेश को विशेष कुछ करना नहीं था। बैट्समैन धीरे-धीरे अपनी हालत मज़बूत करते गये। गोडबोले के पाँचवें ओवर के बाद श्रीनिवास ने खुद बॉलिंग का दायित्व ले लिया। बैट्समैन निर्भय होकर तीन या चार रन प्रति ओवर के क्रम से रन लेकर आगे बढ़ाते रहे।

सुरेश को अपने ही ऊपर झल्लाहट महसूस हुई। वह गेंद ठीक विकेट पर लगेगी या नहीं, यह भय उसके मन में पैदा हो गया था। इसी आशंका के कारण उसने दूसरे ऐंड की ओर देखा था। ऐसा नहीं करना चाहिए था। पहले ही बॉलर वाले छोर की ओर गेंद फेंकनी थी। वही उचित था।

शायद साहस की कमी थी। साहस नहीं, आत्मविश्वास।

नानाजी पूरब के दालान में आरामकुर्सी पर बैठे होंगे। अगर विकेट के स्टम्प खड़े कर दें, तो गेंद लगने पर वे तिरछे हो जाएँगे। तब खुद ही दौड़कर उन्हें सीधे रखना था। दीदी से कहूँ, तो कहेगी, फुरसत नहीं। नौकर रावुण्णी नानाजी के काम से कहीं गया होगा। छह गेंदें। सबकी सब पुरानी। टेनिस की गेंद नहीं। क्रिकेट की असली गेंद। उन्हें एक साथ ज़मीन पर रखना था। दस फुट तक दौड़कर, दौड़ने के

बीच में ही झुककर उन्हें हाथ में लेकर फेंकना चाहिए। लक्ष्य था, तीस-पैंतीस फुट दूर आँगन के छोर पर खड़े 'चाम्पा' के पेड़ के नीचे हल्दी से अंकित रेख का निचला भाग। छह गेंदें। एक-एक करके पाँच सेकेंडों में फेंकने चाहिए।

फेंक चुकने पर नानाजी सिर उठाएँगे। जोर से कहेंगे, 'दो।' या 'तीन।' फिर नानाजी अख़बार पढ़ने में लग जाएँगे।

सभी गेंदें खोजकर इकट्ठा करके किसी दूसरे स्थान पर रखता और फेंकना जारी रखता।

छह वर्ष बीतने पर छह गेंदों में सब के सब 'चाम्पा' के पेड़ के निशाने पर फेंकने की क्षमता प्राप्त हुई। बिरले ही मौक़ों पर गेंद लक्ष्य पर नहीं पहुँच पाती। उस दिन जब तीन बार लगातार विभिन्न कोणों से छहों गेंदें पेड़ से टकरायीं, तब अनजाने ही चेहरा उठाकर बरामदे की ओर देखा।

कहा, "नानाजी, सी दिस।"

आरामकुर्सी खाली थी।

नानाजी की मृत्यु के छह महीने बाद वह घटना हुई थी।

सुरेश ने मन में उमड़े गुस्से को अन्दर ही अन्दर दबा लिया।

उन दिनों हमेशा यह मालूम था कि लक्ष्य क्या है। उपबोध मन में भी एकमात्र लक्ष्य था, चाम्पा का पेड़। आज लक्ष्य चुन लेना पड़ा। दोनों ओर के विकेट। आगे प्रैक्टिस करते समय दो लक्ष्य चाहिए।

सुरेश ने सारा ध्यान फील्डिंग पर केन्द्रित किया।

45

उनतीसवें ओवर में अस्मत राणा ने लेग साइड की तरफ एक ग्लैंस के साथ पाकिस्तान का सौवाँ रन स्कोर किया था। सौ रन। दो विकेट। रन रेट तीन से थोड़ा ऊपर। कोई बात नहीं। अस्मत राणा का व्यक्तिगत स्कोर अड़तालीस। दो रन और मिलें, तो पचास।

जब हरीश पटेल अपनी कमेंटरी में यथासम्भव नयी जानकारियाँ और मज़ेदार चुटकुले मिलाने की कोशिश कर रहे थे, तभी शतक पूरा हुआ था। सुरेश मेनन के शानदार तीसरे ओवर के बाद पिच में रोमांचक दृश्यों का लगभग अभाव ही था। श्रीनिवास की गेंद पर शमीउल्ला का एक स्ट्रेट ड्राइव, अस्मत राणा के बल्ले के किनारे से लगकर उठी गेंद का, विकेटकीपर आलोकनाथ के बीस फुट पीछे जाकर

गिरना, इन दो घटनाओं को छोड़कर दर्शकों के लिए मनोरंजक कोई घटना मैदान में नहीं हुई। स्टेडियम में बैठे दर्शक बीसवें ओवर से लेकर अपनी बेचैनी प्रकट करने भी लगे थे।

चिल्लाहट, जो पहले धीमी आवाज़ में शुरू हुई थी, धीरे-धीरे तालबद्ध रूप में ज़ोर पकड़ती गयी।

उण्णिये...उण्णी! उण्णिये...उण्णी!

गैलरी में बैठे दर्शक तत्काल ही प्रतिक्रिया प्रकट कर सकते हैं। नारे लगा सकते हैं, पत्थर फेंक सकते हैं, हूट कर सकते हैं। अगर खेल उबाऊ हो जाए, तो उठकर जा सकते हैं। लेकिन क्रिकेट के अस्तित्व पर ही असर डालनेवाला बड़ा ख़तरा तब पैदा होता है, जब दुनिया-भर के टी.वी. दर्शकों का एक विभाग क्रिकेट के सीधा प्रसारणवाला चैनल बदल देता है। पूरे खेल के समय चालू टेलीविज़न सेट में कम-से-कम दस प्रतिशत सेट पर दर्शक अगर क्रिकेट का सीधा प्रसारण देखने को तैयार नहीं होंगे, तो कोई भी बढ़िया विज्ञापन कम्पनी खेल के दृश्यों के बीच विज्ञापन देने को तैयार नहीं होगी। जब दर्शकों की संख्या दस फ़ीसदी से बढ़कर रेटिंग बढ़ता है, तब विज्ञापन की दर भी बढ़ेगी। रेटिंग अगर पचास फ़ीसदी हो जाए, तो फिर विज्ञापन की दर एक सेकेंड के लिए छह अंकोंवाली संख्या तक आ जाएगी। भारत और पाकिस्तान में सामान्यतया बीस और पच्चीस के बीच का जो रेटिंग था, वह दोनों राज्यों के बीच के सीधे मैचों की इस शृंखला में धीरे-धीरे बढ़कर चालीस के लगभग हो गया। एकदिवसीय शृंखला के प्रथम चारों मैच दोनों टीमों ने जब बराबर कर लिये, तब रेटिंग बढ़ा। पहले ही हस्ताक्षरित अनुबन्ध-पत्र के अनुसार विज्ञापन-दर बढ़ाना असम्भव है। इसलिए बिजनेस पत्र-पत्रिकाओं ने लिखा कि पंचदिवसीय टेस्टों के प्रसारण के बीच के विज्ञापनों पर ही नया रेटिंग लागू किया जा सकता है।

लेकिन, सब एकबारगी उलट-पुलट हो जाएँगे, खेल अगर उबाऊ हो गया तो। दर्शकगण टी.वी. बन्द कर देंगे। या चैनल बदलकर सिनेमा के चैनल पर आएँगे। नहीं तो गीतों के, नृत्य के या कुश्ती के चैनल पर।

चैनल बदलने या स्विच-ऑफ करने के लिए प्रेक्षकों की उठती उँगलियाँ रोकने की क्षमता तीन प्रकार के लोगों में ही विद्यमान हैं। पहला वर्ग खिलाड़ियों का है। ग्राउंड में खेल शुरू होने के बाद उनका ध्यान सिर्फ़ खेल पर ही होगा। जीतना चाहिए। जीत के लिए वे परिस्थितियाँ दूर करनी चाहिए, जिनमें हार की सम्भावना निहित हो। डिफेंसिव बॉलिंग, डिफेंसिव बैटिंग। सिर्फ़ एक रन के लिए रिस्क लेकर दौड़ने की जुर्रत मत करो, खेल के बीच दर्शकों का मनोरंजन करने लायक़ शानदार छक्का मारो। बैट्समैन को गिरा देनेवाली गेंद फेंको, सर्कस के ट्रपीजवाले

के समान हवा में उड़कर कैच पकड़ो—जैसे निर्देशों से काम नहीं चलेगा।

दूसरे विभाग के लोग हैं वे टेकनीशियन, जो विभिन्न कैमरों की आँखों द्वारा लिये जानेवाले दृश्यों में से तत्काल ही चुन-चुनकर आकर्षक दृश्य प्रस्तुत करते हैं। इनमें कितने ही व्यक्ति ऐसे हैं, जो अद्भुत रचनात्मक प्रतिभा का प्रदर्शन करते हैं। शहर के दृश्य, विचित्र अदाओं वाले दर्शकों के क्लोज़-अप, खेल के मैदान से ऊबकर अख़बार पढ़ते दर्शक, उमस से बचने के लिए स्कर्ट उतारकर मात्र बिकिनी पहने, छाया में बैठकर बियर पीनेवाली मेम साहब—ये सब मामूली दृश्य हैं। टोकियो ओलिम्पिक्स में सौ मीटर दौड़ के फाइनल का तनाव जब चरम सीमा पर पहुँचा था, उस पल में स्टार्टिंग ब्लॉक पर, लपकने के लिए तैयार, दम साधे खड़े धावकों के क्लोज़-अपों से अलग, पाँच सेकेंड के लिए मैदान के बीच इन सबसे बेख़बर, नमी से युक्त हरी घास के नीचे से कीड़ों की खोज करके निराश होकर चोंच उठाकर खड़े कबूतर का दृश्य दिखानेवाला प्रतिभावान टेकनीशियन इस विभाग के असाधारण व्यक्तियों का प्रतिनिधि है। लेकिन, इसमें सन्देह है कि हमेशा ऐसे दृश्य देखने को मिलेंगे। बार-बार देखने से ऊब पैदा होने की भी आशंका है। अत: दर्शकों का ध्यान चैनल पर ही बनाये रखने के विषय में टी.वी. कम्पनियाँ इस विभाग के लोगों पर पूरा भरोसा नहीं रखतीं।

तीसरा विभाग है कमेंटेटरों का। हरीश पटेल इस विभाग में अद्वितीय हैं। पाकिस्तान द्वारा शतक पूरा किये जाने पर स्टेडियम में यद्यपि तालियाँ उठीं, तो भी दर्शकों की प्रतिक्रिया आवेशपूर्ण नहीं थी। वे जो चाहते थे, वह धीरे-धीरे बढ़ता स्कोर नहीं, बल्कि शानदार छक्के, चौके और भीषण बम्पर। अपने प्रिय सितारे का दर्शन।

उण्णिये...उण्णी! उण्णिये...उण्णी! जयकार की तान से हरीश पटेल को भी मज़ा आया।

उन्होंने कहा, ''सभी लोगों, हममें से प्रत्येक व्यक्ति के मन में सिर्फ़ एक ही सवाल उठता है। उण्णी, आज इस मैदान में जनमा अद्भुत जादूगर सुरेश मेनन, इस समय खेल में अहम भूमिका क्यों नहीं निभा रहा? इसका उत्तर देने के लिए ज़िम्मेदार एक ही व्यक्ति हैं, श्रीनिवास। भारत का कप्तान। वे भली-भाँति जानते हैं कि खुद क्या कर रहे हैं। अस्मत राणा का वह रेकार्ड, जिसके अनुसार जिन एकदिवसीय मैचों में पहली ही गेंद पर उसने चौका मारा, उन सभी में शतक भी लगाये हैं, तोड़ने के लिए श्रीनिवास कोशिश करेंगे ही। रेकार्ड न टूटे, इसके लिए अस्मत राणा और भी ज़ोर से कोशिश करेंगे, इसमें भी सन्देह नहीं। लेकिन क्रिकेट की एक विशेषता है, अनिश्चितता के बीच भी चमत्कार पैदा करने की क्षमता।''

ओवर ख़त्म हुआ।

हरीश पटेल ने कहा, ''क्रिकेट के इतिहास में कुछ अंकों का विशेष महत्त्व है। तेरह, सात और तीन। विशेषता क्या है, इसकी व्याख्या करना मुश्किल है। हाँ, तेरह रन होने पर बैट्समैन को डर लगेगा। बदक़िस्मती का प्रतीक है वह नम्बर। सात भी ऐसा ही नम्बर है। वह भाग्य या दुर्भाग्य का नम्बर नहीं है। लेकिन, सात से सम्बन्धित बहुत-सी कहानियाँ प्रचलित हैं। एक मज़ेदार कहानी सुनाऊँगा। 1977 में सातवें महीने की सातवीं तारीख को इंग्लैंड और ऑस्ट्रेलिया के बीच क्रिकेट टेस्ट मैचों की शृंखला से सम्बद्ध घटना है। उस दिन ऑस्ट्रेलियाई दौरे का सत्तरवाँ दिन था। उस दिन सत्तरवें ओवर में जब डग वालटर्स ने अपना व्यक्तिगत स्कोर सतहत्तर बना लिया, तब उसका साथी बैट्समैन ऑस्ट्रेलियाई बैटिंग आर्डर का सातवाँ खिलाड़ी रोडनी मार्श था। इन सबमें सात की संख्या की समानता थी। परन्तु, इससे भी आश्चर्यजनक एक और तथ्य की चर्चा करूँगा। एक बार तीन की संख्या हर जगह प्रत्यक्ष हुई थी। जनवरी 19, 1982 को सिडनी क्रिकेट ग्राउंड में वेस्टइंडीज और ऑस्ट्रेलिया के बीच मैच हो रहा था। ठीक तीन बजकर तैंतीस मिनट पर स्कोर बोर्ड के आँकड़े देखकर दर्शक चकित रह गये। बैट्समैन विव रिचर्ड्स नॉट आउट 33, फाउड बच्चस नॉट आउट 3, एक्सट्रा 3, विकेट 3, लास्ट मैन एल. गोमस 3, बॉलर ग्रेग चैपल 3 रन, जो दे दिये। यही काफ़ी नहीं क्या? अभी कितनी ही कहानियाँ और हैं, जिनके बारे में कहा जा सकता है कि ये अंकों की आकस्मिकता की अद्‌भुत कहानियाँ हैं! एक और कहानी सुनाऊँगा। 10 दिसम्बर, 1982 के आडिलेड टेस्ट में जब जॉन डेसन आउट हुआ, तो इंग्लैंड के स्कोर बोर्ड पर चार की संख्याओं की बारात निकली।''

कहानी समाप्त नहीं हुई। उससे पहले ही अस्मत राणा ने कमर तक की ऊँचाई पर साधारण मीडियम पेस में आयी मित्तल की गेंद को, जब यह तय हो गया कि गेंद बायीं ओर को ब्रेक करके लेग-स्टम्प से दो फुट दूर से गुज़रेगी, तब आसानी से दायाँ पैर पीछे जमाकर बायाँ घुटना नीचा करते हुए झुककर लेग अम्पायर के सिर के ऊपर से मार दिया।

पहला छक्का। अस्मत राणा का अर्द्धशतक।

हरीश पटेल ने कहानी बीच में ही रोक दी। अब इसकी ज़रूरत नहीं। खेल के मैदान में जब छक्का लगाया जाता है, तब शब्दों के छक्कों पर कोई ध्यान नहीं देगा।

स्टेडियम के सभी हिस्सों से तालियाँ और हर्षध्वनि गूँज उठी। विपक्षी टीम के बढ़िया खेल की दाद देनेवाले दर्शकों को हरीश पटेल की ओर से विशेष अभिनन्दन मिला। हर्षोल्लास के दृश्य टी.वी. पर दिखाये गये।

विवेक ने शिल्पा से साफ़-साफ़ कह दिया कि चूँकि सुरेश ने अपने तीसरे ओवर में दो विकेट गिराये हैं, इसलिए अब तुम जो भी कहो, खेल ख़त्म होने से पहले मैं सीट से नहीं उठूँगा। शिल्पा ने दो बार कोशिश की। उसने कहा, ''जेमिनी एडवरटाइज़िंग के खन्ना साहब सुरेश को ज़्यादा रक़म और बेहतर शर्तें ऑफ़र करेंगे। उनके एजेंट के तौर पर वह देखो, मलयाली लोग भी काम करते हैं। सफ़ेद कुर्ता और धोती पहने कुछ स्थानीय नेता भी हैं। सुरेश को उनका ऑफर स्वीकार नहीं करना चाहिए। शैलजा और विजयन मेनन से, अलिखित रूप में ही सही, अनुबन्ध ले लेना चाहिए। नहीं तो, मैं...'' शिल्पा जब तीसरी बार भी दुहराने लगी, तब विवेक ने हाथ ऊपर उठाते हुए कहा, ''नहीं, अब बस करो शिल्पा। तुम जो चाहे, करो। खेल ख़त्म होने पर ही मैं यहाँ से उठूँगा।''

गोडबोले के अगले ओवर के बीच शिल्पा उठी। उसने सोचा, विवेक से कोई काम करवाना हो, इट इज़ इम्पॉसिबल। बड़बड़ाती हुई और धक्कम-धुक्का करती हुई शिल्पा शैलजा के पास चली आयी। लेकिन, तब तक अगला ओवर फेंकने के लिए श्रीनिवास रोबर्ट मनासा को गेंद दे चुका था।

पिछले सवा घंटे से शिल्पा बात शुरू करने की कोशिश में थी। उसने कहा, ''यह जो पाँच लाख है, उसे सिर्फ़ शुरू का टोकन एडवांस समझो। टर्म्स और एडवांस जितना चाहे, ले सकती हो। इसके लिए गारंटी है मेरी। तुम जानती हो, दीदी कि मुझे इसमें अपनी कम्पनी की भलाई की उतनी चिन्ता नहीं है। उण्णी को सही एक्सपोजर मिलना चाहिए, यही मैं चाहती हूँ। उसके नाम का अनुचित फ़ायदा उठाने का मौक़ा विज्ञापन क्षेत्र के इन ठगों को नहीं मिलना चाहिए। मैं जल्दी ही उसकी योजना बना दूँगी।''

शैलजा का ध्यान बँटता देखकर शिल्पा ने विजयन मेनन की ओर मुखातिब होकर अपनी बात ज़ारी रखी। चूँकि विजयन मेनन को क्रिकेट की अपेक्षा हिसाब और आँकड़े ज़्यादा पसन्द थे, इसलिए उन्होंने शिल्पा की बातें ध्यान से सुनीं। पिच में बॉलरों के बदलने और बैट्समैन द्वारा धीरे-धीरे रन बढ़ाये जाने की ओर दोनों ने ध्यान नहीं दिया। विजयन मेनन को साफ़ पता था कि उण्णी के अनुबन्ध की शर्तें क्या-क्या होंगी। लेकिन कितने पैसों का लाभ होगा, विज्ञापन के बाज़ार में बिकने लायक़ माल के रूप में उण्णी कहाँ तक सफल हो पाएगा, इस सम्बन्ध में उनके मन में कोई निश्चित धारणा नहीं थी। उन्होंने कहा, ''विज्ञापन-चित्र, उद्घाटन समारोह, अतिथि के रूप में भाग लेनेवाले समारोह, गेंद, जूते, कुर्ते, नोटबुक की ज़िल्द आदि कितने ही माध्यमों से उण्णी के चित्र का उपयोग हो सकता है। यही नहीं, उण्णी की लोकप्रियता से पैसे वसूलने के कई क्षेत्र और भी हैं। इसलिए कोई कमिटमेंट

करने से पहले हमें सावधान रहना चाहिए।''

''हाँ, हमारी कम्पनी। टर्न-ओवर।''

''लेट मी थिंक।''

जब दोनों अपने मन में छह, सात और आठ अंकोंवाली राशि के हिसाब लगा रहे थे, तब उनका माल या उत्पाद उण्णी उकताहट के साथ यह सोचते हुए गल्ली में फील्डिंग कर रहा था कि श्रीनी बॉलिंग के लिए कब मुझे गेंद देंगे।

46

तीसवें ओवर में बॉलिंग चेंज के समय श्रीनिवास ने मित्तल को गेंद दी। तब राहुल ने आहिस्ते से कप्तान श्रीनिवास के पास जाकर कहा, ''लगता है, अस्मत लगभग सेटल हो गया है। जल्दी ही कुछ करना चाहिए। वह तो अब पिछले वर्ल्ड कप के फॉर्म में आ गया है।''

जिस वर्ल्ड कप की ओर राहुल ने संकेत किया, वह एकदिवसीय क्रिकेट का सर्वाधिक चर्चित अध्याय है। वेस्टइंडीज और पाकिस्तान के बीच सेमी फाइनल। आख़िरी ओवर। जीतने के लिए पाकिस्तान को ग्यारह रन और चाहिए। वेस्टइंडीज के सबसे ख़तरनाक और निशानेबाज बॉलर, सात फुट लम्बे लिली वाइट की बॉलिंग। सामना कर रहा है अस्मत राणा, जिसने एक सौ दस रन लिये हैं। दूसरी ओर ग्यारहवाँ खिलाड़ी ज़फ़रुल्ला। जब लिली वाइट तैयार होकर गेंद फेंकने लगा, तभी पूरे स्टेडियम में सन्नाटा छा गया। खिलाड़ियों और दर्शकों के मन में सर्वोपरि तनाव था। एक रन लेक़र अस्मत राणा क्रॉस कर ले, यही वेस्टइंडीज की मंशा थी। अस्मत राणा ने तनाव को मन में ही दबाये रखकर गेंद का सामना किया। पहली गेंद नो बॉल। एक रन। अस्मत नहीं दौड़ा। तीसरी गेंद पर क्लब क्रिकेट की-सी आसानी के साथ अस्मत ने लिली वाइट को कवर की ओर ड्राइव किया और चार रन लिये। लिली वाइट ने कप्तान से गुप्त परामर्श करके अगली गेंद फेंकी। अस्मत ने इस अन्दाज़ में कि अभी जल्दी क्या है, पूरा समय लेकर गेंद को फार्वर्ड डिफेंस में रोक रखा। दर्शक अधीर हो गये। खेल ख़त्म होने में जब दो ही गेंदें बची थीं, तब आख़िरी गेंद की प्रतीक्षा किये बिना अस्मत राणा ने साहस के साथ लपककर ओवर की पाँचवीं गेंद, जो ठीक लेंथ में ऊपर उठी थी, पूरे ज़ोर से सामने के स्क्रीन को लक्ष्य करके ऊँचाई में मार दी। गेंद साइट स्क्रीन से टकराये, इससे पहले ही अस्मत राणा बल्ला आकाश की ओर उछालकर विजयोल्लास प्रकट कर चुका था। अस्मत

राणा को देखकर ऐसा लगता था मानो उस ओवर के पूरे चार मिनट में वही अकेला तनाव-मुक्त व्यक्ति था। दो पल। स्टेडियम में पुलिस का घेरा तोड़कर दौड़ी आनेवाली भीड़ से बचने के लिए ज़फ़रुल्ला और अस्मत राणा कबड्डी के खिलाड़ियों की तरह तेज़ी से जो भाग रहे थे, इसका दृश्य अनेक बार विभिन्न अवसरों पर क्लिपिंग्स में, क्रिकेट कमेंटरी के विज्ञापनों तक में दिखया गया। विश्व-क्रिकेट के इतिहास के एक अविस्मरणीय पल के रूप में उन चार मिनटों की प्रशंसा की जाती है।

राहुल ने अस्मत राणा की उस लड़ाकू छवि की ही याद दिलाई थी। श्रीनिवास ने एक क्षण तक राहुल की ओर ग़ौर से देखा और कहा, ''देखें कि मित्तल भैया को सही लेंथ मिलता है या नहीं।''

एकदिवसीय मैचों में अक्सर पन्द्रहवाँ या अठारहवाँ ओवर बीतते-बीतते मित्तल को गेंदबाजी सौंपने का ही रिवाज़ था। एक ओर भारत का तीसरा और चौथा बॉलर मीडियम पेस और दूसरी ओर मित्तल का स्पिन। शुरू में पाँच ओवर। तब तक खेल का रुझान साफ़ हो जाएगा। फिर चालीस ओवर के बाद ही मित्तल की बारी आएगी। लेकिन, इस समय तीसवें ओवर में ही दूसरी बारी की गेंदबाजी के लिए उसे लाया गया। वह भी तब जब कि बैट्समैनों ने सही तरीक़े से बॉलिंग पर कब्ज़ा कर लिया है।

राहुल ने हिसाब लगाया। अब आगे इक्कीस ओवर। उनमें से पूरे दस ओवर मित्तल बॉल करेगा। बाक़ी ग्यारह। सुरेश मेनन ने सिर्फ़ तीन ओवर ही बॉल किये हैं। उसके हिस्से में सात ओवर अभी बाक़ी हैं। तब शेष रह जाते हैं चार। सिर्फ़ गोडबोले के ओवर ही ख़त्म हो चुके हैं। रोबर्ट के दो ओवर बाक़ी। सतीश, मराठे, श्रीनिवास ये सब मुझसे बेहतर बॉलर हैं। इस हालत में लगता है, श्रीनिवास अगला ओवर क्या, एक भी ओवर मुझे बॉल करने नहीं देगा।

अगर मैं उनसे माँग लूँ, तो शायद देंगे। ऐसा करना ठीक होगा क्या? आज शाम से पहले पंचदिवसीय टेस्ट शृंखला के कप्तान की घोषणा की जाएगी। सवेरे निकले अधिकतर अख़बारों में खेल-कूद के पृष्ठ का दूसरा शीर्षक था, श्रीनिवास के लिए सिर्फ़ एक ही प्रतिद्वन्द्वी। पत्रकारों को पता चल जाएगा कि आज सवेरे पहली ही गेंद पर आउट होने के बाद राहुल कप्तान से बॉलिंग का अवसर माँग बैठा। बदक़िस्मती से भारत अगर हार जाए, तो श्रीनी खुद यह ख़बर पत्रकारों को दे देगा। गुप्त रूप से। राहुल बॉल करने की ज़िद पर अड़ा हुआ था। क्या करूँ? चूँकि मुझे उसके मौजूदा फॉर्म और ज़िद का भरोसा था, इसलिए बाल करने दिया। और नतीज़ा?

कोई पत्रकार ज़रूर लिखेगा कि यह पश्चिम भारतीय लॉबी का षड्यन्त्र था।

श्रीनिवास को कप्तानी से दूर रखने के लिए।

इस समय अस्मत राणा ने छक्का मारा था और अर्द्धशतक पूरा किया था।

मित्तल को सही लेंथ नहीं मिल रहा था।

ख़तरा हो सकता है।

अगर पाकिस्तान जीते, तो... ? जीतना नहीं चाहिए। यह मेरी अपनी ज़रूरत भी है।

राहुल ऐसे काम के लिए तैयार हो गया, जो आज तक खेल के मैदान में पहले कभी उसने नहीं किया था।

साइट स्क्रीन के पीछे से गेंद ढूँढ़ लेने में कुछ क्षण लगे। इस बीच राहुल श्रीनिवास के पास गया।

राहुल को अपनी ओर आते देखकर श्रीनी को सन्देह हुआ। राहुल का यह संकेत कि अस्मत राणा सेटल हो चुका है और पहले के विश्व-कप के-से फॉर्म की ओर बढ़ रहा है, किस बात की शुरुआत है, यह श्रीनिवास तत्काल ही समझ चुका था। बॉलिंग में या तो सुरेश को लाने का वह निर्देश देगा, या इच्छा प्रकट करेगा कि वह खुद बॉलिंग करे।

श्रीनिवास ने स्वयं ही मन में हिसाब लगा लिया था।

सुरेश को बॉलिंग देने की सलाह देते हुए राहुल मेरे पास आता है। बैटिंग में कमाल दिखानेवाला नया खिलाड़ी। बॉलिंग में उसने तीन ओवर में दो चोटी के बैट्समैनों के विकेट लेकर अपनी क्षमता का परिचय दिया है। इस समय राहुल का सबसे बड़ा प्रतिद्वन्द्वी सुरेश ही है। सुरेश अगर इसी तरह कामयाब होता जाए—फील्डिंग में भी उसने अपनी प्रतिभा का परिचय दिया है—तो चयनकर्ता निश्चय ही सुरेश को राहुल का भावी एवजी मान बैठेंगे। एवजी तैयार खड़ा हो, तो वह राहुल के लिए ख़तरे की बात साबित होगी। बीच में किसी सीज़न में अगर राहुल अपना फॉर्म खो बैठे, तो पत्रकार लोग क्रिकेटर के रूप में उसकी जो छवि है उसकी धज्जियाँ उड़ाकर रख देंगे। और, पत्रकारों की उपेक्षा करके चयनकर्ता किसी भी खिलाड़ी को एक निश्चित सीमा के ऊपर सहारा नहीं दे पाएँगे। इसलिए राहुल की इच्छा सुरेश को बॉलिंग देने की होगी। अस्मत राणा ने पहले ओवर में ही सुरेश की गेंद पर चौका मारा था। अब वह अच्छे फॉर्म में है। अगर सुरेश गेंद फेंकने के लिए आये, तो तीन ओवर में ही अस्मत सुरेश के बॉलिंग की कमर तोड़कर रख देगा। ऑलराउंडर की सम्भावित छवि पर पानी फिर जाएगा।

इसलिए राहुल सुरेश से बॉल करवाना चाहता होगा।

जब राहुल पास आया, तब श्रीनिवास ने कहा, ''राहुल, अब क्यों न तुम्हीं कुछ

कर लो?''

अनजाने में ही राहुल ने कह दिया, ''यही पूछने के लिए मैं आया हूँ।''

''तुम्हारी खिचड़ी...''

''अस्मत और शमी ने उसका स्वाद चखा है।''

''बेस्ट ऑव लक!''

''थैंक यू। हाँ, फार्वर्ड शार्ट लेग में कैच लेने के लिए किसी को...''

जब राहुल अपने फील्डिंग पोजीशन की ओर गया, तब श्रीनिवास को शंका हुई। राहुल के मन में क्या है?

मेरी गणना के ख़िलाफ़ सुरेश से बॉलिंग करवाने के सुझाव के बदले स्वयं उसकी ज़िम्मेदारी ले लेता है। यह सचमुच ईमानदारी की बात लगती है। फार्वर्ड शार्ट लेग में कैच लेने योग्य किसी व्यक्ति की जो बात की, वह सुरेश मेनन को लक्ष्य करके कही होगी, इसमें सन्देह नहीं। सुरेश को फार्वर्ड शार्ट लेग में राहुल के खिचड़ी बॉलिंग का सामना करनेवाले उज्ज्वल खिलाड़ी अस्मत राणा के दस फुट आगे कैच लेने के लिए खड़ा करना, या तो उसकी बलि चढ़ाने के बराबर है या क्रिकेट की श्रेष्ठता के सूचक उच्च स्तरीय बॉलिंग की योजना बनाना है।

राहुल जान-बूझकर सुरेश को ख़तरा पहुँचाने की चाल चल रहा है क्या?

तब तो...

क्रिकेट ही नहीं, किसी भी खेल में, सबसे ऊँचे शिखर पर पहुँचना हो, तो जोख़िम उठाना होगा। सिद्धि और साधना मात्र से काम नहीं चलेगा। निर्णायक घड़ी में साहस के साथ विपत्तियों का सामना करने की शक्ति भी चाहिए। सुरेश को अपनी काबिलियत का प्रमाण प्रस्तुत करने का यह अच्छा मौक़ा है। आज का दिन सुरेश का है। लड़ाई भारत और पाकिस्तान के बीच नहीं। श्रीनिवास और निसार अहमद के बीच नहीं। मित्तल और अस्मत राणा के बीच भी नहीं। राहुल और सुरेश के बीच में है। पाँच साल के बाद भारतीय क्रिकेट को रूप देनेवाला कौन होगा, यही इस मैच की ट्रॉफी है। इस ट्रॉफी के लिए चलनेवाली प्रतियोगिता। इस प्रतियोगिता में सुरेश को जीतना चाहिए। वह अपनी भी ज़रूरत है। श्रीनिवास ने निर्णय लिया। मित्तल का ओवर जब ख़त्म हुआ, तब आख़िरी गेंद पर एक रन लेकर दूसरे छोर पर पहुँचे अस्मत राणा के ख़िलाफ़ बॉलिंग करने के लिए, दुविधा बढ़ाने के लिए दो क्षणों तक गेंद हाथ में ही रखकर, सुरेश को फॉर्वर्ड शार्ट लेग पोजीशन पर जाकर खड़े होने का संकेत देते हुए श्रीनिवास ने गेंद राहुल की ओर फेंक दी।

सुरेश ने सोचा था कि उसे बॉलिंग के लिए बुलाया जा रहा है। परन्तु, नये फील्डिंग पोजीशन में भेजकर जब श्रीनिवास ने इशारों-इशारों में पूछा कि हेल्मेट

चाहिए क्या, तब तय हो गया कि श्रीनिवास का इरादा कुछ और ही है। सुरेश को लगा कि क्रिकेट में बॉलर के तौर पर मैंने कोई हैसियत नहीं बनायी, फिर भी, पूरे दस ओवर बॉल करने की इच्छा मन में पाल ली, यह अनुचित था। पहले, बॉलिंग के लिए गेंद मिलने पर आश्चर्य हुआ। परन्तु, तीसरे ओवर में दो विकेट गिरा देने पर उम्मीद जगी। अब आगे सात ओवर शायद दे देंगे। लेकिन, अब राहुल ने गेंद ले ली। अब बीस ओवर ही बाक़ी हैं। मित्तल साहब का बॉलिंग अभी शुरू ही हुआ है। क्या, मुझे अब ओवर मिलेगा? कुछ पता नहीं।

अजीब-सी ज़िद सवार हुई। फार्वर्ड शार्ट लेग पोजीशन पर फील्ड करना क्रिकेट में सबसे ख़तरनाक काम माना जाता है। घूमते बल्ले से दस या पन्द्रह फुट सामने। बड़े ज़ोर से मारी जानेवाली गेंद को बल्ला छोड़कर फील्डर के पास आने में केवल सेकेंड का शतांश ही लगेगा। प्रतिरोधात्मक स्ट्रोक में भी गेंद बल्ले से छूटकर नीचे गिरे, इससे पहले ही उसका कैच लेने को हथेली सामने की ओर फैलाकर तैयार खड़ा फील्डर बैट्समैन को आतंकित करेगा। उस समय बैट्समैन एक या दो गेंदें पूरे ज़ोर से इस फील्डर की तरफ़ मारकर उसे आतंकित कर देगा। बैट्समैन और फील्डर की लड़ाई इसी अवसर पर ज़ोर पकड़ती है। इनमें कौन पहले आतंकित हो जाता है, यही महत्त्वपूर्ण बात है।

बैट्समैन के ऐसे आक्रमण को रोकने के लिए फील्डर के पास एक बाहरी सहारा है— सिर पर पहनने के लिए हेल्मेट रूपी मुखौटा। अगर यह लोहे के बने जाल से ढँका हुआ है, तो चेहरे पर मार पड़ने पर भी दाँत और गाल की हड्डियाँ बच जाएँगी। परन्तु, कुछ बैट्समैन मानते हैं कि हेल्मेट कायरता का लक्षण है। सिर पर हेल्मेट पहने फील्डर से बैट्समैन उतना नहीं डरेंगे। हेल्मेट पहनना ही आत्मविश्वास की कमी का सूचक है न! इस दशा में फील्डर की चेष्टाएँ उतनी साहसपूर्ण नहीं हो सकतीं।

सुरेश पर ज़िद सवार थी। पता नहीं, किसके ख़िलाफ़। अवस्थी दो हेल्मेट लिए फील्ड में आने की सीढ़ियाँ उतरने को तैयार खड़ा है। क्षण-भर के लिए सुरेश दुविधा में खड़ा रहा। फिर निषेधार्थ में हाथ हिलाया— हेल्मेट की ज़रूरत नहीं। देखूँ, अस्मत राणा का सामना कैसे करूँगा!

सुरेश अपनी पोजीशन लेने की तैयारी में था।

राहुल ने पास आकर धीरे-से कहा, ''पहली गेंद खिचड़ी।'' उसे सभी प्रकार की बॉलिंग करना आता है। पर, किसी में भी वह टेस्ट स्तर का बॉलर नहीं बन सका, यह खामी अवश्य है। मीडियम पेस, लेग ब्रेक, गुगली, ऑफ स्पिन और कभी-कभी अतिशय वेग से उड़ जानेवाली क्विकी। चूँकि इन सबों का रन-अप

एक-सा है, इसलिए बैट्समैन तय नहीं कर पाएगा कि किस किस्म की गेंद राहुल फेंकेगा। अपनी टीम का विकेटकीपर भी इस विषय में अनभिज्ञ होगा।

अतएव राहुल ने एक योजना तैयार करके टीम के सभी खिलाड़ियों को इसकी सूचना दी।

फील्डर को देखकर ही मैं खिचड़ी बॉलिंग करूँगा। ज़रूरी नहीं कि आप लोग मेरी ओर देखें। मैं आपकी तरफ देख लूँगा।

खिचड़ी में सबकुछ मिलेंगे। राहुल ने खिचड़ी बॉलिंग शुरू किया।

पहली और दूसरी गेंदों पर, यद्यपि अस्मत राणा को डिफेंस करना पड़ा, तो भी पूरा ज़ोर लगाकर तीसरी गेंद उसने सुरेश की तरफ मारी। गेंद ज़मीन से तनिक ऊँचाई पर उठी थी। सुरेश बिजली की तेज़ी से आगे की ओर लपका। गेंद उसकी दाहिनी हथेली में ज़ोर से सिमट गयी। कैच।

47

''भारतीय क्रिकेट के स्वर्णिम युग का आरम्भ। दो उज्ज्वल प्रतिभाओं के संयुक्त प्रयास ने भारतीय क्रिकेट को अभी-अभी चोटी का स्तर प्रदान किया है। दोनों ही खिलाड़ियों ने अभी अपना कौमार्य नहीं खोया है। उनमें से एक तो अभी वयस्क भी नहीं हुआ है। उसका यह पहला अन्तरराष्ट्रीय मैच भी है। इसमें ध्यान देने योग्य बात यह है कि दोनों ने बैट्समैनों के तौर पर ही टीम में प्रवेश पाया था। इसी रूप में ही वे जाने भी जाते हैं। पर, यहाँ फील्ड में उनका प्रदर्शन बॉलिंग और फील्डिंग पर अधिक केन्द्रित हो गया है। अस्मत राणा का अकाट्य समझा गया रेकार्ड, यानी जिन मैचों में पहली ही गेंद पर चौका लगाया, उन सभी में शतक भी लगाने का रेकार्ड, इन नौजवानों ने तोड़ डाला है।''

हरीश पटेल की आवाज़ में उल्लास और उद्वेग भरा था। आवाज़ का आरोहण-अवरोहण, शब्दों के बीच का मौन, शब्दों का लय, ये ही बातें कमेंटरी में तथ्यों की अपेक्षा महत्त्व रखती हैं। रेडियो कमेंटरी में उपभोक्ता की श्रवणेंद्रिय ही गुण की परख करती है। इसलिए मैदान में होनेवाली घटनाओं के आँखों देखे विवरणों में घटनाओं का यथातथ्य वर्णन अनिवार्य है। लेकिन रेडियो कमेंटरी का ज़माना बीतता जा रहा है। नयी कमेंटरी टी.वी. की है। यहाँ जो उत्पाद उपभोक्ता को प्राप्त होता है, वह दृश्य-श्रव्य मिश्रित है। स्टेडियम की भीड़ के बीच बैठकर देखने की अपेक्षा ज़्यादा साफ़ तौर पर आँखों के सामने क्लोज़-अप में खेल के सभी महत्त्वपूर्ण

अंश देख लिये। जिन दृश्यों को देख चुके हैं, उनके बारे में विवरण असंगत है। उसकी कोई आवश्यकता नहीं। लेकिन तत्काल ही घटित घटना के कारण मन में उत्पन्न भावनाओं के पूरक के रूप में कमेंटेटर दर्शकों के कानों में शब्द पहुँचाता है। घटना को नया आयाम और नयी छवि मिलती है। ऐसा भ्रम पैदा करना चाहिए कि वास्तव में पिच में जो हुआ, उससे कितना ही अधिक गम्भीर और आकर्षक घटना घटी है।

दर्शकों को चैनल बदलने नहीं देना चाहिए। मैदान में खेल भले ही नीरस हो, परन्तु, टी.वी. के प्रेक्षकों को वह उबाऊ नहीं लगना चाहिए।

इसके लिए महज़ शब्दों से काम नहीं चलेगा। कहने का ढंग, स्वर और ताल आकर्षक होने चाहिए। माल की अपेक्षा उसका पैकेट लुभावना हो, यह ज़रूरी है।

हरीश पटेल की आवाज़ टी.वी. स्क्रीन पर ज़्यादा देर तक नहीं रही। जल्दी ही विज्ञापन के चित्र प्रत्यक्ष होने लगे।

राहुल का पसन्दीदा चॉकलेट। टूथ पेस्ट जिसे राहुल इस्तेमाल करता है।

जब विज्ञापन समाप्त हुए, तब तक अगला बैट्समैन क्रीज़ में आ चुका था।

पाकिस्तानी टीम के मैनेजर अब्दुल अली खान और भारतीय टीम के मैनेजर मक़बूल अहमद उर्फ़ नवाब साहब दोनों पुराने मित्र हैं। वर्षों पहले, दूसरे विश्वयुद्ध के समय देहरादून के प्रसिद्ध पब्लिक स्कूल में दोनों साथ-साथ पढ़े थे। विभाजन के पश्चात् चार-पाँच वर्षों के बाद ही अब्दुल अली खान पाकिस्तान में जाकर बस गये। उनके माँ-बाप पहले ही लाहौर पहुँचे थे। अब्दुल अली खान और मक़बूल अहमद के बीच स्कूल के दिनों से ही जो दोस्ती शुरू हुई, वह आज भी अगर बरक़रार है, तो इसके दो कारण थे। एक, क्रिकेट के प्रति प्रेम। दूसरा, बियर से प्रेम। दोनों बियर ऐसे पीते थे, जैसे इस भारतीय उपमहाद्वीप का पानी पीने लायक़ है ही नहीं।

खेल रोचक ढंग से आगे बढ़ रहा था। भारत के रन दो सौ अड़तालीस। पाकिस्तान ने दो सौ रन पूरे किये। मुश्किल से तीस ओवर। सिर्फ़ दो ही विकेट गिरे हैं। कुछ भी हो सकता है। जो भी होगा, क्रिकेट के लिए वह हितकर होगा। भारत ने एक चमत्कारी बैटिंग प्रतिभा का पता लगाया है। बहुत अच्छा। अब खेल ज्यों-ज्यों आगे बढ़ेगा, दोनों टीमें बुद्धि, परिश्रम और तकनीक की नयी बुलन्दियाँ छुएँगी। बहुत ही अच्छा है।

"चलो मियाँ, थोड़ा बियर पिएँगे।"

बियर खूब ठंडा था। बर्फ़ के टुकड़ों के बाक़ी अंश, बोतल के लेबल से जो चिपके रहते थे, उन्हें हथेली से पोंछ डाला और उसी हथेली से माथा सहलाते हुए अब्दुल अली खान ने कहा, "तुम लोग खुशकिस्मत हो, मियाँ।"

"क्यों?" भारतीय टीम के मैनेजर मक़बूल अहमद ने पूछा।

"वह तो...बीच-बीच में सभी देशों में क्रिकेट का कोई-न-कोई सितारा प्रत्यक्ष होगा। औसतन दस वर्षों में एक। वेस्टइंडीज में सोबर्स। उसके बाद रिचड्र्स। न्यूजीलैंड में एक हेडली। अपना सलमान और बाद में निसार। लेकिन अपने सबसे बढ़िया फॉर्म पर खेलते हुए कोई दो खिलाड़ी एक ही समय पर किसी भी टीम में नहीं हो पाये हैं। लेकिन, भारत में अब यह सम्भव हो पाया है।"

नवाब साहब मुस्कुराये।

"यू मीन राहुल और सुरेश?"

"जी हाँ।"

"लेकिन मियाँ, सुरेश के लिए यह पहला मैच है न? अपना शहर, दर्शक और उनका जोश-भरा समर्थन। अॅ फ्लैश इन द पैन। उसे अभी पिच में कई बातों का प्रत्यक्ष प्रमाण पेश करना होगा।"

एकाएक अब्दुल अली खान ने कहा, "वाह! वह देखो।"

अब्दुल अली खान ने अनजाने ही तालियाँ बजायीं।

अस्मत राणा को आउट करनेवाला कैच सुरेश ने ही लिया था।

पाँच क्षण।

आपस में दुश्मनी बरतनेवाले दो राष्ट्रों के बीच खेल के मैदान में हो रहे युद्ध का नेतृत्व करनेवाले थे अब्दुल अली खान और मक़बूल अहमद। फिर भी दोनों ने मिलकर तालियाँ बजायीं। राहुल के बॉलिंग, सुरेश मेनन के फील्डिंग और अस्मत राणा के बैटिंग के लिए दी गयीं बधाइयाँ।

सुबह लिये गये निर्णय के अनुसार बैटिंग आर्डर में अगला खिलाड़ी था शफ़क़त अली। लेकिन उसकी जगह ग्राउंड में उतरा निसार अहमद।

मक़बूल अहमद ने पूछा, "क्यों मियाँ, बैटिंग आर्डर में चेंज हुआ क्या?"

"मुझे क्या मालूम, नवाब साहब! सवेरे तो शफ़क़त अली का नाम लिख रखा था। लेकिन नवाब साहब, आप तो जानते ही हैं।"

पाकिस्तानी टीम के मैनेजर और कप्तान के बीच हल्का-सा जो मनमुटाव है, वह खुला हुआ राज़ है, जिसकी ओर अख़बारों ने परोक्ष रूप से संकेत किये थे। साधारणतया किसी राष्ट्रीय टीम के मैनेजर के पद पर वही व्यक्ति नियुक्त होता है, जो क्रिकेट के खेल में प्रवीण होने के साथ-साथ टीम के इतर कार्यों का आयोजन-पटु कोई नामी व्यक्ति भी हो। डिनर-पूर्व के भाषण देने में कुशल, टी.वी. स्क्रीन पर प्रदर्शित करने लायक चेहरा, अख़बारों को कूटनीतिज्ञता के साथ केवल ज़रूरी सूचनाएँ देने की क्षमता, ये सब मैनेजर के चुनाव को प्रभावित करनेवाली बातें हैं।

लेकिन, मैनेजर की सफलता हमेशा ही, टीम के कप्तान के साथ उनके मेल-मिलाप और समीकरण पर निर्भर होंगी। दोनों नायक हैं। दोनों के क्षेत्रों की ठीक-ठीक सीमाएँ निर्धारित नहीं हैं। बल्कि, वे एक-दूसरे के पूरक भी हैं। ऐसी स्थिति में अपने मिशन की सफलता के लिए दोनों में सदा मिलकर काम करने की मानसिकता और क्षमता अनिवार्य है। अधिकतर टीमों के सम्बन्ध में स्थिति अक्सर भिन्न हुआ करती है।

मैनेजर अगर क्रिकेट-जगत का शक्तिशाली व्यक्तित्व और कप्तान केवल कामचलाऊ ढंग से नियुक्त व्यक्ति हो, तो मैनेजर के निर्देश के अनुसार ही सारे कार्य सम्पन्न होंगे। खेल की रणनीति में भी मैनेजर का ही बस चलेगा। बैटिंग का क्रम, बॉलिंग में कौन-कौन से परिवर्तन लाने हैं, फील्डिंग पोजीशन इन सबमें मैनेजर की राय की ही प्रधानता होगी। यदि मैनेजर पुराने समय का प्रसिद्ध खिलाड़ी या कप्तान हो, तो फिर क्या कहना! इसके विपरीत, कप्तान अगर विश्वप्रसिद्ध और प्रेक्षकों तथा क्रिकेट कंट्रोल बोर्ड का पसन्दीदा हो, तो मैनेजर केवल प्रभारी बना रहेगा। कप्तान के व्यक्तित्व की तेजस्विता में मैनेजर की ओर कोई ध्यान भी नहीं देगा। स्वागत-सत्कारों और पत्रकार-सम्मेलनों में कप्तान ही सितारा बनेगा। मैनेजर का कर्तव्य टीम के खिलाड़ियों के आवास, भोजन आदि का इन्तज़ाम करने तक ही सीमित रह जाएगा।

मक़बूल अहमद इस सम्बन्ध में भाग्यशाली थे। भारत के पूर्व कप्तान कमलनाथ और वर्तमान अस्थायी कप्तान श्रीनिवास मक़बूल अहमद को सम्मानपूर्ण स्थान देते थे। यही नहीं, सभी बातों में उनकी राय माँगते भी थे। पाकिस्तान की दशा इसके विपरीत थी। वहाँ कप्तान निसार अहमद को सुपर स्टार का दर्ज़ा प्राप्त था। कराची के अख़बारों में छपी रिपोर्ट के अनुसार सुपर स्टार रहे पूर्व कप्तान और आज टी.वी. के लिए क्रिकेट विशेषज्ञ बनकर आये सलमान खान तक निसार अहमद का-सा व्यवहार नहीं करते थे। सभी मैचों के पहले औपचारिकतावश चलनेवाली चयन समिति की मीटिंग तक नहीं बुलाते थे, जिसमें मैच के पहले कप्तान, उप-कप्तान और मैनेजर के मिलकर बैठने और आपसी सलाह-मशविरे के बाद यह निर्णय लेने की व्यवस्था थी कि किनको टीम में शामिल नहीं करना चाहिए।

अब्दुल अली खान ने शिकायतें अपने मन में ही दबाकर रखी थीं। कहा, ''बैटिंग ऑर्डर बदलने के लिए निसार के पास कोई-न-कोई स्पष्ट कारण होगा। उसका क्रिकेटिंग दिमाग़ आज भी बिल्कुल दुरुस्त है। इसीलिए मैं उसमें दख़ल नहीं देता।''

यह कहने की ज़रूरत नहीं थी कि अगर दख़ल दिया, तो निसार उसको

बरदाश्त नहीं करेगा।

निसार अहमद ने पिच के बीच में शमीउल्ला के साथ थोड़ी देर किसी बात पर चर्चा की। यद्यपि कैमरे ने क्लोज़-अप में उनके चेहरे दिखाये, तो भी उनकी कही बातें किसी ने नहीं सुनीं। निसार अहमद ने निश्चय कर लिया था।

क्रिकेट में ख़तरों के सम्बन्ध में भी कुछ रूढ़ियाँ प्रचलित हैं। दो बैट्समैन लगभग एक ही समय बैटिंग के लिए मैदान में उतरते हैं। उस समय टीम की हालत ख़राब है। बड़े ध्यान से बॉलिंग का सामना करके धीरे-धीरे वे अपनी स्थिति मज़बूत बना लेते हैं। बॉलरों का मनोबल तोड़ने लायक प्रतिरोध। थोड़ी देर बाद, एक-एक रन। दो-दो रन। बीच में बिरले अवसरों पर किसी लूज़ बॉल पर एक चौका। आधा घंटा। एक घंटा। वे दोनों मिलकर तीस, पैंतीस रन ले लेते हैं। एकाएक दोनों उग्र रूप धारण करते हैं। प्रतिरोध छोड़कर उपरोध। साहस के साथ आगे को लपककर गेंद मार देते हैं। मैदान के चारों ओर को लक्ष्य कर। आधा घंटा। एक घंटा। शतक में दोनों की साझेदारी। बॉलर तथा कप्तान लाचार, अपने तूणीर के सभी बाणों का प्रयोग करने लगते हैं। दोनों बैट्समैन बॉलिंग पर कब्ज़ा पा चुके हैं। ठीक इसी समय कोई अच्छी गेंद। एक शानदार कैच। एक थ्रो। अप्रत्याशित रूप से विकेट गिरता है। यह नहीं कि बॉलिंग की श्रेष्ठता या थ्रो की विशिष्टता के कारण ऐसा हुआ हो। अतिशय आत्मविश्वास ने क्षण-भर के लिए बैट्समैन की एकाग्रता भंग की, और वह आउट हो गया। अगला बैट्समैन आता है। यहीं ख़तरा छिपा बैठा है। इसमें सन्देह की गुंजाइश नहीं। नब्बे प्रतिशत मामलों में पास-पास के एक या दो ओवरों में, अभी तक मज़बूती के साथ बैटिंग करता खड़ा बैट्समैन भी आउट हो जाएगा। ज़रूरी नहीं कि यह एकाग्रता के अभाव का परिणाम हो।

ख़तरों की भी रूढ़ि होती है। उससे बचने की बात ही निसार अहमद ने शमीउल्ला से कही थी, ''अब चार-पाँच ओवर तक प्रतिरोध ही काफ़ी है, मियाँ। क्विक सिंगल्ज भी नहीं। और मैं राहुल का, डटकर मुक़ाबला करूँगा।''

शमीउल्ला को ऐसा निर्देश देने के पीछे निसार का लक्ष्य सिर्फ़ इस मैच में अपनी टीम को विजय दिलाना ही नहीं था।

राहुल आज बैटिंग में असफल रहा। फील्डिंग में भी अभी तक कोई कमाल नहीं दिखा पाया। अतएव भारतीय टीम की चयन-समिति की आज होनेवाली बैठक में आगामी पंचदिवसीय टेस्ट की कप्तानी के लिए राहुल को, अगर वह आज कोई चमत्कारी प्रदर्शन नहीं कर पाया, तो प्राथमिकता नहीं मिल पाएगी। स्वाभाविक रूप से श्रीनिवास को ही कप्तानी मिलेगी। श्रीनिवास किसी तरह यह ज़िम्मेदारी सँभाल लेगा। इसके बीच अगर यह सुरेश मेनन बैटिंग, बॉलिंग और फील्डिंग में

कमाल दिखाए, तो चयनसमिति असमंजस में पड़ जाएगी। भारत के भावी कप्तान के रूप में किसको बढ़ावा देना चाहिए? अभी तक राहुल ही एकमात्र उम्मीदवार था। अब लो, एक और नौजवान। पसोपेश की हालत में वे सबसे सुरक्षित रवैया अपनाएँगे। फ़ैसला अगले दौरे या अगली शृंखला तक मुल्तवी किया जा सकता है, बस। राहुल को मायूसी महसूस होगी। खेल में अपनी कुशलता को मान्यता न मिलने की हालत में वह कुशलता ही नष्ट होने लगेगी। भारतीय क्रिकेट का सम्भावित विशिष्ट नेतृत्व कोरी मरीचिका बनकर रह जाएगी। लम्बे अर्से के बाद छब्बीस या सत्ताईस साल की उम्र में अगर उसे भारतीय टीम का नेतृत्व मिल जाए, तो भी वह, फील्ड में क्रिकेट का वह जादू नहीं दिखा पाएगा, जो आज कप्तानी मिलने पर दिखा सकता है।

इसलिए निसार अहमद ने निश्चय किया कि जैसे भी हो, आगे राहुल को बॉलिंग में कमाल दिखाने का अवसर नहीं देना चाहिए।

श्रीनिवास भी यही प्रार्थना कर रहा था। वह स्वयं अजीब उलझन में पड़ गया। राहुल पहले ही ओवर में अस्मत राणा-जैसे अव्वल दर्ज़े के बैट्समैन को आउट कर देगा, इसकी बिल्कुल उम्मीद नहीं थी। लेकिन, हुआ वही। अब इसे चार या पाँच ओवर के बाद ही बदल सकूँगा। नहीं तो, दुर्भाग्य से अगर भारत हार जाए, तो बम्बई के अख़बार मोटे-मोटे अक्षरों में ख़बर छापेंगे कि राहुल को इस निर्णायक समय में बॉलिंग का अवसर न देना ही हार का कारण है। उसके पहले ही, चयन-समिति शायद राहुल को आगामी शृंखला का कप्तान चुन लेगी।

इसलिए राहुल को बॉलिंग करना चाहिए। भारत अगर हार जाए, तो उसके मुख्य कारण के रूप में राहुल की बॉलिंग को प्रस्तुत किया जा सकता है। अगर जीते, तो भी राहुल के बॉलिंग सम्बन्धी आँकड़े ख़राब होने चाहिए।

श्रीनिवास ने आँखें मूँदकर प्रार्थना की, हे भगवान! निसार अहमद को राहुल के छक्के छुड़ा लेने दो!

निसार अहमद ने, मानो श्रीनिवास की प्रार्थना सुन ली हो, राहुल की अगली गेंद को एक्सट्रा कवर की ओर मारकर दो रन लिये। ओवर की आख़िरी गेंद पर एक रन लेकर क्रॉस किया।

ओवर का अन्तराल शुरू होने के थोड़ी देर पहले, जब राहुल अपनी आख़िरी गेंद फेंकनेवाला था, एक टी.वी. कैमरामैन ने राहुल की गर्लफ्रेंड को, जो उसके साथ विज्ञापन चित्रों में प्रत्यक्ष होनेवाली मॉडल भी थी, वी.आई.पी. एनक्लोजर में घुसते देखा था। कैमरे की निगाह तुरन्त उसकी ओर घुमायी गयी। क्लोज़-अप में उसका च्यूयिंग गम चबाने का एक्शन मिला। बस। जनता को उल्लसित करनेवाला यह

दृश्य कंसोल में आया। लेकिन उसे किसी ने नहीं देखा।

अन्तराल के पूरे एक मिनट में उतने समय तक चलनेवाला लम्बा विज्ञापन दर्शकों को परोसा गया।

हरीश पटेल ने राहुल की प्रेमिका का आगमन देख लिया था। अब उन दोनों से जुड़ी एक-दो कहानियाँ ही काफ़ी हैं। एक घंटे के गैप में। लोकल टच भी देना चाहिए, बस।

केरल का वह आकर्षक टूरिस्ट केन्द्र कौन-सा है? नाम भूल गया। ढूँढ़ लेना चाहिए। कहानी में वह नाम भी जोड़ दूँ।

हरीश पटेल की मुसीबत समझे बिना श्रीनिवास ने अगले ओवर की बॉलिंग मित्तल को सौंप दी।

48

श्रीनिवास ने चालीसवें ओवर में बॉलिंग चेंज करके सुरेश मेनन को गेंद दे दी।

अड़तीसवें और उनचालीसवें ओवरों में, यानी मित्तल के पाँचवें और राहुल के भी पाँचवें ओवर में, खेल में नया मोड़ आया। मित्तल के ख़िलाफ़ दो छक्के और एक चौका मिलाकर अठारह रन। राहुल के ख़िलाफ़ दो चौके, दो रन और एक सिंगल। ग्यारह रन।

बत्तीसवें ओवर में शमीउल्ला आउट हो चुका था। रिवाज़ के अनुसार क्रिकेट में घटनेवाले हादसे की रूढ़ि का पालन हुआ। लेकिन, शमीउल्ला का विकेट इतनी आसानी से गिरा था कि कोई भी बॉलर या पूरी की पूरी भारतीय टीम उस पर कोई दावा नहीं पेश कर सकती थी।

किसी बैट्समैन के लिए आउट हो जाना, या विकेट खो देना सबसे बड़ी हानि है। जिस बैट्समैन ने शतक लिया, वह अपने आउट हो जाने का कोई-न-कोई कारण ज़रूर बताएगा। कारण जो भी हो, उसका सार तत्त्व यही होगा कि अपने कौशल की कमी से या विपक्षी टीम के बॉलर या फील्डर के कौशल से मैं आउट नहीं हुआ। लेकिन दर्शक और पत्रकारों की राय भिन्न होगी। वे कहेंगे या लिखेंगे कि इसने सचमुच बेवकूफ़ी की, गेंद का सामना करने का ढंग ही ठीक नहीं था, फील्डर की ओर ध्यान नहीं दिया, इत्यादि। जिस बैट्समैन को आउट होना पड़ा, वह इस समय स्वयं को कोसने की बजाय अपनी हार के दूसरे कारण बताएगा। अम्पायर की तरफदारी, पिच की ख़राब हालत, गेंद पास आने पर विकेटकीपर द्वारा

अश्लील बातें करके एकाग्रता नष्ट करना, सामने के साइट-स्क्रीन के आगे से किसी का चलना, इतना ही क्यों, स्टेडियम की साइड गैलरी से किसी बच्चे का सूरज की ओर आईना दिखाकर धूप की किरणों को ठीक आँखों की तरफ प्रतिबिम्बित करना आदि। कारणों की कोई कमी नहीं होगी।

शमीउल्ला ने भी पत्रकारों के सामने कई कारण प्रस्तुत किये।

अम्पायर तिलकरत्ने ने ही यह आफ़त खड़ी की थी। ऐसा नियम है कि दौड़ ख़त्म होने के बाद ही शॉर्ट रन का सिगनल देना चाहिए। मगर उसने...मुझे तो पहले से ही उस पर शक था। वह भारत का तरफदार है।

लेकिन, सब जानते थे कि शमीउल्ला के आउट होने के लिए अम्पायर ज़िम्मेदार नहीं थे।

बत्तीसवाँ ओवर। मित्तल की एक लेग ब्रेक गेंद। मित्तल ने ठीक निशाना पाने के लिए ब्रेक घटाकर साधारण रफ़्तार से जो गेंद फेंकी, उसे शमीउल्ला ने बल्ले के मध्यभाग से रोककर मिड विकेट की ओर पुश कर दिया। ठीक सामने फॉर्वर्ड शार्ट लेग पर फील्ड करता सुरेश मेनन लपककर भी पकड़ न पाये, इतनी दूर से गेंद लुढ़कती चली। डीप मिड-विकेट पर फील्डिंग करनेवाला रमेश कापड़िया दस-पन्द्रह मीटर की दूरी पर खड़ा था। सुरेश और रमेश दोनों गेंद लक्ष्य करके दौड़े। इसी बीच शमीउल्ला ने पहला रन पूरा करके फील्डर की ओर देखा। सुरेश को गेंद लेने में देर होगी। रमेश को चार-पाँच मीटर और दौड़ना पड़ेगा। शमीउल्ला का कहना है कि उस क्षण में उसने बॉलर वाले छोर पर विकेट के पीछे खड़े अम्पायर को देखा, और यद्यपि तिलकरत्ने ने 'वन शॉर्ट' नहीं कहा, तो भी उसके इशारे के तौर पर दाहिना हाथ ऊपर से तिरछा करके कन्धे को छुआ था।

इस इशारे का अर्थ है कि रन पूरा नहीं हुआ है।

बैट्समैन को अगर रन लेना हो, तो दौड़कर दूसरे छोर पर पहुँचकर बैट का छोर या अपने पैर या शरीर के किसी भाग का पॉपिंग क्रीज़ की रेखा के अन्दर स्पर्श करना अनिवार्य है। सुरेश मेनन का आउट होना भी इसी प्रकार बल्ले के छोर के ज़मीन पर स्पर्श नहीं करने से हुआ था। शमीउल्ला ने रन लिया। दौड़कर दूसरे छोर पर पहुँचा भी। बल्ला आगे बढ़ाकर रेखा के ऊपर पहुँचाया। वह ज़मीन पर छुए, इससे पहले ही अगले रन के लिए तैयार हो गया। उस समय अम्पायर ने 'वन शॉर्ट' का इशारा किया, यही उसका कहना है।

इस अधूरे स्कोर में रन नहीं मिलेगा। अधूरे स्कोर की इस स्थिति में दोनों बैट्समैनों को लौटकर अपने-अपने स्थान पर आना चाहिए, यह सामान्य नियम यहाँ लागू नहीं होता। वन शॉर्ट का नियम क्रिकेट की नियमावली में पिछले दो सौ वर्षों

से, बिना किसी परिवर्तन के, चले आनेवाले नियमों में एक है। यह नियम सन् 1835 में गम्भीर रूप से चर्चित हुआ। विचारार्थ संशोधन प्रस्तुत किया गया कि शार्ट रन में रन पूरा नहीं किया गया, इस वजह से जब दूसरा रन लिया जाता है, तब बैट्समैन पिच की निश्चित दूरी, बाईस गज, यानी बीस मीटर बारह सेंटीमीटर लम्बे पिच में चार फुट, यानी एक मीटर बाईस सेंटीमीटर के क्रम में दोनों ओर के पॉपिंग क्रीज़ को छोड़ शेष भाग नहीं दौड़ता, इसलिए दो-दो रन घटा दिये जाएँ।

क्रिकेट के नियम बनाने का एकाधिकार एम.सी.सी. यानी मैरिलबन क्रिकेट क्लब को है। उन्होंने इस संशोधन पर विस्तार से चर्चा की।

क्रिकेट की रूढ़िवादिता में ब्रिटिश सामन्ती रीतियों का समावेश काफ़ी मात्रा में हुआ था। इनमें से एक है क्रिकेट के नियमों के विधाता-पद पर एम.सी.सी. नामक प्राइवेट क्लब के प्रतिष्ठित हो जाने की कथा।

एम.सी.सी. नाम से प्रसिद्ध मैरिलबन क्रिकेट क्लब की स्थापना सन् 1787 में लन्दन के वेस्ट ऐंड उपनगर में थॉमस लार्ड के मैदान में स्थायी रूप से क्रिकेट खेलनेवाले वाइड कंड्यूट क्लब के सदस्यों ने मिलकर की थी। सन् 1814 में सेंट जॉनवुड प्रदेश के लॉड्र्स क्रिकेट ग्राउंड को, जो आज क्रिकेट के मक्का के रूप में विश्वविख्यात है, एम.सी.सी. ने क्रिकेट के खेल का मैदान चुन लिया। यद्यपि एम.सी.सी. एक प्राइवेट क्लब था, तो भी इंग्लैंड के अधिकतर सामन्त और क्रिकेट के महान व्यक्ति एम.सी.सी. के सदस्य थे, इसलिए पहले अनधिकृत रूप से और बाद में अधिकृत रूप से एम.सी.सी. ने क्रिकेट के नियम बनाने की ज़िम्मेदारी अपने ऊपर ले ली। सन् 1788 में स्थापित होने के एक वर्ष के अन्दर ही एम.सी.सी. ने क्रिकेट के नियमों का सर्वप्रथम वर्गीकरण किया। सन् 1980 के अन्तिम संशोधन समेत क्रिकेट के नियमों के चार प्रमुख संशोधन एम.सी.सी. ने ही पास किये थे। खेलों के चलाने की रीति, अन्तरराष्ट्रीय टूर्नामेंटों की निगरानी आदि ज़िम्मेदारियाँ यद्यपि एम.सी.सी. से इंटरनेशनल क्रिकेट काउंसिल और टेस्ट ऐंड काउंटी क्रिकेट, इन अधिकृत संस्थाओं ने ले ली है, फिर भी क्रिकेट के नियमों के विषय में आज भी एम.सी.सी. को एकाधिकार प्राप्त है। यदि क्रिकेट का कोई नियम बदलना हो, तो वह संशोधन एम.सी.सी. नामक प्राइवेट क्रिकेट क्लब के दो-तिहाई सदस्यों द्वारा एक सम्मेलन बुलाकर पास किया जाना चाहिए। क्रिकेट के पुराणपन्थियों का उत्कृष्ट नमूना है एम.सी.सी.।

उसी एम.सी.सी. ने वन शॉर्ट रन के बारे में चर्चा करके निर्णय लिया। दूसरे रन में जो दूरी तय की, वह अट्ठावन फुट की कुल दूरी से थोड़ा कम हो, तो भी उसे एक रन माना जा सकता है।

वह दूसरा रन लेने के लिए दौड़ने में शमीउल्ला ने थोड़ा-सा विलम्ब किया। तब तक निसार अहमद पिच के लगभग आधे भाग तक पहुँच चुका था।

शमीउल्ला दौड़ा।

रमेश कापड़िया ने ही पहली गेंद पकड़ ली थी। काफ़ी समय था। जब तक शमीउल्ला पिच का दो-तिहाई भाग पार नहीं कर सका, तब तक गेंद विकेटकीपर आलोकनाथ के दस्तानों में पहुँच गयी। बेल उड़ गये।

आउट हो जाने की निराशा के साथ-साथ शमीउल्ला को अपने ऊपर भारी गुस्सा भी आया, जिसे वह दबा नहीं सका।

शफ़क़त अली ऐसा बैट्समैन है, जो तीन विकेटों के गिरने पर मैदान में उतरता है। अपने ही क्लब पाकिस्तान अन्तरराष्ट्रीय एयरवेज तक में इसी स्थान पर उतरता है। थ्री-डाउन। इसका अपना महत्त्व भी है। संकट का सामना करना पड़ता है। कभी-कभी पहला बैट्समैन पहले ओवर में ही आउट हो जाएगा। बहुत कम अवसरों पर दूसरा भी आउट होगा। ऐसी अवस्था में वन-डाउन, टू-डाउन पर उतरनेवालों को नयी गेंद, नयी ताक़त और विकेट मिलने से उत्पन्न जोश के साथ आक्रमण करनेवाले स्पीड बॉलरों का सामना करना पड़ता है। सच पूछिए तो ओपनिंग बैट्समेनों के समान खेलना पड़ेगा। इसमें ख़तरा है। एकदिवसीय क्रिकेट में बिना विकेट खोये खेलने के बाद भी अगर रन रेट बढ़ा नहीं पाया, तो वह हार के बराबर होगा। संकट की स्थिति पैदा हो सकती है। इसलिए जब एक बार शफ़क़त अली थ्री-डाउन पर खेलनेवाले के रूप में प्रसिद्ध हो गया, तब से बैटिंग ऑर्डर में ऊपर चढ़ने का कोई प्रयास उसने नहीं किया।

साधारणतया थ्री-डाउन पर ही खेलनेवाला शफ़क़त जब उसके लिए मानसिक रूप से तैयार बैठा था, तभी कप्तान निसार अहमद ने कहा, ''इस समय थ्री-डाउन पर मैं जाऊँगा, मियाँ। आप फोर-डाउन पर जाना।''

शफ़क़त को थोड़ा अफ़सोस हुआ, मगर उसे प्रकट नहीं किया। जानता था कि खेल के मैदान में निसार कभी वैर-विरोध या प्रतिशोध की भावनाएँ मन में नहीं लाएगा। उसने कोई हिसाब लगाया होगा। वह क्या है, इसकी खोज करने से कोई फ़ायदा नहीं। जो कुछ भी हो, टीम के लिए वह अच्छा ही होगा।

लेकिन, निसार का हिसाब ग़लत निकला, मानो खुदा की यही इच्छा थी। बत्तीसवें ओवर में शमीउल्ला रन आउट हुआ।

सिर्फ़ दस मिनट की ही देर से थ्री-डाउन के बदले अब फोर-डाउन।

वह जो मुझ पर थोपा गया था, खुदा ने अनायास ही उससे मुक्ति दिलाई है।

शफ़क़त अली ने साहस के साथ मित्तल की लेग ब्रेक और राहुल की भ्रामक

गेंदों का सामना किया। निसार अहमद इस समय प्रतिरोध पर ज़ोर देने लगा। दोनों ने गेंद और फील्ड पर ध्यान देते हुए, समझ-बूझ के साथ धीरे-धीरे स्कोर बढ़ाया।

जब मित्तल और राहुल के पाँच-पाँच ओवर बीते, तब स्कोर सिर्फ़ एक सौ तीस रन ही था। एकाएक शफ़क़त ने बल्ला ज़ोर से घुमाकर मित्तल की गेंदों पर दो छक्के, एक चौका और एक दुक्का मारा। छहों गेंदें स्कोरिंग शॉट थे। दो को फील्डरों ने होशियारी से रोक लिया। अठारह रन। दर्शकों का जोश बढ़ने लगा।

दूसरी ओर निसार अहमद ने भी उग्र रूप धारण किया, मानो कोई मादक दवा खायी हो। राहुल के ऑफ स्पिन को दो चौकों में अस्तव्यस्त कर दिया। राहुल ने रफ़्तार थोड़ा बढ़ाकर इनस्विंगर फेंका। पहली गेंद रोक ली गयी। दूसरी में दो रन मिले। राहुल ने फेंकने का ढंग बदल दिया। पाँचवीं गेंद भी रोक ली गयी। छठी गेंद को, जो फास्ट हाफ वॉली थी, परखने में पल-भर की देर हुई। निसार एक रन लेकर दूसरी ओर पहुँचा।

उनचालीस ओवर ख़त्म होने पर टी.वी. स्क्रीनों पर स्कोर प्रत्यक्ष हुआ। जीत के लिए पाकिस्तान को चाहिए नब्बे रन। विकेट छह। ओवर ग्यारह। मौजूदा रन-रेट 4.07, आवश्यक रन-रेट 8.18

दर्शक सोचने लगे कि अब खेल में मज़ा आएगा। कोई भी टी.वी. ऑफ नहीं हुआ। किसी ने चैनल नहीं बदला। स्टेडियम की भीड़ के जोश तक को गम्भीरता का एक पारदर्शी आवरण मिल गया।

सुरेश मेनन की पहली गेंद का सामना करने के लिए तैयार होकर गार्ड लेने के बीच में निसार अहमद के दिमाग़ के करोड़ों कोशाणु उनके स्मृतिपथ में द्रुतगति से खोज कर रहे थे। इस छोकरे के बॉलिंग का, इसकी सम्भावित योजना का अनुमान कैसे लगाया जा सकता है? देखना ही होगा। देखे बिना कोई चारा नहीं। यह ओवर और अगला ओवर दोनों ही निर्णायक हैं। इस ओवर में सुरेश के बॉलिंग की पिटाई करके उसका आत्मविश्वास नष्ट करना चाहिए। एक ओवर काफ़ी है। अगला ओवर कोई भी चाहे, बॉल करे। सुरेश को दूसरी बार एक ओवर और बॉल करने का अवसर मिलेगा। उसका खूब फ़ायदा उठाना चाहिए। जैसा कि मित्तल के साथ हुआ। मित्तल और राहुल अब वापस नहीं आएँगे। अन्य खिलाड़ी सबके सब नगण्य हैं। अगर विकेट पास हों, तो आख़िरी स्लॉग ओवरों में आठ रन का एवरेज आसानी से मार लेंगे।

सुरेश ने भी लगभग इसी तर्ज़ पर हिसाब लगाया। इस ओवर में निसार अहमद मेरे बॉलिंग की पिटाई की कोशिश ज़रूर करेंगे। वे कोई मामूली खिलाड़ी नहीं। उन जैसा तज़ुर्बेकार खिलाड़ी इस समय भारतीय टीम में भी नहीं है। इस हालत में उन

गेंदों पर भी, जिन पर आसानी से रन लिये जा सकते हैं, काफ़ी ध्यान दिये बिना वे कोई शॉट नहीं खेलेंगे। फील्ड पर ध्यान देकर बड़ी एकाग्रता के साथ ही खेलेंगे।

वह दरार कौन-सी है, जो मानसिक रूप से निसार के तैयार होने में बाधा उपस्थित कर सकती है? सिर्फ़ एक ही। विकेट न खोना और रन रेट बढ़ाना। उससे भी महत्त्वपूर्ण है बॉलिंग के अवसर से मुझे वंचित रखना। वही उनका लक्ष्य होगा। मित्तल और राहुल को वह माप चुके। मनासा के सिर्फ़ दो ओवर बाक़ी हैं। श्रीनी और अन्य खिलाड़ी परिचित बॉलर हैं। तब निसार का एकमात्र लक्ष्य होगा, मुझे बॉलिंग से दूर रखना। रन और विकेट की बात गौण है। इस ओवर में ही निसार अपनी योजनाओं पर अमल करेंगे।

मुझे क्या करना चाहिए?

विकेट के पीछे की तरफ चलते वक़्त अनजाने ही गिन रहा था। पहले ओवर में बाईस कदम लिये थे। अब? बारह कदम के बाद सुरेश खुद ही ठिठक गया।

मीडियम पेस काफ़ी है। ज़्यादा फास्ट हुआ, तो लेंथ ठीक न होने की सम्भावना है। मुझ पर हावी होने के लिए निसार को सिर्फ़ दो ही गेंदें काफ़ी हैं। स्पिन की भी ज़रूरत नहीं। लेग ब्रेक हो, ऑफ स्पिन हो, या गुगली, साधारण बैट्समैन से कोई ख़तरा नहीं। वे घबराएँगे। लेकिन, यह निसार साहब हैं। बी केयरफुल!

नानाजी कहा करते थे— ''व्हेन यू आर इन डाउट, प्ले डिफेंसिवली। सिर्फ़ खेल में ही नहीं, जीवन में भी। जब मन में शक हो, तब हड़बड़ी मत दिखाना।''

प्रतिरोध। ''ख़राब वक़्त है। अब नया कुछ भी शुरू न करना।'' ज्योतिषी महाराज कहा करते थे।

अब कोई शक नहीं। अपना समय अच्छा है। लेकिन, लड़ाई ऐसे प्रतिभावान से है, जो हमारे अच्छे वक़्त को भी ख़राब वक़्त में बदलने की क्षमता रखता है।

बी डिफेंसिव। सुरेश ने श्रीनिवास की ओर भी नहीं देखा। फील्ड प्लेसिंग में परिवर्तन भी नहीं किया।

नटकर्णी साहब की बॉलिंग ट्रेवर बेली। पुराने 16 एम.एम. रील से डिफेंसिव बॉलिंग की विभिन्न शैलियों के चित्र, जो वीडियो टेप में लाकर पढ़ चुका था, वे एकदम मन में उभर आये।

सुरेश आँखें मूँदकर सारी शक्ति एक ही बिन्दु पर केन्द्रित करके साधारण रफ़्तार में दौड़ने लगा।

गेंद सही लेंथ में टप्पा खाकर उठी, जिसका सिर्फ़ प्रतिरोध ही किया जा सकता था।

निसार ने गेंद का प्रतिरोध किया।

तीसरी गेंद पर आगे बढ़कर मारने की तैयारी की। निसार ने बायाँ पैर थोड़ा-सा आगे बढ़ाया। परन्तु, कुछ दूरी पर ही गेंद टप्पा खाकर उठी थी। तुरन्त पैर वापस लेकर बैक फुट पर डिफेंड किया।

चारों ओर खड़े फील्डरों ने तालियाँ बजायीं। किसी ने चिल्लाकर कहा, ''गुड बॉल।''

निसार भी कहना चाहता था कि बधाई हो। इंटेलिजेंट बॉलिंग। बड़ा ही होशियार। अगर यह पाकिस्तान में होता, तो मैं इसे दुनिया का, पहले नम्बर का...

चौथी गेंद लेग स्टम्प को लक्ष्य करके ठीक ढंग से आयी। मोड़ देने की कोशिश की। पर, एकाएक गेंद ऊपर उठी। प्रतिरोध के सिवा कोई दूसरा रास्ता नहीं।

पाँचवीं गेंद को मार दिया। लेकिन ज़ोर कम होने के कारण सीधे कवर की ओर गयी। एक रन की भी गुंजाइश नहीं।

छठी और आख़िरी गेंद पर एक रन मिला।

खेल शुरू होने के बाद पहली बार निसार को डर हुआ। शायद, पाकिस्तान हार भी जाए। वह भी, इस छोकरे की वजह से।

49

एकाएक हवा में ठंड बढ़ गयी। हवा ने ज़ोर पकड़ा। कहीं भी बादल नहीं। लेकिन, कहीं वर्षा हो रही थी। जनवरी-फरवरी में कभी-कभी ही वर्षा होती है। दक्षिण-पूर्वी मानसून के जल-भरे बादल भले ही पालक्काड की घाटी पार करें, तो भी कोच्चि क्षेत्र तक आने की ऊर्जा उनमें नहीं होती। आनामुडी नामक गिरिश्रृंग के ऊपर से किया जानेवाला श्रम सफल नहीं होगा। ज़्यादा-से-ज़्यादा इडुक्की जिले की तराइयों में वर्षा मिलेगी, बस।

परन्तु आज न जाने कहाँ से भटककर पूर्वी हवा में फँसा मेघजाल, बिना नीला रंग धारण किये, बड़ी तेज़ी से अरब सागर को लक्ष्य करके आया। मध्याह्न की धूप में कोच्चि बन्दरगाह के पश्चिम में धीरे-धीरे उत्पन्न वायुमंडलीय दाब ने उष्णवायुप्रवाह को सीधे पूरब की ओर मोड़ दिया। दोनों प्रवाह तुरन्त ही एक-दूसरे से टकरा गये।

सबको लगा था कि शायद बारिश होगी।

वर्षा क्रिकेट की संगिनी है। वर्षा के अभाव में क्रिकेट अपने पूर्ण रूप को प्राप्त नहीं होगा। बैटिंग करने का पिच, फीलि्डंग करने का आउट फील्ड, बॉलिंग करने

पर उस पर सीधे तौर पर असर डालनेवाली अन्तरिक्ष की नमी आदि ही नहीं, खेल का समय घटाकर नीरस खेलों को रोमांचक बनाने की क्षमता भी वर्षा में है। क्रिकेट मनोरंजक खेल-कूद ही नहीं, कला भी है। कला तब अपना संदिग्ध रूप प्रकट करती है, जब वह अपने निजी कटघरे से, रंगमंच से बाहर निकलकर जीवन को प्रतिबिम्बित करती है। जीवन के सभी अनिश्चितताओं, वेदनाओं और आह्लादों को समा लेने के समय। अन्य किसी भी खेल की अपेक्षा क्रिकेट ही इस प्रकार कला के बहुत नज़दीक आता है। उसका उत्तम उदाहरण है, वर्षा के कारण क्रिकेट में आनेवाले परिवर्तन। वह सिर्फ़ खेल पर ही नहीं, खेल के मनोविज्ञान पर भी प्रभाव डालती है।

इकतालीसवां ओवर। रोबर्ट मनासा ने यद्यपि लेंथ पर ध्यान रखकर बॉल किया, तो भी निसार अहमद और शफ़क़त अली ने मिलकर सात रन लिये। रन लेने दिया, इससे बढ़कर परेशानी की बात श्रीनिवास के लिए यह थी कि उन दोनों ने ख़ूबसूरती के साथ उस ओवर की छहों गेंदों का सामना किया और उन पर स्कोरिंग शॉट मारे भी थे। ज़ोर कम होने से और गेंद की गति पहले ही से देख लेने में फील्डरों ने असाधारण कुशलता का प्रदर्शन किया, इन कारणों से गेंद बाउंड्री तक नहीं गयी, यही ग़नीमत थी। परन्तु, आनेवाले ओवरों में दोनों बैट्समैन रोबर्ट मनासा को स्वीप कर लेंगे, इस बात के आसार निस्सन्देह लक्षित हुए।

ठीक इसी वक़्त पिछले ओवर के पहले ही हवा में थोड़ी-सी ठंड महसूस हुई थी और स्टेडियम के सारे दर्शक बीच-बीच में आकाश की ओर देखने लगे थे।

अगर बारिश होगी, तो वर्षा के पानी को अन्दर घुसने न देनेवाले प्लास्टिक शीट से पिच ढँका जा सकता है। अधिकतर ग्राउंडों में इसका प्रबन्ध है। लेकिन, बहुत देर तक अगर वर्षा की झड़ी लगी रहे, तो आउट फील्ड कीचड़ से भर जाएगा। फील्डिंग असम्भव हो जाएगी। चाहे वर्षा बन्द हो जाए, तो भी खेल दुबारा शुरू नहीं हो सकेगा। ऐसी बातों में दोनों अम्पायरों का निर्णय ही महत्त्वपूर्ण होता है। पिच में पानी घुस आया है, या हल्की वर्षा में खेल जारी रखा जा सकता है आदि बातों पर अन्तिम निर्णय लेने का अधिकार अम्पायरों का है। त्रिदिवसीय मैचों में और पंचदिवसीय टेस्टों में खेल की गति को ही बदल देने की शक्ति प्रायः अम्पायरों के निर्णय को होगी।

लेकिन, एकदिवसीय मैच में इन निर्णयों की उतनी प्रासंगिकता नहीं।

रिजल्ट चाहिए। ड्रा या बराबरी की स्थिति किसी को नहीं चाहिए।

इसलिए वर्षा के कारण अगर खेल की अवधि घटानी पड़े, तो खेलने के लिए निश्चित समय की गणना करके ओवरों की संख्या में कटौती की जा सकती है।

अगर एक ही टीम अपनी पारी पूरी कर चुकी है, तो विपक्षी टीम को वर्षा से समय में हुई कमी के कारण खेल में जो कटौती हुई, उसकी भरपाई के रूप में समय पर पूरे करने के ओवर निश्चित किये जाएँगे। यदि चार घंटों में पचास ओवर फेंकने का प्रोग्राम है, तो वर्षा के कारण दूसरी पारी में बैटिंग करनेवाली टीम का अगर एक घंटे का समय नष्ट हुआ, तो उसके लिए अड़तीस ओवर खेलना काफ़ी होगा।

निसार अहमद और श्रीनिवास पूर्वी हवा की तेज़ी से भी तेज़ गति के साथ हिसाब लगाने लगे— वर्षा के कारण दो ओवर नष्ट हो जाएँ, तो? पाँच ओवर नष्ट हो जाएँ, तो? खेल पूरी तरह छोड़ दिया जाए, तो?

भारत-पाकिस्तान एकदिवसीय श्रृंखला के लिए नियमावली तैयार करते समय यह बात विस्तृत चर्चा का विषय बन गयी थी। भारत की दलील थी कि कुल जितने ओवर खेलते हैं, उनमें स्कोर किये गये रनों की औसत लेकर विजयी का निर्णय करना चाहिए। वर्षा या अन्य कोई भी कारण हो, यही नियम होना चाहिए। पाकिस्तान ने प्रतिवाद किया। यह नहीं हो सकता। पहली टीम ने अगर पचास ओवर में दो सौ रन लिये हैं, और दूसरी टीम सिर्फ़ चालीस ओवर ही खेल सकी, तो भारत की दलील के अनुसार एक सौ इकसठ रन ही जीतने के लिए काफ़ी हैं। यह ठीक नहीं। क्योंकि उन्हें पहले से ही योजना बनाकर, विकेट खोने की अवस्था में भी रन-रेट बढ़ाने की सुविधा मिलेगी। इसलिए यह देखना चाहिए कि पहली टीम अगर चालीस ओवर ही खेली है, तो हालत कैसी होगी। जिस टीम ने पचास ओवर में दो सौ रन लिये, उस टीम ने पहले चालीस ओवर में जितने रन लिये थे, वही मानदंड होना चाहिए। चालीस ओवर में यदि एक सौ तीस रन ही लिये थे, तो दूसरी टीम के लिए एक सौ इकतीस रन स्कोर करना काफ़ी होगा। एक सौ सत्तर हो, तो दूसरी टीम को एक सौ इकहत्तर लेना चाहिए।

खोये हुए विकेटों के हिसाब से एक फार्मूला तैयार करने का जो प्रयास भारतीय क्रिकेट कंट्रोल बोर्ड ने किया, वह भी सफल नहीं रहा। पाकिस्तान के तर्क को मान्यता मिली।

वर्षा की बूँदें केवल धूप की किरणों को चमक प्रदान करने के लिए पाँच क्षण तक स्टेडियम से होकर गुज़र गयीं। गुलाब-जल का छिड़काव जैसा।

निसार अहमद ने हिसाब लगाया। वर्षा फिर भी आ सकती है। बयालीसवें ओवर में खेल ख़त्म हो जाए, तो भारत का स्कोर कितना होगा? तैंतालीसवें में? पैंतालीसवें में?

छिः! यह कभी नहीं सोचा था कि वर्षा होगी। चूँकि यह तो केरल था इसलिए निश्चित था कि कलकत्ता या इस्लामाबाद की तरह यहाँ खेल के दीवाने दर्शक

उत्तेजित होकर पिच पर चढ़ाई करने की धृष्टता नहीं करेंगे।

स्कोर कितना था?

सुरेश मेनन के मन में ठीक-ठीक हिसाब था। यदि स्कोरिंग रेट में तुरन्त तेज़ी नहीं आयी, तो पाकिस्तान के लिए प्रत्येक ओवर में ख़तरा पैदा हो सकता है। अगर बारिश हो जाए, और खेल के दो-तीन ओवर कम हो जाएँ तो, चूँकि भारत के अन्तिम स्लॉग ओवरों का रन-रेट ख़ास नहीं बढ़ा था, इसलिए पाकिस्तान की हार होगी। चाहे कितने ही विकेट उनके पास हों, कोई फ़ायदा नहीं। तब पाकिस्तानी टीम पूरे ज़ोर से बैटिंग करेगी।

इस समय विकेट का महत्त्व नहीं है। यही नहीं, पाकिस्तान का क्विक स्कोरिंग मशीन के रूप में प्रसिद्ध मंसूर अली ही अगले बैट्समैन के तौर पर मैदान में उतरनेवाला है। मंसूर अली चाहे सिर्फ़ छह गेंदों का ही सामना करे, लेकिन उनमें वह पन्द्रह या बीस रन ले लेगा। किसी भी प्रकार की गेंद वह सँभाल लेगा। छक्का, चौका। ऐसा दुस्साहसपूर्ण बैटिंग, कि लगता है किसी भी गेंद पर आउट होने को वह तैयार है।

मंसूर दर्शकों की आँखों का तारा है। पाकिस्तान में और भारत में भी।

ऐसी स्थिति में मंसूर को मैदान में लाने के लिए निसार अहमद अपना निजी विकेट खो देने को भी तैयार होगा।

मतलब, इस समय जो बैटिंग होगी, वह ज़ोरदार, धुआँधार होगी ही। ज़ोरदार बैटिंग के ख़िलाफ़ प्रतिरोधात्मक बॉलिंग ठीक नहीं रहेगी। चकमा देनेवाली बॉलिंग चाहिए। आगे बढ़कर मारने लायक़ ढंग की।

लेकिन, इसके बारे में बैट्समैन को कोई संकेत न मिले कि गेंद कैसे आ रही है।

आधे क्षण तक सुरेश मेनन ने आँखें मूँदकर प्रार्थना की। हवा में ठंड बढ़ गयी है। रन-अप में कोई बदलाव नहीं लाया।

मिडिल स्टम्प को लक्ष्य कर ठीक लेंथ में एक क्विकी। मीडियम पेस से थोड़ी और तेज़ी से, बिना ज़रा भी स्विंग दिये, एक साधारण-सी गेंद।

लेकिन सुरेश की उम्मीद के अनुसार, गेंद जब अन्तरिक्ष की सघनता से उत्पन्न प्रतिरोध को चीरती हुई आगे बढ़ी, तब उसकी रफ़्तार में थोड़ा परिवर्तन हुआ। हवा ने अपनी ओर से हल्का-सा सहारा भी दिया। जब गेंद उछलकर ऊँचा उठी, तब निसार अहमद ने अनायास ही उसे मार दिया। स्ट्रेट ड्राइव। यद्यपि गेंद सुरेश की बायीं ओर से बाउंड्री की ओर गयी, तो भी बाउंड्री लाइन के पास सतीश ने उसे रोक लिया। दो रन।

दूसरी गेंद फेंकने के लिए सुरेश अम्पायर के पास से पीछे की तरफ़ चलने लगा। पर, एकाएक ठिठक गया। क्यों न फील्डिंग में थोड़ा-सा फेर-बदल कर दूँ? यद्यपि पहले तीन ओवर और अब एक ओवर बॉल किया, तो भी अपनी ओर से अभी तक फील्डिंग नहीं किया। श्रीनी और राहुल से मिलकर तैयार किये गये फील्ड अरेंजमेंट में थोड़ा-सा बदलाव, बस। सच पूछिए, तो निजी रूप से फील्ड प्लेसिंग बदलने का साहस नहीं था।

कप्तान को बेहतर जानकारी है। उन्हें अनुभव-ज्ञान है, क्षमता है। उन्हें अपने हर बॉलर की, उनकी बॉलिंग शैली की जानकारी है। इसलिए...

सुरेश ने मुड़कर कप्तान श्रीनिवास की ओर देखा। श्रीनिवास मुस्कुराया। पच्चीस मीटर दूर खड़े होकर। दाहिने हाथ की बन्द मुट्ठी का केवल अँगूठा खोलकर दिखाया। गो एहेड। आगे चलो। तुम अपना खेल खेलो। फील्ड तुम्हारा है। तुम ही इस समय नायक हो।

श्रीनी के इशारे का यही मतलब है न? हाँ, यही है।

फील्ड अरेंजमेंट करना बॉलर की भी ज़िम्मेदारी है। अपने गेंद फेंकने की क्रिया की पूर्ति तभी होती है जब वह बैट्समैन के द्वारा मारी गयी गेंद जल्दी-से-जल्दी, बिना कोई रन दिये ही, ऊपर उठने पर पकड़ने लायक़ ढंग से नवों फील्डरों को कतार में खड़ा कर देता है। यदि इस व्यूह-रचना में असफल रहा, तो मैं कोई बॉलर नहीं।

सुरेश ने कप्तान की ओर देखकर हाथ ऊपर उठाया। आधा मिनट। सुरेश ने अधिकतर फील्डरों के पोजीशन में परिवर्तन किया। आउट फील्ड में बाउंड्री के पास खड़े तीनों फील्डरों को दस मीटर अन्दर की ओर लाया।

सिली मिड-ऑन में राहुल को और मिड-विकेट और मिड-ऑन के बीच में मराठे को लाया। रोबर्ट मनासा को स्लिप से कवर प्वाइंट पर लाया। थर्डमैन का स्थान थोड़ा आगे कर दिया।

सुरेश द्वारा फील्ड में किये गये इन परिवर्तनों को श्रीनिवास और राहुल ने आश्चर्य के साथ देखा। निसार अहमद को आश्चर्य के साथ आशंका भी हुई कि वह शायद ख़तरे का सूचक है। क्रिकेट के नियमों के अनुसार फील्डिंग में दो प्रकार के विन्यास सम्भव हैं। प्रतिरोध और उपरोध। यह इन दोनों से भिन्न एक रीति है। मिड ऑफ़ और स्क्वायर-लेग में कोई फील्डर नहीं। पिछली गेंद मिड-ऑफ को लक्ष्य करके मारी गयी थी। गेंद की रफ़्तार कम होने के कारण फील्डर लांग-ऑफ से दौड़कर आ सका। वर्ना वह चौका बन जाता।

निसार अहमद गेंद का सामना करने के लिए तैयार हो गया। दौड़ शुरू

करनेवाले सुरेश के कदमों पर ध्यान केन्द्रित किया।

बच्चू को अपसेट करना चाहिए।

बॉलर के हाथ के बदले पैरों की ओर नज़रें गड़ा दी जाएँ, तो उसके दिल में सन्देह पैदा हो सकता है। यह क्या? अपने कदम लड़खड़ा रहे हैं क्या? कदमों का ताल थोड़ा-सा भी टूट गया, तो गेंद नो-बॉल हो जाएगा, इस डर से ध्यान बँट जाएगा। कदमों की ओर ध्यान जाएगा। उँगलियों से गेंद पर की जानेवाली जादूगरी का सन्तुलन गड़बड़ा जाएगा। लूज बॉल, जिसे बैट्समैन आसानी से मार देगा।

जैसा कि निसार अहमद को उम्मीद थी, पहले चार-पाँच कदम रखने के बाद उसकी ओर सिर उठाकर देखने पर सुरेश मेनन के मन में दुविधा पैदा हुई। मीडियम पेस में लेग स्टम्प को लक्ष्य करके फेंके इनस्विंगर ने उँगलियों से छूटने पर निर्दिष्ट बिन्दु पर ठीक से टप्पा नहीं खाया। स्विंग नहीं मिला।

निसार ने ख़ूबसूरती के साथ गेंद को लेग की तरफ ग्लैंस किया। दो क्षण। गेंद बाउंड्री पहुँच गयी।

अगली गेंद निसार ने अनायास ही सुरेश के सिर के ऊपर से मिड-ऑफ की तरफ़ मारी। फ़र्क़ इतना ही था कि गेंद की तेज़ी ज़रा बढ़ी थी। मिड-ऑफ़ में पहले के समान अगर फील्डर होता, तो गेंद कैच हो जाता।

गेंद बाउंड्री पहुँच गयी।

तीन गेंदों से दस रन। खुद सुरेश को आश्चर्य हुआ। पर, निराशा बिल्कुल नहीं। किसी बड़ी योजना की चालें हैं। रानी की बलि चढ़ाकर बिशप को लेने में चेस के कुशल खिलाड़ी को पोजीशन सम्बन्धी जो फ़ायदा मिलता है, वही। अगली चाल में ही प्रतिद्वन्द्वी को पीछे ढकेल देनेवाला हमला।

सुरेश ने फील्ड में कोई परिवर्तन नहीं किया। थोड़ा-सा स्विंग देकर हवा की गति का हिसाब लगाकर ठीक मिडिल स्टम्प को लक्ष्य करके गेंद फेंकी।

निसार ने पहले प्रतिरोध करने की सोची। परन्तु, गेंद का रुख़ देखने पर आख़िरी क्षण में पूरे ज़ोर से मारने की ठानी। बिना किसी ख़तरे की गेंद। निसार ने मिड विकेट के ऊपर से जमकर मारा। वह इस निष्कर्ष पर पहुँचे कि आख़िरी पल में मन में उठी शंका के कारण ऐसा हुआ। उम्मीद के ख़िलाफ़ गेंद कुछ ज़्यादा ही ऊपर उठी।

श्रीनिवास पन्द्रह फुट पीछे की ओर दौड़ा। गेंद अनायास ही मुट्ठी में आ गयी। कैच-आउट!

50

तम्पी ख़ुश था। उनचासवें ओवर में खेल के सबसे अधिक निर्णायक समय में अम्पायर तिलकरत्ने ने शाहनवाज़ को एल.बी.डब्ल्यू. दिया। पाकिस्तान का आठवाँ विकेट भी गिरा। अब पाकिस्तान को जीतने के लिए सत्रह रन और चाहिए। वज़ीर, मुहम्मद हुसैन और ज़फ़रुल्ला ये ही बाक़ी हैं। नवाँ, दसवाँ और ग्यारहवाँ बनकर मैदान में उतरनेवाले खिलाड़ी।

रुस्तमजी से अब साहसपूर्वक कह सकता हूँ। अपने अथक प्रयास के फलस्वरूप ही अम्पायर राज़ी हो गये थे।

लेकिन समस्या पैदा हुई। बड़ा ही स्पष्ट एल.बी.डब्ल्यू. था। पाकिस्तान का सबसे बड़ा पक्षपाती अम्पायर भी बरबस उँगली उठाएगा, ऐसा साफ़ एल.बी.डब्ल्यू.। अगर रुस्तमजी को विश्वास दिलाना हो कि मेरे निर्देश के अनुसार पाकिस्तान को हराने के लिए तिलकरत्ने द्वारा जान-बूझकर लिया गया निर्णय था वह, तो उसके लिए एक ही उपाय है। केवल पाकिस्तान के हारने मात्र से काम नहीं चलेगा, बेटिंग के ओड्स में भारी अन्तर के साथ रुस्तमजी के सिंडिकेट को बहुत बड़ा मुनाफ़ा मिलना भी चाहिए। मुनाफ़ा मिलने पर रुस्तमजी सबकुछ भूल जाएँगे। माफ़ी भी देंगे। अधिकतर जुआरियों ने पाकिस्तान के लिए पैसे दाँव पर लगाये होंगे क्या? दोनों राष्ट्रों की टीमों के प्लस प्वाइंट्स बराबर हैं। पाकिस्तान की स्पीड बैटरी, कप्तान निसार का नेतृत्व इन सबसे तुलना करने के लिए भारत के पास सिर्फ़ राहुल ही था। इसके अलावा यह फ़ायदा भी कि खेल भारत में हो रहा है। बेटिंग की नवीनतम स्थिति का अभी कुछ पता नहीं।

संसार के सभी हवाला केन्द्रों में सवेरे खेल शुरू होते ही आधिकारिक रूप से बेटिंग ख़त्म होगा। उस समय का हिसाब ज़रूर पाकिस्तान के अनुकूल होगा। मध्य पूर्व के देशों और दक्षिण एशिया में पाकिस्तान की ओर ज़्यादा झुकाव है। खेल के साथ जज़्बाती नज़दीकी भी इसका कारण है। परन्तु हांगकांग भारत के साथ है। वहाँ के सिन्धी व्यापार-केन्द्र एकदम भारत के तरफदार हैं। फिर बम्बई और कलकत्ता। कैसा भी हिसाब लगा लें, सवेरे बेटिंग बन्द करने पर पाकिस्तान ही फेवरिट होगा। इसीलिए तो रुस्तमजी पाकिस्तान को हराने के लिए अखाड़े में उतरे हैं।

पता नहीं, रुस्तमजी किस देश के हैं! भारत, पाकिस्तान, ईरान कोई भी हो सकता है।

लेकिन तम्पी का केवल अनुमान था कि खेल शुरू होने के बाद चलनेवाले साइड बेटिंग तक ही रुस्तमजी के लम्बे हाथ की पहुँच थी। निश्चित पता नहीं था।

साइड बेटिंग में पल-पल ओड्स बदल सकते हैं। पल-भर में लाखों डालर लुढ़क सकते हैं।

तम्पी को अचानक डर लगा। पिछले आध घंटे से दिल की धड़कन बढ़ती आ रही थी।

जब निसार अहमद आउट हुआ, तब यह सोचकर आश्वस्त हुआ था कि अब ज़रूर पाकिस्तान की हार होगी। सुरेश मेनन ने बॉलिंग में भी कमाल दिखाया। सुरेश अकेला बॉलर होगा, जिसने अपने पहले ही अन्तरराष्ट्रीय मैच में निसार अहमद को आउट किया था। अब उसका आत्मविश्वास बढ़ेगा। पाकिस्तान घबरा जाएगा।

परन्तु खेल का रुख़ एकाएक बदल गया। क्रिकेट की अनिश्चितता में नियति की-सी तेज़ी है। मंसूर अली दर्शकों का चहेता बना। बीस मिनट में उसने खेल का रुख़ ही बदल दिया।

चौवालीसवें और छियालीसवें ओवरों में सुरेश के बॉलिंग का मंसूर अली ने ऐसे सामना किया जैसे कि वह स्कूल स्तर की कोई मामूली बॉलिंग हो। सुरेश, श्रीनिवास और राहुल ने एक-एक गेंद के बाद सलाह-मशविरा करके फील्डिंग में परिवर्तन किया। प्रत्येक गेंद के लिए अलग-अलग बॉलिंग शैली अपनायी गयी। लेकिन, मंसूर अली ने बल्ला उठाकर गेंद को बिल्कुल अवज्ञापूर्वक चारों तरफ मार दिया। रन बढ़ते गये।

पैंतालीसवें ओवर में श्रीनिवास ने बॉलिंग चेंज करके राहुल को एक ओवर दिया। पर, इसका कोई फ़ायदा नहीं हुआ। छियालीसवें ओवर में एक रन-आउट के द्वारा शफ़क़त अली आउट हो गया। तेज़ी के साथ तीसरे रन के लिए दौड़ा था। जिस मित्तल ने फील्डिंग में कभी फुर्ती नहीं दिखाई थी, उसी मित्तल की तरफ गेंद को जाते देखकर ही शफ़क़त अली ने रिस्क लिया था। खेल में आया जोश ही शायद इसका कारण रहा होगा। तेंदुए की तेज़ी से दौड़कर मित्तल ने पलक झपकते गेंद उठाकर फेंक दी। आलोकनाथ को विकेट के पीछे से दस्ताने-पहने हाथ आगे बढ़ाने भर की ज़रूरत थी। मित्तल का थ्रो ठीक विकेट पर ही जा लगा।

लेकिन, शफ़क़त अली के पतन ने भी मंसूर अली की स्कोरिंग मशीन को पस्त होने नहीं दिया। प्रत्येक गेंद ने सिर्फ़ तम्पी के ही नहीं, खेल देखते करोड़ों दर्शकों के भी दिलों की धड़कन को बढ़ा दिया।

उनचासवें ओवर की पहली गेंद पर मंसूर अली रन-आउट हो गया। श्रीनिवास ने ही बॉल किया था। जीतने के लिए अठारह रन चाहिए। मंसूर अली और शाहनवाज़ मज़बूती के साथ खड़े हैं। भारतीय बॉलिंग का ख़स्ता हाल था। यद्यपि श्रीनिवास ने एक ओर से सुरेश को बॉलिंग जारी रखने दिया, तो भी दूसरी ओर,

बॉलिंग में तीन बार वे परिवर्तन कर चुके हैं। आख़िर उनचासवें ओवर में खुद ही बॉलिंग की ज़िम्मेदारी ले ली।

क्रिकेट कंट्रोल बोर्ड के अध्यक्ष राजा साहब ने चयन-समिति के अध्यक्ष का दिया बन्द लिफ़ाफ़ा खोलकर नहीं देखा। उनके दिल की धड़कन भी बढ़ रही थी।

अठारह रन। चार विकेट। बारह गेंदें। मंसूर अली, शाहनवाज़। बढ़िया फॉर्म में रहनेवाले बैट्समैन। पाकिस्तान का पलड़ा ही इस समय भारी है।

अब ज़्यादा-से-ज़्यादा दस मिनट। अब अगले एकदिवसीय और आनेवाले पंचदिवसीय टेस्टों पर ही भारत की उम्मीद टिकी है। संयम और समझदारी के साथ समस्याओं का सामना करनेवाले राजा साहब तक अधीर हो गये। कुछ न कुछ क्यों नहीं हो रहा है?

कलकत्ता टेस्ट से पहले कालीघाट में प्रार्थना करेंगे। बम्बई, दिल्ली, चंडीगढ़, मद्रास, बैंगलूर, सब कहीं प्रार्थना के मन्दिर हैं।

यहाँ कोच्चि में?

तभी मंसूर अली रन-आउट हो गया।

शाहनवाज़ ने ही गेंद का सामना किया था। श्रीनिवास की पहली गेंद। एक रन लेकर क्रॉस करना चाहिए। तब तक मंसूर अली को बैटिंग मिलेगी। दो चौके। अगर सम्भव हुआ, तो एक छक्का। आख़िरी ओवर तक इन्तज़ार करने की ज़रूरत नहीं। भारत के छक्के छुड़ा देंगे। चार विकेट अभी बाक़ी हैं।

गेंद मिड-ऑन की तरफ घुमाकर शाहनवाज़ सामने की तरफ दौड़ा। मिड-ऑन पर सुरेश खड़ा था। गेंद उसके हाथ में नहीं समायी। चंगुल से छूटकर वह पीछे की ओर गयी। मंसूर को मना करने के इशारे में शाहनवाज़ ने पहले अपना हाथ ऊपर उठाया था। मंसूर पिच के लगभग मध्य तक पहुँच चुका था। लेकिन दौड़ की रफ़्तार अचानक कम हुई। मन में हल्का-सा सन्देह हुआ। यद्यपि सुरेश गेंद पकड़ ले, तो भी जिस ओर दौड़कर शाहनवाज़ को पहुँचना है, उस ओर ही वह गेंद फेंक सकेगा। सुरेश के लिए वही छोर ज़्यादा निकट पड़ेगा। शाहनवाज़ के लिए वह लक्ष्य स्थान ज़्यादा ही दूर पड़ेगा। मंसूर अली ने साहसपूर्वक दौड़ जारी रखी।

बाद में रन-आउट का विश्लेषण करते हुए निसार अहमद ने साफ़ कह दिया कि स्ट्राइक लेने की अपनी ललक ही मंसूर अली के लिए यह रिस्क लेने का सबसे बड़ा कारण बनी।

सुरेश को भी यह मालूम था। मंसूर अली शोमैन है। बॉलिंग के समय गेंद का सामना करके ही स्टार खिलाड़ी को सन्तोष मिलेगा। दूसरे छोर पर दर्शक बनकर खड़ा रहना वह पसन्द नहीं करेगा।

गेंद का सामना करने का अवसर पाने के लिए मंसूर अली रिस्क लेगा। सुरेश ने यह बात किसी को नहीं बतायी कि नज़दीकी से लुढ़कती आयी गेंद को उसने जान-बूझकर अपने चंगुल से फिसल जाने दिया था। यदि गेंद हाथ में ही समा जाती, तो मंसूर अली और शाहनवाज़ रन के लिए नहीं दौड़ते।

नानाजी कहा करते थे। क्रिकेट में विपक्षी के दिल को, सोच को, पहले ही हराकर रखना चाहिए।

मंसूर अली रन के लिए दौड़ा। सुरेश ने थोड़ा-सा घूमकर गेंद फेंकी। विकेट पर वह ठीक-ठीक जा लगी।

दो गेंदों के बाद तिलकरत्ने ने शाहनवाज़ को एल.बी.डब्ल्यू. दिया था। अगला बैट्समैन वज़ीर एक रन लेकर शाहनवाज़ को स्ट्राइक दे चुका था।

अठारह रन, चार विकेट, बारह गेंदें। इस समय जीत पाकिस्तान के लिए मुश्किल नहीं लगती।

तीन गेंदों और चार मिनटों के बाद। सत्रह रन, दो विकेट, नौ गेंदें।

पाकिस्तान के लिए जीत मुश्किल हो गयी है। बराबरी की हालत। भारत को उम्मीद बँधी।

ओवर में अब तीन गेंदें बाक़ी हैं। क्षण भर के लिए ही श्रीनिवास सोच में पड़ गये कि नये बैट्समैन मुहम्मद हुसैन को किस तरह की गेंद से मात देनी है। बॉलिंग के लिए मुड़कर दौड़ने के बीच भी यह सवाल श्रीनिवास को बेचैन कर रहा था कि आख़िरी ओवर की छह गेंदें किसको दे दूँ। या तो सुरेश, या फिर राहुल। और कोई बॉलर नहीं चाहिए। प्रतिरोधात्मक ढंग से ऐसे गेंद फेंकना है, जिसमें रन न मिले। कोई छक्का मारे, तो भी हिम्मत नहीं हारनी है। निशाना चूकना नहीं चाहिए। इस सम्बन्ध में राहुल बेजोड़ है। लेकिन, सुरेश। यह मैच सिर्फ़ सुरेश का है। इस बात की सम्भावना है कि भारत चाहे जीते, चाहे हारे, सुरेश मेनन ही मैच ऑव द मैच बनेगा। और वह तो है, आवेश की चरम सीमा पर।

यही नहीं, आज भाग्यदेवता उसके साथ हैं।

किसी निर्णय पर आये बिना ही श्रीनिवास ने गेंद फेंकी।

शिल्पा ने विजयन मेनन से पूछा, "अब डरने की कोई बात नहीं है न?"

पिछले आध घंटे से विजयन मेनन के दिमाग़ में सुरेश मेनन नामक उत्पाद के विपणन की सम्भावनाओं के दृश्य कम्प्यूटर के दृश्यों की-सी रफ़्तार में झिलमिला रहे थे। सबके साथ आँकड़े भी थे। खेल-कूद की सामग्रियों के विज्ञापन भी आने लगे। ऐसा कौन-सा माल है, जो जवानी के प्रतीक सुरेश का प्रदर्शन करके किसी प्रतिभाशाली मीडिया कलाकार द्वारा लोकप्रिय नहीं बनाया जा सकेगा? यही नहीं,

आनेवाले दिनों में जनमत की सृष्टि के विषय में भी सुरेश जैसे स्टार खिलाड़ी का मूल्य होगा। सबके लिए मूल्य।

लेकिन, कहाँ शुरू किया जाए? कहाँ ख़त्म किया जाए? मंसूर अली और शाहवाज़ के विकेट जब गिरे, तब शैलजा मेनन ने अपने बेटे के लिए प्रार्थना की।

आँखें मूँदकर मन्दिर के द्वार पर या पूजा के कमरे में खड़ी होने पर आज तक केवल एक ही प्रार्थना मन में आया करती थी— सबका भला करो, हे भगवान!

एक बार मज़ाक के अन्दाज़ में पतिदेव ने कहा, ''तुम अगर ऐसी प्रार्थना करोगी, तो कैसे ठीक होगा, शैलजा? सबका भला होने पर प्रकृति का नियम ही गड़बड़ा जाएगा न! जो उजड़ गया, वह भले के लिए खाद है। यदि कोई उजड़ता नहीं, तो खाद के अभाव में वह भला भी मुरझा जाएगा?''

शैलजा ने कोई जवाब नहीं दिया, लेकिन अपनी प्रार्थना की शैली नहीं बदली।

आज सुबह पूर्णत्रयीश के मन्दिर के सामने खड़ी रहते समय भी केवल सुरेश की भलाई की प्रार्थना मन में नहीं आयी थी।

सबका भला करो हे, भगवान। लेकिन, इस समय आँखें मूँदकर प्रार्थना की, ''आख़िरी ओवर उण्णी को दिलवाना हे, भगवान!''

काफ़ी देर से पति की ग़ैरहाज़िरी तक की ओर ध्यान दिये बिना, पिच में सुरेश पर ही उसका पूरा ध्यान लगा हुआ था। सुरेश को इस समय शक्ति चाहिए, सान्त्वना चाहिए। उसके दु:ख के क्षणों का और किसी को पता नहीं है। वह अपनी निजी सम्पत्ति है।

शैलजा ने प्रार्थना की।

क्रिकेट कंट्रोल बोर्ड के अध्यक्ष राजा साहब ने हाथ में पकड़ा लिफ़ाफ़ा खोले बिना ही आँखों पर चश्मा पहन लिया। कोट के अन्दर की जेब से दूसरा लिफ़ाफ़ा ले लिया। धीरे-धीरे उसमें से तह किया हुआ एक काग़ज़ निकालकर पढ़ा और मुख्यमन्त्री की ओर बढ़ाया।

''क्या बात है?''

श्रीनिवास का ओवर ख़त्म हो चुका था। पाकिस्तान ने सिर्फ़ दो रन और लिये। अब रहा आख़िरी ओवर। दो विकेट के रहते, पाकिस्तान को जीत के लिए अब पन्द्रह रन चाहिए।

मुख्यमन्त्री ने ख़त पढ़ा।

राजा साहब ने कहा, ''मेरे मित्र हैं। अमेरिका की सबसे बड़ी विज्ञापन कम्पनियों में प्रमुख। खेल-कूद के क्षेत्र में अग्रणी। इस समय ऑफ़र आया है राहुल के लिए। मैं सोचता हूँ, आपके सुरेश मेनन और राहुल दोनों के लिए क्यों न यह

ऑफ़र लागू किया जाए। पाँच मिलियन, यानी पचास लाख रुपये।''

गौतमन हँस दिये।

''राजा साहब, रुपया नहीं, डालर है।''

''माइ गॉड! पन्द्रह करोड़ रुपये?''

सुरेश को सुपर स्टार बनाने या न बनाने का निर्णायक काग़ज़ दूसरे लिफ़ाफ़े में था।

राजा साहब उत्सुकता के साथ प्रतीक्षा करने लगे कि श्रीनिवास अगला ओवर किसको देता है।

51

उण्णी भाग रहा था। अब दर्शकों की हर्षध्वनि का कोई ताल नहीं। लोहे का जालीदार बाड़ा लात मारकर नीचे गिरा देने के बाद भीड़ ग्राउंड में उतर आयी। लाठी लेकर पीछे आयी पुलिस लाठी चलाना भूल गयी। वे भी मानो भीड़ का अंग बन गये।

भीड़ के बीच से तेज़ दौड़ते सुरेश के क्लोज़-अप दृश्य के साथ-साथ हरीश पटेल की आवाज़ गूँज उठी, ''क्रिकेट के इतिहास में यह ऐतिहासिक विजय चिरस्मरणीय रहेगी। राहुल तक को निष्प्रभ करनेवाली चमत्कारी क्रिकेट प्रतिभा का जन्म अभी हम देख चुके हैं।''

प्रोफेसर सोमदासन उठ खड़े हुए। यद्यपि वे ठीक से समझ नहीं पाये कि कौन-सी घटना घटी है, तो भी भीड़ के जोश का असर उन पर भी पड़ा। हड़बड़ाकर मैदान में उतरने के लिए अपनी आयु और भलमनसी उन्हें अनुमति नहीं देगी। अब घर जाकर बच्चों से बात करके ही वे समझ पाएँगे कि इस ओवर में घटी घटना का क्या महत्त्व है।

कोई बात नहीं। जो भी हो सुरेश मेनन, अपना प्रिय उण्णी, बधाई के योग्य है। उसके अभिनन्दन में कॉलेज और शहर में निश्चय ही समारोह आयोजित होंगे। उनमें भाषण देने और उण्णी के खेल के बारे में तथा खेल-जगत की आधुनिक प्रवृत्तियों के बारे में इस एकदिवसीय मैच के दर्शक के तौर पर मिले अनुभवों के आधार पर जनता को समझा देने के अवसर मुझे मिलेंगे। भाग्य ने अगर साथ दिया, तो इसी बीच पत्रकारों द्वारा एक-दो इंटरव्यू भी सम्भव हो पाएगा। उण्णी के बारे में, क्रिकेट के बारे में देश के छोटे-छोटे अख़बारों को जानकारी देने के लिए मुझसे

बढ़कर योग्य व्यक्ति कौन होगा?

प्रोफेसर सन्तुष्ट हो सीढ़ियाँ उतरने लगे। उनकी दृष्टि में क्रिकेट ने पूर्णतया अपना लक्ष्य प्राप्त किया है।

तम्पी भी सन्तुष्ट था। उसकी दृष्टि में भी क्रिकेट ने अपना लक्ष्य प्राप्त कर लिया था। तम्पी जानता था कि अन्तिम ओवर में पन्द्रह रन लेना कोई टेढ़ी खीर नहीं। यद्यपि उसने क्रिकेट खेला नहीं है, तो भी खेल के बारे में थोड़ा-बहुत ज्ञान उसको है। पन्द्रह रन। तीन गेंदें काफ़ी हैं। दो छक्के और एक चौका। खोने को कुछ भी नहीं। आख़िरी बैट्समैन चाहे, तो निस्संकोच बल्ला घुमाकर पूरे ज़ोर से मार सकेंगे। सम्भव है, छक्का ही हो जाए।

इसलिए आख़िरी ओवर की, सुरेश की पहली गेंद जब टप्पा खाकर उछली, तब तम्पी ने अनजाने ही प्रार्थना की।

वज़ीर ने आगे को कूदकर क्रीज़ से तीन-चार फुट आगे पहुँचकर गेंद हाफ़ वॉली में लेकर जमकर मार दी। गेंद ऊपर उठी। तम्पी की प्रार्थना सफल नहीं हुई।

पहली गेंद सिक्सर।

अब रही पाँच गेंदें, दो विकेट और नौ रन। पाकिस्तान विजय के क़रीब पहुँच गया।

इस बात की ओर किसी का ध्यान नहीं गया कि शैलजा को कँपकँपी महसूस हो रही थी। विजयन मेनन की नज़रें पिच पर ही केन्द्रित हो गयीं। उनके गणित से अंक और सिक्के ग़ायब हो गये।

वज़ीर ने आगे को लपककर दूसरी गेंद टॉस की तरह लेने की कोशिश की। लेकिन सुरेश ने गेंद की लेंथ और तेज़ी बिल्कुल कम कर दी थी। प्रतीक्षित समय से काफ़ी पहले ही गेंद टप्पा खाकर उठी। फुल टॉस मारने के प्रयास में बल्ले के घूम जाने के बाद ही गेंद वज़ीर के पास से उड़ी थी। आख़िरी पल में वज़ीर ने प्रतिरोध की कोशिश की, मगर बल्ला नीचे झुका लेने की फ़ुरसत नहीं मिली। क्रीज़ से चार फुट सामने खड़े वज़ीर को विकेटकीपर आलोकनाथ ने तपाक से स्टम्प किया।

श्रीनिवास, राहुल, बलबीर, मराठे, रमेश, सतीश, मित्तल, रोबर्ट और गोडबोले अपने फील्ड पोजीशन, आपस की छोटी-सी डाह, मनमुटाव, होड़— सब भूलकर दौड़े और पिच के बीच आ गये। सबने मिलकर आलोकनाथ और सुरेश मेनन को ऊपर उठा लिया।

मैदान के बाहर किसी ने पटाखों की माला पर आग लगायी। बिना ताल के डफली बजाने की आवाज़ उठी।

अब सिर्फ़ चार गेंदें बची हैं। एक विकेट। नौ रन।

मैथिमैटिकली नॉट इम्पॉसिबल।

विपक्षी नेता गोविन्दन कुट्टी ने चुक जाने को हुई सिगरेट से दूसरी सिगरेट सुलगाई। केरल में चुनाव की मतगणना के समय प्रायः बहुत कम वोटों के अन्तर पर ही उम्मीदवार की जीत या हार होती है। इस प्रकार के निर्णायक मुहूर्तों पर ही गोविन्दन कुट्टी सिगरेट का टुर्रा फेंक देने से पहले उससे दूसरी सिगरेट जलाया करते थे। पत्रकारों की राय है कि गहरे मानसिक तनाव के क्षणों में भी चेहरे पर उसके लक्षण प्रकट न करनेवाले गोविन्दन कुट्टी की अधीरता का सचमुच का लक्षण था इस प्रकार सिगरेट सुलगाना।

मुख्यमन्त्री ने पान की बात भूलकर सुपारी के टुकड़े मुँह में डाले। उसके बाद गोविन्दन कुट्टी की ओर देखा।

"आई थिंक वी विल विन।"

"हाँ-हाँ, बिल्कुल।"

गौतमन ने सिर थोड़ा घुमाकर गोविन्दन कुट्टी के कान के पास धीमे स्वर में कहा, "सुरेश मेनन को अच्छी रक़म का एक कैश अवार्ड देने की घोषणा करनी चाहिए। आपकी क्या राय है?"

गोविन्दन कुट्टी को मालूम था कि मुख्यमन्त्री गौतमन मोटी रक़म के कैश अवार्ड की घोषणा करेंगे और आज मैदान में मैन ऑव द मैच पुरस्कार-वितरण समारोह में असंख्य कैमरों के सामने वह घोषणा होगी। कोई भी खेले, अन्त में उसकी ख्याति को अपनी ख्याति बना लेने की अनोखी चतुराई गौतमन में है। पिछले चुनाव में विजयी होकर मुख्यमन्त्री नहीं बन पाया, इस बात पर गोविन्दन कुट्टी को गहरा अफ़सोस हुआ।

गोविन्दन कुट्टी ने गौतमन से कहा, "हमारी ओर से इस लड़के को मिलनेवाली मान्यता निश्चय ही केरल के क्रिकेट के लिए भी प्रोत्साहजनक होगी।"

गोविन्दन कुट्टी के शब्दों की निरर्थकता की हँसी उड़ाने के अन्दाज़ में स्टेडियम के विभिन्न कोनों में व्यंग्य भरी चिल्लाहट गूँज उठी।

आख़िरी बैट्समैन ज़फ़रुल्ला ने आगे को लपककर तीसरी गेंद घुमायी। बल्ले के किनारे से लगकर गेंद ठीक सामने गिरी। एक रन लेने को आया मुहम्मद हुसैन वापस दौड़ पड़ा।

आलोकनाथ ने विकेट के सामने आकर गेंद फेंक दी। लेकिन, तब तक मुहम्मद हुसैन क्रीज़ में पहुँच चुका था।

अब तीन गेंदें, नौ रन, एक विकेट।

टी.वी. पर हरीश पटेल का अनर्गल रूप से गूँजता आया शब्दप्रवाह रुक गया।

"कहने को मुझे शब्द नहीं मिल रहे।" अनजाने में ही उसने कहा था।

भारत और पाकिस्तान की गलियाँ सुनसान हो गयीं। दुकानों के सामने, घरों के छोटे से कमरों के अन्दर टी.वी. की ओर देखते खड़े लोगों के दिल की धड़कन बढ़ने लगी।

भूमंडल के उस ओर अमेरिका में उण्णी की बहन सुनन्दा ने पतिदेव के सामने रखे कॉफ़ी के प्याले से थोड़ी-सी ब्लैक कॉफ़ी पी ली। जिसने आज तक ब्लैक कॉफ़ी कभी नहीं पी थी, वही सुनन्दा। लेकिन, अपू कुट्टन ने भी उस पर ध्यान नहीं दिया।

"ही विल डू इट। देख लेना।"

ओवर की चौथी गेंद। ज़फ़रुल्ला के बल्ले के मध्यभाग से थोड़ा नीचे जाकर टकरायी। भूल से ऐसा हुआ था। फिर भी गेंद मिड-विकेट से होकर बिजली की तेज़ी से बाउंड्री की ओर गयी। तेज़ी के साथ पीछा करने पर भी गोडबोले गेंद को रोक नहीं पाया। दौड़ की रफ़्तार पर क़ाबू न मिलने के कारण गोडबोले वायर नेट से जा टकराया। सौभाग्य से वायर नेट उलट गया। गोडबोले कूदकर उसके उस पार पहुँच गया।

सुरेश को अपने ऊपर गुस्सा आया। बॉलिंग ऐक्शन बदलकर फेंकी गयी वह गेंद वन-डाउन या टू-डाउन पर खेलनेवाले कुशल बैट्समैन को बहकाने के लिए प्रयुक्त चाल थी। लेकिन बैटिंग में अनाड़ी ज़फ़रुल्ला के लिए यह कोई समस्या नहीं थी। उसने ज़ोर से बल्ला घुमाया। गेंद ठीक बल्ले पर लगी।

सुरेश के हवाई किले चूर-चूर हो गये।

अब कितने रन और चाहिए? कितनी गेंदें बची हैं? दिमाग़ में कुछ भी साफ़ दिखाई नहीं देता। उधर, दूर कहीं स्कोर बोर्ड पर आँकड़े होंगे। इस समय वे बिल्कुल असंगत हैं।

जो संगत है, वह है अगली गेंद।

स्टम्प तिरछा हो जाए और बेल उड़ जाए।

दो गेंदें। पाँच रन। आख़िरी विकेट।

अगर एक चौका मारें, तो मैच टाई हो जाएगा।

टाई। क्रिकेट की असाधारण समाप्ति है टाई। ड्रॉ। बराबरी की हालत। त्रिदिवसीय और पंचदिवसीय मैचों में टाई साधारण है। परन्तु, एकदिवसीय मैच में ड्रा नहीं है। खेल अधूरा छोड़ दिये जाने पर ही ड्रा होता है। सभी मैचों में निर्णय होता है। सिवा टाई के।

जब दोनों पक्षों के स्कोर बराबर होते हैं, तब टाई होता है।

निसार अहमद ने पास बैठे पाकिस्तानी टीम के मैनेजर अब्दुल अली खान की ओर देखा।

"अब क्या होगा, मियाँ?"

"सबकुछ अल्लाह के हाथों में है।"

"उस नौजवान का भविष्य भी?"

अब्दुल अली खान ने चेहरा ऊपर उठाया।

अब्दुल अली खान के मन में निसार अहमद के प्रति आदर का भाव पैदा हुआ।

उसे निश्चित रूप से मालूम था कि इस समय पाकिस्तानी कप्तान निसार अहमद की यही प्रार्थना होगी कि अपनी टीम की हार हो जाए। उस नौजवान को जीत दिलाने के लिए। अगर उसे जीतना हो, तो पाकिस्तान को हारना चाहिए। उसको जीतना चाहिए। अगर वह जीते, तो जीत होगी क्रिकेट की।

क्रिकेट के एक अद्‌भुत जीनियस का जन्म होने पर उसको ऑक्सीजन देकर बलवान बनाना क्रिकेट के अस्तित्व के लिए अत्यन्त आवश्यक है।

निसार अहमद की पहली प्रतिबद्धता और प्रेम क्रिकेट के प्रति ही था।

पाँचवीं गेंद।

डेढ़ सेकेंड।

खेल समाप्त हुआ।

सिर्फ़ ज़फ़रुल्ला को ही नहीं, विकेटकीपर आलोकनाथ को भी पता नहीं चला कि सुरेश की गुगली कहाँ टप्पा खायी और कहाँ उछली। स्टम्प करने को तैयार खड़े आलोकनाथ के दस्तानों में जो उड़कर आ गिरा, वह गेंद नहीं था, एक बेल था।

विकेट का एक स्टम्प थोड़ा तिरछा खड़ा रहा।

उण्णी भागने लगा।

स्टेडियम की भीड़ मैदान में उतरने लगी थी।

मुख्यमन्त्री गौतमन ने पहले विपक्षी नेता गोविन्दन कुट्‌टी का हाथ पकड़कर हिलाया।

क्रिकेट कंट्रोल बोर्ड के अध्यक्ष राजा साहब ने दोनों नेताओं के हाथ पकड़कर हिलाते हुए कहा, "कंग्रैचुलेशंस! ग्रेट पर्फोमेंस। उम्मीद नहीं थी कि इतना बड़ा क्रिकेट टैलेंट यहाँ इस केरल में होगा।"

गोविन्दन कुट्‌टी ने मलयालम में कहा, "ये लोग यह सब कैसे समझ पाएँगे भला?"

राजा साहब ने जेब से लिफ़ाफ़ा लेकर खोला।

अगले टेस्ट की टीम की घोषणा होनेवाली थी।

गोविन्दन कुट्टी ने अँग्रेजी में पूछा, ''हमारा छोकरा?''

''अरे वाह! यह भी कोई पूछने की बात है? वही तो भविष्य में भारतीय टीम की अगुआई करनेवाला है। ग्रेट टैलेंट। ग्रेट टेनासिटी।''

शैलजा की आँखों में आँसू की धार बह निकली। उसने गालों पर गिरी आँसू की बूँदें नहीं पोंछीं।

ग्राउंड में भीड़ के बीच से दौड़े आनेवाले उण्णी की शकल।

चारों ओर कुर्सियों पर बैठे सभी लोग उठ खड़े हुए हैं।

शैलजा उठी नहीं। उसने आँखें मूँदकर प्रार्थना की।

''सबका भला करो हे, भगवान!''

कितनी देर उस हालत में बैठी रही, पता नहीं। लगा, कोई बिल्कुल पास खड़ा है।

आँखें खोलीं। सिर उठाकर देखा। आँसुओं के बीच से देखा, अपना सबसे परिचित चेहरा।

''बधाइयाँ, शैलजा! उण्णी सचमुच...'' विवेक भैया की आवाज़। लगा कि ज़माना काफ़ी पहले की ओर भाग रहा है।

कितने ही वर्षों की तपस्या है इस एक क्षण के लिए।

कुछ बढ़िया शब्द मुँह से निकालने चाहिए।

दिल में तीर की तरह चुभनेवाले।

स्मृतिपथ में सैकड़ों हज़ारों वाक्य सजाकर रखे थे।

लेकिन अब उनमें से एक भी याद नहीं आता।

शैलजा ने हाथ उठाया।

विवेक ने हाथ पकड़कर उसे उठाया।

शैलजा ने कहा, ''थैंक्स!''

●●●

णाणं

पयासयं

वीर नि.सं. 2470

ई.सन् 1944

भारतीय ज्ञानपीठ